사회과학
하기

Faire des sciences sociales: Critiquer. Comparer. Généraliser
Copyright ⓒ 2012 Éditions de l'EHESS

Faire des sciences sociales: Critiquer. Comparer. Généraliser (2012) is a trilogy published
by the Éditions de l'École des hautes études en sciences sociales in Paris. 2012.

Pascale Haag et Cyril Lemieux (eds.), *Faire des sciences sociales. Critiquer*,
Olivier Remaud, Jean-Frédéric Schaub, Isabelle Thireau (eds.), *Faire des sciences sociales. Comparer*,
Emmanuel Désveaux et Michel de Fornel (eds.), *Faire des sciences sociales. Généraliser*.

The present Korean edition is a selection of ten articles.

사회과학 하기 : 비판하기·비교하기·일반화하기

1판1쇄 | 2023년 5월 30일

지은이 | 장-피에르 카바이예, 사빈 샬롱-드메르세, 조르조 블룬도, 제롬 바셰, 파올로 나폴리,
　　　　지젤 사피로, 발레리 줄레조, 다니엘 세파이, 필리프 위르팔리노, 세바스티앵 르슈발리에
엮은이 | 이길호
옮긴이 | 김태수, 손영우, 이진랑, 김성현, 이길호

펴낸이 | 안중철, 정민용
편집 | 윤상훈, 이진실, 최미정

펴낸곳 | 후마니타스(주)
등록 | 2002년 2월 19일 제2002-000481호
주소 | 서울 마포구 신촌로14안길 17, 2층 (04057)
전화 | 편집_02.739.9929/9930 영업_02.722.9960 팩스_0505.333.9960

블로그 | blog.naver.com/humabook
트위터, 페이스북, 인스타그램 | @humanitasbook
이메일 | humanitasbooks@gmail.com

인쇄 | 천일문화사_031.955.8083 제본 | 일진제책사_031.908.1407

값 21,000원

ISBN 978-89-6437-434-4 93300

사회과학 하기
Faire des sciences sociales

비판하기
비교하기
일반화하기
Critiquer
Comparer
Généraliser

장-피에르 카바이예
사빈 샬봉-드메르세 | 조르조 블룬도
제롬 바셰 | 파올로 나폴리
지젤 사피로 | 발레리 줄레조
다니엘 세파이 | 필리프 위르팔리노
세바스티앵 르슈발리에 지음

이길호 엮음
김태수 손영우 이진랑 김성현 이길호 옮김

후마니타스

차례

●

제3부 일반화하기

일러두기

- 단행본·정기간행물에는 겹낫표(『 』), 논문에는 홑낫표(「 」), 드라마, 영화, 온라인 매체 등에는 홑화살괄호(〈 〉)를 사용했다.
- 외국 고유명사의 우리말 표기는 국립국어원의 외래어표기법을 따랐다. 그러나 관행적으로 굳어진 표현은 그대로 사용했으며 필요한 경우 한자나 원어를 병기했다.
- 원서에서 이탤릭체로 강조한 부분은 드러냄표로 처리했다. 본문과 주에서 옮긴이가 첨가한 내용은 대괄호([ ]) 또는 '[옮긴이]'로 처리해 구분했다.
- 각 장 앞에 있는 소개글은 독자의 이해를 돕기 위해 옮긴이가 작성했다.

사회과학을 한다는 것은?

사회과학 연구하기 : 프랑스 사회과학의 전통과 역동성에 대하여

이 책의 원서는 2012년 출간되었으며 '사회과학 하기'faire des sciences sociales라는 제목 아래 세 권으로 이루어져 있다. 각각 '비판하기'critiquer, '비교하기'comparer, '일반화하기'généraliser라는 부제를 가지고 있으며 서문도 권마다 따로 실려 있다. 아홉 명으로 구성된 편집위원이 주관하고 총 30개 논문(31명의 저자, 서문 저자를 포함하면 35명)을 담고 있는 공동 저서이다.

이 공저의 특징은 원서의 저자 구성, 편집 방향, 출판 의도 등에 잘 나타나 있다. 우선 가장 눈에 띄는 점은 편집진과 저자 모두 프랑스 사회과학고등연구원l'École des hautes études en sciences sociales, EHESS(1975년 설립)에 속해 있다는 사실이다. 사회과학고등연구원은 프랑스의 인문·사회과학을 대표하는 고등교육 및 연구 기관으로 국제적으로도 널리 알려져 있을 뿐만 아니라 여러 경로를 통해 한국 독자에게도 일찍이 소개된 바 있다. 역사학·철학·인류학·사회학·경제학 등을 망라하는 약 800명의 교수와 35개 연구팀이 활동하고 있다. 페르낭 브로델Fernand Braudel, 앙리 르페브르Henri Lefebvre 등 아날학파의 학자들을 위시해, 클로드 레비-스트로스Claude Lévi-Strauss, 레몽 아롱Raymond Aron, 롤랑 바르트Roland Barthes, 미셸 푸코Michel Foucault, 자크 데리다Jacques Derrida, 피에르 부르디외Pierre Bourdieu 등이 강의와 연구 활동을 했다. 대학 및 지식 역사와 관련해 보자면, 이 기관의 특징은 인재 양성을 목표로 하는 소르본 모델과 비교해 상대적으로 독창적인 의제 설정과 연구에 가치를 두는 지적 성향이 강하다. 이 책에 참여한 저자들과 연구 활동에도 이런 성향이 잘 드러난다(책 맨 끝의 글쓴이 소개 참조).

이 공동 저서는 다양한 저자가 각기 다른 주제, 접근 및 분석 방식을 택하고 있는데, 이는 단순히 여러 논문을 기계적으로 병치하고 사후적으로 이들 간 유사점이나 공통점을 찾아가는 의제 구성 방식이 아니라, 기본적인 사회과학적 문제 제기에 천착하는 방식을 편집 방향의 주안점으로 삼았다는 데 그 특징이 있다. 이렇게 선정된 비판하기, 비교하기, 일반화하기라는 세 가지 의제에 기반한 편집은 분과 학문에 내재한 한계를 극복하고 새로운 방법론과 인식론을 적극적으로 모색하고 실천하는 학제 간 연구를 강조하기 위함이다. 따라서 이 저서에 수록된 모든 논문은 하나같이 순수한 이론적 담론에 머물지 않는다. 여러 연구 분야에서 '현장'fields을 중시하는 접근을 구체적으로 실천하고, 여기서 획득한 경험적 분석 결과를 통해 개별적 주제에 내재한 독창적인 측면과 사회과학을 관통하는 일반적인 측면을 동시에 살펴보고 있다. 이런 편집 의도는 비판이 아니라 '비판하기', 비교가 아니라 '비교하기' 그리고 일반화가 아니라 '일반화하기', 사회과학이 아니라 '사회과학 하기'라는 저서의 표제어에서 가장 극명하게 드러나고 있다. 여기에서 '하기'라는 표현은 경험적 연구와 사회과학적 성찰에 방점을 두고 있다는 것인데, 이는 이론적 전망을 거부 또는 평가절하 하는 것이 아니라, 과거 혹은 현재의 주요 저자와 저서를 끊임없이 상기·소환·원용하면서 연구자 자신의 연구 과정을 비판적으로 되짚어 보는 것이다. 따라서 이 책은 개론서, 입문서 혹은 교과서도 아니지만, 그렇다고 일단의 학자가 모여 사회과학에 대한 새로운 이론을 제시하면서 하나의 학파 형성을 의도적으로 선언하는 이론서는 더더욱 아니다.

이런 편집 의도는 사회현상에 대한 총체적인 이해와 설명을 담지하고자 했던 1960, 70년대의 이른바 거대 담론뿐만 아니라, 1980, 90년대 포스트모더니즘이라는 유행에 함몰된 무분별한 상대주의적 담론을 동시에 톺아보려는 시도이며, 이를 통해 더욱 정교한 사회과학적 성찰의 필요성을 역설하려는 것이다. 한편, 이 저서가 등장하게 된 또 다른 배경으로는, 프랑스 사회과학계를 둘러싼 복잡한 환경 변화를 들 수 있다. 무엇보다도 1990년대 이후 본격적으로 가시화된 연구 대상의 다양화는 학제적 접근을 필두로 방법론적·인식론적 변화를 동반했다. 새로운 개념 혹은 인식('탈국경', '탈민족', '탈식민지', '간문화', '관계', '연결', '접속', '상호 교차' 등)이 마치 유행처럼 빠르게 전파된 것도 이런 분위기를 대변하고 있다. 이와 더불어 연구 관련 교류 지역이 급속도로 확장되면서 지식의 생산, 교환 체계 및 수용 방식에 새롭게 접근할 필요성에 대한 공감대가 폭넓게 형성되었다. 프랑스를 비롯한 서유럽의 사회과학계에서는 일종의 신흥 지역 혹은 국가에서 사회과학의 활성화를 주시하고 비서구 언어권이나 문화권 지역(아시아·남미·동유럽 국가)에 관심이 증대되었다. 유럽과 미국 사회과학의 비중이 상대적으로 줄었고 그 '수준' 차이 또한 줄어들고 있다고 판단하는 학자도 늘었다. 이와 같은 맥락에서 이제 하나의 분과 학문, 학파, 그룹, 기관 등에 천착하는 경향은 많이 완화되었고, 학계 내부의 경쟁과 대립 구도도 상호 개방적으로 변했다. 결국『사회과학 하기』라는 공저의 출간은 많은 프랑스 사회과학자가 오래전부터 공감해 온, 이른바 프랑스 사회과학계의 고질적인 문제로 인식된 '좁은 시야'vision franco-française를 탈피하려는 노력을 반영한 결과물인 셈이다.

다른 한편, 이 공저를 통해 대다수의 프랑스 사회과학자는 프랑스 고유의 사회과학적 전통을 완전히 버린 것도 아니며, 어떤 의미에서는 오히려 계승·발전하려는 의지를 엿볼 수 있다는 점도 흥미롭다. 역사적으로 분과 학문이나 개인에 따라 편차가 있겠지만, 프랑스 사회과학의 주류를 형성했던 대부분의 학자는 자신의 연구를 기초 학문의 영역으로 끌어올리려 노력했고, 또 그에 걸맞은 제도적 자리매김을 하고, 사회적 위상과 권위도 학문적 업적에서 그 근거를 찾았다. 따라서 이들은 학계 외부의 세속적 '전문가' 혹은 엘리트 집단의 평가에는 초연하고 차별적인 태도를 보였고 현실 분야에 응용을 시도하는 이른바 실용적 연구와도 일정한 거리 두기를 하면서 사회과학계의 자율성과 독립성을 추구하는 모델을 만들어 갔다. 또한 사회과학의 기본 원칙은 일반인들의 상식과 통념, 현실 문제에 대한 즉각적인 질문, 전망 심지어 해결책과 비판적으로 거리 두기를 하면서도, 이와 동시에 사회적 요구를 무시하지 않는 '사회적 역할'이라는 덕목을 존중하는 것이었다. 특히 지배적인 권력과 이데올로기에 맞서 대항적 담론을 생산하는 작업에 참여하는 것을 당연한 직업적 '소명'으로 여기는 학자가 많았다.

사실, 이런 덕목과 모델은 매우 다양하게 수용되고 이용되었는데, '비판적'이라는 형용사는 학자 개인, 그룹, 학파, 심지어 분과 학문의 성향을 규정짓는 중요한 잣대('비판적 사회과학', '비판적 사회학자' 등)가 되었으며 그 정당성을 둘러싸고 경쟁의 대상이 되기도 했다. 시기에 따라 조금씩 다르게 나타났지만, 더욱 적극적인 사회적·정치적 '참여'engagement를 강조하는 다양한 이상적 '지식인' 모델들이 명멸했는데, 여기에서 사회과학자들이 직간접적으로 중요한 역할을 했다. 드레퓌스사건 때 에밀 뒤르켐Émile Durkheim의 적극적인 참여를 비롯해, 가장 최근에는 피에르 부르디외가 주창한 '사회학적 참여'engagement sociologique 모델 등이 대표적인 사례이다. 또한 사회과학이 정치에 오염되거나 왜곡된다고 판단될 때는 사회과학계와 그 구성원이 처한 상황과 현실 사회와의 관계를 되돌아보는 비판적 성찰이 언제나 최소한의 처방책으로 제시되는 전통도 그 뿌리가 깊다. 물론 '좌파'의 '정치적 참여', '우파의 전문가적 지식' 등 상투적인 표현에 은밀하게 똬리를 튼 편견이나 냉소적이고 섣부른 언설言說은 언제든지 있었다. 하지만 사회과학의 사회적 역할에 대한 해석을 둘러싸고 이견·분열·대립이 존재하고 이른바 '지식인' 논쟁과 토론의 단골 주제로 다루어지고, 심지어 연구 대상이 되기도 했다는 것은 역동적인 프랑스 사회과학계의 단면을 드러내고 있다. 이런 시각에서 보자면, 이 공저가 '비판', '비교', '일반화'를 사회과학 연구를 실천하는 의미의 '하기'라는 핵심 의제로 선정한 것은, 프랑스 사회과학이 나아가야 할 다양화와 개방성이라는 새로운 지향점이 자율성과 독립성에 대한 비판적 성찰을 추구하는 전통적인 여러 모델의 연장선을 교차하는 모양새를 취하고 있다.

따라서 이 책이 프랑스 사회과학의 역사적 큰 흐름 속에서 최근 일어난 일련의 구조적 변화를 현지 사회과학자들의 목소리를 통해 좀 더 현장감 있게 살펴보고 이해하는 데에, 작지만 꽤 쓸모 있는 '창문'이 될 수 있으리라 본다. 특히 구체적 연구 사례와 경험을 통해 사회과학의 일반적인 문제를 비판적으로 성찰하고, 이를 '사회과학 하기'로 실천하는 데 필요한 지적 마중물이 되길 바란다. 그럼, 이 책이 보여 주고자 하는 사회과학 연구하기와 그 핵심 의제인 '비판하기', '비교하기', '일반화하기'를 각 권에 실린 세 편의 서론을 중심으로 차례로 살펴보도록 하자.◆

'비판하기': 다르게 생각하기, 거리 두기, 공론장 활성화하기

사회과학과 '비판'이라는 화두는 모든 사회과학 연구 활동을 관통하는 문제다. 이 문제에 대해서는 일반적으로 두 가지 시각이 존재한다. 우선 사회과학에서 '비판'이란 연구 행위 그 자체와는 직접적인 관련이 없는 독립적인 영역이며 그 의미도 가변적일 수 있다는 시각이다. 비록 사회적 비판 기능을 인정하는 경우라도, 연구 과정의 마무리 단계에서 고려해야 할 선택적 사안으로 여기거나, 또는 연구 작업의 종결 이후에 연구 목적이나 연구자의 의도와는 무관하게 사후적으로 판단해야 할

◆ 원서의 각 권 편집자 및 그들이 쓴 서론의 제목은 다음과 같다.
 Pascal Haag, Cyril Lemieux, "Critiquer: une nécessité".
 Oliver Rémaud, Jean-Frédéric Schaub, Isabelle Thireau, "Pas de réflexivité sans comparaison".
 Emmanuel Désveaux, Michel De Fornel, "Généraliser, ou le perpétuel dépassement".

문제라는 것이다. 다른 한편, 사회과학이 인간과 사회를 과학적으로 다루는 학문이기 때문에 그 연구 결과나 해석은 정치적으로나 도덕적으로 어떤 영향을 미칠 수밖에 없다는 전제하에, 더 적극적이고 포괄적으로 사회적 비판과 참여의 역할에 초점을 맞추기도 한다. 이런 시각에 대해 다양한 해석의 여지가 있지만, 그 저변에 깔린 요지는 사회과학자의 연구 결과가 단순히 관찰 대상의 분석과 설명을 넘어서서, 현실적 이해관계에 놓여 있을 수밖에 없는 행위자들과 비교해 훨씬 객관적으로 사회적 현안을 파악할 수 있다는 것이다. 때로는 효율적인 해결책을 제시하면서 사회적 변화를 추동하거나, 최소한 기존의 사회적 질서를 유지하는 구조적인 보수화 추세를 완화하는 데 일조할 수 있다는 것이다.

그러나 사회과학의 비판적 기능에 대한 기존의 통념을 넘어서는 새로운 시각을 제시할 필요가 있다. 사회과학에서 '비판'이란 연구의 첫 단계부터 대두되는 문제이며, 만약 그렇지 않으면 연구의 실행 자체가 불가능하며 의미도 없다. '비판'이란 사회과학 연구 초기부터 종료까지, 다시 말해 주제 설정, 조사, 분석, 검토, 글쓰기, 발표 및 출간, 동료 연구자의 평가, 심지어 일반 대중의 평가까지를 포함하는 모든 과정에 걸쳐 유효하며, 실제로 이 모든 과정에서 작동해야 한다. 이런 관점에서 본 '비판'은 학문적 연구가 종결된 후에 동반하는 정치적·사회적 영향에 한정되지 않는다. 비록 다수의 사회과학자가 자신의 연구를 통해 기존의 지식에 대해 다른 혹은 새로운 내용이나 해석을 제공하면서 학계 외부에서 사회적 영향을 미칠 수 있는 개연성을 충분히 인식하고 있더라도, 정치적·도덕적 기능 혹은 그 기대 효과만으로 사회과학과 '비판'의 관계를 설정한다는 것은 너무 편협한 시각이라는 것이다. 결국 이 책의 저자들은 자신들의 다양한 연구 경험을 통해 사회과학 연구 자체를 근원적으로 되돌아보는 방식으로 지향해야 하는 '비판'과 그 의의를 찾고자 한다. 이런 시각은 지난 수십 년 동안 지식인계의 논쟁거리였던 사회과학자의 적극적 사회참여 필요성과 정당성에 대한 담론과도 일정한 거리를 두고 있다.

우선 사회과학적 비판은 '다르게 생각하기'에서 출발한다. 즉, 널리 알려진 현상, 제도, 사상에 대해 다른 시각, 다른 접근, 다른 해석으로 사회과학적 조사 방향과 문제를 설정하는 데서 비판은 시작된다. 다수의 사람이 당연한 것으로 여기는 '상식', 더는 의심의 여지가 없다고 여기는 신념이나 통념, 그리고 오랫동안 전승해 온 사회적 범주에 대해 '거리 두기'를 할 때 비로소 사회과학적 연구의 실행이 가능해진다. 가령 역사학자가 시대착오적인 정보와 편견으로 점철된 기존의 지식에 대해 엄격한 사료 조사를 통해 과거의 사실을 재구성하면서 수행하는 현재의 관점과 시간적 거리 두기, 인류학자가 지리적·문화적으로 먼 집단에 대한 관찰에서 취하는 자문화 중심의 인식 및 지식 체계와 거리 두기, 사회학자가 사회현상을 분석하면서 자신의 시각이 의식적·무의식적으로 스며들어 있는 어설픈 '객관주의'와의 거리 두기 등을 대표적인 예로 들수 있다. 이처럼 다양한 방식의 거리 두기가 사회과학적 비판의 첫걸음이며 기본 원칙이라면, 그것은 철저한 학문적 조사(앙케트)와 정교한 분석에 기반할 때만 정당성을 확보할 수 있다. 일찍이 관찰 대상과 관찰자의 관계에 대한 막스 베버Max Weber의 가치중립성neutralité axiologique, 그리고 에밀 뒤르켐이 강조했던 예단, 편견, 단견 등 과학적 연구 이전의 엉성하고 설익은 개념과의 단절rupture avec la prénotion은 이런 거리 두기에 기초한 사회과학적 비판이라는 의미를 가장 간결하면서도 극명하게 보여 주는 표현이라고 할 수 있다.

사회과학에서 '비판'의 의미는 학계 동료들 간에 자유로운 토론을 통해 기존 연구에 대한 비판으로 전개되는 과정에서도 찾을 수 있다. 그것은 주제 구성의 적절성, 논지의 일관성, 방법론과 인식론의 타당성 등에 대해 연구자들이 서로 가감 없이 비판하며 소통하는 것과 일맥상통한다. 이런 의미의 비판은 사회과학계에서 가장 널리 알려진 원칙이며, 대개 이른바 주류 학계나 학파의 '중심부'에서 상대적으로 엄격히 적용하는 직업적·윤리적 기준이기도 하다. 학문적 완성도가 높은 연구 업적은 높은 수준의 비판적 담론으로 형성된 장場과 궤를 같이하며 연구 조사, 분석, 해석 과정에서 나타날 수 있는 '실수' 혹은 '오류'의 개연성에 대해 더 엄격하다. 특히 향후 다른 동료의 연구와 관련 연구 영역 전체의 학문적 자율성과 독립성을 향상하는 데도 이바지할 수 있다. 한편, 사회과학적 비판은 학계의 제도적 맥락에 크게 영향을 받는다. 학문적 활동과 관련된 제도에 따라 과학적 논쟁과 토론이 자유롭고 활발하게 이루어질 수도 있고, 때에 따라서는 오히려 그것을 제한하고 심지어 통제하는 기제로 작동하기도 한다. 현실적으로 연구 관련 인력과 예산을 관장하고 집행하는 기관뿐만 아니라, 전문가 집단, 시민단체, 일반 대중 등 여러 외부 압력으로부터 자율성을 확보하는 문제도 매우 중요하다. 또한 학계 내부에서 지배적인 위치를 선점하고 있는 그룹의 과도한 영향력을 어떻게 완화하고 민주적인 경쟁 관계를 만들어 가느냐도 여전히 민감한 문제로 남아 있다.

역사적으로 되짚어 보면, 이미 19세기에 실증주의를 표방하는 일부 담론에서 과학적 연구가 미치는 정치적·사회적 영향에 대해 완전히 무관심하지는 않더라도 적어도 중립적 가치론이 방법론적인 핵심 요건으로 제시되기도 했다. 그러나 순수 과학주의라는 원칙론적 인식과 주장은 실제 현실적 조건을 완전하게 극복할 수는 없었다. 가령 완전한 가치중립성을 표방하는 어떤 사회과학 연구 결과가 엘리트 계층이나 전문 관료 집단에서 기존의 제도나 정책의 한계를 지적하는 근거가 되기도 했고, 때로는 기존 질서의 모순에 대항하는 세력에게 지적 혹은 이론적 무기를 제공해 주기도 했던 사례는 무수히 많다. 일찍이 뒤르켐이 사회학 연구가 어떻게 사회적 질서와 밀접한 관련이 있는지 성찰해야 한다고 갈파했듯이, 인류학 연구도 먼 이국적 집단을 이해하는 데 머무르지 않고 인간과 사회에 대한 일반적인 현상을 설명하는 것을 지향했다. 역사학적 연구 또한 과거의 한 시대 혹은 한 사건을 넘어 현시대에서 사유가 가능한 폭넓은 역사적 인식의 틀을 제시하고자 했다.

이처럼 사회과학자가 사회적 책임을 인식한다는 것은, 연구를 통해 보여 준 논지나 개인적인 의견을 일반 시민들에게 강요한다는 뜻이 아니라, 사회 구성원들이 그동안 숨겨져 왔거나 충분히 드러나지 않았던 사회적 문제와 모순에 대해 정치적 상상을 펼칠 수 있는 공적 토론의 장을 만들어 낼 가능성을 성찰한다는 의미이다. 사회과학 연구에 대해 엄격한 지적 감시보다는 정치적·도덕적 감시가 더욱 사회적으로 주목받는 경우가 허다한데, 그것은 학계 외의 일반인이 학문적 연구 업적이 사회적으로 미치는 영향에 대해 의구심과 거부감을 드러내고, 또 학자들은 자신의 연구 결과를 사회적으로 남용하거나 정치적 도구화의 대상으로 삼을지 모를 '문외한'을 깊이 불신하기 때문이다. 그러나 역사적으로 볼 때, 사회에 대한 전문적인 정보나 지식이 사회과학자의 독점적 생산물이나 영역이 아니라, 사적 혹은 공적 영역에서 다양한 이해 당사자들의 경험에서 나오는 사례도 많다. 사회과학자는 학문적 성과를 통해 획득한 사회적 권위와 영향력을 학계 내부에서 자신의 권력으로 치부하는 것이 아니라, 그것이 어떻게 비판적 사회 기능으로 이어지는지를 고민해야 한다.

지금까지 살펴본 '사회과학적 비판'의 세 가지 접근, 즉 기존의 사회적 통념이나 과학적 지식에 대해 다르게 생각하기, 선행 연구에 대해 비판적으로 접근하기, 그리고 시민들을 위한 공론의 장을 활성화하기와 같은 역할은 각각 개별적 단계가 아니라, 실제 연구 작업 전 과정에서 총체적으로 성찰하고 실행에 옮겨야 하는 것이다. 사실 객관의 이름으로 탈사회적이고 무비판적 연구를 이상적 모델로 하는 순수한 '청정 과학'은 현실적으로 불가능하며 무의미하기까지 하다. 또한 비판적 사회과학 하기와 그 외 다른 과학적 접근을 완벽하게 구분할 수 있다는 믿음도 신화에 불과하다. 어쨌든 '비판하기'는 사회과학에서 여전히 피할 수 없는 문제로 남아 있지만 언제나 꼭 필요한 의제이기도 하다.

'비교하기': 비교 연구와 비판적 성찰

비교 없는 사회과학을 상상하기 어렵다. 일반적으로 비교하기란 관찰 대상 간에 상관성, 유사성 혹은 차이점을 찾아가면서 종국에는 차별성이나 특수성을 강조하고, 때에 따라서는 일반화 가능성을 모색하는 연구를 진행하는 과정이다. 또한 '비교'comparaison는 유용한 분석 자료와 도구이기도 하고 무엇보다도 중요한 사회과학적 접근 방식이기도 하다. 그러나 사회과학적으로 의미가 있는 적절한 비교 연구를 수행한다는 것은 쉽지 않은 작업이며 사실은 매우 복잡한 문제로 남아 있다. '비교하기'comparer 작업의 실행도 연구 대상과 목적의 설정에 따라 매우 다양하게 나타난다. 비교 연구에서 가장 난처한 경우는 시간 혹은 공간이 서로 다른 복수의 사건, 현상, 집단, 사회, 제도 등을 교차와 대조를 하면서 비교 분석할 때, 관찰 대상 간 지나친 불균형이 있거나 객관적으로 의미 있는 차이점이나 공통점을 도출해 내기가 어려울 때이다.

한편, 비교 연구는 단순히 관찰한 것을 묘사하는 데 그치지 않고 반드시 해석을 동반하기 때문에 성찰적인 작업이 될 수밖에 없다. 모든 과학적 분석이 주어진 사회적 상황 속에서 이루어지듯이, 어떤 해석도 역사적 맥락을 벗어날 수 없다. 사회과학적 비교 연구를 위한 성찰이란 기존의 다양한 설명 및 해석과 더불어 새롭고 창의적인 연구 결과를 놓고 교차 확인을 하는 복잡한 작업의 과정이다. 사실 모든 비교가 과학적 비교 연구의 정당성을 획득하는 것은 아니다. 비교 연구는 연구 실행 과정에서 끊임없이 비교 대상을 여러모로 고찰하면서 과거의 관련 연구 성과가 놓쳤던 것을 비판적으로 재평가하고 새로운 비교 가능성을 타진할 때만 가능해진다. 당연히 이 같은 비판적 접근은 관찰자 자신의 연구 대상과 방법에도 엄격하게 적용되어야 한다. 그것은 사회과학자가 관찰 대상을 인식하고 분석하는 방법도 비교를 통해 이루어질 수밖에 없다는 점에서 중요한 성찰 대상이 되기 때문이다. 따라서 관찰자 스스로가 모든 연구 과정에서 과학적 비교의 타당성을 확인하는 감시의 눈을 게을리해서는 안 된다. 또한 비교 연구에서 비판과 성찰적 접근이 반드시 동반돼야 한다는 것은, 과거에 전혀 의심받지 않았던 '유사함'을 찾아내고 오래전부터 이어져 온 통념 뒤에 숨어 있던 차이점을 밖으로 드러내는 작업을 실천하는 것이다. 이런 작업은 특이한 여러 사회적 현상을 인위적으로 '특별한 것'과 '보편적인 것'으로 나누어 단순 대립 관계로만 바라보는 것이 아니라, 그것들이 연속적으로 결합했는지, 점진적으로 차별화되었는지, 혹은 어떤 일반화 과정을 거쳐 왔는지를 세밀하게 관찰하고 분석하는 것이다.

그러므로 적절한 비교하기를 위해 유의해야 할 점을 다음 네 가지 접근 방식으로 구분해 살펴볼 필요가 있다. 첫 번째 접근은 연구자가 '비교 연구의 원칙'을 인식하는 것과 관련이 있다. 연구 과정에서 확인되는 수많은 관찰 및 조사 결과는 언제나 완벽한 정보나 지식으로 연결되지 않는다. 예컨대, 연구자는 사회적 현상이나 지적인 문제와 관련된 여러 조건을 분석할 때, 이미 '알고 있던 것'과 '모르고 있던 것', '분명한 것'과 '불분명한 것', '선험적인 것'과 '사후적인 것' 등과 같은 구분에 대해 확신하지 못하는 상황에 직면하는 경우가 많다. 사실 어떤 사회과학적 지식도 텅 비어 있는 사고의 틀에서 자연 발생적으로 생겨난 결과물이 아니다. 모든 지식은 사회적 신뢰를 획득한 정보가 긴 시간에 걸쳐 생성되고 작동하는 '지식 장'이 역동적으로 변화하면서 생겨난다. 따라서 사회과학자가 도출한 새로운 연구 결과는 오랜 시간을 통해 켜켜이 축적된 지식의 산물이라는 점을 인식하는 것은 매우 중요한 문제다. 또 바로 이런 이유에서 비록 과학적 정당성을 잃어버렸더라도 과거의 연구 결과물, 이론, 방법론 등을 소중히 다루어야 하며, 그에 대한 비판은 비교적 관점을 동반하게 마련이다. 이 같은 접근은 인간과 사회에 대한 현실 혹은 현상을 즉각적이고 단순하게 묘사하는 데 그치는 작업과 구분되고 학문 이외의 목적에 오염된 저널리즘과 같은 정치적인 의도 및 이해와 거리를 두는 방식이다. 이를 위해 사회과학자들은 서로 다른 시각을 교차·대조·비교하는 데 필요한 연구 방법과 논리를 개발하고 폭넓게 공유해야 한다. 결국 기존의 연구 결과에 대해 비판적으로 토론하고 소통하는 것은 모든 연구자의 일상적 양식이라고 볼 수 있다.

두 번째로 고려해야 할 비교하기 접근은 비교를 위해 동원할 변수, 도구 그리고 분석 틀을 세밀하게 짜고 분명하게 밝히는 것이다. 비교 연구자는 관찰 대상의 역동적 변화를 분석하고 적절하게 서술할 만한 도구를 만들어 내고 활용할 수 있어야 한다. 이를 위해 우선 비교 가능한 관찰 대상과 단위를 분명히 정해야 한다. 시간적 구분과 마찬가지로 공간적 구분은 비교를 위해 꼭 필요한 도구이다. 가령 역사적 시기, 사회적 집단, 문화적 행위는 각각 상응하는 역사적 시기, 사회적 집단, 문화적 행위를 발굴하고 비교 분석하면서 사회과학적 함의를 도출할 수 있어야 한다. 또한 비교 대상의 조사 및 구성 단계뿐만 아니라 비교분석 과정에서도 모든 정치적·사회적·문화적 조건과 더불어 역사적 맥락도 충분히 고려되어야 한다. 이런 작업이 결여된 비교 연구는 표면적으로만 드러난 관찰 대상 간 차이나 유사함을 마치 당연한 분석 결과로 여기는 환상만 부추길 것이다. 한편, 학계 권위에 대해 말하지 않거나 못하는 것을 마치 정당하고 자연스럽다고 믿게 만드는 경향이 있다. 특히 연구 진행 과정에 대한 침묵은 비판의 여지를 축소하거나 아예 없애 버릴 수 있다. 침묵이나 무비판 속에서 피어난 학문적 연구는 이데올로기 생산으로 변질할 개연성이 크다. 비교 작업에 동원되는 이론·원칙·기준·도구·과정 등을 포함하는 모든 연구 프로토콜을 숨기거나 왜곡하거나 불분명한 상태로 둔다면, 사회과학적 연구는 이데올로기 도구로 전락할 위험에 빠질 수 있다.

비교 연구에서 유의해야 할 세 번째 접근은 연구자 자신에 대한 성찰과 마찬가지로 관찰 대상과도 밀접한 관련이 있다는 점이다. 다시 말해 사회 구성원이 처한 상황과 행위도 그들 자신의 수많은 비교를 통해 이루어져 있다는 데 주목해야 한다. 비교하기가 매우 중요한 사회과학적 접근이라는 점에는 이견이 없지만, 그렇다고 연구자의 전유물도 아니라면, 당연히 행위자의 비교하기도 주요 관찰 및 분석 대상이 되어야 한다. 실제로 모든 행위자는 다른 행위자들과 다양한 방식으로 비교하면서 자신의 처지나 상황을 해석하고 인식한다. 개인이나 집단의 사회적 전략, 사회적 경험과 세계관을 담고 있는 지식, 담론의 생산과 수용 등 널리 알려진 주요 사회과학적 연구 대상에서 행위자의 비교하기라는 공통적인 변수를 쉽게 발견할 수 있다. 사회적 관계에서 개인의 위치, 사회적 유산과 소속, 개인 및 집단에 부여하는 의미와 가치, 세대 간 인식, 미래 세대에 대한 기대 등에 대한 모든 사회적 경험과 전망은 행위자들의 역동적인 비교 행위의 산물이다. 이처럼 '비교(한 것 또는 된 것)에 대한 비교'comparaisons de comparaisons를 통해 실행하는 정교한 객관화 작업은 어설픈 비교에서 흔히 나타나는 고상하고 세련된 미학적 견해나 교조적인 실증주의로 포장된 냉소적 태도와는 전혀 별개의 문제이다.

마지막으로 '적절한 비교'의 가능성과 조건에 대한 문제가 남아 있다. 비교 대상의 크기, 성격, 기준 등이 동일하지 않을 때, 혹은 비교할 만한 최소한의 유사성이 없을 때, 과연 비교 작업이 가능할까? 모든 사회에서 비교 불가능한 어떤 '객관적' 사실이 존재하며 모든 문화에서는 저마다 고유한 가치가 있다는 자기중심주의적 가치관을 쉽게 접할 수 있다. 이런 인식은 결국 특수한 가치를 가진 어떤 대상을 다른 가치 체계에 기반한 것과 비교할 수 없다는 가정으로 이어진다. 이럴 경우, 어떤 사회적 믿음이 더욱 신성하다거나, 어떤 지역이 훨씬 더 복잡한 변화를 겪었다거나, 어떤 문명이 더욱 발전했다거나, 어떤 미적 감각이나 취향이 상대직으로 너 고급스럽다는 등의 사고방식이 정당화될 위험이 있다. 이 책의 모든 저자에 따르면, 이런 방식의 인식과 접근은 단순히 잘못된 것이 아니라, 시도 자체가 적절하지 못하다. 이처럼 외부 이데올로기로 가득 찬 담론과 사고 체계를 피할 수 있는 적절한 비교 연구는 관찰자와 관찰 대상자의 비교 행위와 조건을 동시에 성찰하고 교차 분석하는 방식이다. 예컨대 서로 다른 문화적 상호작용 사례를 기계적으로 비교하기보다는, 오히려 주어진 어떤 상황에서 각 문화권 내부에서 작동하는 평가 기준이나 가치 부여 원칙을 둘러싼 복잡한 형태의 위계질서에 대해 역사적·사회구조적 차이점을 서로 비교 분석하는 것이다. 이런 접근 방식을 통해 '선진'과 '후진'이라는 단순하고도 순진한 사회발전론에 기초한 근대성 이론과 가정을 걸러 내고 극복할 수 있다. 더 나아가 정당한 가치관과 세계관을 둘러싼 행위자들 간 이해관계나 처지를 비교 분석하고, 이와 동시에 관찰자 자신의 가치판단이 개입할 수 있는 개연성을 성찰적으로 되돌아볼 때, 비로소 객관화 작업을 실천하기 위한 사회과학적 도구와 틀을 만들고 공유 가능성을 타진할 수 있다. 비교 연구자는 인위적으로 만들어진 동일한 가치 체계에 기초한 접근을 하지 않아야 하며, 분과 학문이나 전문 분야가 무엇이든지 간에 개별 관찰 대상 내부에서 작동하는 다양한 시각을 반드시 성찰적으로 교차 분석해야 한다.

'일반화하기': 일반성과 보편성의 경계에서

모든 과학적 접근이 일반적 현상에 대한 이해를 지향한다는 점에서 '일반화하기'généraliser라는 작업은 사회과학적 연구 방법론과 인식론의 중심에 있다. 서양 역사의 기준으로 볼 때, 관찰과 실험을 통해 정보를 획득하고 분석하면서 일반적 결론에 도달하는 과정은 근대적 자연과학이 정립되는 시기에 비로소 체계화되기 시작했다. 뒤늦게 출발한 사회과학도 이런 기준과 방법을 준용하며 서서히 성립되었다. 비록 사회와 인간을 대상으로 하는 사회과학의 특성상(예컨대, 관찰 대상과 관찰자의 경계와 구분의 한계), 그 과정과 성격이 다르게 나타났지만, '과학'이라는 의미를 둘러싸고 있는 핵심적인 원칙과 추구하는 가치는 자연과학과 근본적으로 다르지 않았다. 그러나 사회과학에서 객관적인 분석과 이해, 이른바 '과학성'을 담보하기 위해 널리 알려진 작업 중 하나인 '일반화'의 가능성과 구체적인 접근 방식은 여전히 풀기 어려운 숙제로 남아 있다. 더군다나 사회과학자들이 일반화하기를 위해 동원하는 기술적 도구의 성격과 이용 방법, 연구 취지와 목적, 그리고 실행 방식도 매우 다양할 수밖에 없다. 이와 같은 전망에서 사회과학적 일반화 작업génération을 일반적 법칙을 도출하면서 최대한 통합적이고 전체적으로 관찰 대상을 이해하려는 시도finalité nomothétique라고 이해한다면, 바로 이에 따른 어려움 또는 오류 가능성을 논하면서 적절한 일반화의 가능성에 대해 성찰해야 한다. 그 어려움이란 일반화 작업 과정을 거친 분석과 해석이 반드시 사회과학적으로 의미 있는 논지와 일치하지 않을 수도 있다는 문제 제기이며, 크게 다음 세 가지로 요약될 수 있다.

첫 번째 문제 제기는 사회과학의 고유한 특수성과 관련이 있다. 자연 현상에 대해 실험과 관찰을 통해 어떤 일반적인 법칙성을 발견하는 자연과학과 달리, 사회과학에서는 연구자와 연구 대상이 역사적·사회적으로 가변적인 상황에 놓여 있는 데다, 실험은 윤리적 차원에서 제한된 가운데 현실적으로는 관찰과 조사에 의지하는 경향이 자연스럽게 자리 잡았다. 결국 여러 현실적 한계가 상대적으로 더 많을 수밖에 없는 사회과학자에게는 사전에 분석 대상을 적절하게 구성construction de l'objet d'analyse하고 치밀한 연구 수행 전략을 짜는 작업이 더욱 중요해졌다. 그런데 사회현상(가족, 경제, 종교, 언어, 예술 등)을 연구 대상으로 일반화 작업을 수행할 때 필요한 관찰 대상의 단위를 구분하고 분류하기는 결코 쉬운 작업이 아니다. 가장 널리 알려진 사회과학적 일반화하기가 적절한 비교가 가능한 복수의 관찰 대상을 찾아내고 그것을 서로 교차, 대조, 비교 분석을 하면서 시간적·공간적으로 차이를 관통하는 공통적인 특징이나 원리를 이해하기 위한 작업이라면, 그렇게 작업한 일반화 génération가 어떤 법칙성lois을 도출하는 데 이르지 못하고, 일반성 généralités, 다시 말해 흔히 일상적으로 일어나고 자주 관찰될(할) 수 있는 평범한 것banalités을 보여 주는 데 그치는 경우가 허다하다. 가장 가시적인 '현실'이 사회적 '현상'이며, 가장 현실적인 사회현상이 곧 일반적인 설명과 이해의 원천이고 사회과학적 연구 결과물이라고 오인하게 되는데, 이같이 단순하면서도 협소한 인식은 사회과학적 오류를 키운다. 이런 지적 함정을 피하고자 한다면, 자살률처럼 한 시대, 한 사회에서 관찰되는 구체적인 사례에 관한 정교한 연구에서 출발해 비교 분석과 일반화 작업을 수행해야 한다는 뒤르켐의 주장을 상기할 필요가 있다.

일반화 작업의 또 다른 문제는 모든 관찰 대상 자체에 고유한 속성이 있다고 인식하고, 이런 속성을 인간 사회에 공통된 어떤 '근본적인 것'(원리, 법칙, 이론 등)에서 일반성을 찾아냄으로써 이해하려는 시도와 관련이 있다. 이처럼 어떤 사회적 현상을 다른 시간과 장소에서도 관찰할 수 있다고 여기는 관점은 기원origines을 찾아가는 접근 방식과의 구분이 모호해져서 원시적인 것에 대한 과도한 상상력을 자극하며 일종의 지적 신기루mirage primitif를 부추기기도 한다. 사실, 이미 베버나 뒤르켐과 함께 시작된 현대 사회학의 탄생 과정이나 1960년대에 나타난 구조주의적 인류학에 커다란 영향을 미쳤던 이 같은 접근은 모든 인간 사회에서 공통으로 관찰되는 삶과 행동 양식(언어, 종교, 가족, 상징 등)의 가장 기초적인 작동 원리를 찾아가는 방식이다. 즉, 가장 단순한 사회적 조직과 제도가 작동하는 '먼 나라'의 이국적인 집단에서 직접 관찰하고 초기 인간 사회에서 일반적으로 나타나는 현상을 분석하면서 오늘날 우리 사회의 근본적인 모습과 원리를 이해할 수 있다는 인류학의 야심적 접근이다. 하지만 관찰자가 속한 문화와 사회에서 아주 멀리 떨어진 '원시적 공동체'에서 인간과 사회의 기원에 대한 비밀을 발견하려던 시도는 역사적 불확실성과 사회적 역동성 앞에 한계를 드러낼 수밖에 없었다. 어떤 사회도 역사에서 벗어날 수 없으며, 사회적인 모든 것은 역사적 과정의 산물이기 때문이다. 모든 사회적 현상, 사건, 제도 등이 역사적 부침과 성쇠 속에서 나타난 한 시대의 고유한 결과물이라면, 사회과학적으로 일반화의 의미는 무엇이고 도대체 가능한 작업의 영역이냐는 질문을 피할 수 없다. 그렇지만 이런 한계에도 불구하고 일반화하기 패러다임이 오늘날 여러 분과 학문(사회학, 인류학, 언어학, 경제학 등) 연구자들에게 객관화 작업을 위한 소중한 인식론적·방법론적 도구를 남겼다는 것도 분명한 사실이다.

일반화 작업에 내재한 세 번째 문제 제기는 '일반화하기'généraliser와 '보편화하기'universaliser가 어떤 관련성(유사성, 차이 혹은 구분)이 있느냐는 질문과 맞닿아 있다. 위에서 살펴본 '기원'에 방점을 둔 접근에서는 '일반화'란 인간 사회에서 공통으로 관찰되는 특징(자질, 행위, 규칙 등)을 통해 '보편적인 것'을 찾아가는 작업과 동의어로 간주한다. 이런 접근은 '일반적인 것'général이 '보편적인 것'universel이라는 믿음에 근거하고 있다. 반면에 역사적 변동성과 문화적 다양성을 강조하는 접근에서는 일반화와 보편화를 구분하면서 일반적인 것과 보편적인 것은 모두 사회적 산물이라는 점에 주목한다. 가령 한 사회에서 일반적으로 통용되고 있는 개념, 이론, 사상, 제도 등은 각각 특수한 사례의 (대개 지배계급에 의한 혹은 유리한) 보편화 과정을 거쳐서 생겨난 사회적 과정의 결과물이지, 그 자체가 보편적인 의미가 있지는 않다는 것이다. 이처럼 서로 다른 두 가지 접근 방식은 일반화 작업에 대한 적절한 실행 가능성을 두고 전혀 다른 태도를 보인다. 예컨대 어떤 유사한 사회적 현상이 복수의 집단에서 시차를 두고 발생할 때, 각 집단이 처한 문화적·지리적·사회적 맥락의 특수성에 초점을 두는 분석과 관련 현상의 일반성을 강조하는 분석 사이에서는 언제나 인식론적 거리와 차이가 확연히 드러난다.

그러나 사회과학자에게는 일반화 작업의 한계와 관련된 여러 논쟁점을 충분히 인식하는 것이 매우 중요하다. 바로 이런 관점에서 이 책의 저자들은 저마다 분과 학문이나 학파가 다를지라도 경험적 연구의 필요성과 역사적·사회적 맥락의 중요성을 강조함과 더불어, 실제로 동원하고 실행할 수 있는 방법론을 통해 '부분적인 일반화'généralisations partielles를 위한 다양한 접근에 무게를 두고 있다. 이와 동시에 일반화 작업에 필요한 기존의 분석 도구(이론, 방법론, 인식론)의 문제점을 비판적으로 되싶어 보면서 새로운 도구를 개발하고 적절한 적용의 가능성을 끊임없이 타진해야 한다고 역설하고 있다. 이를 달리 말하면, 사회과학적 일반화의 의미를 사회현상에 대한 일반적인 이해를 지향하는 작업에 내포된 여러 한계를 극복하기 위한 부단한 시도dépassement perpétuel에서 찾아야 한다는 것이다.

이 책의 한글본은 프랑스에서 공부한 다섯 명의 사회과학자가 각각 두 편씩, 원서 세 권의 30개 논문 중 총 열 편을 선정하고 한 권의 번역본으로 다시 엮은 것이다. 논문 수는 비록 제한적이지만 세 권의 원서에 골고루 분포되어 있어서 원저자들의 편집 의도와 방향을 유지했다. 한글본 발간을 위한 논문 선정, 재구성, 번역 등 모든 과정에서 프랑스 출판사 담당자와 일부 원저자, 그리고 한국 출판사인 후마니타스의 편집자와 긴밀한 협의를 함으로써 원저자의 텍스트를 존중하면서도 한글 가독성을 최대한 높이도록 노력했다. 끝으로, 이 자리를 빌려 책이 나오기까지 참여하고 도움을 주신 모든 분께 심심한 감사의 마음을 전한다.

이길호

편집자 주

김태수 옮김

　최근 프랑스 사회과학의 경향에 관심이 있는 독자들의 의문에 『사회과학 하기』*Faire des sciences sociales* 집필에 참여한 저자들은 그 대답을 제안하려 한다. 모두 프랑스 사회과학고등연구원EHESS 출신인 저자들은 자신들이 속한 학과나 대학, 연구소를 대표해 글을 쓴 것은 아니다. 이들은 자신이 속한 학과 및 연구 분야의 고유한 지적 환경에서 자신이 진행하고 있는 가장 독창적인 연구를 소개한다. 저자들은 모두 선행 연구자 세대를 계승해 현재 가장 활약하고 있는 중견 학자들이다. 우리는 최근 연구 동향 및 현재의 연구 추세를 변화시키는 지적 맥락을 강조하고자 이른바 원로 학자의 참여를 배제하고 이 책을 구상했다.

　1960, 70년대의 전성기, 그리고 이 시기에 비하면 조용하지만 나름의 연구 성과를 거둔 2000년대 사이에 많은 것이 바뀌었다. 새로운 연구 영역이 개척되고, 지식 교환의 세계화와 연구의 민주화에 맞추어 새로운 방법론과 지적 준거가 탄생했다. 이 책에 엮은 논문들은 사회과학의 프로젝트, 개념화 및 방법론을 역사적 발전 과정의 한순간에 고착하려는 담론들을 부인한다. 저자들은 여기에서 선언서 형식의 인식론적 입장 표명을 지양하고 각자가 현재 실행하고 있는 연구의 구체적 사례를 있는 그대로 드러내려 했다. 이 글들이 세상을 이해하고 이를 바탕으로 세상을 바꾸려는 사람들에게 필요한 열쇠를 제공하기를 희망한다.

　회의와 자기비판을 거듭한 지난 20년을 뒤로하고 사회과학 각 분과에서는 각자의 한계를 더욱 명확하게 이해하고 학문적 사명을 날카롭게 인식함으로써 연구에 관한 확신을 회복했다. 이 책은 저자들의 성찰 가운데 세 가지 핵심 주제를 다룬다. 주제들은 서로 분리되지 않고 하나의 총체를 이루며 각각의 학문에서 연구를 관장하는 양식을 풀어낸다. 우선 '비판하기'이다. 성찰적인 통찰력은 전문 지식이 빠질 수 있는 순진한 확신을 한 번 더 의심하게 만드는 훌륭한 해독제이다. 다음은 '비교하기'이다. 단일 연구 사례에만 집중하는 태도로는 설득력 있는 결과를 도출할 수 없다. 마지막으로 '일반화하기'이다. 과학적인 연구의 중심에는 사례연구에서 출발해 종합으로 이행하는 문제가 노정된다. 세 가지 주제는 사회과학의 길을 인도하는 세 가지 핵심 노선인 셈이다.

『사회과학 하기』는 다음 편집위원회가 고안하고 출판 책임을 맡은 공동 저서이다.

- 편집위원회 : 에마뉘엘 데보Emmanuel Désveaux, 미셸 드포르넬Michel de Fornel, 파스칼 하그Pascale Haag, 시릴 레미외Cyril Lemieux, 크리스토프 프로샤송Christophe Prochasson, 올리비에 르모Olivier Remaud, 장-프레데리크 쇼브Jean-Frédéric Schaub, 이자벨 티로Isabelle Thireau
- 편집 책임 : 안 베르트랑Anne Bertrand

Critiquer

제1부
비판하기

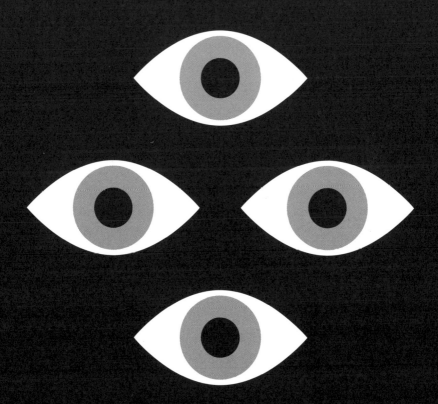

Faire des sciences sociales

제1장
역사 서술 범주의
비판적 사용을 위한 고찰

장-피에르 카바이예

김태수 옮김

역사학자 장-피에르 카바이예는 이 글에서 원전 또는 사료에 내장된 범주화 투쟁을 역사적 실체의 구성 요소로 보고 이를 주요 연구 대상으로 삼았다. 특히 역사적 실체는 본질적으로 개인과 집단 간에 언어를 통해 표출되고 작동하는 갈등적 관계(또한 협상과 타협)의 산물임을 밝힌다. 저자는 17세기 초 프랑스에서 처음 나타난 '리베르탱', 그리고 17세기 중엽 영국 사회에서 발생한 '레블러'라는 명칭을 둘러싼 논쟁을 구체적인 연구 사례로 제시한다. 첫째 범주(리베르탱)에 대한 고찰을 통해 원전에서 나타나는, 다양하고 논쟁적인 이 범주의 사용을 추적하면서 물신화된 범주를 비판적으로 분석하며, 둘째 범주(레블러)를 다룬 연구에서는 앞의 경우에서 드러나는 현재적 현상, 특히 모욕적인 호칭이 정체성 수용으로 전환되는 과정을 조명한다. 역사학 고유의 인식론에 머물지 않고 언어학(사회언어학)과 사회학(상호작용 이론)의 관점을 적극적으로 채택한 저자의 분석은 본질적으로 성찰적이다. 이를 통해 역사학자가 자신이 사용하는 범주의 존재와 내용이 과거 갈등 상황에서 급조되어 갈등적 상호작용에 사용된 명칭이라는 사실을 잊는 경향에 대한 강력한 해독제를 제시한다.

◇

역사는 보편성을 통해 개별성을 서술한다.

– 폴 벤, 『역사를 어떻게 쓰는가』(Veyne 1971).

이 글에서는 모든 역사가가 봉착하는 중요한 문제인, 과거를 서술하는 문제, 특히 역사학자의 연구 대상인 사회적 행위와 사회집단을 묘사하는 데 사용하는 범주에 관한 문제를 다룬다. 이 문제와 관련해 두 가지 지배적 관점이 있다. 우리는 이를 각각 실재론적 관점과 명목론적 관점이라고 칭할 수 있으며, 이 두 관점은 중세 시대부터 서로 대립하며 논쟁을 촉발했지만 여기서는 양자 모두 출구가 없는 길로 간다는 점만 간단히 밝히고자 한다. 첫째 관점은 그다지 이론화되지 않았지만 가장 많이 사용되는 관점일 것이다. 이에 따르면 역사가가 채택한 범주는 역사적 사실의 구조화 및 구성과 정확히 일치해야 하고 또 일치될 수 있다. 둘째 관점은 '해체주의적 관점'으로 칭할 수 있으며(방법론상으로는 필연적으로 회의적 관점으로 볼 수 있다), 분명히 더욱 숙고되고 성찰적인 관점이다. 이 관점은, 사학자가 사료史料에 남은 담론적 구성을 그대로 받아들여 과거의 용어를 재사용하면 과거 행위자들이 당시 갈등이 일어나던 상황의 필요에 의해, 그리고 대중을 설득하고자 작성된 날조와 술책에 말려들 위험을 주시한다. 이 같은 두 가지 상반된 입장의 대립, 즉 과거의 실체가 구조화되는 방식에 부합된다고 믿는 범주의 설정 또는 식별을 통해 역사적 진실을 도출한다는 입장, 그리고 이런 범주가 오히려 역사적 실체(이것이 존재한다고 가정하면)로부터 우리를 멀어지게 하고 가식의 세계 속에서 방황하게 만드는 올가미이므로 이를 단죄해야 한다는 입장 사이에서 우리는 제3의 길을 모색하려 한다. 이 시도는 원전原典에 나타나는 범주화 투쟁luttes de catégorisation을 역사적 실체의 구성 요소로 간주해 연구 대상으로 삼는 작업이다. 이는 역사적 실체가 본질적으로 개인과 집단 간에 언어를 통해 표출되고 작동하는 갈등적 관계

(또한 협상과 타협)의 산물임을 진지하게 받아들이는 입장이기도 하다. 또한 특정 세력이 적대 세력에게 특별한 호칭을 붙이고 자신들에게는 다른 호칭을 붙이는 시도를 정밀하게 추적하는 작업이며, 과거에 존재한 사회집단을 고착화하는 오류뿐만 아니라 이와 유사한 논리로 과거 행위자들이 별 근거 없이 칭한 용어들을 무비판적으로 취하는 오류를 피하는 길이기도 하다.◆

내생적 역사 서술 범주

역사가들의 범주화 작업은 이들이 사용하는 용어를 통해 이루어진다. 이 용어들은 원전에 있는 그대로 채택되거나(내생적), 현재의 담론과 지식 세계에서 차용된다(외생적). 역사가들은 대체로, 특히 개념 정의를 시도할 때 이 두 가지 유형의 개념 중 하나를 선택한다. 예를 들면 앙시앵 레짐 시대의 '변태'sodomites를 '동성애자'homosexuels로 지칭하거나, 마르크스주의 역사가들이 구체제의 '걸인'gueuserie을 '룸펜프롤레타리아'로 재정의하는 식이다. 한편, 과거의 범주를 현대적으로 해석하고 명확하게 밝히려는 범주 재정의 작업에 대한 비판이 제기되어 왔다. 실제로 16세기의 법률 용어에서 소도미sodomie◆◆ 범주는 오늘날의 동성애보다 훨씬 광범위한 개념이며, 또 산업화 이전 시대에 존재한 걸인도 하급 프롤레타리아로 쉽게 간주할 수 없다고 알려져 있다.

그렇더라도 원전에 있는 범주를 역사 서술에 그대로 재사용하는 경우에 제기되는 인식론적 문제도 심각하다. 여기에서 우리는 사료에 쓰인 명칭이 후대 역사 서술에 그대로 차용되어 인간 집단을 명명命名함으

◆ 이 글에서 전개될 아이디어는 '문학사 간학문 연구회'가 "글쓰기와 행동"Ecriture et Action (2005~09)이라는 주제로 사회과학고등연구원EHESS에서 개최한 세미나에 빚진 바 크다.
◆◆ [옮긴이] 어휘 사전에 따르면 항문 성교를 가리킨다.

로써 발생하는 범주화로 말미암아 제기되는 문제에 집중할 것이다. 사실 사료에 나타나는 범주, 즉 당시의 지배적(관습적·종교적·도덕적·정치적·이념적 등) 규범을 전복한다는 이유로 특정 사회집단을 분리해 낙인찍거나 객관화[대상화]하려는 의도로 만들어진 범주들에 의존하지 않고는 역사 서술이나 역사적 분석은 거의 불가능하다. 단번에 모욕적 의미(돼지)를 띠는 '마란'marrane◆이라는 용어, 또는 르네상스 시대에 사보나롤라◆◆에 반대한 메디치파를 '분노파'arrabiati로 지칭했다가 이후 프랑스혁명기에는 급진파를 칭하는 데 재사용된 '분노파'enragé라는 용어◆◆◆를 예로 들어 보자. 이런 경우, 명칭은 공개적인 비난을 위한 매개체이며 그 대상을 겨냥한 도전, 도발 또는 모욕의 표식이다. 모든 경우에 명칭은 갈등 상황에 쓰이는 무기이자 식별화 장치이며, 이를 통해 특정 집단을 구성하고 고안하는 기제가 된다.

여기서 시도할 성찰은 우선 (자기)비판적 방식을 취한다. 우리는 역사가가 자신이 사용하는 범주의 존재 및 그 내용이 과거 갈등 상황에서 급조되어 갈등적 상호작용에 사용된 명칭이라는 사실을 잊는 경향이 있음을 강조한다. 이런 비판 또는 자기 성찰은 발견적인heuristique 장점을 지니고 있다. 사실, 명칭에 주목한다는 것은 역사적 실체로부터 우리를 멀어지게 하는 것이 아니라 정반대로 이에 우리를 근접시킨다. 이 작업은 인간의 행동과 실천의 역사로부터 분리된 용어, 재현 또는 개념의

◆ [옮긴이] 스페인어 'marrano'(돼지)에서 유래했다. 이 낱말은 '가톨릭에 개종한 유대인 또는 무어인(북아프리카 출신)'을 의미한다. 마란은 돼지고기를 혐오하는 이들을 비난하는 속어이다.

◆◆ [옮긴이] 지롤라모 사보나롤라Girolamo Savonarola는 이탈리아의 신학자이자 도미니코회 수도사로 르네상스 시대의 대표적인 종교 개혁가이자 정치사상가이다. 엄격한 도덕주의를 표방해 물욕과 퇴폐에 물든 피렌체의 개혁에 나섰으나 메디치가의 반격을 받고 가짜 예언자로 몰려 1498년 시뇨리아 광장에서 화형에 처해졌다.

◆◆◆ [옮긴이] 이탈리아어 'arrabiati'와 프랑스어 'enragé' 두 단어 모두 '화난 사람'을 뜻한다. 여기서는 두 단어가 특정 정치 세력을 지칭하기에 모두 '분노파'로 번역한다.

역사 속에 우리를 가두는 것이 아니라, 사회에서 인간 삶의 구체적 실체를 구성하는 상호작용에 전적으로 참여하는 언어 행위인 명명화와 범주화의 실천을 다루는 사회사社會史에 우리를 연결시킨다. 논쟁적인 지칭 행위는 역사의 행위자들이 연루된 사회적·문화적·이데올로기적 갈등, 그들의 불안정한 지배 관계, 각각의 차이와 불화 속에서 이들을 연결하는 일시적인 동맹과 타협 등의 역동성을 구체적이고 경험적으로 파악하게 하기 때문이다.

명명의 사회언어학과 낙인 이론

갈등 관계의 중심에 놓인 사회집단의 지칭에 관한 문제를 다룰 때 의미 생성학praxématique의 명명 이론은 제대로 적용된다.

명명하는 것은 대상에 대해 단순히 자신을 위치하는 것일 뿐만 아니라 이 대상의 다른 지칭에 대한 자신의 입장을 취하는 것이며 이를 통해 발화자들은 또한 서로 상이한 입장을 취한다. 즉, 이는 다른 발화자들과의 관계에서 자신을 위치하는 것이기도 하다(Siblot 1997, 55).

모든 명명 행위에서 각각의 행위자-발화자는 그 대상이 무엇이든지 간에 대상에 대한 입장을 취하는 동시에 다른 발화자들에 대해서도 자신을 위치한다. 더구나 명명된 '대상'이 언어의 주체, 개인 및 인간 집단인 경우에는 더욱 그렇다. 이 같은 사회적 실천으로서 명명을 보는 접근법은 명칭이 지속적인 갈등과 상호작용의 대상이며 동시에 (발화자의 위치에 따른) 사회 공간과 시간 속에서 그 의미가 극도로 변화한다는 점을 매우 효과적으로 묘사한다.

이 접근법은 명명 행위를 실체에 대한 단순한 이름 붙이기로 간주하는 관점과 정면으로 대립한다. 소쉬르적 기호를 대체하는 '프락셈'praxème*이라는 개념이 이를 증명한다. 이 개념은 의미의 생산이 언어적 실천, 즉 형식주의적 관점과 달리 인간의 다른 모든 실천과 연결되어 있는 사회적 실천 속에서 이루어진다는 점을 보여 주고자 고안되었다('프락셈'은 '의미 생산의 도구'로 정의된다). 따라서 의미 생성학에서는 명명 행위를 각기 사회적으로 위치한 발화자 간의 상호작용 속에서 이해한다. 이런 상호작용은 발화자 사이에서 지속적인 재교섭과 조정을 일으키지만 본질적으로 갈등적이다. "언어적 실천에 속하는 의미 생산은 다른 사회적 실천과의 관계 속에서 작동되는 한편, 역으로 후자를 규정한다."고 주장하는 의미 생성학 이론가들은 '현동화'現動化, actualisation라는 개념으로 사회생활 과정에서 즉각적으로 행해지는 명명 행위를 지칭한다.

이 주장은 언어학자가 인터뷰한 로데브Lodève 광산의 한 파업 광부가 '우리'mêmes, 즉 자신과 함께 적극적으로 파업을 선택한 '파업 노동자들'과 '저들'autres, 즉 모든 '다른' 노동자들인 '교활한 놈들'renards ― '파업에 참여하지 않는 자들'renardas과 '수동적으로 참여하는 자들'renardous을 포함한다 ― 을 갈등적으로 명명하는 사례에서 명확하게 나타난다. 저자는 이런 명명 행위를 통해 명확하게 나타난 범주화 차이, 즉 피설문자(파업 노동자)의 담론과 범주화를 무시하고 언어학자가 일상적으로 채택하는 지배적 담론이 강제하는 파업 노동자와 비파업 노동자라는 범주의 차이를 확인해 준다(Bres 1993, 55).

사회집단에 대한 명명 현상과 이것이 역사 서술에 미치는 영향을 연구하는 데서 하워드 베커Howard S. Becker가 고안한 일탈에 대한 상호작용 이론은 명명에 관한 의미 생성 이론에 소중한 이론적 보완을 제시한다(Becker 1985). 저자는 흔히 '낙인(찍기) 이론'labelling theory으로 알려진 그의 이론이 현재 남용되고 있다고 말한다. 이 이론에 따르면, 실제로 일탈을 지칭하는 행동은 이미 구성된 실체에 대한 딱지 매기기가 아니라

---

* [옮긴이] 'praxème'은 'praxis'(행동, 실천)와 'semeion'(의미)이 조합된 낱말이다.

(게다가 이 이론이 딱지를 통해 사회적 실체를 생산한다는 세간의 비판도 잘못된 것이다*) 사회적 상호작용의 결과로 파악한다. 즉, 그의 이론은 낙인찍기와 이에 동반되는 억압, 배제 또는 소외시키기 등의 행동을 통해 일탈 집단이 구성되며, 더 정확히 말하면 재구성된다는 점을 밝히고 있다(대체로 이 집단은 낙인찍히기 전부터 이미 다른 형태로 존재하기 때문이다. 아래 논의를 참조).

"일탈자는 일탈자 낙인이 성공적으로 찍힌 자이며 사회가 특정 행동에 일탈의 낙인을 붙이면 그 행동은 일탈 행동이 된다."고 베커는 서술했다(Becker 1985, 33). 다시 말해, 일탈자는 그 자체가 본질적으로 일탈자가 아니라 주어진 사회에서 알코올의존자, 불량배, 이단자 등과 같이 일탈자로 낙인찍힌 자이다. 그리고 베커는 일탈을 칭하는 '낙인'은 절대로 완전한 합의의 대상이 아님을 강조한다. 왜냐하면, 우선 일탈자는 일반적으로 자신이 비난받는 일탈 행위의 전부 또는 일부에 대해 항의하기 때문이다. 또한 동일한 낙인찍기, 즉 동일한 명칭이 발화자에 따라 상이한 개인이나 집단을 지칭하는 경우가 있으며, 오히려 '낙인찍는 자' 자신에게 되돌아올 수도 있기 때문이다. 게다가 낙인은 매우 지독하게 또는 매우 관대하게 사용될 수 있으며, 때로는 아이러니하게도 어떤 자부심을 공개적으로 표명하는 용도로 변신하기도 한다. 일례로, 이른바 '게이 프라이드'gay pride 시가행진이 생긴 배경에는 원래 과거 영국에서 지나치게 '자유로운' 성적 행동을 비웃는 데 사용되다가 이후 동성애자를 지칭하게 된 '게이'라는 낙인을 긍정적 의미로 전복하려는 동성애 단체의 노력이 있었다.

그러나 일탈 현상에는 일탈을 지칭하고 명하며 스스로 일탈자 사냥을 자임한 자들('윤리 기획자들'entrepreneurs de morale), 일탈자로 지명된 집단

---

* 이 문제에 대해 리오넬 라카즈Lionel Lacaze의 논문(Lacaze 2008)을 참조. 그의 논문은 미국의 상호작용학파 시기부터 현재에 이르기까지 이른바 낙인 이론을 둘러싼 논쟁들을 재조명하며 시작된다.

들(이들은 이런 공격에 끊임없이 반응하며 자신을 재정의한다), 그리고 최종적으로 일탈을 인정하고 그 억압에 동의하거나, 반대로 도덕적 개혁의 기획을 불허하고 무산시킬 수 있는 이들이 속한 사회 전체로 구성된 세 개의 당사자 간 지속적인 상호작용이 연계되어 있음을 베커는 특히 강조한다. 그러므로 모든 경우에 "상황에 개입된 모든 당사자와 이들의 관계를 연구 대상으로 삼는 것"이 매우 중요하다(Becker 1985, 224).

'명목론'의 함정

일탈에 관한 상호작용론적 관점은 낙인찍기, 즉 논쟁적 명명에 주목한다. 우리는 이 관점을 통해 '실재론'에 반대한다는 기치 아래 명칭은 단지 명칭에 불과하다는 관점, 즉 명칭을 오직 허위적 재현으로 치부하면서 명칭에 내포된 역사적 실체 만들기의 동적인 과정에 눈감는 수정주의 경향(우리는 이 용어에서 부정적 의미를 제거한 중립적 의미, 즉 정사正史로 인정된 역사 서술에 반해 새롭게 역사를 쓰려는 의도로 사용한다)을 피할 수 있다. 이 입장은 명칭의 보편성을 상정한 '실재론적' 이론을 단순한 용어 배열로 폄하하면서 모든 현실의 개별적 본성을 강조하는 중세의 '명목론'과 아무런 관련이 없음에도 종종 '명목론'이라는 이름으로 비판받는다.♦

예들 들면, 오늘날 이 명목론은 이단을 다룬 일부 연구의 관점에서 잘 나타난다. 이에 따르면, 이단은 권력에 의해 일방적으로 '날조'invention된, 실체 없는 허상에 불과하다. 물론 "명목론을 과도하게 전개하려는 것이 아니라 다만 '이단'과 관련해 (이단으로 지칭되는) 대상을 (이단으로) 고착화하는 수단으로서 말의 효과를 강조"하려는 관점에 불과하다고 주

♦ '명목론'은 '수정주의' 또는 '실증주의'와 마찬가지로 역사 서술 담론 내부 논쟁의 범주로서 연구 대상이 될 만하다.

장하는 쥘리앵 테이Julien Théy에게 동의할 수 있다(Théy 2002, 105). 그의 연구에서 이단은 성직자들과 재판관들의 담론이 만들어 낸 "산물"로, 심지어 "텍스트 차원의 구성물"로 제시된다. 이렇게 해서 이단자들을 식별하는 행위와 이단의 특징에 관한 묘사는 특히 — 비록 전적으로는 아닐지라도 — 성직자들과 교황청의 고민, 강박증, 환상 및 전략과 연관된다. 그런데 이 관점에서는 이단으로 지목된 집단이 이런 도식 위에서 피동적 희생자로 그려지고, 교회 권력이 지목한 이 집단의 '오류'와 무관할 뿐만 아니라, 오히려 이들의 무기력과 보수적 태도(예컨대 성직자와 평신도 간의 엄격한 분리를 주장하는 새로운 그레고리안 모델에 대한 거부♦)가 문제일 뿐 모든 이단적이고 일탈적인 행동 및 신념과는 관계없는 집단으로 상정된다. 결국 이단자는 교회 권력과 중세 법원이 일종의 백지 위에 마음 내키는 대로 내리쓸 수 있는 존재가 되어 버린다.

이단에 대한 이런 축소해석은 사실상 이단의 존재 자체를 부정하기도 하며 그에 따른 윤리적·방법론적 문제를 낳는다. 윤리적 측면에서 이런 관점은 '이단자'들이 의식적으로 일탈하거나 저항하는 능동적 주체일 수 있다는 가정을 배제함으로써 이들을 다시 한번 죽이는 셈이 된다. 더구나 이런 의도적인 저항은 교회 권력이 그리는 이들의 모습에서 절대 드러나지 않는다. 그러나 이와 관련된 사료가 희박함에도, 이런 사실이 존재한다는 것을 파악할 수 있다. 방법론적 측면에서 볼 때도 이 관점은 근본적인 인류학적 사실을 망각하고 있다. 세상에는 순전히 수동적으로 모인 인간 집단, 즉 담론 생산 능력이 전무할뿐더러 가장 극단적인 박해와 말살의 상황에서도 몸부림조차 치지 않는 그런 인간 집

♦ 모니크 제르네Monique Zerner가 편집한 책의 경향을 예로 들 수 있다. 물론 "반이단적 저술이 이단자들에 의해 제기된 문제들의 직접적인 반영이라기보다는 성직자 계급의 담론적 구성에 가깝다는 가정"에서 출발한 이 책의 방법론적 의도는 충분히 신중하다(Zerner 1998, 10). 자세한 논의는 안 브레논(Brenon 2000, 81~100) 참조. 우리의 입장과 다른 방법론적 전제에 대한 논의는 미셸 로크베르(Roquebert 2005) 참조.

단은 존재하지 않는다는 점이다(물론 그렇다고 해서 이들이 ― 불필요한 논쟁을 사전에 차단하기 위해서라도 ― 박해와 말살에 적극적인 역할을 했다는 뜻은 전혀 아니다).

상호작용 사회학이 밝히듯 일탈의 생산은 적어도 세 집단, 더 정확히 말하자면 실시간으로 작동되는 갈등적 상호작용에서 비난하는 자, 비난받는 자, 그리고 심판하는 위치에 있는 대중으로 구분되는 세 집단이 필요하다. 마지막으로 낙인찍힌 집단은 대부분 낙인찍히기 전에 이미 사회적으로 존재한 집단임을 기억해야 한다. 15세기 스페인에서 크립토-유대인◆은 '마란'이라는 낙인이 찍히기 전에도 존재했으며, 에라스뮈스파◆◆ 또한 '조명파'alumbrados◆◆◆라고 낙인이 찍혀 박해받기 전에 이미 존재했다.◆◆◆◆

그러나 특히 이 지점에서, '이미 존재하던 집단', 심지어 이후에 구성된 집단을 언급하기가 어렵더라도 모든 사회생활에서 불화·대립·갈등이 항상 존재한다는 견해를 지지할 수는 있다. 어떤 확고한 '멘탈리티'나 특정 문명이 존재한다는 구실로 그 사회의 지배적 교리나 이데올로기를 벗어날 가능성 자체를 배제하는 일차원적이고 통일된 체제의 유혹(일원론적인 사회에서 이원론적 신학의 존재, 기독교 사회 속에서 진정한 무신론자의 존재, 절대주의 프랑스에서 공화주의자의 존재 자체를 부정하는 태도)이 있으며, 상호작용 사회학의 핵심 논거는 바로 이런 유혹을 뿌리치는 데 도움을 준다.

특정 사회에 대해 하나의 컨센서스, 하나의 문화 또는 하나의 멘탈리

◆ [옮긴이] 크립토-유대주의는 공개적으로는 다른 신앙을 갖고 있는 듯 행동하면서 비밀리에 유대교를 믿는 행동을 지칭한다. 희랍어인 크립토스kryptos는 '은폐'를 의미하다.

◆◆ [옮긴이] 네덜란드 출생 사상가인 데시데리위스 에라스뮈스Desiderius Erasmus의 사상을 추종하며 르네상스 운동과 연계되었던 인본주의 종교, 미학 및 이념을 지향하는 집단이다.

◆◆◆ [옮긴이] 16세기 스페인의 신비주의자 집단으로 종교 법정에서 이단으로 심판받았다.

◆◆◆◆ 카타리파에 대해서는 안 브레농(Brenon 2000, 84) 참조.

티만이 존재한다고 강조하는 태도는 종교적·정치적·역사서술적 측면에서 오직 하나의 권력만을 강요하는 행위이다. 사실, 어떤 행위를 범죄로 만드는 과정은 무無에서 나오는 것이 아니라 반드시 지배 관계로부터 나오며, 이 과정은 잠재적이거나 명시적인 갈등 상황에서 개인, 집단, 그리고 제도에 의해 ― 과도하게 또는 기만적으로 ― 활용되는 과정이다. 마녀는 광적인 춤을 추거나 악마와 계약하는 식으로 존재하지 않았을 것이다. 그러나 제도적 기독교와는 전혀 다르며 무관한 전통적인 농경 의식 및 마술적 실천이 중세 시대에도 잔존하면서 교회 권력에 일탈적인 행동의 실제적인 구실을 제공함으로써 마녀적인 악마화 과정이 완성될 수 있었을 것이다.

인간 문화가 기존의 지배적 규범 ― 이는 계속 변한다 ― 에서 일탈하는 실천·담론·신념을 지속적으로 생산한다는 점을 인정하는 조건에서, 일탈은 일탈이라고 낙인찍는 권력 담론의 산물임에 동의할 수 있다. 만약 변종과 일탈을 언제 어디서나 존재하는 실체로 받아들인다면 마녀사냥, 이단과 일탈자 생산의 조건은 항상 충족된다고 인정할 것이다. 따라서 엄격한 의미에서 일탈은 무無에서 만들어진다고 말할 수 없다.

이름의 힘

이런 사전事前적 논의를 끝으로 우리는 다음과 같은 일반화된 명제를 인정할 수 있다. 즉, 명명 행위는 그 행위가 성공하려면(즉 많은 화자들이 이를 받아들이려면), 이런 명명을 수행하는 주체가 누구(적대자 또는 집단 구성원 자신)이든 간에, 그리고 이런 행위의 즉각적인 목적이 무엇(명예훼손, 비난, 위협 또는 반대로 타인 앞에 자신을 드러내려는 행동 등)이든 간에 이 행위가 지명하는 집단의 존재를 결정한다. 따라서 모든 사회집단은 자신에 대해 이름이 부여되는 형식으로 명명되기 전에는 존재하지 않는다. 이름은 집단 정체성을 단순하게 표현하는 것을 넘어 정체성을 존재하게 만들고 또 구성하기 때문이다.

그렇더라도 여기에서 어떤 공통의 본질을 만들거나 추출하는 것은 아니다. 낱말의 영역에서 미리 규정된 단일한 의미는 없기 때문이다. 어떤 이들이 당당하게 주장하는 명칭이, 동시에 또는 다른 시간에([특정 시점 전후로 명칭의 의미가 정반대로 바뀔 수 있고] 이 시간은 가장 가깝거나 가장 먼 시간일 수 있다), 타인의 입에서 나올 때 가장 지독한 모독일 수 있으며, 특정 상황에서는 이런 주장을 하는 당사자의 명예와 생명에 엄청난 위험으로 다가올 수도 있다. 공산주의자·파시스트·무정부주의자·자유주의자·보수주의자·생태주의자 등의 명칭처럼 지난 세기와 오늘날의 정치사는 이에 대한 수많은 사례를 제공한다. 또한 이런 사례는 유대인, 집시와 같이 인종 또는 종족 정체성을 부여받은 인간 집단의 명칭에서도 적나라하게 드러난다.✦

그런데 이런 유형의 명칭 또는 범주에 내포된 악의적인 비난이나 찬양의 요소를 제거해 논란의 여지를 무력화하면서 이 명칭들을 그대로 역사 서술에 사용하는 것이 가능하기는 할까? 이 명칭들의 의미를 두고 예전이나 지금이나 갈등하고 대립하고 있다는 점, 또 이 낱말들이 세력 간의 전유專有 대상임을 인식한 뒤에도 이와 같은 갈등 구조를 무시해버리는 글쓰기 형태는 과연 존재할까? 우리는 명칭의 범주적 사용과 이 명칭의 논쟁적 힘 사이에서 일정한 거리를 유지할 유일한 가능성이 바로 이 갈등적 매듭을 역사적으로 묘사하고 이를 분석하고자 하는 데 있다는 논의를 전개할 것이다.

✦ 프랑수아 에밀 바뵈프François Émile Babeuf는 어휘 전반에 대해 다음과 같은 언급을 했다. "궁전, 성, 대저택에서 사용되는 어휘들은 오두막집에서는 거의 반대되는 의미를 제공한다." Babeuf, *Le Tribun du Peuple*, 36, 20 frimaire an IV (11 décembre 1795), p. 116. 모리스 투르니에의 매우 흥미로운 논문 Maurice Tournier, "Pour une socio-histoire du vocabulaire", *Des mots sur la grève. Propos d'étymologie sociale*, 1, Paris, Klincksieck, 1993, p. 10에서 재인용. 이 인용문은 투르니에가 편집을 맡은 학술지 『낱말』*Mots*의 연구 노선을 적절히 요약하고 있다.

예전의 많은 연구와 백과사전적 논평은 '어원'과 관련된 논쟁 및 갈등을 일반론적으로 정리하는 수준에서 그쳤다(예를 들면 '카타르'cathare*는 고양이 모습으로 나타나는 악마의 '순수한' 형태인가 아니면 악마의 추종자인가?). 또한 이전에는 먼저 명칭의 '기원'을 고찰하고, 집단의 정체성을 정의한 뒤, 이 집단의 실증적 역사를 재구성하려는 의도 아래 집단의 객관적 특징을 소개하는 방식으로 논의를 풀어 갔다. 그러나 이런 논의 방식으로는 충분하지 않다. 예를 들면 '카타리파'는 통상 특정한 신념과 종교적 실천(콘솔라망consolament**)을 총체적으로 아우르는 의미로 정의되며 이를 토대로 보고밀파bogomiles***로 시작되는 기원으로부터 13세기의 군사적 쇠약, 종교전쟁 및 최종 소멸에 이르는 카타리파의 역사가 소개된다. 카타리파에 대한 이런 경화된 정체성과 통설적으로 받아들이는 '위대한' 이야기들을 비판하려면 해체주의적 또는 '명목론적' 역사 서술이 소중하다.

'카타리파'가 결코 이 명칭으로 자신을 지칭하지 않았음을 우리는 안다. 이들은 흔히 자신들을 '좋은 사람' 또는 '좋은 기독교인'이라고 불렀다. 물론 타자의 지칭과 자가 지칭 간의 갈등은 근본적인 문제이지만, 그다지 진지하게 고려되지 않았다. '카타리파'라는 명칭은 언제나 이 종교운동의 근본적인 정체성과 연관 지어졌으며, 명칭의 어원은 이 정체성을 탐구하는 작업에서 종종 언급되었다. 그러나 이런 어원 탐구는 집단의 기원을 탐구하는 작업의 일환이었으며, 이를 통해 연구 대상인 카타리 운동 및 카타리파 집단의 본질을 밝히고자 했다.

역사 서술에서 이런 크라튈리즘cratylisme****은 생각보다 훨씬 넓게 퍼

---

* [옮긴이] 이 낱말의 복수형인 'cathars'(카타리파)는 12, 13세기에 유럽에서 위세를 떨친 그리스도교 이단을 칭한다.
** [옮긴이] '콘솔라망' 또는 '콘솔라멘텀'consolamentum은 카타리파의 종교의식을 지칭한다.
*** [옮긴이] 보고밀파는 중세 시대에 생긴 이원론적 그리스도교 일파이다.
**** [옮긴이] 모든 명사는 지칭하는 대상과 직접 연결된다고 주장하는 자연주의 언어 이론을 일컫는다.

져 있다. 우리는 이와 반대되는 관점에서, 원전에 표기된 이름의 어원과 이를 둘러싼 논쟁이 의미를 갖는 이유가 이들이 갈등을 유발하거나 조장하기 때문이고, 더 나아가 이름 짓기가 이 갈등의 표현이자 결정체이기 때문이라고 제안한다. 집단을 대상으로 한 이름 짓기 과정과 그 집단의 정의定議에 공헌하는 모든 것에 대한 탐구는 이제 개론적 차원에 머물지 말고 역사학적 분석과 서술의 모든 시점을 관통해야 한다. 왜냐하면, 이런 언어 행위는 이것이 칭하는 현실에 전적으로 관여하기 때문이며, 다시 말해 이 행위가 개인을 특정한 집단 정체성으로 지정함으로써 그의 생존에 지대한 영향을 미치기 때문이다.

이제 '리베르탱'libertin◆과 '레블러'leveller(니블러niveleur)◆◆라는 현시대의 두 명칭에 대한 논쟁적 사용과 역사 서술에서의 재사용에 대한 연구를 통해 지금까지의 이론적 성찰을 구체적인 사례와 대조할 것이다. 첫째 범주(리베르탱)를 고찰함으로써 원전에서 다양하고 논쟁적으로 나타나는 이 범주의 사용을 추적하면서 물신화된 범주를 비판적으로 분석해 볼 것이다. 둘째 범주(레블러)에 대한 연구에서는 앞의 경우에서의 현재적 현상, 특히 모욕적인 호칭이 정체성 수용으로 전환되는 흥미로운 과정을 조명해 볼 것이다.

◆ [옮긴이] 어휘 사전에 따르면 'libertin'은 ① 무종교인, 신앙이 없는 사람, ② 자유사상가, ③ 방종[방탕]한 사람으로 번역된다. 이 글에서는 어감을 살리기 위해 우리말로 옮기지 않고 '리베르탱'으로 표기한다.

◆◆ [옮긴이] 'leveller'는 ① 땅을 고르는 사람, 측량 기사, ② [비유·경멸] 평등주의자로 번역된다. 이 글에서는 ②의 뜻으로 쓰이나 '리베르탱'과 마찬가지 이유로 '레블러'로 표기한다.

리베르탱을 찾아서

17세기에 일부 프랑스 작가에게 나타나는 비순응주의non-conformisme 와 기존 종교에 대한 자유로운 태도, 더 일반적으로는 이른바 '위대한 세기'Grand Siècle♦로 일컬어지는 17세기 중·후반 지배적 규범에 비판적 이던 이들을 완곡하게 지칭할 수밖에 없는 상황에서 '리베르탱'이라는 범주가 1880년대 문학사 서적 제목에서 처음 등장했다. 이렇게 가상디 Gassendi, 가브리엘 노데Gabriel Naudé, 기 파탱Guy Patin, 라모트 르 베예르 La Mothe le Vayer, 시라노 드베르주라크Cyrano de Bergerac 등의 작가들 이름 이 리베르탱을 다룬 자크 드니Jacques Denis의 선구적인 저서에서 언급되 었다.♦♦ 그러나 이 책에서 리베르탱은 이들의 비순응주의, 변덕스러운 자유분방함, 규범 어기기 취향, 특히 이들의 엉큼함dissimulation, 즉 '도 덕 감각'의 상실과 밀접하게 연결되어 있었다. 리베르탱은 프랑스 앙시 앵레짐 시대의 '도덕적 감성'에 관한 역사를 다룬 장에서 소개되었다. 저자는 이 역사를 통해 시대에 따른 도덕적 감성의 변화(여기에서 우리는 멘탈리티 역사와 감정 역사의 전조를 찾아낼 수 있다)와 발전을 밝히려 하며, 이 과정에서 여러 인물에 대해 도덕적 심판을 내린다. 현시점에서 봤을 때 이 역사는 지나치게 윤리적으로 쓰였음에도 리베르탱에 대한 현대 역사 서술에서 결정적인 역할을 했다. 실제로 초기 저술에서 '리베르탱' 들은 관습에 신경을 쓰지 않고 지적·도덕적 해악을 일삼는, 본질적으로 부정적인 특징을 띤 인물로 그려진다. 예컨대 '위대한 세기'의 종교적· 정치적·도덕적 원칙을 암암리에 파먹는 형편없는 정신의 소유자로 그 리거나, 의지가 박약하고 심약하며 게으르고 비열한 존재로 묘사되어

♦ [옮긴이] 17세기 중·후반 루이 14세가 지배한 시기를 가리킨다. 흔히 '루이 14세의 세 기'로도 일컬어지며, 프랑스가 유럽 최강 대국으로 군림하며 문화적으로도 크게 번영 한 시기이다.

♦♦ 자크 드니(Denis 1884), 르네 그루세(Grousset 1886), 프랑시스 토미 페렌스(Perrens 1896).

있다.*

물론 이후 많은 문학사학자와 사상사학자에 의해 '리베르탱'의 명예는 복권되었으며 이들의 비판적이고 대담한 관점, 방대한 지식, 독창적 사상이 밝혀졌다. 그럼에도 '리베르탱'에 대한 초기의 부정적 인식은 오늘날에도 이 범주를 정의하고 식별하는 방식에 여전히 남아 있다. 이는 위대한 사상가와 작가를 '리베르탱' 범주에서 제외하는 방식으로, 또 '리베르탱'의 철학적 경향과 회의론 및 쾌락주의가 기존 가치의 단순한 전복에 불과하다는 지배적 판단으로 나타난다. 특히 앞서 인용한 역사가들은 우유부단 또는 쾌락주의적 나약함이 리베르탱 사상의 두드러진 약점이라고 본다.

그런데 최초의 역사 서술에 나타나는 '리베르탱' 범주는 도덕적 비난과 분리되지 않았다. 이는 그 서술에 도덕적 방종과 무신앙을 구분하지 않고 비판한, 17세기 초 프랑스에서 발간된 종교적 논쟁 저술에서 빈번하게 사용된 이 범주가 그대로 차용되었기 때문이다. '리베르탱'에 관해 서술한 초기 사학자들은 예수교 신부 가라스Garasse가 『현시대의 아름다운 정신에 관한 신기한 교리』*La doctrine curieuse des beaux esprits de ce temps* (1623)**에서 시도한 혹독한 '리베르탱' 정의定義에 빚진 바 크다. 가라스는 이 책에서 시인 테오필 드 비오Théophile de Viau와 『현시대 외설시집』 *Parnasse satirique des poèmes de ce temps*(1622)을 집필한 그의 동료 작가들을 명시적인 공격 대상으로 삼았다. 가라스는 이들을 매우 과격하게 규탄했다. 이 책에서 그는 테오필과 그 동료들의 무신론, 동성애 행동 및 음주벽을 비난하고, 상층 귀족계급이 보호하는 이 젊은 리베르탱들의 머리 위에 정의의 벼락이 내리칠 것을 주문했다. 한편 그의 기도는 테오필의

---

* 프레데리크 라셰르(Lachère 1968)의 글 참조. 앙드레 핀타르(Pintard 1983)의 글에서도 비난 수위가 많이 내려갔지만 리베르탱에 대한 부정적 입장을 읽을 수 있다.

** [옮긴이] 여기에서 "아름다운 정신"beaux esprits이라는 표현은 지식과 교양이 풍부한 사람들을 지칭하며, 실제 사용될 때는 다양한 뉘앙스가 부여되기도 한다.

체포와 기소로 실현되었다. '리베르탱'은 이 예수교 신부가 비꼬는 또는 모욕적인 다른 명칭('아름다운 정신', '선술집의 날벌레들' 등)으로 공격하는 와중에 자신의 모든 불만을 표출하는 표적으로 삼은 집단에 대한 칭호였다.

이것이 초기 프랑스 역사 서술에 나타나는 이 범주에 관한 직접적인 사료라는 점은 의심할 나위가 없다. 이후 이는 '방종한 행동'(리베르티나주libertinage)을 다루는 지난 반세기의 역사 서술에서 간접적 사료로 쓰이거나, 대개의 경우 잊힌 사료가 되었다. 역사가는 자신의 역사학적 전제를 자문하면서, 대개 자신의 연구 대상에 내포된 논쟁적·윤리적 요소를 제거함으로써 역사 연구의 가치를 정당하게 보여 주었다고 믿는다. 그러나 이때 그는 이 범주 자체가 가라스 신부의 호교론護敎論적 팸플릿과 같은 초기 역사 서술에서 구성되는 방식에 결정적인 영향을 받게 된다는 점을 인식하지 못한다. 이런 범주 구성은, 어떤 작가가 '리베르탱'인지를 판단하는 기준(기준에 대한 논란은 있었으나, 그 논란이 범주 자체에 대한 본질적인 질문으로 이어지지는 않았다)에 따라, 그리고 거의 배타적으로 '작가'(또는 적어도 '식자'識者)에게만 적용되는 방식으로 이루어졌다.

더 정확히 말하자면, 가라스 신부의 책이 유일한 원전이 아니며 적어도 피에르 벨Pierre Bayle이 지은 『역사사전』Dictionnaire historique도 언급해야 한다. 이 책에서 벨이 칭한 '리베르탱'은 테오필 사건에 개입한 작가들로서, 가라스 신부가 겨냥한 궁중 시인들과는 다른 이들이었다. 벨이 '리베르탱'으로 지목한 이들은 도덕적으로 나무랄 데 없는 식자와 철학자로서 통설과 신학적 도그마에 사로잡히지 않은 인물들이었다. 리베르탱 내부에 새로운 구분이 생겼고(이 구분에 따라 벨은 훌륭한 무신론자 상像을 만들 수 있었다), 이를 통해 풍습을 거역하는 리베르탱, 정신적 자유를 추구하는 리베르탱, 추문醜聞을 일으키는 시인들의 '화려한 리베르탱', 진지한 학자들의 '박식한 리베르탱' 등의 하위분류 도식이 만들어졌다('박식한 리베르탱' 범주는 핀타르의 의도적인 전략이었다). 사상의 자유를 억압하는 도덕적 처벌을 무력화하려는 벨의 전략적 노력에도 불구하고, '박

식한 리베르탱'으로 지목된 학자들조차 전자('화려한 리베르탱')를 특징
짓는 윤리 의식 결여라는 당시 통념에서 자유로울 수 없었으며, 이 명칭
은 특히 이들의 정신적 나약함을 지목하는 데 사용되었다. 이로써 '리베
르탱' 범주가 가라스의 그림자 아래 어떻게 구성되었는지를 간략하게나
마 알아봤다.

근본적으로 논란을 일으킬 수밖에 없는 범주가 역사 서술에서 물신
화되는 과정을 다룬 연구 가운데 루이즈 고다르 드 동빌Louise Godard de
Donville의 저작을 빼놓을 수 없다(Godard de Donville 1989). 애석하게도 여전
히 그녀의 책은 그다지 언급되지 않고 있다. 이 저작에 따르면, 리베르
탱은 "기독교 호교론자들이 만들어 낸 산물", 즉 교부학으로부터 나온
교리 논쟁적 동기에 의한 구성물로서 이런 욕된 딱지 붙이기의 대상과
는 객관적인 관련이 전혀 없다.[*] 또한 실제적인 존재를 가리키지 않는
'말'에 불과한 칭호인 리베르탱은 오직 '은유적인'métaphorique 가치만 지
닐 뿐, 당시에는 동일한 실체에 대해서도 리베르탱 외에 다른 많은 용어
('무신론자', '강한 사람'esprits forts, '아름다운 정신의 소유자' 등)로 지칭되었음을
강조한다.

그런데 바로 여기서 이런 접근 방식의 한계가 드러난다. 말은 호환
가능하지 않으며 특정한 문맥 아래에서, 그리고 그 말을 누가 언명하느
냐에 따라 의미가 명확해진다. 이 경우 17세기 호교론자의 펜 아래에서
'리베르탱'이라는 말은 (행동, 말, 글쓰기를 통해) 풍기 문란을 행하는 자와
자유로운 정신을 자임하는 자를 한 단어에 묶어 놓은 말이다. 더구나 말
은 우리가 마음대로 여기저기 붙였다 뗐다 할 수 있는 딱지가 아니다.
말은 사용되면서 그 말이 지칭하는 현실의 한 부분이 된다. 만약 저자
가 제시한 가설, 즉 '리베르탱'이라는 용어의 사용 빈도가 가라스의 책
이 출간된 이후 몇 년 동안 더욱 높았다면, 이 말이 적용된 개인들에 관

---

[*] 고다르 드 동빌(Godard de Donville 1990, 873, 874)은 더욱 신중한 관점을 취한다.

련된 방식을 변화시키는 한편, 역으로 이들 개인과 그들을 공격한 자들과의 관계 및 사회 전체의 다른 구성원들과의 관계도 변화시키는 데 기여한다는 저자의 주장을 인정해야만 한다. 물론 논쟁적 명명dénomination polémique, 즉 상대방의 거친 손사래를 유발하는 이름 짓기는 수많은 비난적인 용어와 표현 방식의 일부이므로 이 둘을 분리하는 것은 부질없다. 더구나 이 논쟁적 명명 행위는 공개화publication 기획과 정치적·법적 공세 같은 특정한 행동 양식과도 긴밀하게 연결되어 있다. 공개적으로 명명하며 낙인찍기가 포함된 적대적인 모든 행동 앞에서 테오필과 그의 동료들은 대응하지 않을 수 없었다. 이렇게 해서 테오필 소송을 둘러싸고 일어난 모든 논쟁, 그리고 소송 그 자체 — 테오필의 매우 혹독한 수감 조건과 그가 당한 취조 상황 등 — 에는 가라스가 자신의 팸플릿을 통해 대대적으로 유포한 명칭, '리베르탱'의 모독적 의미가 그대로 내장되어 있었다. 명칭은 이렇게 사실처럼 보이는 현실을 구성하는 데 전적으로 참여한다.

어떤 용어에서 비난의 의도가 표현되고 정치적 갈등을 은폐한다는 이유로 그 말을 제거하는 것은 역사적 사실의 일부분을 없애는 행위가 된다. 따라서 테오필이 석방되자마자 곧바로 사망하면서 종식된 분쟁, 또 문인들의 출판 활동과 사회적 발언에 대한 권력의 통제가 강화되기 시작하고 귀족 '후원자'patron의 보호막이 약해진 문인들이 국가권력의 최고위직을 향해 '펜을 통한 봉사'service de plume로 전환하는 계기가 된 이 분쟁의 성격을 정확히 묘사하고 분석하려면 이런 모독적인 용어에 주목할 필요가 있고 이는 정당한 일이다.* 모욕에 내포된 모든 과잉을 감안하더라도 '리베르탱'으로 지목된 자들이 실상 '방종한 행동'과 무관하다고 말할 수는 없다. 왜냐하면, 이 용어가 지목하는 것은 『풍자 시집』

---

* 여기에서는 테오필에 관한 고다르 드 동빌의 연구를 참조. 이 주제를 다룬 글은 비교적 풍부하다. 이 중에서 특히 스테판 반 담(Van Damme 2008)의 글을 인용할 것이다.

*Parnasse satirique*에 실린 외설적인 시, 종교와 관습에 관한 자유분방한 담론, 궁정과 파리의 카바레를 들락거리는 젊은 시인들의 잘못 '해방된' affranchis 것으로 판단되는 행동 등이기 때문이다.

그러나 이것이 다가 아니다. 원전에 나타난 용어의 사용법을 자세히 보면, 즉 테오필 사건 이후의 역사 서술에서 핀타르가 "박식한 리베르티나주"libertinage érudit라고 칭한 방향으로 확대 적용되는 과정을 보면, 테오필 사건은 1520~30년과 18세기 말 사이에 이 용어가 유럽 전역으로 확대되는 과정에서 벌어진(당시 '논쟁의 열기에 휩싸인'à chaud♦이라는 낱말의 논쟁적 사용에 자의적으로 종지부를 찍으려는) 수많은 에피소드 중 하나일 뿐이다. 이 경우 연구자는 명칭의 수많은 사용법에 직면하며 이에 따라 이 명칭이 사용되는 의미가 시대와 지역에 따라 중구난방이라는 인상을 받는다(Cavaillé 2009a). 이런 상황으로 말미암아 이 범주를 유지할 수 없을 뿐만 아니라, 상이한 시·공간에 분산되어 있는 이 용어의 다양한 사용 방식 앞에 연구의 적실성 자체가 헛된 것으로 보인다. 이 경우 사람과 글의 순환을 통해 구성되는 개념적이면서 사실적인 관계망을 밝히고 서술할 수는 있다. 이런 관계는 다음과 같은 두 방향으로 진행된다. 예를 들면 우선 리베르탱에 대한 반대의 동기가 신·구교를 동일하게 관통해 순환되는 현상을 서술할 수 있다. 또 한편으로는, 기독교 문화(사도바울의 반反율법주의) 또는 고대 그리스 문화(회의론, 에피쿠로스의 쾌락론)로부터 파생된 논거와 준거가 유럽 전역에서 끊임없이 만나고 교차되면서 표출된 자유에 대한 다양한 요구도 서술할 수 있다.♦♦

물론 이것만으로 국제적 반反리베르탱 운동이나 유럽 차원의 '리베르탱' 운동 같은 것을 도출하기는 어렵다. 그러나 '리베르탱' 범주의 통

♦ 용어에 내포된 (과거에 뜨거웠다가 식어 버린) 논쟁적 요소를 '재점화하는'réchauffés 용도에 대해서는 장-피에르 카바이예(Cavaillé 2009b) 참조.

♦♦ 예를 들면 급진적 발데스주의자valdésiens에 관한 최근 저작 뤼카 아단테(Addante 2010)를 들 수 있다.

제된 사용, 즉 이 범주에 대한 비판적이고 문맥과 연결된 용법을 제대로 인식하는 바탕에서, 또 '리베르탱'이라는 용어의 논쟁적 사용으로 제기된 문제의식을 갖춘 시각에서 이런 국제적 차원을 국지적으로나마 이해할 수 있을 것이다. 구체적으로는 순응과 해방의 문제, 권위에의 복종과 자유의 추구, 진실된 자유 또는 거짓된 자유의 문제 등의 사안을 추상적 차원 또는 철학사나 사상사의 서술 방식처럼 철학적 또는 이론적인 텍스트 속에서 사유하는 것이 아니라, 구체적인 상황에서 리베르티나주를 향한 비난이 구성되고 해체되는 사회적 상호작용을 파악하기 위한 텍스트와 다른 모든 형태의 사료 간 유기적 관계 속에서 해답을 찾을 수 있다.

명명 행위는 이렇게 모든 종류의 갈등 및 이 갈등의 해소·재발·이동과 관련된 연구에서 탐사 도구가 된다. 이는 어떤 자료도 선험적으로 금지하지 않으며, 반대로 상이한 관점의 교차를 통해 미시사microstoria 연구에서의 고민을 재발견하면서 부분적이고 국지적인 역사, 촘촘한 동시에 드문드문한 서술을 포함한 분석을 수행할 수 있게 한다. 특정한 명명 행위, 그리고 이 행위에 사용되는 어휘 및 그 어휘와 의미론적으로 연결되는 다양한 어휘군에 주목한다는 것은 가능한 여러 관점 가운데 하나를 취하는 것이다. 그러나 이 관점은 과거에 대한 외부의 관점이 아님을 자처한다. 왜냐하면 관찰과 분석의 도구, 그 자체가 우리가 이해하려는 과거에 속해 있기 때문이다.

레블러스와 진정한 레블러스

이런 투쟁에서 가장 눈에 띄는 현상을 포착하고자 시간상 우리 시대와 좀 더 가까운 사례를 검토하면서 이 글을 마치겠다. 이 사례는 논쟁적인 이름 붙이기가 특히 빈번했던 시기와 관련이 있다. 이 시기는 첨예한 갈등, 대혼란, 소요, 변혁의 시대로서, 사회가 급박하게 변하고 정도의 차이는 있지만 구조적으로 서로 적대적이거나 연합하는 집단에 연루된 수많은 행위자가 개입하는 특징이 있다. 이 시기는 특히 혁명적이거나 봉기 직전이라고 일컬어지는 순간이기도 하며, 논쟁적 신조어가 출현하고 사회적 투쟁에 개입하는 새로운 사회집단이 형성되는 데 매우 비옥한 토양을 제공한다. 우리는 모두 프랑스혁명 당시 생산된 무성한 명칭들(상퀼로트sans-culottes, 앙라제Enragé,[♦] 엑자제레Exagéré,^{♦♦} 관용파Indulgents^{♦♦♦} 등) 또는 비교적 가까운 과거에 일어난 1968년 5월의 소요 사태 기간에 만들어진 명칭(앙라제, 카탕개Katangais, 마오Maos, 트로츠크Trotsks 등) 중 적어도 일부는 기억할 것이다.

마찬가지로 영국에서도 내전 기간, 혁명기 및 코먼웰스^{♦♦♦♦} 시기에 수많은 명칭이 나타났다. 특히 영국 국교회('주교파'les Évêques)는 물론 '청교도파'가 제시하는 대안(장로회의)마저 거부하는 사람들을 지칭하는 말들이 많이 생겨났다. 아지테이터스Agitators, 레블러스Levellers, 디거스Diggers,^{♦♦♦♦♦} 랜터스Ranters, 퀘이커스Quakers 등이 그 예인데, 대개 전복적 그리고/또는 좋지 않은 행동과 연결된다는 점이 두드러진다. 이 명칭들은 대부분 매우 다양한 이유로 영국과 세계의 정치·종교 어휘집에 깊은 족적을 남겼다.

퀘이커스(퀘이커 교도)는 본래 랜터스라고 칭한 집단과 연결된 급진적 종교 집단을 지칭했으나, 빠른 시간 내에 냉소적인 요소를 제거해 이 용어를 전유하면서 프렌드회Society of Friends라는 중립적인 명칭을 가진

♦ [옮긴이] 프랑스혁명 당시의 과격파(또는 1968년 5월 혁명의 과격파 학생들).

♦♦ [옮긴이] 극단주의자.

♦♦♦ [옮긴이] 프랑스혁명 때의 관용파(당통Danton 일파를 지칭).

♦♦♦♦ [옮긴이] 영국의 공화정 기간(1649~53년).

♦♦♦♦♦ [옮긴이] 영국의 청교도혁명 당시 좌익 성향이 가장 강했던 당파. 평등주의 운동 단체로 1649년 4월 제라드 윈스탠리Gerrad Winstanley의 지도 아래 황무지를 개간해 토지를 공유하는 공동 사회를 만들고자 했으나 올리버 크롬웰Oliver Cromwell의 탄압으로 해산되었다.

교파를 의미하게 되었다. '아지테이터스'는 본래 내전에서 승리한 이후 의회파가 신모범군new model army♦의 존재가 부담스러워 이를 해산하려 할 당시 군인들의 대표(아주테이터스Adjutators 또는 아지테이터스Agitators)를 지칭하는 말로, 이 명칭은 이후 여러 언어로 번역되면서 일반명사['선동가'] 가 되어 대중 봉기를 획책하면서 공공질서를 전복시키려는 자에 대한 전적으로 부정적인 의미를 담고 있다. 물론 러시아혁명과 소련 체제의 맥락에서는 정치선동부가 설립됨에 따라 이 용어는 완전히 긍정적인 의미를 갖게 된다. 원래 1647~50년 사이 성인 남성의 (준)보통선거 원칙을 규정한 헌법을 요구하는 운동을 지칭하는 레블러는 또한 영국과 미국에서 일부 극좌 운동의 역사적 기억 속에서 하나의 준거로 남아 있으며, 영미에서 레블러스나 디거스의 이름을 가진 여러 록그룹이 존재하는 것이 놀랍지 않다.

이 같은 명칭의 은폐·공고화·재사용·재전유·재활성화와 관련된 모든 현상은 연구할 가치가 있다. 특히 장기간에 축적된 역사적 기억에 관심을 가져야 하고, 동시에 집단적 역사 속에 켜켜이 쌓이고 침전되어 있는 명칭이 언제든 재동원될 수 있다는 점도 주목해야 한다. 그뿐만 아니라 레블러스의 이름에서 곧 확인하겠지만, 이런 말은 강력하게 부각되는 순간에 이미 논쟁이 재활성화되는 형태로 종종 나타난다. 또한 이 명칭들은 영국혁명사가들이 사용하는 역사 서술 범주이기도 하며, 이런 범주화 작업 또한 첨예한 논쟁을 불러일으킨다. 예를 들면 제임스 콜린 데이비스James Colin Davis는 『공포, 신화 그리고 역사』*Fear, Myth and History*에서 렌터스를 순전히 이데올로기적인 목적으로 마르크스주의 역사 서술에 의해 만들어진 허구로 축소시키면서 논쟁을 촉발했다(Davis 1986).

비록 이후 영국의 수정주의 역사가들이 이 레블러스의 행동과 영향

♦ [옮긴이] 1645년 영국의 청교도혁명 때 크롬웰이 조직한 국민군.

력에 대한 역사적 중요성을 더욱 축소하려 했음에도 레블러스 범주 자체에 대해서는, 내가 알고 있는 한, 단 한 번도 문제 삼지 않았다.[*] 실상 레블러스는 자신들을 하나의 집단 또는 통일적인 운동 세력으로 간주하면서(이 때문에 장 칼뱅Jean Calvin이나 가라스가 만든 '리베르탱' 범주와의 접근 및 비교를 더 전개할 수 없다), 원래 자신들에게 강요된 이 이름의 정당성을 지키고자 엄청난 에너지를 모아 싸웠다. 우선 경제적·사회적 평등을 주장하고 반란을 모의한 그룹을 기소하려는 의도로 군 참모부에서 이 명칭을 유포했다.[**] '레블러스'의 가장 유명한 카리스마적 인물인 존 릴번John Lilburne은 이 사건이 일어난 지 5년 뒤(1652년) 이에 대해 언급하면서 크롬웰과 헨리 아이어턴Henry Ireton이 선동가들에게 레블러스라는 이름을 붙여 잉글랜드 국민으로 하여금 우리를 극단주의자로 믿게 만들려 했다고 주장하면서 "우리가 공동체주의에 입각해 여성, 공직자, 국가를 비롯한 모든 [불평등한-인용자] 관계를 공평하게 만들자고"(Lilburne 1652, 71) 한 것은 사실이지만 "재산과 공직이 평등해야 한다는 주장은 건전한 상식을 가진 사람이라면 아무도 동조할 수 없는 어처구니없는 미친 생각"이라고 속칭 레블러스들도 항상 말하고 다녔다고 덧붙였다(Lilburne 1652, 68~71). 한편, 런던탑에 같이 수감된 두 명의 동료 윌리엄 왈윈William Walwin, 리처드 오버턴Richard Overton과 함께 1649년에 쓴 선언문에서 릴번은 "우리가 모든 조건을 평준화leveller"하자는 것도 아니고 "모든 정부에 반대하고 대중 혼란을 지지하는 것도 아니다."라고 주장하면서 자신들에게 쏟아진 왕의 스파이, '무신론자', '성경의 적', 심지어 — 가장 나쁜 욕인 — 진짜 '제수이트'(화약 음모 사건[***] 이후 적어도 영국에서는 가장 나

---

[*] 코널 콘드런(Condren 2001, 그리고 특히 1994, chap. 5) 참조.

[**] 이 문제에 대한 가장 완성된 연구는 블레어 워든(Worden 2001b, chap. 12, 13).

[***] [옮긴이] 화약 음모 사건Gunpowder Plot은 1605년 새 세상의 도래를 기도한 제수이트(예수회) 교도들이 국회의사당을 폭파하고 회의장에 폭탄을 설치해 제임스 왕을 암살하려 한 사건이다.

쁜 욕이 되었다) 같은 말로부터 자신들을 방어하려 했다.

저항파 군인들이 겪는 혹독한 억압에 반대해 1649년에 나온 소책자인 『잘못 이름 붙은 레블러스를 위한 변명』*The Levellers (Falsy So Called) Vindicated*에서 존 우드John Wood라는 필명으로 글을 쓴 저자는 "반성서주의자Anti-Scripturists, 리베르탱, 무신론자Atheists, 폭도Mutiniers, 레블러스 등"의 명칭으로 선동가를 모욕하는 행위를 비판했다. 그의 비판에서 반란과 리베르티나주는 사회적 평등주의 및 재산 공동체 사상과 분리될 수 없는 것이었다. 예를 들면 1649년에 집필한 다른 팸플릿에서 왈윈은 군인 대표자들을 '제수이트'보다 못한 존재로 묘사하고 심지어 "잭 캐이드Jack Cade, 왓 틸러Wat Tiler 및 뮌스터의 재세례파anabaptist처럼 여성과 다른 모든 것을 나누려는 레블러스들"이라고 칭했다. 이렇게 레블러스라는 명칭은 농노제와 인두세 폐지를 주장하며 일어난 1831년 농민반란, 1450년 대중 봉기 및 뮌스터 사건과 연결되는 한편, 사회적 평등주의와 재산 공동체를 주장하는 자들의 광기와 '무정부주의'를 공격하는 구실로 사용되었다.

더구나 레블러스는 공유지를 사유화한 새 주인들이 세운 울타리(엔클로저)를 부순 농민들을 지칭하고자 1607년에 이미 사용된 말이라는 사실을 우리는 알고 있다(디거스도 마찬가지다). 이 농민반란은 잔혹한 진압이 펼쳐지고, 반란의 지도자로 지목된 파우치Pouch 대위가 사망함으로써 종식되었다. 명칭을 이렇게 모욕적으로 사용하는 일에는 당시 왕당파들도 주저하지 않았다. 그들은 의회파 군대 전체를 싸잡아 헐뜯는 용도로, 즉 이들이 귀족 신분을 없애고 평등 사회를 꾀한다는 죄목으로, 또 시해 위협을 받은 국왕이 햄프턴 궁전을 떠나 도망친 사실을 정당화하기 위해 이 용어를 사용했다.

가장 지독한 비난은 레블러스라는 용어를 통해 이루어졌으며, 아마도 이 때문에 이 명칭으로 지목받지 않으려는 몸부림이 가장 격렬했을지도 모른다. 어쨌든 우리는 이른바 레블러스라고 지칭된 사람들에게 평등사상이 얼마나 배어 있는지 그 강도를 추정할 수 있다. 이들 중 일부, 특히 왈윈의 경우에 이런 평등적 사고를 확인할 수 있다. 사실, 자신이 레블러스가 아니라고 주장하는 행동은 자신보다 더 급진적으로 평등주의 입장을 보이는 일부 운동원들과 다르다는 주장으로 자신에 대한 비난을 모면하기 위해 더욱 강하게 표출된다고 추정할 수 있다. 어떤 명칭은 비록 이 명칭이 지칭하는 사람의 생각이나 행동 전략과 무관하지 않더라도, 즉 객관적으로 적절한 명칭이라도, 그 사람이 특정한 역사적 국면에서 이 명칭을 스스로 감수하기에는 불가능한 경우가 있다. 그럼에도 이 명칭들은 새로운 국면에서는 어느덧 전유와 재정의 과정의 대상이 되기도 한다. 레블러스라는 명칭이 이에 해당된다.

1648년 12월과 1649년 3월에 각각 익명으로 발간된 소책자 두 권(『버킹엄셔에 비치는 불빛』*Light Shining in Buckinghamshire*과 『버킹엄셔에 비치는 더 많은 불빛』*More Light Shining in Buckinghamshire*)은 사유재산을 비판하고 평등을 주장하면서 "이른바 레블러스라고 지칭되는 사람들, 모든 인간을 노예 상태에서 해방시키려는 그들의 원칙은 자유에 관한 가장 정당하고 정직한 것"임을 천명하면서 레블러스를 대놓고 찬양했다. 이 시기는 서리Surrey 지방의 생조지스힐Saint Georges' Hill에 있는 공유지의 점유를 기획한 제라드 윈스탠리Gerrad Winstanley와 그의 동료들의 선언이 나온 때였다. 이 선언에서 이들은 사람들이 비난한 레블러스의 사회적·경제적 평등주의를 공공연하게 주장하며 "진정한 레블러스true levellers가 펼친 깃발", "아이들에게 설명하고 제안하는 공산주의의 입장" 등의 제목을 선언에 붙였다(Winstantley 1649). 밭을 일구는 생활 습관과 공동 소유지를 되찾고자 사유지 구획을 없앤 과거 행동 때문에 디거스로 일컬어진 사람들은, 오히려 자신들이 '진짜 니블러'(평등주의자)라고 자처하면서 릴번과 그의 동료들을 덧씌우려던 (불순한) 사상을 감추기는커녕 이를 자신들의 깃발로 삼기까지 했다. 이것이 원래 정치적 적대자에 대한 중상모략과 힘을 빼려는 용도로 사용된 명칭이 짧은 기간 안에 새로 등장한 행위자들에 의해 오히려 비난에 정면으로 도전하는 방식으로 전유되는 확실한 사례일 것이다. "우리가 '레블러스'라고? 그래, 맞아! 너희가 욕하고 또 무엇보다도 두려워하는 그 레블러스가 바로 우리라고!" 이것이 윈 스탠리의 유명한 팸플릿 제목의 본질적 의미이며, 아비에제 코프Abiezer Coppe의 저작처럼 일부 랜터스 저자의 책에서도 이와 동일한 방식을 찾을 수 있다(Coppe 1987).✦

우리가 이 글에서 시도한 것보다 더 깊은 탐구가 필요한 이 같은 사례는 사회적·정치적 갈등에 놓인 집단들에 대한 명명 행위를 동태적으로 파악하게 한다. 적대자에게 가해지는 명칭은 분명 가공할 무기이다. 그러나 이 명칭으로 부각되는 특징을 대중이 옳든 그르든 간에 인정하는 조건에서만 적대자를 불신하게 만들고 나쁜 집단으로 먹칠하는 효과를 볼 수 있다(이 경우, 레블러스의 평등사상이 오직 법률적 차원, 즉 '법 앞의 평등'에 국한되어 있다는 사실이 공공연하게 알려졌음에도 이들에게 평등사상이 매우 소중했음을 알 수 있다). 그러나 이는 특히 적대자 측으로 넘어가 그들의 깃발로 사용될 수 있는 무기이기도 하다. 과거의 레블러스는 그렇게 할 수 없었다. 왜냐하면 당시 이들은 그토록 위험하고, 치욕적이며 말도 안 되는 것으로 여긴 이 명칭을 부정하는 데 온 힘을 쏟았기 때문이다. 이렇게 이 명칭은 당시 정치적으로 절대 용납할 수 없는 요구로 받아들여지던 것들 — 경제적·사회적 평등 — 을 소리 높여 주장하고, 말과 행동을 통해 이런 요구가 받아들여지고 기정사실화하기 위해 뻔뻔함, 용기 또는 무의식으로 무장한 다른 이들의 손에 들어갔다. 디거스라는 이름으로 후대에 남아 있던 자들은 물론 즉각적으로 무시되고 학대받고 내쫓겼다. 그러나 이들은 이 치욕적인 명칭을 전유하면서 경계를 이동시켰다. 물론 우리는 이런 유형의 현상을 관찰하기 위해 범주

✦ 주디스 버틀러Judith Butler가 증오 담론이 그 담론의 표적을 항상 무기력하게 만들지는 못한다는 사실을 강조하고자 고안한 유사 개념인 "대응전유"contrappropriation, "재의미화" resignification, "재평가"réévaluation 같은 낱말들을 바로 여기서 거론할 수 있다. "'퀴어'queer 같은 용어의 재평가 작업은 담론이 다른 방식으로 그 발화자에게 '되돌려져' 원래 목적과는 반대로 인용되면서 상반된 효과를 낼 수 있다"(Butler 2008, 65).

화 작업을 외면해서는 안 되지만, 지난 혼돈의 세기에 출현한 명칭들의 실제 용법들을 파악하려면 본질론과 명목론에 도사린 이중의 함정에서 빠져나와야 한다.

참고 문헌

Addante, Luca. 2010. *Eretici e libertini nel Cinquecento*. Rome, Laterza.

Becker, Howard S. 1985 [1973]. "La théorie de l'étiquetage: une vue rétrospective." article en appendice à la traduction françiase de *Outsiders. Études de sociologie de la déviance.* trad. par Jean-Pierre Briand et Jean-Michel Chapoulie. Paris, Métailié.

Brenon, Anne. 2000. "Le catharisme méridional: questions et problèmes." *Le pays cathare. Les religions médiévales et leurs expressions méridionales.* Paris, Seuil, pp. 81~100.

Bres, Jacques. 1993. "La production conflictuelle du sens dans la nomination du même et de l'autre." dans Paul Siblot et Françoise Madray-Lesigne (eds.). *Langage et praxis [Colloque des 24-26 mai 1990, organisé par Praxiling].* Université Paul-Valéry, Montpellier, pp. 141~146.

Butler, Judith. 2008 [2004]. *Le pouvoir des mots. Discours de haine et politique du performatif.* trad. par Charlotte Nordmann. Paris, Éditions Amsterdam.

Cavaillé, Jean-Pierre. 2009a. "Libérer le libertinage. Une catégorie à l'épreuve des sources." *Annales HSS*, 64 (1), pp. 45~80.

_____. 2009b. "La polémique anti-libertine et anti-libertaire contemporaine: catholiques, libéraux, libertariens." *Les Dossiers du Grihl.* Les dossiers de Jean-Pierre Cavaillé Libertinage, athéisme, irréligion. Essais et bibliographie. http://dossiersgrihl.revues.org/3495 (2012년 9월 접속).

Condren, Conal. 1994. "Will all the radicals please lie down, we can't see the seventeenth century." *Language of Politics in Seventeenth-Century England.* Basingstoke, Macmillan.

_____. 2001. "Radicals, Conservatives and Moderates in early modern political thought: A case of the Sandwich Islands syndrome?" dans Michael Mendle (ed.). *The Putney Debates of 1647: The Army, the Levellers, and the English State.* Cambridge, Cambridge University Press.

Coppe, Abiezer. 1987. *Selected Writings*. Andrew Hopton (ed.). Londres, Aporia Press.

Davis, James Colin. 1986. *Fear, Myth and History: The Ranters and The Historians.* Cambridge, Cambridge University Press.

Denis, Jacques. 1884. *Sceptiques ou libertins de la première moitié du xviie siècle: Gassendi, Gabriel Naudé Guy Patin, La Mothe le Vayer, Cyrano de Bergerac.* Mémoires de l'Académie de Caen.

Godard de Donville, Louise. 1989. *Le Libertin des origines à 1665: un produit des apologètes*, Biblio 17. Papers on French Seventeenth Century Literature. Paris-Seattle-Tüingen.

_____. 1990. *Dictionnaire du Grand Siècle*. Paris, Fayard.

Grousset, René. 1886. "Les libertins." *OEuvres posthumes, Essais et poésies.* recueillis et publié avec les notices par R. Doumic et P. Imbart de La Tour. Paris, Hachette.

Lacaze, Lionel. 2008. "La théorie de l'étiquetage modifié, ou l' "analyse stigmatique" revisité." *Nouvelle Revue de psychosociologie*, 3 (5), pp. 184~199.

Lachère, Frédéric. 1968 [1909~1928]. *Le Libertinage au xviie siècle*, vol. 15. Paris, Genèse, Slatkine.

Lafont, Robert. 1978. *Le travail et la langue*. Paris, Flammarion.

Lilburne, John. 1652. *An Apologetic Narration* (s. l.).

Perrens, Françis Tommy. 1896. *Les Libertins en France au xviie siècle*. Paris, Lén Chaillez.

Pintard, André. 1983 [1943]. *Le libertinage érudit de la première moitié du xviie siècle*. Genèe, Slatkine.

Roquebert, Michel. 2005. "Le "déconstructionnisme" et les études cathares." *Les cathares devant l'histoire, méanges offerts à J. Duvernoy*. Cahors, L'Hydre Éitions, pp. 105~133.

Siblot, Paul. 1997. "Nomination et production de sens: le praxème." *Langages*, 31 (127), pp. 38~55.

Théy, Julien. 2002. "L'hérésie des bons hommes. Comment nommer la dissidence religieuse non vaudoise ni béuine en Languedoc." *Heresis*, 36/37, pp. 75~117.

Van Damme, Stéphane. 2008. *L'éreuve libertine. Morale, soupçon et pouvoirs dans la France baroque*. Paris, Éitions du CNRS.

Veyne, Paul. 1971. *Comment on écrit l'histoire*. Paris, Seuil.

Winstanley, Gerrard. 1649. *The True Levellers Standard Advanced or the State of Community Opened, and Presented to the Sons of Men*. Londres.

Worden, Blair. 2001a. "The Levellers in history and memory, c. 1660-1960." dans Michael J. Mendle (ed.). *The Putney Debates of 1647: The Army, The Levellers and the English State*. Cambridge, Cambridge University Press.

_____. 2001b. *Roundhead Reputations: The English Civil Wars and the Passions of Posterity*. Londres-New York, Allen Lane-Penguin Press.

Zerner, Monique (ed.). 1998. *Inventer l'hééie. Discours polémiques et pouvoirs avant l'Inquisition*. Nice, Z'éditions.

Faire des sciences sociales

제2장
현실 속에 살아 있는
드라마 주인공들

사빈 샬봉-드메르세

손영우 옮김

사빈 샬봉-드메르세의 「현실 속에 살아 있는 드라마 주인공들」은 미디어 비평을 통해 사회과학 방법론인 '비판하기'에 대해 설명한다. 이 글은 '드라마와 정치'라는 소재를 다룬다는 측면에서 이목을 끈다. 하지만 드라마의 내용 분석이나 드라마 비평을 다루지는 않는다. 저자는 '드라마가 현실에 미치는 영향을 어떻게 분석할 것인가?'라는 화두를 던진다. 오랫동안 학계에선 시청자들이 현실과 허구를 혼동하지 않는다는 단순한 명제를 내세우며 픽션이 현실에 가져온 영향을 부정할 뿐만 아니라 이런 연구 자체를 가로막아 왔다고 비판한다. 우리는 드라마의 주인공이 걸친 의복이나 액세서리 등이 현실에서 '유행'이 되는 것에 익숙하다. 저자는 시청자들이 드라마 주인공의 생활 스타일, 취향뿐만 아니라 언어와 가치관의 영향을 받을 수 있다는 사실까지 나아간다. 한국 사회를 뜨겁게 달궜던 '문화계 블랙리스트' 사건은 미디어와 (비록 허구일지라도) 예술 작품을 병적일 만큼 극도로 경계하는 정치 세력이 존재한다는 사실을 확인해 주었다. 흥미롭게도 저자는 픽션이 일상생활에 영향을 줄 수 있다는 점을 수용해, 체계적으로 분석할 수 있는 연구 방법을 제시하고 있다.

2010년 4월 13일 버락 오바마Barack Obama와 후진타오胡錦濤가 만났다. 일간신문『르 피가로』Le Figaro는 1면 제목을 이렇게 달았다. "중·미, 거인들의 대화. 어제 핵 안보 정상회담을 뒤로하고 버락 오바마와 후진타오가 베이징과 워싱턴 간의 화해를 맹세했다." 사진 한 장이 이 순간의 중요성을 말해 준다. 악수하려고 다가서는 두 사람의 옆모습이 담긴 사진에서 중국 주석은 성조기 앞에, 미국 대통령은 오성기 앞에 서 있다. 사진에 달린 캡션의 안내를 따라 2면을 펼치면 중·미 관계 개선을 언급한 [『르 피가로』의 안보 전문 기자인] 이자벨 라세르Isabelle Lasserre의 기사가 실려 있다. 기사가 어떻게 시작되는지 보자.

〈24〉◆에서 미국중앙정보국CIA 최고의 대테러 전문 요원인 잭 바우어는 이미 여러 차례 위협을 물리쳤다. 매번 미국은 재난 직전까지 몰린다. 하지만 철의 정신, 놀라운 육체적 용기, 불굴의 애국심을 겸비한 미국 드라마 주인공은 언제나 조국을 구하는 데 성공한다. 그의 신조는 핵 테러 위험에 맞서는 오바마 행정부에도 적용된다. "실패는 있을 수 없다."Failure is not an option 최고의 픽션은 현실에서 나온다고 하지 않던가? 이처럼 몇 해 전부터 알카에다al-Qaida가 핵폭탄에 눈독들이고 있다.

기사는 몇 가지 흥미로운 사실을 보여 준다. 우선 세계 지정학사에 남을 중요한 사건이, 미국 드라마를 길게 거론한 도입 문단으로 소개된다는 점이다. 텔레비전 속 가상의 이야기에 힘입어 현실 사건의 미학적·문화적 정당성을 획득하는 것은 몇 년 전만 해도 없던 일이다. 권위 있는 신문에서 이런 서두를 선택했다거나 한정된 기사 지면 중 무려 4분

◆ [옮긴이] 미국 폭스FOX가 2001년부터 제작한 액션 드라마.

의 1을 할애해 은유를 전개했다는 사실보다도 흥미로운 점은 픽션에 대한 언급이 만들어지는 방식 자체이다. 픽션에 대한 언급은, 결과적으로 의지를 강조하는 행동 원리를 재확인하는 데서 보듯이, 이데올로기적 특성이 강한 실질적인 정치사회적 성향을 제기하는 데 사용되고, 심지어 현실 지배 의지까지 드러낸다. 실례로, 실패는 있을 수 없다. 하지만 픽션에 대한 실제의 연결이 반대 순서로 만들어졌음을 염두에 둬야 한다. 왜냐하면 기자는 드라마의 미학적 수준이란 '드라마가 실제 사건에서 영향을 받는 방식'에 달려 있다는 결론을 내리기 때문이다. 기자가 든 사례에서 픽션이 실제 사안보다 선행함에도 말이다. 이는 단지 테러 집단이 핵무기를 사용한 사례가 드라마에는 있지만 아직 현실에 없기 때문만이 아니다. 바로 기자가 잭 바우어의 신념을 오바마 행정부에 적용한 것이지 그 반대가 아니라는 점에도 있다. 즉, 기자는 단지 좋은 드라마의 평가 기준에 대한 취향을 제시하고자 한 것처럼 서술했지만, 그 사례는 세계 질서에 관한 특정한 지정학 질서를 지지하고자 소환됐다. 그런데 이런 사례는 일상적으로 언론에서 텔레비전 픽션을 언급할 때, 흔히 나타나는 숨겨진 모습이라는 점을 보여 주고자 한다. 픽션을 소환해 자신의 영역으로 옮긴다. 그럼에도 사람들은 좀처럼 이런 종류의 기획이 갖는 힘을 인정하거나, 이것이 사람의 경험에 영향을 줄 수 있다고 서술하지 않았다.

뒤바뀐 접근법

우리는 텔레비전 드라마 주인공들이 현실에서 만들어 내는 것을 비판할 적합한 기제가 부족하다는 점을 드러내려 한다. 실제로 드라마 주인공은 존재감을 지녔고, 시청자가 있으며, 문학이나 영화, 연극의 등장인물 형태와 구별되는 특징을 띤다. 문학이나 영화, 연극의 등장인물들을 끌어와 드라마 주인공을 이해하려 하기도 하지만, 이런 분석적 자원만으로는 드라마 주인공의 특수성을 충분히 고려하기 어렵다. 그래서 새로운 비판 형식을 구상한다는 것은 우선 드라마 주인공과 다른 형태의 등장인물들을 구별하는 방식을 재검토하고, 드라마를 자주 시청하는 대중들의 생활에서 그가 장악한 위치를 살펴보는 것이다. 지난 15년간 미국과 프랑스에서 텔레비전 드라마 제작과 시청에 관해 축적된 경험적 성과를 이용해 이 문제들을 거론하고자 한다.♦

우리가 연구 대상 드라마로 선정한 〈24〉는 조엘 서노Joel Surnow와 로버트 코크란Robert Cochran이 2001년 11월에 만든 미국 텔레비전 드라마다. 프랑스에선 [대표적인 민영 방송사인] 카날 플뤼스Canal +와 TF1에서 차례로 방영됐다. 8시즌까지 나온 이 드라마는 시즌당 24편의 에피소드로 구성된다.♦♦ 한 시즌이 하루에 일어난 일로 구성되고, 드라마 [1회분] 상영 시간인 한 시간이 드라마 속에서 실제 행동이 진행되는 한 시간과 같다는 점에서 매우 독창적인 시나리오다. 그래서 시간 압박은 드라마의 서스펜스를 끌어가는 주요한 동력 중 하나다. CIA 반反테러 부서 요원인 잭 바우어는 스파이 소설 주인공이 띤 특성을 모두 갖추고 있다. 그는 미국 최초의 흑인 대통령이 될 가능성이 높은 상원 의원 팔머를 살해 음모로부터 구해 낸다. 그는 세균성 공격을 격퇴하고 핵폭탄의 뇌관을 제거했으며 아프리카 군대 용병들의 백악관 침투에 맞서 싸웠다. 드라마가 방영된 8년 동안, 잭 바우어는 동유럽, 멕시코, 아랍 국가, 중국, 아프리카, 그리고 가상 국가들이 자행한 공격에 잇달아 맞섰고, 국

♦ 최신 드라마 시청에 관해 필자가 진행한 다양한 조사가 여기에 사용되었다. 특히 〈위기의 주부들〉Desperate Housewives, 〈24〉, 〈하우스〉Dr. House를 다뤘다. 1998년에 시작한 〈E.R.〉Emergency Room 연구 조사는 200명 넘는 인터뷰를 진행해 오래전 종영한 드라마가 종영 이후 장기간에 걸쳐 시청자와 유지해 온 관계를 특성화하고자 했다. 그 밖에 1960년부터 2011년까지 발간된 프랑스 텔레비전 매거진 『텔레 세트 주르』Télé 7 Jours의 표지에 관한 연구, 영화 전문 사이트 〈알로-시네〉Allo-Ciné에 실린, 〈24〉에 대한 비평 767편에 관한 연구가 있다.

♦♦ [옮긴이] 2014년 에피소드 12편을 엮은 9시즌이 방영됐다.

가 심장부까지 침투한 다양한 확장 네트워크를 적발해 각종 음모를 물리쳤다. 그는 신기술과 전투술의 전문가이고, 능숙하고 대담하며, 신체의 한계를 뛰어넘는다. 조국을 향한 충성심과 용기는 무한하며 사심은 눈곱만큼도 찾아볼 수 없다. 제임스 본드라는 모델로 그려진 선임자들과는 다르게, 그는 유머 감각이나 방탕한 생활에 대한 취향도 없다. 매우 가족적이지만('가족!'My family! 편 에피소드) 언제나 개인적 삶을 희생하는데, 이는 직업 활동으로 말미암아 극적인 긴장을 낳기도 한다. 무뚝뚝한 그는 절대 웃지 않는다. 그의 존재감은 직면하는 과업에 따라 측정된다. 시즌을 거듭할수록 잭 바우어가 뛰어든 상황은 점점 더 그를 다수를 살리기 위해서라면 소수를 희생할 수 있다는 공리주의적인 도덕적 선택으로 이끈다. 적어도 [기존의] 텔레비전 드라마에서는 긍정적 성향의 주인공이 실행한 적 없던 고문도, [〈24〉에서는] 주인공이 도저히 벗어나지 못할 상황에서 선택할 수밖에 없는 행동으로 묘사한다. 한편 드라마는 고전적인 스파이 소설의 요소와 해방 정치적 색조로 시작한다. 대통령 선거에 출마한 흑인 상원 의원을 지지하거나 적어도 그가 암살당하지 못하게 막으려 했기 때문이다. 이런 문제에 몸과 마음을 바치면서 잭 바우어는 민주 투사의 모습을 보였다. 비록 드라마에서 '음산한 급변'basculement trash을 진행해 일부 시청자들을 놀래기도 하지만, 연출자는 단호히 방어선을 유지한다. "시청자들은 현실과 허구를 혼동하지 않는다."

이와 같은 대응은 문제를 분석하기도 전에 고전적이고 단순한 대응 방식에 따라 섣부른 결론을 내리는 것이다. 서구 사상을 관통하는, [인간은 허구를] 모방하지 않는다는antimimétique 선입견 때문에, 픽션에 대한 논의는 그 소비자가 픽션과 현실을 혼동하는지를 두고 양극단으로 나뉜다. 새롭게 발명된 미디어가 출현하는 시점에는 항상 유사한 방식의 우려들이 제기되곤 했다. 사회적 실재라는 의미가 명백하다는 단순한 견해에서 시작한 이런 문제 제기 방식은 가상과 현실 세계가 서로 의존하고 뒤얽힌다는, 드라마 소비자들에게 주어지는 경험적 체험을 만드는 실질적 핵심을 놓치면서 불필요한 극단적인 대립과 이중적인 분석 구조를 초래했다.

응답자들은 동일한 픽션 내에서도 같은 것을 의심하거나 같은 장소를 미심쩍어하지 않는다. 사람들이나 집단은 세상에 대한 직간접적인 경험을 바탕으로 만들어진 자신만의 방식을 따라 분명해 보이는 것과 미심쩍거나 있음직하지 않아 보이는 것의 경계를 규정한다. 또한 전반적 상황이 픽션의 위상을 바꾸어 버리는 일도 발생한다. 시대적 상황은 허구적 틀 짜기의 대상이지만, 실재성이 강조된다. 어빙 고프만Erving Goffman은 이런 다양한 불확정성 사례를 제시한다. 가령 케네디John Fitzgerald Kennedy 대통령의 암살 이후, 저격 소총으로 대통령을 암살하는 설정을 지닌 영화를 어떻게 배급망에서 제외했는지 보여 준다(9·11 이후에도 유사한 반향이 있었다). 따라서 이 문제는 이론적 문제라기보다는 조사 방식의 문제이다. 결국 시청자들이 분수령의 어느 쪽에 있는지를 알기 위해 대립하는 것이 아니라, 그들이 픽션을 통한 경험과 세상에 대한 직접 경험을 접목하는 구체적인 방식을 이해하려는 것이다.◆

실재와 픽션을 대립시킬 때, 일반적으로 보편적이고 공감하기 쉬우며 믿음직한 실제 세상과 대립해 픽션은 환상적이고 뜻밖의 가상 세상을 시청자들에게 보여 준다는 원리에서 출발한다. 그런데 시청자 조사에 나타난 시청자의 체험 측면에서 보면 반대로 접근하는 것이 더 정확했다. 드라마에 대한 시청자들의 응답 내용에 따르면, 예측했고 일관되며 이해가 용이하고 공감했던 것은 바로 픽션의 세상이고, 오히려 실제 세상이 막연하고 불확실하며 문제를 일으키는 것으로 나타난다. 이들의 관

◆ 이런 질문들과 이를 다루는 방식은 알랭 코테로Alain Cottereau가 사회과학고등연구원 EHESS에서 진행한 세미나 '정의감, 사회적 실재의 의미'Sens du juste, sens de la réalité sociale와 2003년부터 진행한 작업 팀 '정의감의 세계화'La mondialisation du sens du juste에서뿐만 아니라 그동안 사회운동연구소Centre d'études des mouvements sociaux에서 그가 꾸준히 토론을 진행하면서 제기한 주제들로부터 큰 도움을 받았다. 특히 상상력과 체험 간 관계에 대해서는 알랭 코테로와 모크타르 모하타르 마조크(Cottereau et Marzok 2012) 참조.

점을 수용하면 중대한 결론이 도출된다. 결국, 픽션에 친근감을 대입하고 사회 세계를 낯선 것으로 분류하게 되는, 접근법의 역전이 나타난다. 실제로 드라마를 모두 시청하지 않았더라도, 시청자들은 등장인물들에 대해 일치하거나 유사한 판단을 했다. 즉, 등장인물들의 특징을 규명하고 그들의 주요 대응을 예측하며, 등장인물이 시나리오를 통해 겪게 되는 일에 대해 매우 구체적으로 생각했다. 반면에 시청자들은 자신들에게 나타난 세상의 실재성을 증명하기를 매우 어려워했다. 시청자들이 픽션이라고 알고 있다면, 즉 사회적 실재의 관점에서 보면 픽션이 추구하는 정확성만이 제약contraintes de fidélité이라는 점을 알고 있다면, 관련 대상이 멀어질수록 일반적인 불확실성의 징후가 더욱 짙어질 뿐이다. 사회적 실재라는 의미를 만들기 위해, 세상과 대면하는 순간에 진행되는 확인, 시험, 또는 증명이 이와 같은 실재와 픽션의 대조를 통해 수행된다는 사실이 가져올 수 있는 결과에 대해 생각해야 한다. 그런데 이와 같은 사실이 픽션에서는 멀리 있는 세계는 말할 것도 없고 손에 닿는 거리의 세상보다 훨씬 가까운 영역을 포함하고 있는 간접적 세계를 구성한다.

픽션은 친근한 방식으로 멀리 떨어져 있는 상황을 인식하게 할 뿐만 아니라 체험적인 대면을 능가하는 기획들을 제안하면서 시간적 좌표를 뒤집기도 한다. 최신 미국 드라마들은 그들이 주목하는 것에 대한 자료 조사 수준을 보강하면서 신빙성을 높이는 데 점점 더 몰두하고 있다. 연출하려는 사회적·직업적 환경을 거의 민속지학적 수준으로 복원해 제작하고자 상상을 뛰어넘은 정성을 기울인다. 장식, 의상, 몸짓, 단어, 기술 환경, 협력 형태, 직업적 위계를 구체적이고 세밀하고 정확하게 묘사한다. 그리하여 픽션은 대단히 흡사한 병원, 경찰서, 도시 근린 지역에서 제작된다. CIA 회의, 백악관, 미 대통령 집무실 등 중계자 없이 절대 들어갈 수 없는 장소나 상황에 진입할 수 있게 한다. 텔레비전 뉴스나 다큐멘터리, 시사 프로그램을 위한 현장 보도 이미지가 새로운 시사 소식을 막 알리려 할 때, 실제 이미지는 맥락이 서로 겹쳐지면서 픽션을 통해 이미 제공된 전체 좌표 중 어딘가에 등록된다. 뉴욕 경찰이 프랑스 정치인을 체포하는 장면은 기시감을 불러일으킨다. 카날 플뤼스의 아침 뉴스에서 오바마와 그 보좌진이 암살된 오사마 빈 라덴Osama bin Laden의 사진을 수신받는 장면을 보여 주면서, 편집국에서는 이 이미지에 드라마 〈24〉 형식의 타이틀을 사용한다.

　텔레비전 드라마에 의해 먼저 조직된 듯 나타나는 것은 단지 이미지를 통해서만 접근할 수 있는 먼 세상만은 아니다. 우리가 진행한 조사에 따르면 텔레비전 드라마는 일상생활에서도, 단지 새로운 은유들의 집합 장소로서뿐만 아니라 생활의 흐름cours d'une existence을 변형하는 방식으로 동원될 여지가 있다. 이런 발견을 뒷받침하는 다른 연구들도 있다. 가령 대도시 주변 작은 마을의 주부들이 오후에 모여 차를 마실 때 그중 한 명이 케이크를 들고 나타나면 집주인은 이렇게 환호한다. "여기봐. 브리가 납셨네!"✦ 병원 대기실에서 불친절한 의사가 무례하고 짜증스럽게 환자들을 기다리게 하면, 한 청년이 다른 환자가 지나갈 수있도록 비켜서며 이렇게 비꼰다. "닥터 하우스✦✦한테 가보세요!" 어린 시절을 보낸 주택가로 되돌아온 젊은 여성을 마주친 옛 친구는 이렇게 외쳤다. "돌아왔구나. 위스테리아 레인✦✦✦으로!" 세실 반 드 벨드Cécile Van de Velde의 연구처럼 〈프렌즈〉Friends의 영향으로, 주택난에 따른 공동 거주 임대가 활성화되는 현상이 나타날 수도 있다(Van de Velde 2008). 즈느비에브 프뤼보스트Geneviève Pruvost는 여성 경찰관에 관한 저서에서, 수많은 여경이 경찰 드라마를 보며 직업적 소명을 갖게 되었다고 밝혔다(Pruvost 2007). 기욤 르 솔니에Guillaume Le Saulnier는 경찰들이 미국 드라마 시청이 만들어 낸 집단적인 기대 때문에 그들의 활동에 어려움을 겪는

✦ [옮긴이] 미국 드라마 〈위기의 주부들〉의 등장인물인 브리 밴 드 캠프를 말한다. 청소, 요리, 자녀 교육까지 언제나 완벽을 추구하는 인물이다.
✦✦ [옮긴이] 드라마 〈하우스〉의 주인공.
✦✦✦ [옮긴이] 〈위기의 주부들〉의 배경이 되는 동네 이름.

다고 밝혔다(Le Saulnier 2011). 1998년 시작해 최근 끝난 〈E.R.〉에 대한 우리의 오랜 조사를 통해 이 드라마가 이를 시청한 환자들의 병원 생활을 얼마나 많이 바꾸었는지를 알 수 있었고, 열성 시청자들의 드라마 다시 보기에 대한 이 연구는 드라마가 이들 중 다수의 삶을 변화시켰다는 사실을 보여 준다.◆ 결국 텔레비전 드라마는 삶의 체험에 끊임없이 동원됐다. 그런데 이런 동원은 무시되어 왔다. 대부분의 드라마 관련 연구는 드라마를 독립적인 장르로 만드는 데 기여한 저작들의 내적 분석에 집중됐고, 시청자 조사는 대중의 반응 정도에 대한 매우 일반적인 수준의 질문에 머물렀으며, 자신들의 연구 영역을 서술한 일반 사회학 저작에서 이런 종류의 픽션을 다룰 때도 단지 언급하는 수준에 그쳤다.

텔레비전 드라마와 관련해, 상상과 체험의 결합은 이야기의 체험을 통해서라기보다는 등장인물과의 특별한 관계를 통해 이루어진다. 실제, 조사 과정에서 보면, 시청자들에게 드라마의 이야기는 집중의 대상이 아님을 깨닫는다. 대부분의 질문 대상자들은 이야기를 정확하게 기억하지 못했다. 예를 들어 〈24〉는 새로운 사건들이 쉴 새 없이 얽히고설키기에 그 상황을 기억하기 어렵다는 점에서 안성맞춤인 분석 사례이다. 내가 진행한 모든 조사에서 증명되는 내용은 다음과 같다. 초기에는 이야기가 시청자들의 관심을 불러일으키지만, 드라마가 장기간 진행될수록 등장인물들이 선명해지면서 오랫동안 자리 잡는다. 바로 이것이 드라마의 에피소드 한 편을 우연히 보게 된 사람과 꾸준히 시청한 사람의 차이다. 전자는 예견할 수 없는 이야기의 특성에 놀라지만, 후자는 반복되는 이야기의 줄거리가 사라져 보이지 않는다. 그들의 관심은 등장인물

◆ 드라마를 시청한 환자들은 의료 도구를 알아보고 의료 행위도 인식했다. 환자들은 응급 처방 용어를 알아듣고 일부 진단을 익숙하게 여기기도 했다. 그들은 병원 조직의 원리를 배웠고, 갑작스러운 응급 치료에 따른 충격이 일정 정도 완화된 것으로 나타났다. 반면에 드라마 속 의사들이 미화됐다는 사실이 집단적인 기만을 가져온 것은 아니다. 사람들은 드라마와 현실의 비교를 통해 규정 사항에 대해 선명히 가늠했고, 어느 정도 표준화된 요구 사항을 제기할 수 있었다.

과의 정합성으로 완전히 옮아간다. 결국 등장인물과의 관계가 중요하다는 것은 드라마 애청자에게는 텔레비전 드라마 주인공들에게 관심이 집중된다는 사실을 의미한다.

텔레비전 드라마 주인공의 실질적 존재론을 위해

실제로 텔레비전 드라마 주인공들은 특성을 지니고 있다. 매우 독창적이진 않지만, 독특한 연금술과 다양한 층위가 어우러져 새로운 형태를 만들곤 한다. 이런 특성들은 알려져 있지만, 뒤에 최신 작품들에서 그 의미를 재설정하기 위해 여기에서 짧게나마 이들을 상기해 보는 것이 좋겠다. 우선 폭넓은 시청 범위와 세계화된 성격, 그리고 시청의 동시성이다. 어떤 종류의 작품도 이렇게 빠른 배급 속도를 보여 준 적이 없었다. 끝으로 수년까지 연장되는 방영 기간이다. 시즌마다 24편의 에피소드가 매해 한 시즌씩 십수 년에 걸쳐 방송되면서 드라마 주인공들은 기나긴 일대기적 줄거리에 등장하기도 한다. 10년에 걸쳐 책 한 권을 읽는다고 상상할 수 있나? "15세 때 〈E.R.〉을 보기 시작했어요. 이제 30세가 됐어요. 엄청난 드라마죠!" 드라마 주인공과 만들어진 오랜 인연은 드라마 작동 방식의 핵심이다.

하지만 다른 종류의 주인공들과 구분되는, 드라마 주인공과의 인연을 형성하는 핵심 기준은 또 있다. 배역과 배우의 관계가 매우 안정적으로 구성된다는 점이다. 드라마 주인공이 구현되는 형태는 독자 한 명, 한 명이 인격을 부여하는 소설 주인공, 희극 배역(희극에서는 무한히 많은 배우들이 셀 수 없이 다양한 인물의 모습으로 그 배역을 담당할 수 있는 반면, 드라마는 리메이크가 흔치 않다)뿐만 아니라 영화 주인공[에드가 모랭(Morin 1972)이 지적한 대로 배역이 아닌 배우가 다양한 등장인물을 연기하면서 풍부해지기 때문이다]과도 구분된다. 이런 특별한 상황에 대한 첫 번째 증표는 텔레비전 초기 시절부터 도드라진 다음과 같은 현상에 있다. 드라마의 주인공

역할을 담당한 배우들은 대부분 새로운 배역을 맡는 데 상당한 어려움을 겪는다는 점이다. 그들의 피부에 덧씌워진 배역을 떼어낼 수 없었다. 배우가 차지하는 비중이 높아진다는 두 번째 증표는 미국 드라마 예고편에서 나타난다. 예전과 달리 이제는 예고편 화면에 등장한 배우 얼굴에 배우가 아니라 배역 이름을 표시한다. 세 번째 증표는 2011년 9월 〈위기의 주부들〉을 특집으로 한 『텔레 세트 주르』 표지에 세 여주인공 사진이 극중 이름과 함께 실린 점이다.◆ 배우 이름은 언급되지도 않았다. 이는 당시 2675호를 맞는 그 잡지가 출판한 이래로 처음 있는 상황이었다.

극중 인물을 개별적으로 이미 존재하는 상상의 재료들을 재조합해 만들지 않았다는 사실, 그리고 대상이 매우 안정적이고 풍부해 공감하기 쉽다는 사실은 등장인물이 잘 표현되도록 만든다. 이런 외부성은 등장인물과 맺는 연계를 변화시키는데, 이는 단순하게 상상의 구현체를 좋아하는 것이 아니라, 사라지지 않는 이타성altérité résistante을 통해 만들어지는 하나의 타자와의 관계를 만들어 버린다. 이 요소들은 잦은 시청 빈도가 만들어 내는 관계 유형에 대해 다시 생각하게 하고, 특히 동일시identification라는 심리학적 개념이 [이런 관계 유형을 설명하기에] 너무 한계적이라 느끼게 한다. 실제로 이런 연계를 자기 자신의 단순한 확장이라기보다는 한 명의 인물 또는 인물과 유사한 것quasi-personne이라 할 수 있는 타자와의 관계로 묘사해야만 더 분명해지거나 적어도 모호한 것을 피할 수 있다. 엄밀히 말해 동일시 개념은 기껏해야 우리가 존재론적 경로를 통해 진행할 수 있는 매우 협소한 영역에서 통용될 뿐이며, 바로 이런 시각을 통해 우리는 일련의 격정적인 느낌(사랑·분노·우정·존경 등)을 설명할 수 있기 때문이다.

◆ [옮긴이] 즉, 드라마 밖인 언론에서도 배우가 배역 이름으로 불린다.

실제 사람인 것처럼(하지만 오래되지 않은)

에티엔느 수리오Étienne Souriau의 책『다른 삶의 방식』*Les différents modes d'existence*에 실린 추천사에서 브뤼노 라투르Bruno Latour는 엘리자베스 클라브리Élisabeth Claverie가 성모 출현과 관련해 신학에서 진행한 것처럼 (Claverie 2003), 민속지학ethnographie에서 종교적 존재에 충실한 존재론적 외관을 존중하려는 이들은 흔치 않다고 적고 있다(Souriau 2009). 마찬가지로 텔레비전 드라마 주인공이 기능하는 방식을 잘 이해하려면 정확한 존재론적 외관을 존중하면서, 즉 주인공은 대중들이 공감할 수 있는 세계로부터, 대중들이 그와 형성한 관계로부터 만들어진다는 사실을 재현하면서 주인공에 대한 설명을 시작하는 것은 중요해 보인다. 민속지학적 주제를 신학으로 몰아가는 것은 절대로 아니다. 미디어에 관한 모든 것을 종교적 은유로 대체하면 설명하기에는 용이할지 몰라도 혼란을 일으킬 수 있다. 오히려 반대로 사회과학을 다시 정착시키고 반응을 유발하는 것을 더욱 실제적으로 재현하기 위해, 존재 자체와 그들이 살아 있는 사람들의 삶에 개입하는 방식을 구분하려는 것이다. 이런 시도를 통해, 등장인물을 향한 기대의 궤적에서 차지하는 위치에 따라 등장인물을 그려낼 수 있다.[*] (배우가 구현하는) 배역과 (배우의) 인물을 이제는 대립시키지 않는다. 등장인물이 이야기하거나 행동한 것을 통해 주인공을 재구성하고, 공유하는 세계와 관계를 통해 생활 세계의 현상학적 영역에 위치하면서, 등장인물의 고유 활동을 인간적인 부분과 불변의 부분으로 다룰 것이다. 어법에 어긋나지 않는다면, 이를 실질적 존재론ontologie pragmatique이라 칭한다.

연구 조사에서 가장 인상적인 것들 중 하나는 시청자들이 텔레비전

---

[*] [옮긴이] 시청자들의 기대 및 시청자들과 맺는 관계에 따라 등장인물이 성장하고 변화한다는 입장이다.

드라마 주인공을 마치 실제 인물인 것처럼 얘기한다는 점이다. 이 점에 대해 언급할 때 정보 취득 방식에 따라 구분하거나, 이런 현상이 의도 되었는지 아니면 우발적인지 구분하는 것은 중요하다. 드라마에 대한 개별 면접 조사에서 응답자들은 드라마 내용에 대해 일정한 거리를 유지한다. 그들은 약간 의례적이고 평범한 입장을 취하고, 언제나 매우 비판적인 것은 아니다. 등장인물에 대해 너무 식상한 언급을 되풀이하면 엉뚱하다고 취급받으며, 응답자들 자신의 일상생활 요소와 연관된 다른 주제로 이어지지 않는 한 면접 조사는 짧게 끝난다. 등장인물 언급은 연동장치 역할이 핵심이다. 하나의 등장인물을 집요하게 추궁하면 불편해한다. 하지만 단체 토론이나 인터넷 사이트, 블로그에서 진행되는 토론에서 다소 가벼운 표현 방식으로 일단 자리 잡으면, 모인 사람들은 형식, 내용, 감정 수준의 측면에서, (웃으려고 그런 것이 아니라면) 일상적 상황에서 사람들에 대한 화제와 구분하지 않는 방식으로 등장인물에 대한 이야기를 진행하곤 한다("모든 에피소드를 보지는 않아. 가끔 폐기의 소식을 듣는 정도지, 뭐").

결국 등장인물이 충분히 구현되려면 이런 사교 네트워크가 필요했던 것처럼 보인다. 드라마 주인공의 존재감은 이렇게 특별한 사교적 형태에서 나타난다. 드라마 주인공은 그가 존재한다고 보는 열망이 커질수록 생명력을 얻는다. 텔레비전 밖에서 존재하는 드라마 주인공의 힘은 그를 자주 시청하고 자주 언급하는 사람들의 에너지에서 나온다. 1990년대 말 조지 클루니George Clooney에게 남다른 열성을 보인 몇몇 팬들은 그에게 보낸 편지에 "우리 둘 다 당신과 사랑에 빠졌어요."라고 적었다. "우리는 당신을 사랑합니다."라고 또 다른 소녀들이 유사한 형태의 창작을 통해 그의 존재를 각인시키면서, 독창적이고 확고한 관계를 더욱 돈독히 했다. 이는 사랑 감정이지만 집단적 존재라는 데서 기쁨을 느끼기에, 흔히 볼 수 있는 것은 아니다.

시청자들은 등장인물에 대해 의견을 교환할 뿐만 아니라 특히 그들에 대해 끊임없이 판단한다. 이런 판단은 미적이기보다는 대부분 도덕적이다. 실제로 시청자들은 등장인물이 다른 등장인물에 대해 판단하는 것을 판단한다. 우리는 이를 평가의 이중 고리double boucle d'évaluation라고 일컫는다. 시청자는 등장인물의 존재 방식, 개성, 그들의 선택을 평가한다. 시청자는 등장인물들의 서열을 정하고, 서열은 그 자체로 토론 대상이 된다("난 레이보다 모리스가 10배는 더 좋아! 난 레이가 싫어!"). 시청자는 등장인물의 행동을 판단하고("나쁜 토니!"), 상상하는 관계를 기준으로 자기규정을 한다("캐럴, 킴의 베프!"). 시청자는 등장인물의 삶을 범주화해 평가하기도 하고("마크는 형편없는 삶을 사는 것 같아!"), 다른 사람들에게 처신하는 방식에 대해 분개하기도 하며, 심지어 시청자는 등장인물이 장차 드라마 밖에서 행동할 방식을 그려내기도 한다. 이를 판단하는 것은 등장인물이 행동해야만 했는데(그러므로 할 수 있었는데) 그렇게 하지 않았다는 생각을 표출하는 것으로 이어지기 때문이다.

대중들의 애정은 등장인물이 드라마에서 죽거나 떠나는 등 잃게 될까 걱정하는 모습으로 나타나기도 한다. 주인공에 대한 애도는 인터넷 사이트로 번진다. 만약 이에 대한 연구 조사가 없었다면, 시청자들이 등장인물과 사별하는 문제를 두고 이렇게 많은 대화를 나눴으리라고 예견할 수는 없었을 것이다. 이런 걱정은 그래픽 표현으로도 나타났다. 가령 이모티콘, 구두점 사용, 모음이나 문자의 반복("아아아아악!")을 통해 표현됐다. 이와 관련된 모든 감정의 종류를 보면, 실망과 애석함("〈24〉의 캐스팅 중 가장 카리스마 넘치는 인물 중 하나, 마지막 생존자 중 한 명, 끝까지 살아 있어야 했는데! 이게 드라마를 망쳤다"), 슬픔과 분노("미안하지만 다시 생각하면, 화가 난다"), 체념("어쩔 수 없지, 뭐. 또 보게 되면 좋겠다!"), 대체 조건("적어도 새로운 마르타, 마이크 노빅, 드 와이언 팔머, [아인이지만 가장 매너 있던─인용자] 드 셰리가 나왔으면 좋겠다"), 위안 찾기("아프리카로 돌아간 건 잘됐어. 쿡 컨트리◆보단 거기서 더 쓸모 있다고 느낄 거야! 그곳에서 우릴 놀라게 하겠지"),

---

◆ [옮긴이] 〈쿡 컨트리〉Cook's Country는 2008년 10월부터 방영한 미국의 요리 프로그램.

재출현 희망("다음 시즌에 다시 돌아올 것 같아") 등으로 나타났다. 〈E.R.〉에 대한 면접 조사에서, 한 여성 시청자가 유사한 맥락에서 드라마 시청을 포기한 이유를 설명했다. "절대로 마크가 죽었을 리가 없다고 생각했어요"(웃음).

강제된 일관성

등장인물들이 실재 인물과 외형적으로 유사하다 해도, 행동적 측면에선 구별된다. 등장인물들이 언제나 더욱 일관된다. 개성화stylisation 작업을 거친 등장인물들은 우연성이 제거됐다. 그들은 더 많은 '필연성'을 지닌다. 그런데 어떤 측면에서는 결정 흐름이 역전됐다고 할 수 있다. 한 사람의 일상적이고 습관적인 행동이 어떤 규칙성을 띤다면, 물론 병리학적인 경우를 제외하고 완전히 똑같이 반복되는 일은 없겠지만, 이를 통해 그의 특성을 추론할 수 있다. 그런데 텔레비전 드라마의 등장인물은 그 인과관계가 바뀌었다. 심리학적 측면 및 사회적 속성 등 이미 설정된 특성을 바탕으로 작가 또는 시나리오와 제작에 관여하는 모든 사람들이 등장인물을 규정하고, 그에 따라 등장인물의 반응이나 행태가 결정되기 때문이다. 새로운 지적은 아니다. 이는 모든 시나리오 매뉴얼에 나오는 지침이다. 시나리오 수습 작가들은 등장인물의 일관성과 체계화에 심혈을 기울여야만 성공적인 픽션을 만들 수 있다는 설명을 듣곤 한다. 하지만 여기서 우리의 관심을 끄는 것은 이런 생각이 빚어낸 결과이다. 실제로 이런 상황이 등장인물을 사회 행위자들보다 더욱 개성화하고 일관되며 예측 가능하게 만든다. 어떤 측면에서는 이런 상황으로 말미암아 등장인물은 사회학자들이 만나고 싶어 하는 사회적 존재와 유사해진다. 이처럼 실재 인물과 등장인물의 차이에서 두 가지 결론을 도출할 수 있다. 첫째는 사회과학의 인식론 방향으로 전개된다. 살아 있는 사람들은 등장인물이 아니므로 사회 현실을 잘 이해하려면 사회

질서에 대해 결정론적이지 않은 접근들의 길을 열어 놓고, 모든 우연적인 형식에 더 넓은 여지를 두어야 한다는 생각을 촉진하는 것으로 귀결된다.

둘째는 픽션에 대해 새로운 방식으로 문제를 제기하는 것으로서 우리가 관심을 둔 방법이기도 하다. 이는 등장인물에게 진행된 작업에서 추출한 것으로, 앞서 언급한 강제된 일관성cohérence forcée을 규범적 영역의 분석을 위한 지렛대로 사용하는 것이다. 이렇게 순전히 만들어진 존재에 대한 인류학적 어색함에는 등장인물이 처한 상황을 탐색하게끔 촉진하는 것들이 있다. 바로 여기에 텔레비전 픽션의 모순적 장점이 존재한다. 구체적으로 시청자들은 등장인물들의 구성에 대해 허점을 찾으면서, 사회적 실재의 구성 요소들에 대해 역동적으로 설명할 동력을 마련한다. 다시 말해, 등장인물의 특성을 체계화하고 그에게 내적 일관성을 강제함에 따라, 해당 상황에 대한 실험과 그곳에서 만들어지는 사회적 논리를 발견한다는 독특한 효과를 가져온다.

그럼에도 대서양을 사이에 둔 미국과 프랑스의 픽션을 구별하는 기준을 세워 본다면, 아마 원리도 다르겠지만 일관성이 강제되는 방식이 사뭇 다르다. 프랑스 드라마에선 등장인물이 안정적으로 구분된 심리적 범주뿐만 아니라 그들을 어느 정도 사회적 공간에 고정된 특성에 따른 논리대로 행동하는 반면에, 미국 드라마의 등장인물은 상대적으로 상황에 따라 행동한다. 우리는 카롤 가예-비오Carole Gayet-Viaud, 클로드 로장탈Claude Rosental과 함께, 〈24〉의 등장인물들이 여러 주제들, 즉 국가에 대한 충성, 준법, 직업적 사명, 직업적 성공 열망, 우정, 사랑, 부모애, 돈, 행복 등에 저마다 부여하는 중요도를 살펴보는 방식으로 일관성 문제에 대한 연구를 진행했다. 우선 드라마 초기에는 이런 특성 항목을 각 등장인물에 따라 정하고, 이후에는 그들의 행동을 연역적으로 예견할 수 있을지 살펴봤다. 그 결과 우리는 다양하게 발생하는 상황에서도 등장인물들은 지속적으로 특정한 대응 방식을 반복하고, 이것이 일관성을 느끼게 한다는 점을 알아냈다.

죽음을 통해서만 모순을 극복하는 비극의 주인공과 달리 드라마의 주인공은 진화한다. 그들의 진화 자체가 에피소드의 주제가 되기도 한다. 등장인물의 상황 변화는 이미 방영된 정보를 취합해 만든 사건 전개도와 최근 사건들에서 등장인물 각자가 취한 입장을 보여 주는 예고편의 인용을 통해 전개된다. 이를 보면서 우리는 지난 줄거리뿐만 아니라 등장인물들이 상황을 판단하는 태도까지 알 수 있다. 우리가 짐작했던 것과는 달리, (연쇄 충돌, 건물을 덮치는 자동차, 폭발하는 화력발전소와 같은) 화려한 장면들만이 관심을 끄는 것이 아니라, 등장인물들의 일관성을 유지하는 문제 역시 매우 중요했다. 사람이 갑자기 설명할 수 없는 행동을 보이면 의심에 빠지게 된다. 누구나 또는 대부분이 예측했던 것과는 다른 존재가 될 수 있기 때문에 의심이 보편적으로 퍼져 있는 영역에서 모순은 발생한다. 에피소드가 더해지면서 모순적인 생각 자체를 사라지게 하는 것은 바로 내용의 요소들이 첨가되면서이다. 탐정소설에서는 범죄 흔적이라 할 법한 흩어져 있는 물질적 상황 증거를 추적하는 과정에 서스펜스가 있다면, 여기에선 정보 요소들에 맞춰진다. 앞서 주어진 정보와 [등장인물이] 취한 행위가 왕복하는 과정을 반복하면서 호환성이 만들어지고 이를 통해 행위가 비로소 명료하게 이해된다. 달리 말해, 이것은 하나의 발견이다. 등장인물의 일관성은 서스펜스의 동력 자체를 형성한다.

시나리오 작가들은 [등장인물의] 일관성을 유지해야 하며, 미흡할 때는 수정 요구를 받는다는 점에서 부담을 짊어진다. 한 등장인물이 이전 에피소드에서 만들어진 개성에 부합하지 않는 행위들을 한다면, 시청자는 시나리오 작가에게 격분한다. 이런 불만이 사이트 게시판의 댓글로 나타난다. 시청자는 이러저러한 등장인물이 이러저러한 방식으로 행동할 가능성은 매우 희박하다는 사실을 지적하고, 그럼에도 이 상황에서 그렇게 행동하게 만든 것을 비판한다. 마치 그들이 뭔가 위탁받은 사람이라도 된 것처럼 말이다. 시청자는 사이트를 통한 분노에 찬 저항으로 이런 황당함에 처벌을 가하기도 하지만, 동시에 등장인물들에게 등을 돌리거나 드라마를 끊는 등 좀 더 익명적인 방식을 선택하기도 한다.

그리하여 일관성의 의무는 드라마 자체의 수명에 영향을 준다. 등장인물이 일반적인 상황에 놓인 평범한 사람들보다 일관성의 의무에 더욱 묶여 있다는 사실은 등장인물들의 행동반경을 점차 축소시킨다. 시나리오 작가는 딜레마에 빠진다. 등장인물의 행동을 순수하게 반복적이도록 할 것인가, 아니면 사실감이 떨어지더라도 등장인물의 잠재적 반응 범위를 넓힐 것인가. 등장인물이 실존하는 이야기와 유사한 특정 패턴으로 짜인다면, 등장인물은 시즌을 더할수록 자신의 행동을 표현할 경우의 수가 줄어들 것이다. 등장인물은 일관성 의무에 따라 자신이 행한 과거 선택에 구속되기 때문에 그의 행동반경은 제한된다. 그래서 그의 과거에 무한정으로 짐을 지울 수는 없다. 그렇다고 내용적 요소를 무한하게 추가할 수도 없다. 결국 등장인물의 자원은 시즌을 더할수록 감소한다. 그의 행동이 반복적이라면, 대중은 점점 더 등장인물의 반응을 쉽게 예견한다. 그렇다고 등장인물의 행동이 실제로 발생하기 힘들 정도로 일관성이 떨어지면, 그것은 너무 황당해져 흥미를 잃게 만든다. 대중은 등장인물에 싫증을 내고 등을 돌리며 마침내 드라마는 종영된다. 다시 말해, 품격 있는 드라마◆의 생존 주기는 바로 일관성의 의무가 결정한다. 드라마 주인공은 사람보다 훨씬 짧은 7, 8년을 생존한다. 개의 수명에도 미치지 못한다.

유형화와 적합성

드라마 주인공들의 수명이 짧다 해도, 등장인물들에게는 자신을 애

◆ [옮긴이] 이는 특히 등장인물을 첨가하면서 한계를 피해 갈 수 있는 통속적 연속극feuil-letons ou soaps과 구분되는 것이다.

청한 사람들의 삶에 들어가는 방법이 있다. 사실 등장인물은 이들을 알프레드 쉬츠Alfred Schütz의 현상학적 시도에 따라 '유형'types이라 부를 만한 것에 해당하는 특성을 어느 정도 지니고 있다. 유형은 실재의 특정 측면을 돋보이게 하는 일종의 도표 작성을 위한 입체적 선 긋기를 통해 인물들을 그려낸다. 유형화 과정은 역동적이고 임시적인 범주로 구성된다(Schütz 1962).

예를 들어, 앞서 인용한 "여기 봐. 브리가 납셨네!"를 보자. 도시 근교 작은 마을에서 커피 한잔하러 모인 마을 여성들에게, 이 외침은 다음과 같은 내용을 의미한다. 벨을 누른 젊은 여성은 완벽하다. 그녀의 케이크는 최고일 것이다. 그녀가 이 작은 모임에 마지막으로 도착했는데, 이는 그녀가 늦어서가 아니라 그녀의 등장 효과를 확실히 하고 싶었기 때문이다. 그녀는 이웃들과 함께 느낀 가벼운 경쟁 상황에서 승리해 돌아가고 싶다. 그녀의 완벽에 대한 욕구는 일종의 호의라 할 수 있다. 이날 오후에 모인 사람들은 친근함과 은밀함이 결합된 이웃 관계라고 할 만한 특별한 인연으로 모였다. 하지만 동시에 이 외침은 초청받은 그녀에게 여주인공처럼 완벽의 요구 사항을 이렇게까지 부추겨, 마침내 그녀가 경쟁에서 완벽히 이겼음을 인정하는 것이기도 하다. 이런 언급에는 비판적 뉘앙스도 있다. 그리고 이 작은 모임에서 이런 형식이 성공적이었기 때문에, 모든 사람들이 웃는다.

브리는 그녀의 특성 중 일부가 선택되었기에, 등장인물과 시청자들이 제휴하는 데 적합하다고 정제된, 알프레드 쉬츠가 규정한 의미에서 하나의 유형이 됐다. 브리의 모든 특성이 유형에 들어맞는 것은 아니다(가령 그녀가 빨간 머리라는 사실은 이 상황에서 관심사가 되지 못한다). 하지만 어떤 특징들은 또 다른 상황에선 관심의 대상이 될 수 있다. 한 명의 등장인물에 대한 언급이 어떤 사람들에게는 적합하지만 다른 사람들에게는 그렇지 않을 수도 있다. 또한 과거에는 적합했지만 미래에는 그렇지 않을 수 있고, 그 반대로 그렇지 않던 것이 시간이 흘러 적합해질 수도 있다. 어떤 등장인물은 아무에게도 적합하지 않고, 앞으로도 계속 그럴 수 있다. 이유는 다양하다. 시나리오 작가가 작업에 실패했을 수도 있고, 제작 과정에서 특성들이 완전히 제거되었을 수도 있으며, 오랜 구현 과정에서 방향을 잃었을지도 모르고, 배역이 연기자와 제대로 결합되지 않았을 수도 있다. 또한 등장인물 수가 점점 많아지면서 배역의 특성이 사라질 수도 있다. 하지만 이번 사례에서 쉬츠의 개념에 따라 자세히 설명된 바 있는 핵심 요소들을 쉬츠의 적합성 접근법에 기반해 사회학에 정착되고 있는 미디어 사회학의 한 프로그램을 정의하는 데 도입할 수도 있다.

사실 (유형화할 수 있게 하는) 텔레비전 드라마 주인공héros-de-séries- télévisées, HST 개념은 이런 전제에 근거하고 있으며, 이제 HST의 작동 조건이라 할 만한 특징을 나열할 것이다. HST는 그의 감정들이 얼굴에 나타나므로 일상적 상황에서 평범한 존재보다 표현력이 더욱 풍부하다. HST는 우리가 그에 대해 알아야 하는 모든 것을 알기에 더욱 투명하다. 그 존재의 사적인 시간에까지 그를 따라다닐 만큼 높은 친밀성을 지녀야 한다. HST는 그의 특성 중 일부가 의도적으로 강조되었기에 더욱 유형화됐다. 앞서 본 것처럼, 그는 더욱 일관된다. HST는 (여러 시즌에 걸쳐 충분히 오래 만들어진) 습관에 통합되는 대상이다. 하지만 특히 HST의 구성 방식은 복잡한데, 등장인물의 개성을 규정하는 요인이 매우 다양할 수 있기 때문이다. 이 구성 방식은 가장 먼 곳에서 가장 가까운 곳까지 또는 가장 밖에서 가장 친밀한 곳까지 아우르는 필요 충분 기준들의 규칙적인 배열로 한정되지 않는다. 이는 위계적이고 틀에 맞추어진 효과적인 구조 네트워크에 앞서 하나의 조직화를 전제한다. 여기에선 몇몇 고정점이 이질적이고 잠재적으로 무한한 조합(가령 거북이 되기와 피자 먹기, 마피아 되기와 정신분석적 연구의 필요, 의사 되기와 바이코딘Vicodin◆ 중독 등)으로 만들어진다. 또한 이런 고정점은 반드시 (단숨에 주어지고, 도덕적 계

◆ [옮긴이] 진통제의 일종. 〈하우스〉에서 그레고리 하우스가 정기적으로 복용한다.

층화 기준에 따라 규정되고 등장인물에게 할당된다는 의미의) 성격상 특징일 필요는 없으며, 오히려 그들의 몇몇 주도적인 측면을 규정하는 상대적으로 지속적이고 고집스러운 면이라 할 수 있다.

드라마의 등장인물은 사회과학처럼 엄격한 과학에서 모델이라 일컫는 것과 연결할 만한 특징을 지니고 있다. 등장인물은 현실의 복잡함을 몇몇 돋보이는 특성으로 단순화했기 때문이다. 또한 그들이 분명하고 일관성을 지니기 때문이다. 하지만 등장인물은 더욱 복잡하고 따라서 더욱 사실적이다. 모델화하는 과정에서 다양한 선택을 통해 등장인물의 개성을 규정할 수 있다는 점은 너무 추상적이거나 흥미 없는 다른 무미건조한 사회적 삶의 모델화 과정에 비해 풍부한 자원으로 작용한다. 그들의 특징은 하나의 동기(이해)로 축소되지 않는다. 그들 특징의 배열 방식ordonnancement은 순전히 환상적인 것mentaliste이 아니며, 그들은 구체적으로 감정, 느낌, 성별을 부여받는다. 더욱이 다른 사회적 삶의 모델화 과정에 비해 매우 특이하게도 모델 자체가 역동적이다. 왜냐하면 등장인물들이 시즌을 더해 가고 대중들이 그들과 연관될 때 진화하기 때문이다. 게다가 이는 성찰적인 행위이다. 즉, 한 등장인물이 다른 등장인물을 작동시키는 요인에 대해 성찰하고, 그들의 의도를 이해하려 하며, 능동적으로 그들의 행동 이유를 설명함 직한 정황을 찾으려 한다. 시청자는 등장인물들이 이해한 것을 이해하려 한다. 하지만 이런 조치는 관계를 더욱 복잡하게 만들 수 있으니, 그 등장인물은 다른 등장인물들이 또 다른 등장인물들에 대해 이해한 것을 이해하려 하고, 대중들은 등장인물이 다른 등장인물에 대해 판단한 것에 대한 대중들의 판단을 평가하고자 하는 대중에게 개입하기 때문이다. 등장인물들을 연결하고 조합하며 일부를 다른 것에 끼워 넣는 것은 바로 관점의 확장démulti-plication des points de vue이라는 복잡한 장치이다. 이 정도의 묘사 수준에 이르는 사회과학 모델은 찾아보기 힘들다.

드라마의 모든 등장인물이 이런 종류의 유형화 작업 매체를 제공할 능력을 동일하게 부여받는 것은 아니다. 부여된 것들 중 가장 흥미로운 개성은 어디로 튈지 알 수 없지만 분명하고, 평소 하나로 짝을 이루지 않던 새로운 성격의 결합을 보여 주는 것이다. 그 결과 어떤 인물들은 그 구성적 고집스러움 때문에 성격이 터무니없는 방향으로 전개되기도 한다("티퇴프*는 완전히 강박관념에 사로잡혔어"). 어떤 인물들은 평소 유행했던 고정관념에 나타난 특성들과 구분되면서 성격 분열dissociation de traits을 일으키기도 한다. 하우스는 헌신적인 의사는 아니다. 그는 "실력 있는 의사인 동시에 인간적으로는 비열한 작자"이다. 그가 [환자에 대한] '간호'care를 완전히 거부하는 태도는 우리가 의사에게 진정으로 바라는 것은 무엇인지와 같은 주제들을 성찰하도록 이끈다. 한편 또 다른 매우 혁신적인 결합이 있다. 가령 〈E.R.〉에서 케리 위버라는 등장인물은 권위적이고 책임감 있는 여성이 동성 관계와 아이 입양을 선택할 수 있다는 점을 보여 준다(한 응답자는 "결국 그녀는 동성 부모에 대한 내 입장을 바꿨어요."라고 말했다).

틀에 박힌, 즉 이미 식상하게 조합된 등장인물이라면, 현실에 대한 설명력이 떨어지거나 사회적 실체의 변화에 뒤처진 채 그저 가끔 등장하거나 무기력하게 남아 있을 것이다. 그럼에도 여전히 등장인물들은 고유한 '체험의 비축' 상태라는 이유로, 설명력을 유지할 줄 아는 사람들에게서 동원될 수 있다. 하지만 그들이 '성공한다면', 즉 그들이 어떤 성찰이나 열광을 야기한다면, 그들은 분열 번식scissiparité을 통해 서로를 일으켜 세우며 확산된다. 그리하여 선임자들의 특성에서 새로운 등장인물이 태어난다. 가령 〈스크럽스〉Scrubs의 주인공 존 도리안은 수습 및 채용 과정에서 카터라는 인물의 역할을 담당하기도 한다. 또 〈그레이 아나토미〉Grey's Anatomy는 〈E.R.〉의 가벼운 버전이라 할 만하다. 이와 대조적으로 〈닙턱〉Nip Tuck**은 병들지 않은 신체에 진행하는 수술을 시험

---

* [옮긴이] 프랑스의 대표적인 애니메이션 〈티퇴프〉Titeuf의 주인공.
** [옮긴이] 2003년 7월부터 2010년 3월까지 여섯 시즌에 걸쳐 방영된, 성형 병원 소재의 미국 드라마.

한다. 2003년부터 인터넷에서 시청자들에게 로마노라는 등장인물에 대한 집착이 나타나는 것을 볼 수 있는데, 이는 등장인물 하우스에 대한 반감이 불러일으킨 것이다.[*] 〈프렌즈〉는 드라마가 연장 방영되는 만큼 젊은이들도 함께 나이 들어 간 사례로, 10여 년이 연장되는 동안 사랑과 우정 관계를 관리하는 방법을 보여 준 사례이다. 〈내가 그녀를 만났을 때〉How I Met Your Mother[**]의 주인공들은 공동 거주 상황에서 유사 부부적인, 부부 주변적인, 성적인 것의 관리에 대해 그때까지 드라마들보다 훨씬 구체적이다. 〈앨리 맥빌〉Ally McBeal[***]과 〈섹스 앤 더 시티〉Sex and the City는 30대 독신 직업여성의 성적·감성적 불안을 주제로 연이어 방영됐다. 〈웨스트 윙〉West Wing[****]은 진정한 민주주의자로서 대통령이 수행해야 마땅한 이상적인 모습을 보여 준다.

이와 같은 텔레비전 드라마의 구현 능력에 대한 설명을 통해, 픽션의 영향력은 등장인물을 통해 만들어지는 친근하고 개인적인 관계뿐만 아니라 픽션이 갖는 유형적인 부분에 달려 있음을 이해하게 된다. 바로 그 유형적인 부분이 공유되기 때문이다. 쉬츠의 설명처럼 유형화된 인식만이 공유될 여지가 존재하기 때문이다. 사회적 인식을 조직하고 동시에 보유하는 도식이라 할 수 있는 유형들에는 수행적 측면dimension performatrice이 있다. 이는 구체적으로 매우 개방적이고 이동성이 뛰어난 방식을 지닌 대부분의 모델이 그렇듯이, 유형들은 탐색 능력과 예상 능력을 지

---

[*] [옮긴이] 로마노는 CBS에서 1996년 9월부터 2005년 5월까지 방영된 가족 시트콤 〈내 사랑 레이몬드〉Everybody Loves Raymond에 출연한 주인공의 이름이자 그 역을 맡은 배우의 이름. 배우인 레이먼드 로마노Raymond Romano의 개인사가 중심 내용이다.

[**] [옮긴이] CBS에서 2005년부터 제작한 시트콤으로, 평범한 남자 테드가 자녀들에게 그들의 엄마를 만나게 된 이야기를 들려주는 방식으로 진행된다.

[***] [옮긴이] 폭스에서 1997년부터 제작한 하버드 법대 출신의 변호사 앨리가 겪는 일과 사랑을 다룬 로맨틱 법정 드라마.

[****] [옮긴이] 백악관 별관을 지칭하는 말로, NBC가 제작한 백악관 비서들의 생활을 소재로 만든 드라마.

니고 있기 때문이다. 인터넷 사이트 〈Rue89〉에서는 팔머 대통령이 버락 오바마로 변신하는, 은유적이지만 진짜 같은 모핑Morphing◆을 보여 주기도 했다.◆◆ [〈24〉의] 몇몇 시즌 이후 주인공 잭 바우어는 자기방어 상황이라는 고전적인 도식을 동원하면서, 위협받는 조국을 구하기 위해 어쩔 수 없이 고문을 가하는 장면을 보여 준다. 잭 바우어가 이런 위반을 책임지기 때문만이 아니라, 그의 일탈을 탁월하게 관리해 줄 협력자들을 그의 방식대로 끌어들였기 때문에, 결국 그는 이상주의적이고 유약한 미국 대통령이 차악의 가설에 동조하고 눈감는 데 동의하도록 만들었다. 잭 바우어는 관료적인 사법기관의 옹졸하고 현장성 없는 면을 부각시키고, 사건 조사를 담당하는 상원 위원회의 신뢰를 떨어뜨렸으며, 미국 정치의 기본 제도를 문제 삼았다. 미국 시민인 그는 조국을 위해 몸과 마음을 헌신하는 동시에, 미국 헌법의 민주적 제도 운영을 존중하지 않을 수 있다는 것을 보여 준다. 이런 방식이 어쩌면 도덕적 토론이나 직접적 증명보다 더욱 효과적일 수 있다. 대중은 어려운 결정이나 모범적인 행동의 영향을 받는 것이 아니다. 리모델링된 친밀성을 통한 오랜 동반 활동으로 대중에게 영향을 미치게 된다. 이런 방식으로 등장인물들은 변화를 수행한다. 그들이 지속 가능하거나 선망의 대상이 되는 공존 가능성, 지금까지 함께 사고되지 않은 특성들을 보여 주기 때문이다. 오늘날 이렇게 유행하는 관점에 따라, 텔레비전 픽션에서 그리고 그에 따라 진행되는 이것이 사회적 변화가 아니고 무엇인가.

◆ [옮긴이] 컴퓨터 그래픽을 통해 어떤 모습을 다른 모습으로 서서히 변화시키는 기법.

◆◆ Guillemettre Faure, "Y aurait-il eu Barack Obama sans '24 Heures Chrono'"[〈24〉 없이 버락 오바마가 당선될 수 있었을까?], 2008/08/09, www.rue89.com/rue89-culture/2008/08/09 (2012년 9월 열람) 참조.

텔레비전 드라마를 어떻게 비판할 것인가

텔레비전 드라마는 변한다. 지난 50년 남짓한 짧은 기간에 텔레비전 드라마는 더 풍부해지고 다양해지는 방향으로 개선됐다. 텔레비전 드라마가 다루는 주제의 범위는 눈에 띄게 확장됐고, 서사적 효과 측면에서 진전됐다. 하지만 그중 일부가 노골적으로 정치적 목적을 띠거나 정치적 영역에서 논란이 되자 비인간적이고 논란이 되는 레퍼토리가 논의할 여지도 없이 대중 공간에서 공유될 때 우리가 취할 수 있는 행동 수단은 무엇인지에 대해 의문을 던지게 됐다. 그러고는 반론이 없었다. 허구의 등장인물은 허구의 차원일 뿐이라며 보호받았기 때문이다. 즉, 만약 [실재의] 어떤 사회 행위자가 취한 입장이라면 공적 논의에서 절대로 이처럼 분명히 인정받기 어려운 입장들이 허용됐다.

만약 등장인물이 허구의 정체성이라는 방패 뒤에 숨는다면 어떻게 이를 비판할 것인가? 오히려 반대로 같은 등장인물이 사회적·정치적 변화의 첨병이고 세계적 비전의 변화 방향을 제시하는 데 기여한다면 어떻게 이에 대한 비판을 단념할 수 있나? 현재 거론되는 비판 방식은 이 작품들에 의해 만들어진 쟁점에 비해 턱없이 부족해 보인다. 결국 미디어 비판론은 기호학과 비판 이론이 교차하는 지점에서 형성된다. 기호학으로부터, 미디어 비판은 [존재의] 생성 여부는 존재 그 자체에 달려 있다는 원리에 따라, 논의를 통해 사회 세계로부터 독립적으로 분석할 수 있는 자율적 세계를 구성한다는 이념을 차용한다. 비판 이론으로부터, 미디어 비판은 만약 논의가 논의 대상에 대해 중립적 관계를 유지할 수 있다면, 논의는 그 자체로 전문가들이 발견하고자 전념하는, 지배와 힘의 관계로 축소되고 은폐된 의미 작용을 전달할 수 있다는 사고를 갖는다. 어떤 측면에서 보면, 미디어 비판의 용어는 시대를 따라가지 못하고 있다. 비판할 작품들의 내용은 고도화되는 반면, 그들의 용어는 여전히 틀에 박혀 있다. 작품들이 점점 더 다양해질수록, 점점 더 많아지는 청중과 무기력하게 정체된 수사학의 간극은 넓어진다. 1960년대의 잘 교육받은 소녀가, 1990년대의 보수적이고 적극적인 주인공이, 그리고 요즘 좀비가 출현하는 드라마를 비판하는 데 똑같은 어휘를 사용한다는 것은 황당한 일이다. 이념적 비판은 쇠퇴했다. 그 비판이 충분히 전문적이지 않고, 표현 방식의 분화에 고민이 부족하며, 중립적인 코믹 드라마, 양면성을 지닌 인물, 틀에 벗어난 주인공들에 적용하기엔 너무 경직됐기 때문이다. 또한 그 비판은 무언가를 발견할 여지도 없고, 수신 방식의 다양성이나 대중들이 소수의 목소리에 집중할 가능성 등을 고려하지 않기 때문이기도 하다. 결국 그 비판이 심지어 원형에 대해서도 단순하고 명백한 내용의 전도inversion를 보이는 등, 통제할 수 없는 방식으로, 상영된 내용에 대해 만들어질 수 있는 많은 격차를 보이기 때문에 이념적 비판은 쇠퇴했다. 미학적 비판의 경우에서도, 비판은 드라마를 주제의 독창성, 인물들의 신뢰성, 줄거리의 혁신, 연기자의 연기, 구성의 탄탄함, 그리고 관심의 척도도 아닌 긴박함 정도에 따라 판단하는 데 그친다.

등장인물을 서사 체계를 구성하는 순수한 인물로 취급하고, 그 내부에 머물고, 주인공의 근본적인 특수성을 무시한 채 단지 등장인물들이라는 대가족의 한 구성원으로서 HST를 수용하고자 픽션의 영역을 확장하는 데 그친다면 적절한 해답을 찾을 수 없다. 드라마 주인공은 등장인물이라기보다는 인물이다. 대중들이 주인공과 맺는 관계는 픽션이 방영되는 순간보다 훨씬 넓은 영역에서 전개되고, 평소에 허용하던 방식보다 훨씬 복잡한 방식이 뒤따른다. 그것은 바로 (등장인물에게서 나오는 모든 권력이 존재하는) 영향력과의 (관객에게서 나오는 움직임이 있는) 동일시이다.

비판을 재규정하려면 픽션이 일상생활에 영향을 줄 수 있다는 생각을 받아들여야 하고, 이런 상황에 맞는 연구 방법에 유념해야 한다. 두 가지 방법이 가능하다. 첫째는 픽션을 일반 사회학에 재통합하는 것인데, 이는 사람들이 자신들의 경로를 상실하지 않은 채 자신의 상황에 뿌리내리고 픽션을 마주할 수 있다고 가정하고, 대중들이 그들이 수용 경험을 들려주면서 동시에 그들이 주제에서 벗어난다는 모순적인 방법을 상상하면서나 가능하다. 둘째는 드라마 주인공의 '살아 있는 부분'을 고려하는 것이다. 드라마 주인공들은 어떤 관계의 파트너이기 때문에, 어느 정도 특별하고 평면적이고 가려져 있으며 일관되고 무취하며 이들의 대화가 해당 나라의 말로 더빙된 나라 수만큼이나 다양한 목소리를 제공받는 파트너이기 때문에, 하지만 살아 있는 파트너이기 때문에, 이를 이해하려면 모든 사회과학 자원을 동원해야 한다. 이는 주인공들이 그들과 연루된 상황을 어떻게 평가하고, 그들의 당면 과제, 그들이 요구하는 정의, 그들의 열망, 그들이 책임을 느끼는 것은 무엇인지를 서술할 것을 제기한다. 그리하여 주인공들의 세계로 내려와, 이를 멀리 떨어진 사회를 연구할 때 행하는 관심과 배려를 통해 민속지학적(문화기술방식)으로 연구해야 한다.

텔레비전 드라마 주인공은 몇 해 동안 전개되어 온 친근성의 영역을 시청자와 공유한다. 이런 친근성의 목적은 단지 함께 이야기하는 데만 있지 않고, 더 근본적으로는 명백한 배경 지식을 형성하는 데 있다. 친근한 세계에서 상상력은 대화 방식으로 작용하고 삶의 전반에서 전개된다. 드라마 주인공은 죽는다. 그들은 일관성의 놀라운 잠재력이 다하면 사라지지만, (개성·상황·상호작용·논쟁·명백함이라는 영역에서) 주인공이 주장한 제안도 함께 사라지는 것은 아니다. 그 제안들이 적합하다는 것이 명백해지면 이는 교환되고 생각거리가 되며 새로운 가능성으로 나타난다. 결국 드라마의 경험과 삶의 경험 간의 상호 개입을 이해하려면 이런 제안 자체에 대해 의문을 던져야 한다. 그리고 필요하다면, 드라마 주인공의 허구적 면책특권을 거두기 위해, 그들이 인류가 살 수 없는 세계를 제안한 것은 아닌지 따져 물어야 한다.

참고 문헌

Caïra, Olivier. 2011. *Définir la fiction. Du roman au jeu d'échecs*. Paris, Éditions de l'EHESS (coll. "En temps & lieux").

Chalvon-Demersay, Sabine. 2011. "Enquête sur l'étrange nature du héros de série." *Réseaux*, 165, pp. 181~214.

Claverie, Élisabeth. 2003. *Les guerres de la Vierge. Une anthropologie des apparitions*. Paris, Gallimard (coll. "NRF Essais").

Cottereau, Alain. 1999. "Dénis de justice, dénis de réalité. Remarques sur la réalité sociale et sa dénégation." dans Pascale Gruson et Renaud Dulong (eds.). *L'expérience du déni. Bernard Mottez et le monde des sourds en débat*. Paris, Éditions de la MSH, pp. 159~189.

Cottereau, Alain et Mokhtar Mohatar Marzok. 2012. *Une famille andalouse. Ethnocomptabilité d'une économie invisible*. Paris, Bouchène.

Goffman, Erving. 1991 [1974]. *Les cadres de l'expérience*. trad. par Isaac Joseph, avec Michel Dartevelle et Pascale Joseph. Paris, Minuit (coll. "Le sens commun").

Le Saulnier, Guillaume. 2011. "Les policiers réels devant leurs homologues fictifs: fiction impossible? Pour une sociologie de la réception dans la sphère professionnelle." *Réseaux*, 165, pp. 109~135.

Morin, Edgar. 1972 [1957]. *Les stars*. Paris, Seuil, 3e éd. (coll. "Points") [『스타』. 이상률 옮김. 문예출판사. 1992].

Pruvost, Geneviève. 2007. *Profession: policier, Sexe: féminin*. Paris, Éditions de la MSH (coll. "Ethnologie de la France").

Schaeffer, Jean-Marie. 1999. *Pourquoi la fiction?*. Paris, Seuil (coll. "Poétique").

Schütz, Alfred. 1962. *Collected Papers, 1, The Problem of Social Reality, 2, Studies in Social Theory*. La Haye, Martinus Nijhoff.

Souriau, Étienne. 2009. *Les différents modes d'existence*. préf. d'Isabelle Stengers et Bruno Latour. Paris, Puf (coll. "MétaphysiqueS").

Van de Velde, Cécile. 2008. *Devenir adulte. Sociologie comparée de la jeunesse en Europe*. Paris, Puf. (coll. "Le lien social").

Faire des sciences sociales

제3장
왕은 친족이 아니다

아프리카 탈식민 국가에서 나타나는
다양한 책무

조르조 블룬도

이진랑 옮김

이 연구는 세계화와 더불어 국제적으로 표준화되어 가는 사회정치적 가치 중 '좋은 협치'라는 개념이 아프리카 사회에서 어떻게 실현되고 있는지를 세네갈과 니제르의 삼림 서비스 업무 과정을 관찰하면서 이해한다. 특히 아프리카의 민주주의를 위해 협치의 서구적 개념을 적용할 것을 주장하는 국제 개발주의자들과 아프리카 토착 문화에서 내생적으로 생성된 지역 양식을 고려하자는 사회과학자들의 논쟁을 새로운 관점에서 재조명해, 책무 실천이 어떤 결과를 가져오는지 민속지적 연구를 통해 매우 구체적으로 기술하고 있다. 여기서 책무란 국가를 비롯한 공공 기관이 그들 활동의 과정과 결과에 책임을 지고 시민에게 투명하게 보고하고, 수정하고, 정당화하는 일련의 과정을 의미한다. 세계화는 이미 경제 영역을 넘어 개인의 일상에 영향을 미치는 문화 영역까지 닿은 지 오래다. 이 연구는 여기서 오는 '세계화'global와 '지역화'local의 갈등을 잘 보여 주고 있으며 이를 위해 국가 인류학의 재건이 필요하다고 주장하고 있다. 공공 영역의 부패를 정당화한다고 비판할 여지가 있지만, 이 글은 어떻게 미시적인 영역이 한 국가의 문제로 확장되며, 어떻게 국제적인 문제가 개인의 삶에 영향을 미치는지를 구체적으로 보여 주는 사례연구이다.

2002년 초 세네갈의 파티크Fatick에서 있던 일이다. 삼림청 기술 요원이자 T조 대장 압두Abdou N.는 시 입구에서 삼림 감시원으로 보초를 서고 있다. 검문은 평상시와 마찬가지로 진행된다. 압두는 삼림과 관련된 물품(숯, 목재, 야생 식물 등)을 운반하는 자동차, 소형 버스 또는 트럭 등을 검사한다. 그는 경작 허가서와 통행증을 확인하고 서류에 승인서를 제공함으로써 검문 작업이 잘 수행되었음을 다음번 검문소에 알린다. 또 무작위로 화물칸의 물건들을 확인해 혹여 사기로 운반되거나 경작이 금지된 물품이 운반되고 있지는 않은지 확인한다. 아침나절이 끝나 갈 무렵, 그는 기간이 만료된 면허증을 소지하고 있는 트럭에서 벌목 조각들을 발견한다. 운전사가 열심히 설명했으나, 압두는 의심을 거두지 못했다. 결국 그는 운전사에게 벌금이 부과될 위반 행위이므로 조서를 작성해야 한다고 알린다. 그런 뒤 운전사에게 검문소에서 기다리라고 말하고 다음 차량을 멈추게 하려고 멀리 떨어진다. 조금 뒤 운전사는 압두에게 다가와 자신의 핸드폰을 건넨다. 파티크 지방 주지사가 그와 직접 이야기하겠다고 한 것이다. 주지사가 아주 정중한 어투로, 운전사는 자신과 같은 고향 사람으로 잘 아는 사이임을 알린다. 당황한 압두는 곧바로 실수를 깨닫고 사과했다. 압두는 주지사의 입장을 충분히 이해한다. 세네갈에서는 성공한 고향 사람이 어려움에 처한 친족을 돕는 일을 거절하면 몹시 안 좋게 여기기 때문이다. 그러나 지역 감독관이 출장 중이라 연락할 수 없는 상황에서, 그의 상관들에게 문책받을지 모를 결정을 혼자 내릴 수는 없었다. 그래서 그는 규정상 책정할 수 있는 최소 벌금액인 2만 5000세파 프랑CFA Franc을 운전사에게 부과하기로 하고, 주지사에게 그의 친족인 운전사는 다음번 검문소인 바르니Bargny에서는 문제가 없을 것을 알린다.

며칠 뒤 압두는 아주 난처한 표정을 짓는 지역 감독관에게 불려 간다. 운전사에게 부과된 벌금을 자기 주머니에서 내야 했던 주지사는 압두의 비타협적인 완강함을 지역 감독관에게 알린 것이다. 주지사는 지역 감독관의 업무를 해마다 평가하고 승진에 지대한 영향을 미치는 존재였기에 지역 감독관은 그에게 사과할 수밖에 없었으며 다시 자신의 주머니에서 2만 5000세파 프랑을 주지사에게 돌려줘야 했다. 이런 일이 있고 두 달이 지난 뒤 압두는 자리에서 물러나 다른 지방의 더 낮은 지위로 발령받는다.

최근에 '책무'accountability라는 용어가 권력 행사를 성찰하는 중요한 개념이 되고 있다.[*] 또한 이 용어는 아프리카에서 국가 개혁 과정을 둘러싼 주요 토론 주제가 되고 있으며 대개 입장이 첨예하게 갈리곤 한다. '좋은 협치'bonne gouvernance를 주장하는 국제 전문가들은 아프리카 공공 행정이 책무성을 결여하고 있다고 보고 서구 민주주의에서 작동하고 있는 책무성의 메커니즘을 아프리카에 적용함으로써 권력을 통제하고 권력 남용을 제한해야 한다는 의견이다. 다른 한편, 몇몇 사회과학자들은 아프리카 공공서비스의 개혁은 아프리카 자국 내에서 전수되어 온 정치적 전통(신명재판神明裁判, 종교적 힘을 가진 집단, 친족 관계의 정치적 차원 등)에 의해 형성된 자국의 책무 형식과 논리에서 영감을 얻어야 한다고 제안한다. 우리가 앞선 압두의 사례에서 봤던 민속지학ethnographie을 통해 이 문제를 새로운 시각으로 살펴보고자 한다. 압두의 이 난데없는 봉변은 책무의 결여라기보다는 책무의 '과다'를 보여 주기 때문이다. 또한 이 사건은 조상 대대로 내려오는 책무 논리의 우세를 보였다기보다는

---

[*] 'accountability'는 유럽의 언어로 번역하기 힘든 개념이기에 프랑스어로도 여러 단어로 번역되었다. 대표적으로 '보고 책임'obligation de rendre compte, '형사책임'imputabilité, '책임' responsabilité(Grünewald 2007), '책무'redevabilité(Lafarge 2010; Bénit-Gbaffou 2008), '활동 보고 책임' reddition des comptes(Manin 1995)을 들 수 있다. 이 글에서는 권력을 행사하거나, 정치적·행정적·경제적 책임을 가진 자들이 그들이 대표하거나 또는 그들이 통치하는 사람들에게 그들의 행위에 관해 설명(해명)해야 하는 의무를 지칭하는 개념으로 '책무'를 사용한다. 그 외에 책무의 구체적인 실행 기제를 보여 줄 때는 '활동 보고 책임'이라는 개념을 쓴다.

다양한 책무 유형이 복잡하게 조합되어 있음을 보여 준다. 또한 이 민속지학은 정치적·규범적 사회관계와 밀접하게 연관된 책무라는 현상을 새롭게 이해하려는 노력이 필요함을 보여 준다.

다음 절에서는 이런 새로운 책무 개념의 의미와 그 비판을 더 구체적으로 소개한다. 2005년 니제르와 세네갈의 임수林藪 산업 현장에서 민속지 연구 방법을 통해 얻은 자료로 관련 행정기관의 활동에 재량권이 행사된 구체적인 과정을 서술할 것이다. 즉, 공식적으로는 상관에게만 업무에 대해 설명할 책무가 있는 삼림 공무원들이 다양한 형식적·비형식적 기관 및 주체의 간섭에 영향을 받고 있음을 보이고자 한다. 내가 여기서 분석하려는 것은 공무 수행과 이를 행정적으로 처리하는 과정에서 책무의 여러 논리가 복합적으로 작용해 얻어지는 결과들이다.[◆]

국제 전문가와 사회과학자: 대립되는 두 가지 관점

약 20년 전부터 탈식민 국가는 좋은 협치와 민주화에 무게중심을 두고 규범, 통치 기술, 재정 자원 등을 이전하고 있으며 그 국제적 영향력이 커지고 있는 세계화 과정에 많은 관심을 가졌다. 이런 배경에서, 세계은행, 국제통화기금 및 양자 간 국제 협력 기관과 같은 국제 전문 기관의 보고서는 서구 선진국에서 그 효과를 입증한 책무성 형식이 이른바 민주주의가 작동하지 않는 국가에 유입되기를 희망한다. 또한 국제개발원조 기관은 통치자와 시민을 가깝게 하는 지방분권화 개혁을 장려

◆ 이 글에서 사용한 주요 자료는 잉국 국제개발부DFID와 아일랜드 국제개발부Irish Aid가 재정을 지원한 연구 컨소시엄 프로그램인 '아프리카 권력과 정치'Africa Power and Politics, APPP의 일환으로 만들어졌다. 그러나 여기서 제시되는 주요 관점은 영국과 아일랜드의 국제개발부와 해당 연구 프로그램 APPP의 관점과 일치하지 않음을 밝힌다. 또한 필자는 좋은 제안과 지적을 해준 파스칼 아그Pascal Haag, 시릴 레미외Cyril Lemieux, 장 피에르 올리비에Jean-Pierre Olivier에게 감사드린다.

한다. 이 기관들은 이를 위해 선거 과정을 감시하고 회계 감사원, 행정 조정관, 옴부즈만, 부패 방지 최고위원회, 감사관 등 통제 및 검증 기관들을 만들거나 강화하고 있다. 세계은행 같은 기관들은 최근 몇십 년 전부터 정부 책임을 효율적으로 향상하는 방안으로 민간에서 이루어지던 '사회적 책임'social accountability에 대해서도 고민한다. 또한 이를 접목해 시민사회를 진정한 대항 권력으로 이끌 방안도 모색하고 있다(Ackerman 2005).

국제 전문 기관의 연구 결과와는 반대로, 개발도상국의 정치사회적 공간에는 그들 사회의 정치적 전통과 문화에 기반한 그들만의 책무 양식이 있다고 주장하는 사회과학 연구자들도 있다(Poluha et Rosendahl 2002). 역사가(Lonsdale 1986)와 정치학자(Kelsall 2003, 2011)는 식민 이전 아프리카에서 족장의 권력은 이주migration나, 엄숙한 선서 의식과 관련된 도덕적 제재 또는 (신명재판이나 주술과 같은) 숭배적 제재 등의 위협들 탓에 제약받았음을 시사했다. 팀 켈살Tim Kelsall에 따르면, "반응과 책무의 상호작용이 전 식민 시대의 책무성을 형성한다. 여기서 반응이란 경제적·조직적·이데올로기적 이점을 허가하는 것을 말하고, 책무란 이의 제기, 탈퇴 및 공격의 가능성을 부여하는 것을 말한다"◆(Kelsall 2011, 29). 탈식민 시대 아프리카의 경우, 빅 맨big man, 즉 국가 자원을 재분배하는 능력자로, 혈족의 우두머리처럼 확대가족 안에서 자원 분배 능력을 인정받는 가장처럼(Lawson et Rakner 2005), [가부장적 특성을 띤 국가] 지도자의 정치적 책무 모델이 가장 많이 언급된다(Chabal et Daloz 1999, 79; Kelsall 2011, 231, 233).

이런 사회과학 연구물에서는 아프리카의 정치적 책무 유형의 다원성이 강조되는데, 나 또한 분석 작업에서 이를 경험적으로 확인한 바 있다.

◆ 영어 원문은 다음과 같다. "It was thus in the interplay between responsiveness (based on providing economic, organisational and ideological benefits to their followers) and responsibility (based on the possibility of dissent, desertation or attack) that precolonial accountability could be found."

그러나 우리의 견해는 그 '발견'이 가져오는 결과를 놓고 엇갈린다. 나와 마찬가지로 켈살 역시 인류학적 분석이 정치를 새로운 방향으로 이끌어 혁신에 기여할 수 있다고 보지만, 그는 과연 "외부로부터 유입된 지방정부라는 형태가 토착 지역의 특성을 살린 책무성을 발휘"◆(Kelsall 2003, 193)하게 하는지 의문을 제기한다. 그는 비난받을 행위를 한 죄인을 벌하는 저주의 표현으로서 '도자기 깨기'(키스와힐리어kiswahili로 쿠파수아 슌구kupasua chungu)라는, 탄자니아 메루산mont Meru 지방의 관습적 의례를 탄자니아 지방정부의 회계 및 재정 감사의 관료적인 실천과 비교한다. 그는 이 두 가지 형태의 활동 보고 책임reddition des comptes 수행은 진실을 밝히고 책임을 확인하는 데 목적이 있고, 난해한 지식을 다루는 능력과 신뢰의 중요성에 기반한다(Kelsall 2003, 174, 175)는 점에서 공통된다는 사실을 인정한다. 그러나 이런 공통점에도 불구하고 탄자니아 국가가 쿠파수아 슌구라는 의례를 지방정부의 예산 검증에 사용하도록 받아들이리라고 생각한다면 매우 비현실적이다. 그럼에도 그는 최근 논문에서 심지어 아프리카 공무원이 자신과 실제로 또는 거짓으로라도 친족 관계에 있다고 하는 이용자에게 특권을 부여할 수 있는 관행을 제도화하자고까지 제안한다. 구체적으로 그는 "민족문제 담당 다기능 정부 부처를 만들어 서비스 제공자나 수혜자가 과거보다 더 강한 연대적 관계를 공유하도록 하자"◆◆고 제안한다(Kelsall 2011, 242).

결론적으로, 서구적인 협치 개념을 적용할 수 있도록 공식적·제도적 책임의 양식을 공고히 하자는 국제 개발 전문가들의 생각과 통치자의 행위를 통제하고 평가하는 토착 양식을 공식화하자는 사회과학 연구자의 생각이 대립하고 있다. 나는 다른 방식으로 이 문제에 접근하려 한다.

◆ 영어 원문은 다음과 같다. "An imported form of local government could be rendered accountable by indigenous means."
◆◆ 영어 원문은 다음과 같다. "Multi-functional ministries of Ethnic Affaires, in which providers and recipients would be bound together by bonds of solidarity stronger than hitherto."

즉, 우리가 아프리카 행정 조직의 일상적인 수행 과정에서 작동하는 책임 논리의 다양성을 확인했다면, 우선 이 다양한 논리가 서로 어떻게 작용하는지를 이해하자는 관점이다. 이런 상호작용은 공공서비스와 공공자산의 배분에 어떤 결과를 가져오는가? 이 맥락에서 시민은 어떤 유형의 압력을 행사할 수 있는가?◆

니제르와 세네갈의 삼림 경찰과 개입주의

내가 연구한 삼림청 관료들은 공식적으로는 자신의 직속상관에게만 책무가 있다(관료적 책무redevabilité bureaucratique). 또한 그들은 행정기관으로서 잠재적으로, 감사원과 국가 감독관과 같은 공식적인 감사 기관을 향해 부여된 활동 보고 책임도 있다(감사 보고 책임). 그러나 이런 형식적 메커니즘은 거의 작동하지 않는다. 활동 보고서가 나오더라도 상관들은 거의 읽지 않고, 국가 감사원의 보고서도 의장실 자료 보관소에 정성스럽게 비치되어 있을 뿐 정치적 경쟁자를 제거하는 용도 외에는 대중에게 거의 보고되지 않는다. 사실 현실에서 위계적 피라미드 조직 구조에서의 관계란 공식적인 책무 관계 이외에도 다른 형태의 책임을 요구하는 비공식적 지원을 주고받는 관계인 경우가 많다. 공무원은, 그의 지위나 위치에 따라, 그를 임명했고 또 그를 이전시킬 수 있는 권력 기관과 개인적인 관계를 맺는다. 사장은 이사장이 임명하고, 기사 및 건설 기술자는 장관이 임명하듯이, 삼림 자원의 기술 요원은 최고 경영자에게 임명권이 있다. 카메룬 세관에서 행해지는 이와 비슷한 체계를 기술한 토마 캉텡스Thomas Cantens는 이를 '제2의 위계'ordre N2라고 일컬으며

◆ 중국 사례로는 릴리 차이(Tsai 2007)를, 방글라데시 사례로는 나오미 호사인(Hossain 2009)을 참조.

"상관의 상관과 특별한 관계를 맺고 있다"(Cantens 2009, 87)고 설명한다. 또한 지방 분권화된 서비스 부서 공무원들은 지방 군수, 도지사, 주지사처럼 지방 지휘권을 행사하는 기관의 통제 아래 있다.

삼림청은 관료 조직 사회에서의 관계를 조직하는 다양한 논리에 근거한 또 다른 책무를 요구받고 또 다른 압력 아래 있다. 우리가 보여 줄 사례연구는 삼림청의 경찰 및 감사 활동이다. 삼림청 공무원들이 가장 많이 비판받는 활동 영역이고, 여러 종류의 상반된 책무가 요구되는 영역인 만큼 흥미로운 사례이다. 세네갈과 니제르 전역의 시·구·도 차원에 미치는 삼림 경찰 업무는 전체 삼림청 업무의 절반 이상을 차지하면서도 아주 취약한 조건에서 이루어지고 있다. 경찰 공무원의 이동 수단은 상당히 낙후하며 연료도 충분치 않다. 차량 유지 및 수리 예산 역시 적다. 그들은 다른 군부대에서 그들의 제복을 사고 가끔 자신의 계급장을 직접 만들기도 한다. 사무실은 대체로 텅 비어 있고 검문소는 그야말로 판잣집이다. 군용품은 구식이고 탄약은 늘 없다. 공무원들은 재원 및 연료 부족으로 검문소 안에 콕 박혀 '사냥하기 좋다'[뇌물 등 뭔가 얻을 게 있다]는 확신이 없는 한 현장에 잘 출동하지 않는다. [현장 출동은] 대부분 지역의 자질구레한 정보 제공자 네트워크의 고발이나, 전략적으로 지정해 둔 통행로(덫)에 걸려든 뜻밖의 사건에 한정된 경우가 많다.

삼림법을 위반하면 벌금이 부과되고, 심한 경우 징역형까지 받을 수 있다. 또한 위임assermenté 요원은 부정한 삼림 물품이나 이를 캐는 데 사용된 도구(도끼, 짐수레, 밀매용 동물 등)를 압류하거나 몰수할 수 있다. 그들은 이 부문에 상당한 감사 권한과 중요한 자유재량권을 가지고 있다. 예를 들면 같은 부정행위에 해당하는 벌금이 이용자의 법석 지식수준이나, 재범 여부, 요원을 대하는 태도, 또는 사회경제적 지위, 고향, 소속 민족 등 주관적인 평가 요인에 따라 1만 세파 프랑에서 3만 세파 프랑까지, 또는 10만 세파 프랑에서 100만 세파 프랑까지도 차이가 난다. 삼림청 공무원이 범법 행위를 발견했을 때 처벌을 비롯해 해결하는 구체적인 과정은 다음과 같다.

① 공무원에게 끈질기게 사면해 달라고 부탁하는 힘든 협상을 마치면 결국 (삼림 공무원의 용어로) '경범죄자'는 잘못을 시인한다. 그 뒤에는 자동으로 공무원은 조서를 작성하고 범죄자가 삼림 행정기관이 정한 금액을 제공한다는 조건으로 형사상 절차를 그만두는 데 합의한다. 세네갈 삼림법 제26조에 따르면 "공소公訴는 거래로 소멸한다." 이를 거부하면 범법 행위는 형사 절차로 넘어간다.

② 범법 행위자는 삼림 요원에게 '떡값'◆을 베풀며 법외적인 타협을 성공시킨다. 결국 공무원의 주머니로 들어가는 떡값은 범법 행위의 경중과 행위자의 재정적 능력에 따라 결정된다.

③ 범법자는 행정기관에 있는 중재인을 찾아 도움과 보호를 요청해 처벌을 피할 수 있다. 즉, 개입주의interventionnisme 장치를 꾀하는 것이다.

나는 이렇듯 현장 조사를 통해 행정 이용자 및 공무원과 면담하면서 행정적 결정을 변경하거나 무효화하는 효과를 발휘한 수십 개의 개입 사례를 수집했다. 이용자와 중재자 간 관계 유형과 중재자의 사회적·정치적 지위가 개입을 통해 동원되는 책무 유형을 결정한다. 이 중 반복적으로 나타나는 책무, 즉 지역 대표로서의 책무, 인맥에 대한 책무, 지역 원로에 대한 책무, 동업자에 대한 책무를 살펴본다.

지역 대표로서의 책무

과거 세네갈(1972년), 더 최근에는 니제르(2004년)에서 있었던 지방 분권화 개혁 덕분에 지역 대표는 환경 자원을 관리하는 것부터 시작해

◆ [옮긴이] 원문에는 콜라kola 값으로 되어 있다. 콜라는 상록교목 열대과수의 일종으로 청량음료 원료로 사용된다.

지역에서 벌어지는 여러 사건을 조정하는 중요한 인물이 되었다. 환경 관리는 국가의 권한 아래 있어야 한다고 생각하는 삼림 행정가들은 지방자치단체에 부여된 이 새로운 역할을 미심쩍어한다. 그들은 지자체가 환경문제에 민감하지 않고, 삼림 인력 예산을 계획하지 못하고, 전문 삼림 관리인과 의논하지 않으며 정치적인 목적이나 개인적인 부를 위해 이 새로운 특권을 남용한다고 생각한다. 2010년 니제르의 T 부대장은 불평한다.

> 내가 가장 힘들었던 일은 한 회의에서 일어났어요. 시장이 우리 시의 삼림이 파괴되고 있는데 우리가 하는 일이 없다고 비난하지 뭡니까? 사람들이 숯을 만드는데 그냥 보고만 있다는 거예요. 그래서 우리가 뭔가를 하면, 이번에는 생산품을 손상한다고 비난합니다. 이게 뭡니까? 하지만 이해도 돼요. 그는 정치인이고 유권자들을 관리해야 하니까요. 그가 아무것도 하지 않으면 사람들이 또 그가 유권자들의 문제에 관심이 없다고 비난할 테니까요.

시장이나 농촌 면장의 입장은 삼림 서비스 공무원들의 입장과 상반된다. 지역 의원들은 공무원들이 거두어들인 소송 재원의 일부가 법적으로 지자체에 돌아가게 되어 있음에도 투명하게 관리되지 않는다고 비판한다. 또한 삼림 경찰력을 삼림 보호에 관심을 두도록 홍보하는 데 사용하기보다는 사람들을 처벌하는 데 사용하고, 파괴되는 자연 자원을 보호하지 않으며 그들의 활동을 지방의원들에게 보고하지 않는 등 한마디로 부패했다는 것이다. 의원들은 이렇듯 시민의 편에 서는 이유가 유권자와의 정치적 계약을 지키기 위해서라고 말한다.

여기서 주목할 점은 지역 의원들이 삼림 공무원과 협력 관계를 유지하는 경우에는 지역 의원들의 개입이 적어진다는 것이다. 세네갈의 케바카Keur Baka라는 농촌 지역에는 벌목이 금지된 큰 삼림이 있는데, 이곳 면장은 숯을 불법으로 생산하는 지역 주민들을 옹호하지 않는다. "나는 이 지역 책임자로서 삼림청 공무원들의 일을 망치면서, 삼림 벌채에 대항해 우리 지역 자원을 지킬 수 있다고 주장할 수는 없습니다"(2010년 12월 5일). 제시 리보Jesse C. Ribot가 언급했듯이 사실 세네갈의 경우에 삼림 서비스 공무원들은 지방 당국 요구에 잘 응하지 않는다(Ribot 2009). 오히려 다음에 보게 될 혈연·지연 등 인맥에 대한 책무redevabilité vicinale♦ 기제에 따른 압력에 더 민감할 가능성이 있다.

인맥에 대한 책무

인맥에 대한 책무는 혈연 및 지연 근접성에 기반한 다양한 연결망에 소속된 사회적 주체로서의 개인에 호소한다. 동문(학연), 지연, 또는 같은 부족 등 혈연, 같은 동업조합, 같은 정당 사람들끼리 상호부조 해야 한다는 광범위한 의무를 강요하고, 이것이 지켜지지 않는 경우 도덕적 제재를 받게 된다. "인맥 관계에서의 연대에 대한 강요가 아주 강해 누구든 지키지 않으면 비난받고 그 집단의 모든 구성원으로부터 강한 압력을 받는다"(Olivier de Sardan 1996, 105).

우리가 이 글의 도입부에서 본 세네갈의 주지사는 바로 이런 논리로 트럭에 벌목 조각들을 불법으로 소지하고 있던 같은 지역 사람을 돕기 위해 중재해야 하는 의무를 느꼈다. 또한 같은 원리에 따라 세네갈 쿵결Koungheul의 시장은 그의 고향이지만 정치적으로는 그의 권한 밖 지역인 두바Douba의 소작농들에게 주기적으로 청원을 받는다. 두바 지역의 삼림 공무원들이 풍치림風致林을 개간하려는 데 반대하는 소작농들이 지역 출신 정치인에게 호소하는 것이다.

이 논리는 세네갈 루 에스칼Lour Escale의 부대장이 경험한 이야기에서 보여 주었듯이(2010년 12월 8일 면담) 세네갈의 정치적·행정적 위계 조직

♦ 필자는 이 용어를 제안해 준 장 피에르 올리비에 드 사르당Jean-Pierre Olivier de Sardan에게 감사드린다.

전반에 걸쳐 작동한다. 루 에스칼 부대장은 삼림법으로 엄격하게 처벌하는 범죄 중 하나인, 가시덤불에 불을 낸 혐의로 두 명의 풀라니족Fulani 목동을 체포했다. 둘 중 한 명은 다라 졸로프Dara Djolof의 농촌 고문이었는데, 그는 부대장 앞에서 풀라니족과 삼림청 관리 기관인 환경부의 참모장, 지보 카Djibo Ka에게 전화를 걸었다. 참모장은 부대장에게 검문을 보류할 것을 요청했다. 부대장이 이를 직속상관에게 알리는 사이, 환경부 장관은 이 목동을 풀어 줄 것을 삼림청장에게 요청했다. 삼림청장은 이 지시를 지방 감독관에게 전달하고, 그는 다시 이를 부대장에게 전했다. 그러나 목동은 이미 벌금의 반을 지급한 상태였다. 그가 환급을 요청했으나 벌써 '영수증이 발급'되었기에 이는 불가능하다.

이 사례들에서 보면, 중재인들은 지연으로 연결된 사람들에게서 부여받은 책임을 수행하고자 공식적인 위계 통로상 휘하 부하와의 공식적 책무redevabilité bureaucratique 관계를 이용해 행정적 결정에 영향을 미치려 한다. 지연적 연줄에 대한 이런 책무 논리는 태어난 지역에서 정치적 권한을 가질 때에는 여러 단계를 거치지 않고 더욱 직접적으로 공무원에게 행사된다.

만약 당신이 고향에서 근무한다면 개입은 당연한 결과입니다. 부대장이 당신과 가까운 사람을 범죄자로 잡았다고 칩시다. 아무리 그의 위반 행위가 명확하더라도 부대장은 이 문제를 해결하기 위해 당신을 거칠 수밖에 없습니다. 당신은 두 사람 사이에서 이러지도 저러지도 못할 것입니다. 아주 심각한 문제이지요.✦

삼림 행정기관은 지역 발전과 경찰 업무라는 두 가지 임무를 수행하기 때문에 기관의 지도부는 공무원들에게 3년에 한 번꼴로 업무를 순환

✦ 2010년 9월 13일 환경 및 사막화 퇴치부 지역부국장 M 씨와의 면담 내용.

시켜 이런 모순을 해결하려 한다. 구체적으로 이는 행정적 절차의 효과를 해칠 수도 있는 지역 주민들과 친분을 맺지 않고도 지역의 사회적·환경적 상황에 통합되고자 하는 다소 모순적인 방침을 실현하는 도구로 사용된다(Blundo 2011b).

반대로 최근 연구는 자신의 근무지에서 형성된 사회적 네트워크에 공고히 '통합된' 공무원들은 집단의 이해관계를 위해 행동해야 하는 강한 도덕적 의무감을 느끼고 있음을 보여 준다(Tsai 2007). 이 논쟁은 니제르에서 있었다. 몇 년 전 한 장관은 지역의 환경 담당 지도부의 수장으로 그 지역 출신 공무원을 임명한 적이 있다. 이 정책의 목적은 행정 조직을 지역에 뿌리내리는 한편, 이용자의 시선에서 공공서비스의 정당성을 높인다는 것이었다. 많은 삼림 관리인에 따르면, "지역 출신은 외부에서 온 사람보다 일을 더 잘한다. 자신의 지역을 위해 일하고 있다는 사실을 자각하고 있으며, 그 지역은 자신이 퇴직 후 남을 곳이자 그의 행동으로 평가받을 곳이기 때문이다"(2009년 10월 19일 니제르 기술직 공무원과의 면담 내용). 다른 한편, 삼림청 공무원이 지역사회를 잘 아는 경우에 지역 주민들이 그를 위해 범법 행위를 하지 않으려는 경향도 있다. 그의 일을 '망치고' 싶지 않기 때문이다. 또한 사람들은 '친족' 관계에 있는 사람 앞에서 범법 행위를 하는 것에 '수치심'을 느낄 것이기 때문이다. 친족에 의해 만들어진 국가는 더 큰 존중을 받을 것이다. '수치심'이라는 문화적 기제는 아프리카에서는 "강한 제어 장치이자 사회통제 수단"(Olivier de Sardan 1996, 110)이며 긍정적이든 부정적이든 인맥에 대한 책무를 제재制裁하는 주요 수단이다. 이는 국가의 법을 우회하도록 할 수도 있고 양심에 따라 지키게 할 수도 있다는 측면에서 상당히 양면적이다.

지역 원로에 대한 책무

삼림 영역을 비롯한 일반적인 행징은 어떤 법조문에도 명시되어 있지는 않으나 사실상 그들의 행위를 지역의 관습적 세력이나 종교단체에 알려야 하는 의무를 느낀다. 그리고 이들은 그들의 신자(부하)를 대신하거나 자기 자신의 이익을 대변하기 위해 행동한다. 이런 책무의 기본은 식민 시대 국가에서 그 기원을 찾을 수 있는데, 대개 이런 지역 세력들은 국가로부터 자율적인 공간과 일정한 국가 재원을 부여받는 대가로 국가를 대신해 시민을 통제함으로써 국가의 사회적·정치적 안정성을 보장해 준다.

세네갈에서 과거 정치권력은 식민화 과정에서 힘을 잃었고 독립 후에는 레오폴 세다르 상고르Léopold Sédar Senghor♦에 의해 완전히 없어졌으며 이슬람 연합의 원로들은 이들을 대신해 중앙 권력과 국민을 중재하는 역할을 한다. 식민 시대의 원로들은 서구 제국과 일종의 사회적 계약으로서 땅콩 재배에 기반한 경제활동을 보장받았으며, 그 대가로 두 차례 세계대전에 참전하자며 모병을 독려하는 일을 도맡았다. 세네갈이 독립한 뒤에는 정당과 지속적인 연맹 관계를 맺어 왔다. 원로들은 투표에서 신자들의 지지를 정당에 약속하고, 국가는 재원과 특권을 보장하고, 처벌받지 않게 보호하겠다고 약속해 이에 보답한다. 오늘날 세네갈 국가[의 통치]는 여전히, 모든 종류의 암거래 집합소이자 순례의 장소인 뮈리디야muridiyya라는 가장 영향력 있는 이슬람 연합 중 하나가 있는 성지 투바Touba에서 몇 킬로미터 떨어진 곳에서 멈춘다.♦♦

우리가 여기서 관심을 두는 분야는 자연 자원의 관리에 관한 다양한 사례들이다. 압두 디우프Abdou Diouf 대통령이 무리드교mouride의 옛 칼리프에게 켈컴Khelcom이라는 음베그Mbegue 지방 풍치림을 제공해 이곳이 거대한 농경지로 변경된 사건이 가장 대표적인 사례이다. 일상적인 삼림

♦ [옮긴이] 세네갈의 초대 대통령. 시인이자 교사, 문화이론가, 정치가로서 손꼽히는 아프리카 지식인이다.

♦♦ [옮긴이] 세네갈 정부의 통치가 지방에 충분히 미치지 못한다는 의미의 은유적 표현이다.

행정을 더 면밀히 관찰하면 원로들에게 다른 혜택도 제공된 사실이 밝혀진다. 예를 들면 그랑마갈Grand Magal의 성지순례 시 신자들에게 물을 제공하기 위해 공급된 식수 운반차camions-citernes가 갑자기 숲의 화재를 진화하는 데 쓰이는 등 일상적인 사용으로 그 용도가 변경되었다. 또한 종교 행사 때 숯을 운반하는 차량에는 무료 허가증이 발급됐다거나 종교 기관에 방문한 손님을 잘 대접해 달라는 요구에 호의적으로 대해 주기도 했다. 현재 K교파 우두머리는 1990년대 티디안Tidiane 협회의 봉토인 티바우안Tivaouane 지역에서 경험한 이야기를 들려주기도 했다. 그 지역의 한 원로는 그에게 세 번이나 숯의 불법 생산 또는 불법 벌목 혐의로 보호 유치된 탈리베talibés(코란 학교 학생)를 풀어 달라고 요구했으며 결국 그렇게 할 수밖에 없었다고 한다.

이처럼 대개 지역 담당자에게 직접 의뢰된 요구는 관료적인 단계를 거쳐 지역 최고 담당자와 종교 기관 사이의 은밀한 연줄로 통과되기도 한다.

작년에 나는 R 풍치림에서 낙타 무리를 방목하는 무어인들Maures을 잡은 적이 있습니다. …… 조서를 작성하기 위해 그들에게 R 풍치림으로 가자고 요구했지요. R 부대에 도착하기 전에, 그들 중 몇 명이 R 지역의 우두머리chérif를 만나러 갔습니다. 그 뒤 그 우두머리는 R 지역의 군수를 만났고, 그 군수는 내게 전화를 걸어 그들을 풀어 주라고 요구했지요. 군수는 그 우두머리가 자신의 교파 원로였다는 것을 이유로 들었습니다. 그 군수는 우리 담당 지역의 군수였기 때문에, 나는 조서 작성을 멈추고 합의로 그 문제를 해결해야 했습니다.◆

이슬람 원로들의 이런 개입은 공무원과 주민이 같은 종교와 종파를

◆ 2009년 9월 28일 세네갈 R 지역 삼림 부대장과의 면담 내용.

공유할 때는, 그들 역시 한 원로의 제자이므로 더 쉽게 용인되는 것처럼 보인다. 몇몇 삼림 관리인들에 따르면, 신도들은 종교 기관의 신뢰를 악용해 서슴지 않고 불법적인 행위를 일삼는다. 사실 원로들의 압력은 통치기관이 거스르기 어려운 권위이며 집단적 폭력 등 물리적 위협에까지 닿을 수도 있다. 생루이Saint-Louis 삼림청의 역사에 길이 남을, 부수사관과 그의 부하들이 경험한 더욱 생생한 재난적 사건들이 있다. 그들은 어느 날 제자들에게 '교단장'le General이라고 불리는 최고 권력자인 모두 카라 음바케Modou Kara Mbacke 족장을 감히 불러 세웠다. 그가 제자들 20여 명을 데리고 풍치림 지역에서 밀렵했기 때문이다. 그들은 공무원들에게 집단 폭행을 자행하고 지프를 진흙탕에서 끌어내도록 했다. 이런 과정에서 그들이 아무도, 심지어 대통령도 두려워하지 않는 존재임을 확실히 보여 주었다.

니제르에서는 이른바 '족장이 담당하는 행정기관'(촌장, 면장, 족장 및 지방의 우두머리)은 2004년 코뮌 권력pouvoirs communaux이 출현할 때까지 농촌 지역의 유일한 대표 정치 기관이었다. 이는 식민 시대에 출현한 새로운 전통 관할구역으로 오늘날까지 영향력이 계속되고 있다. 일반적으로 가부장주의, 재분배를 위한 약탈, 선심성 전술 등과 같은 방법으로 권한 지역을 통치하는 면장은 그를 파면할 수 있는 중앙 권력에만 그의 활동을 보고할 의무가 있다(Olivier de Sardan 2009b). 동시에 이런 방식의 지역 관리가 성공적인 임기를 보증하기 때문에 갈등의 중재자이자 치안판사 역할을 하는 면장으로서는 정치적으로 삼림 행정과 주민 사이의 분쟁에 개입할 수밖에 없다. 지역 대표 의원의 개입과는 달리, 행정구역 우두머리들의 개입은 삼림청 공무원에게 정당한 것으로 받아들여지고 있고, 따라서 공무원과 우두머리의 타협은 준제도화되어 있다. 니제르 동쪽 지역의 한 삼림 기관장의 말은 이 사실을 잘 보여 준다.

우리는 농촌의 대중과 함께 일하는데 이들은 전통적인 지역 우두머리가 거느리고 있어요. …… 제가 한 사람을 현행범으로 잡았다고 칩시다. 저는 그의 면장이나 촌장에게 그를 데려갈 것입니다. …… 그리고 그의 우두머리에게 어떻게 해야 할지 묻겠지요. …… 이렇게 해야 어떤 면장과도 문제를 일으키지 않고, 자리에서 오래 버틸 수 있습니다. 그 담당 주민을 그[우두머리]가 모르는 상황에서 처벌하기라도 하면 임기 내내 버텨 내기 힘들걸요.

이 우두머리들의 위신을 세워 줘야 하거든요. 당신이 어떤 주민과 5만 세파 프랑으로 합의를 봤다고 칩시다. 그의 대장이 와서 당신과 다시 타협해 금액을 깎는 것을 그 사람이 본다면 그는 곧 족장의 가치를 인정하게 되겠지요. …… 주민들 앞에서 족장에게 안 된다고 거절할 순 없는 노릇입니다. 그를 우습게 만드는 격이니까요.◆

주민을 족장에게 넘기는 것은 공무원에게도 차후 벌금 징수를 보장받을 뿐만 아니라 정당한 증인들 앞에서 조사를 시작할 수 있다는 장점이 있다. "정치적 세계에서는 일을 진행하기 위해 다른 보호 장치들이 필요합니다. 혹시 당신이 신뢰할 만한 증인을 내세우지 못하면 그가 무엇을 말하든 사람들은 문제를 제기할 테니까요."◆◆

결국 삼림 공무원과 지역 우두머리는 양쪽 다 '모두를 충족할 합의', 즉 지방행정과 주민들 간 갈등에 대한 지역의 해결책을 찾은 셈이다.

우리는 '바로 여기서' 문제를 해결합니다. 즉, 행정절차까지 가지 않고 우리 안에서 직접 해결책을 찾습니다. 며칠 전 풀라니족들이 그들의 토지 경계선을 넘어서까지 경작해 거리를 잠식하는 일이 있었지요. 그들은 나무를 베기도 했습니다. 해당 공무원이 제게 그들을 데려왔어요. 그들은 2만 세파 프랑을 지급해야 했습니다. 사실 그들이 그 금액을 지급하지 않았음을 기록하면 안 되겠지요[벌금을 납부받지 않고 사건을 무마했다는 의미].◆◆◆

◆ 2010년 2월 22일 니제르 티라브리Tillaberi 지역 삼림 공무원과의 면담 내용.
◆◆ 2010년 9월 16일 니제르 마라디Maradi 지역 부대 사령관과의 면담 내용.
◆◆◆ 2010년 9월 15일 니제르 S 지역 면장과의 면담 내용.

동업자에 대한 책무

동업자에 대한 책무는 공무 수행자가 같은 종류의 일을 맡고 있는 동업자 또는 동료를 향한 압력을 느끼고 있음을 말한다. 앞서 보았듯이 규정을 위반한 트럭 운전사가 검문소를 지날 때마다 추천서를 보이는 것으로 인사를 대신하는 사례는 삼림 공무원이나 세관에도 해당되는 관행이다(Bako-Arifari 2007, 193). 삼림청장의 사설 경호원과 이웃(생루이 사례의 경우)인 것만으로도 상당한 벌금을 삭감할 근거가 될 수 있다.

처음 저는 5만 세파 프랑을 매겼어요. 그런데 그 범법자들이 경호원의 친척과 이웃이었지요. 그래서 5만 세파 프랑을 다 내게 하기가 어려워졌지요. 벌금 규정 조항에 따른 책정 범위가 1만 세파 프랑에서 30만 세파 프랑으로 정해져 있으므로 저는 다시 2만 세파 프랑으로 줄여 요구했지요.♦

세네갈에서 삼림 공무원이 숯 생산자 협동조합의 조합원들과 맺는 교환 서비스 관계, 또는 니제르에서 땔나무 생산자들과의 관계는 공무원이 그들의 말에 따라 범법자를 봐주도록 한다.

약한 책무들의 위력♦♦

비공식적 책무와 형식적 책무의 양식은 근본적으로 다르다. 형식적 책무 관계는 기본적으로 기관이나 집단과 관련이 있다. 활동 보고 책임은 공공에 개방된다는 사실 때문에 그 의미와 효과가 있고(Schedler 1999,

---

♦ 세네갈 생루이 코뮨 삼림 부대장과의 면담 내용.
♦♦ 그라노베터(Granovetter 1973)의 유명한 표현, "약한 연대weak tie의 위력"을 활용한 제목이다.

21), 책무 범위가 정확히 정해져 있으며(Lindberg 2009), 활동 보고 책임의 요구 사항 역시 상당히 명확해 상벌, 또는 실제 제재의 가부를 결정할 가능성이 있다.

반대로 앞서 소개된 사례들은 개인 간 책무face to face accountability 형태를 보여 준다(Day et Klein 1987, 249). 서아프리카 공공 영역에서의 개입주의는 이렇듯 행정 관계가 극단적으로 개인화된 데 따른 직접적 결과물이다(Blundo et Olivier de Sardan 2007b, 101). 이런 개인화는 윌로프wolof족의 유명한 격언에 나타난, 국가에 대한 특별한 이미지에서 엿볼 수 있다. "왕(또는 국가)은 친족이 아니다"Buur du mbokk. 그를 경계해야 한다. 왜냐하면 왕(국가)은 "그의 이익을 위해 그의 가장 가까운 친족마저 희생시킬 수 있기"(Coulon 1983, 20) 때문이다. 불투명하고 예측 불가능한 행정기관의 행동에 맞서 주민들이 함 직한 반응은 보호자·변호인·중재인을 찾는 것이다. 왜냐하면 "수저가 있는 자는 손가락을 데지 않기" 때문이다(월로프어로 '쿰 쿠두 두 라크'kuam kuddu du lakk). 세네갈과 니제르의 언어적 기호에는 이렇듯 국가권력에 적응하는 전략의 보편화를 보여 주는 표현으로 가득하다. "긴 팔", "안전벨트", "출입구를 가지고 있다" 등이 그런 표현이다(Blundo et Olivier de Sardan 2007c, 134).✦ 이른바 '출입구'가 있는 자들은 희한하게도 국가의 정상까지 접근하는 것이 허용되고, 또 아주 하찮은 일로 심문을 당할 수도 있다. 2008년 8월 어느 일요일에 일어난 일이다. 니제르의 쿠레Kouré에 있는 기린 보호 구역의 기관장이 니제르 공무원들과 함께 온 세계보건기구의 대표단을 조사하고 있었다. 이들이 공식적인 가이드도 동반하지 않고 입장료도 내지 않은 채 수용소를 방문했기 때문이다. 그러나 개입주의 기제가 즉각 작동했다. [대표단과 동행한 공무원들의] 요청을 받은 보건부 장관은 우선 축산부 장관에게 전화를 걸었고, 그다음 당시 외국에 출장 중인 환경부 장관의 비서실장

✦ [옮긴이] 모두 '발이 넓다', '영향력이 크다'는 표현.

에게 전화를 걸어 사무총장에게 연락하도록 했다. 그사이 축산부 장관은 수자원부 장관에게 전화해 둔 상태였기 때문에 수자원부 장관은 다시 그 사무총장을 불렀다. 결국 삼림청 부국장이 쿠레의 공무원에게 "사건에서 손을 떼라."고 지시한다. 벌금 몇천 세파 프랑을 없던 일로 만들겠다고, 어느 일요일에 세 명의 장관과 세 명의 고위직 공무원이 동원된 셈이다.

그러나 이런 전략의 영향력은 개인적인 수준에서 멈춘다. 우리의 일차 분석 결과에 따르면, 모두가 효과적인 중재인을 찾지는 못하므로 이런 개인적 책임에 대한 무수한 요청은 더 정의롭고 더 향상된 공공서비스를 위한 집단적 압력으로 변환되지 않는다.

이것은 공공연히 벌어지는 일이 아니기 때문이다. "공공의 비밀"처럼(Taussig 1999) 이런 일은 은밀히 진행된다. 모두가 무슨 일이 벌어지고 있는지 알고 있으나 구체적인 개입주의 사례를 파악하려면 더 깊이 있는 민속지적 조사가 필요하다. 이런 관행은 힘 있는 연줄을 가진 시민의 요청에 적절히 반응하게 되어 있는 행정기관의 책무를 향상하지만, 동시에 다른 차원에서의 책무, 즉 공개적 비판의 가능성과 투명성이라는 책무를 파괴한다(Bénit-Gbaffou 2011, 458). 니제르 사례에서 소개된 행정구역의 우두머리chefferie administrative들을 개입시키는 책무redevabilité clientélaire의 경우야말로 이런 관점에서 흥미로운 예외이다. 이 책무에서 행정적 타협은 일정한 집단적 통제를 도입하고 모든 지역 주체들이 받아들이는 형식적인 타협안에 이르기 때문이다.

또한 비공개성은 책무 관계를 제대로 수행하지 않은 공무 수행자의 명성을 손상하는 방식의 징계를 내리기 어렵게 한다는 점에서 또 다른 취약성을 보여 준다(Schedler 1999, 21). 이 분석에서 규정에 맞고 구체적인 (공무 수행자의) 징계가 가능한 유일한 책무는 관료적 책무뿐이다. 삼림청 공무원은 산림법을 적용하지 않아서, 더 분명하게는 상관이 빚지고 있는 영향력 있는 사람에게 너무 엄하게 법을 적용해 상관의 이해관계에 반하는 결과를 가져왔다는 이유로 처벌받을 수 있다. 그 밖의 다른 경우일 때 징계 위협은 막연하고 상황에 따라 다르다. 세네갈 파티크의 T조 대장 압두의 사례에서, 주지사는 그의 '친족'을 위해 개입해 달라는 요청을 정중하게 거절하거나 개입하는 척만 할 수도 있었다. 물론 '고향의 아들'이라는 명성을 훼손하지 않고, 다른 기회에 다른 친족들을 도와준다는 조건에서 말이다. 내가 소개한 사례들에서 세네갈 이슬람 원로들은 삼림 공무원에게 자신의 요구를 관철했지만, 또 다른 사례를 보면 무리드교의 최고 칼리프가 보낸 공식 서신으로도 불법으로 숲을 운반하던 그의 운전사들이 바가지 벌금을 물고 화물을 몰수당하는 처벌을 피할 수 없던 적도 있었다(2009년 7월 27일 K 검사관과의 면담 내용). 즉, 정치적 의지가 강할 때는 이런 압력(비공식적 책무 관계)에도 한계가 있다는 것이다.

이렇듯 약한 책무 유형의 위력은 책무 자체의 효과라기보다는 공무원과 그들의 교섭자들이 양쪽 모두에게 효과적일 수 있다고 인정할 때 그 힘을 발휘한다. 약한 책무들은 공유된 사회규범(인맥 책무 및 동업자 책무처럼 상호부조의 의무감)이나 오랫동안 형성된 정치적 관계(지역 원로에 대한 책무의 경우)에 기반한다는 데서 그 정당성을 얻는다. 공무원들이 개입주의 관행에 양면적인 관점을 갖고 있음에는 변함이 없다. 한편으로 그들은 무처벌impunité 문화를 보편화해 다른 이용자들이 자연 자원을 훼손하도록 부추기면서 그들의 업무 평판을 손상하고 있다고 한탄한다. 그러면서도 그들은 이는 흔히 통용되는 사회적인 관행이고 나아가 사회가 권장하는 관행이라는 생각을 받아들인다. "이건 우리 문화이고 우리 종교에 있습니다. 되도록 처벌을 약화하도록 노력해야 합니다. 개입은 어디에나 있지요. 이게 바로 우리가 세상을 보는 방식입니다. …… 이 [개입자들의 말]를 들어야 합니다."◆ 들어주거나 해결해 주기를 거절하면 사회적 불명예가 뒤따른다. "사람들은 타협하지 않는 공무원을 세상

◆ 2005년 4월 15일 다카르Dakar 지역 사령관과의 면담 내용.

에서 제일 나쁜 사람으로 여길 겁니다. 신을 믿지 않는 오만하고 비인간적인 지구상 최악의 존재로요."♦

책무의 다양성, 책무 간 모순적 명령과 실천 규범

우리가 본 바와 같이, 아주 작은 관료적 결정에도, 잠재적으로는 책무의 다양한 논리가 동시에 작동할 수 있다. 관료적 책무와 더불어 앞서 살펴본 네 가지 책무는 서로 개입하고 상호 작용하며 때때로 국가 최정상과 오지의 검문소를 연결한다. 만약 지역에서 지역 공무원과 청원자/중재인 사이의 타협이 만족스럽게 잘 진행되었다면, 우리는 정치적 보스, 동료 또는 종교 집단을 향한 책무의 요구가 상관에 대한 책무보다 우세하다고 여길 수 있다. 그러나 이런 비공식적 책무 유형은 대개 관료적 책무의 논리를 대체하는 대신, 관료적 책무를 무력화시키면서도 그것에 의지하고, 포함되고, 어떤 의미로는 그것에 기생한다. 거래를 완화하거나 취소하라는 명령은 사실 상사나 최고 경영자 또는 장관에게서 나오기 때문이다. 명령을 수행하는 것으로, 공무원 또는 지역 관리자는 공식적으로 관료적 책무의 당위(요구 사항) 중 상사를 따라야 한다는 것 하나만을 만족시키고 또 다른 관료적 책무, 즉 준법에 모순된 행위를 하는 것이다. 그렇게 함으로써 그는 임시로 그의 상관을 위해 자신의 결정 자율성과 자유재량권을 포기한다.

이처럼 현장에서 삼림 행정은 모순된 명령을 일상적으로 겪는다(Bier-schenk 2010). 조직 중앙에서는 공무원들에게 국가나 지자체의 금고를 채울 것(집금)을 요구하면서도 이를 실행할 물적·인적 자원을 앗아 간다. 한마디로 조직은 삼림 범죄를 강경하게 진압하는 태도를 보이기를 요

♦ 니제르 마다룬파Madarounfa 부대장과의 면담 내용.

구하면서도 조직 스스로는 정치경제적·지역적 압력에 영향을 받는 모습을 보인다. 이렇게 그들을 좌절시키고 갈피를 못 잡게 하는 모순적 명령에 맞서, 삼림 관리자들은 "행동 수칙"(Olivier de Sardan 2008)을 만든다. 이는 공식적·사회적·직업적 규범의 짜깁기와 교배를 통한 형식적 법규의 대안적인 규정 양식이다. "국가기관이 처한 잠재적으로 위험하고 예측 불가능한 '불안정한' 상황에서, [이런 실천 규범은-인용자] '조정'에 도움을 주고, 연루된 모든 주체가 상황을 예측하는 데 도움을 준다"(Titeca et De Herdt 2010, 588).•

작은 부패가 이런 행동 수칙의 첫 번째 예이다. 조서를 작성하는 경찰관이나 고발자는 추징금을 받을 수도 있는 그 조서를 무효화함으로써, 법에서 명시한 벌금의 30퍼센트에 이르는 사례비를 받을 권리를 포기하는 것이다. 어떤 공무원들은 상사가 사례비 혜택을 누리게 하기보다는 사례비를 포기하는 대신 자신이 직접 현장에서 뇌물을 받기를 택한다.

또 다른 형태의 실천 규범은 공공서비스에 대한 좋은 이미지를 지키면서도 국고를 채우고 법의 일반적인 테두리에서의 징계처분을 수용하도록 끊임없이 타협책을 찾는 것이다. 가령 여러 사람이 같은 위반 행위를 한 경우, 법에 따라 정해진 최저 금액보다도 적은 액수를 한 명당 부과토록 하는, 이른바 '벌금을 세트로 부과하는 방식'을 예로 들 수 있는데 이는 니제르에서도 세네갈에서도 관례이다. 조서는 명목상 한 명의 개인을 상대로 작성하지만 벌금은 집단적으로 분배되는 식이다. 또한 범법자를 풀어 주고 화물을 몰수하지 않는 대신 검문반의 교통비를 내게 하기도 한다. 물건이 이미 압류된 경우에는 가짜 경매를 통해 원소유자가 다른 명의를 이용해 재구매하는 편법을 쓴다.

• 영어 원문은 다음과 같다. "In the 'unstable' and potentially dangerous and unpredictable context in which state institutions are embedded, they help to 'regularize' and increase the predictability of the situation for all concerned."

이런 실천 규범은 삼림청 공무원들의 직업적 사회화 과정에서, 즉 '현장에서' 배운 일련의 수완, 술책, 관례 및 관습의 표현이고, 나아가 직업 문화의 구성 요소가 되고 있다. 즉, 여러 유형의 공공 기관에 대처하는 것, 법적 처벌의 액수를 흥정하는 일, 엄격주의보다는 협상을 선호하는 것, 지역의 관례를 지키는 것, 주민과 직접 접촉하는 중재자에게 의지하는 것, 그리고 특히 사실상 그들의 활동을 국가가 아닌 다른 기관, 다른 주체에게 보고해야 하는 상황을 받아들이는 것 등을 배우는 일이다.

요컨대 행정적 활동이란 여러 특수한 책무 유형을 받아들이면서도 국가 통치 기능étaticité의 생산에서 자기 몫을 주장하는 개인적·집단적 주체들 사이에 형성된 여러 복잡한 관계들 속에서 이루어진다. 우리가 여기서 분석한 책무 요구의 궁극적인 목적은 개발주의적 저작들이 부여한 책무의 그것과 다르다는 점에 유의해야 한다. 개발주의자들에게 "책무accountability란 좋은 협치를 강화하는 기본적 원칙이다"(World Bank 2004, 7). 여기 기술된 사례들은 덜 부패한 행정을 목표로 한 개입에 관한 것이 아니고 지역사회에 더 투입된 행정의 개입을 보여 준다. 그러나 이 과정이 국가를 붕괴로 몰아가거나 사회적·정치적 또는 마피아와 같은 연줄망 속에 국가가 무력화되는 대신, 특별한 사회적 계약의 형태로 표현된다. 폴 뉴전트(Nugent 2010, 43, 44)는 국가가 이를 그 특권과 주권을 지키고 국민의 동의를 얻기 위한 유일한 방법으로 사용하지만 않는다면 '허용 가능'하다고 평가한다. 이로 인해 삼림 기관은 현장에서 다양한 책무를 상황에 따라 적절히 사용하고 전문화된 기술적 지식과 외부 압력을 보유하면서 자율적인 행정의 이미지를 지킬 수 있다. 이런 압력이 비록 공공 정책을 완화하거나 소멸시키기도 하지만, 국가와 시민 사이의 관계를 유연하게 하는 데 기여하면서 '사회적 안정'이라는 귀중한 공공 자산을 생산한다.

***

우리가 보여 준, 아프리카 공무원의 일상을 다룬 짧은 여정은(Blundo 2011a, 2011b도 참고) 사실 "관료적 일상"(Copans 2001; Blundo 2006; Blundo et Le Meur 2009b)의 문화기술에 소홀했던, 국가를 대상으로 하는 인류학에 경험적인 내용을 추가해 이를 갱신하려는 더 광범위한 계획의 일환이다. "실제 일상에서 이루어지는 협치" 또는 "진짜 현장에서 관찰할 수 있는" (Bierschenk 2010) 국가라는 특수한 관료 기관의 "실질적인(현장에서 이루어지는) 협치"에 대한 연구(Olivier de Sardan 2009a)는 다음과 같은 두 방향으로 이루어져야 한다. 우선 경험적 사례들을 풍부하게 다루어야 한다. 다양한 기관의 공무원에 대한 문화기술지는 특히 아프리카에서 소홀히 다룬 연구 대상이다. 그다음으로 제임스 스콧James C. Scott의 『국가처럼 보기』*Seeing like a State*의 관점을 뒤집어야 한다(Scott 1998). 스콧이 국가가 복잡하고 분화된 사회monde social를 '읽어 내는' 과정에 대해 분석했다면 우리는 공무원의 구체적인 실천을 관찰해 국가 그 자체를 '읽어 내고자' 했다.

우리는 이 글을 통해 '좋은 협치' 전문가들과 아프리카 국가에 대한 문화적 분석가들이 가지고 있는 억견臆見, doxa에 대해 비판적 거리를 둘 여지를 보였기를 희망한다. 협치 전문가와 달리 문화 분석가는 국가가 친족이기를 희망하지만, 둘 다 '국가는 친족이 아니다'라는 사실에 동의한다. 바로 이 지점에서 대립하는 두 관점은 같은 결함이 있다. 즉, 행정에 작용하는 다양하고 모순적인 모든 책무를 희생해 오직 하나의 책무 논리만을 중요시하는 규범적 방향 말이다. 국가의 일상적인 행위, 표상을 통해 이해된 구체적인 국가의 문화기술지만이 국가 인류학을 생산할 수 있다. 국가 인류학은 이론적 야망에 바칠 제물로 연구자의 실천에 의미를 주는 우리의 고유한 목표를 희생시켜서는 안 된다. 연구 대상인 현장의 주체들에게 질문하고 더 효과적인 공공서비스 개혁을 추진할 수 있는 내부의 비판적 토론을 낳는, 현장의 자료와 가까운 해석을 생산하는 일이야말로 우리의 목표이다.

참고 문헌

Ackerman, John M. 2005. "Responsabilisation sociale dans le secteur public. Réflexion conceptuelle." *Social Development Papers*, 82. Washington, Banque mondiale.

Bako-Arifari, Nassirou. 2007. "'Ce n'est pas les papiers qu'on mange!' La corruption dans les transports, la douane et les corps de contrôle." dans Giorgio Blundo et Jean-Pierre Olivier de Sardan (eds.), pp. 179~224.

Bénit-Gbaffou, Claire. 2008. "Démocratisation et participation locale à Johannesburg: la voix et les voies de la société civile face à des institutions participatives dysfonctionnelles." *Revue Tiers Monde*, 196 (4), pp. 759~778.

_____. 2011. "'Up close and personal'. How does local democracy help the poor access the State? Stories of accountability and clientelism in Johannesburg." *Journal of Asian and African Studies*, 46 (5), pp. 453~464.

Bierschenk, Thomas. 2010. "States at work in West Africa: Sedimentation, fragmentation and normative double-binds." *Working Papers of the Department of Anthropology and African Studies of the Johannes Gutenberg University Mainz*, 113.

Blundo, Giorgio. 2006. "Dealing with the local State: The informal privatization of street-level bureaucracies in Senegal." *Development and Change*, 37 (4), pp. 799~819.

_____. 2011a. "Une administration à deux vitesses. Projets de développement et construction de l'État au Sahel." *Cahiers d'études africaines*, 202~203 (2~3), pp. 427~452.

_____. 2011b. "Comme un ballon de foot. La gestion quotidienne des ressources humaines dans les services forestiers en Afrique de l'Ouest." dans Nikolaus Schareika, Eva Spies et Pierre-Yves Le Meur (eds.). *Auf dem Boden der Tatsachen. Festschrift für Thomas Bierschenk*. Cologne, Köppe Verlag (Mainzer Beiträge zur Afrikaforschung, 28), pp. 377~394.

Blundo, Giorgio et Jean-Pierre Olivier de Sardan (eds.). 2007a. *État et corruption en Afrique. Une anthropologie comparative des relations entre fonctionnaires et usagers (Bénin, Niger, Sénégal)*. Paris, Karthala.

_____. 2007b. "La corruption quotidienne en Afrique de l'Ouest." dans Giorgio Blundo et Jean-Pierre Olivier de Sardan (eds.), pp. 79~117.

_____. 2007c. "Sémiologie populaire de la corruption." dans Giorgio Blundo et Jean-Pierre Olivier de Sardan (eds.), pp. 119~140.

Blundo, Giorgio et Pierre-Yves Le Meur (eds). 2009a. *The Governance of Daily Life in Africa. Ethnographic Explorations of Public and Collective Services*. Leiden, Brill.

_____. 2009b. "An anthropology of everyday governance: Collective service delivery and subject-making." dans Giorgio Blundo et Pierre-Yves Le Meur (eds.), pp. 1~37.

Cantens, Thomas. 2009. "Être chef dans les douanes camerounaises, entre idéal-type, *titular chief et big katika.*" *Afrique contemporaine*, 230 (2), pp. 83~100.

Chabal, Patrick et Jean-Pascal Daloz. 1999. *Africa Works. Disorder as Political Instrument*. Bloomington, Indiana University Press.

Copans, Jean. 2001. "Afrique noire: un État sans fonctionnaires?" *Autrepart*, 20, pp. 11~26.

Coulon, Christian. 1983. *Les musulmans et le pouvoir en Afrique noire*. Paris, Karthala.

Day, Patricia et Rudolf Klein. 1987. *Accountabilities: Five Public Services*. Londres, Tavistock.

Granovetter, Mark S. 1973. "The strength of the weak ties." *American Journal of Sociology*, 78 (6), pp. 1360~1380.

Grünewald, François. 2007. "Morale, éthique et déontologie dans les contextes de la solidarité et de l'action humanitaire." *Revue internationale et stratégique*, 67 (3), pp. 113~120.

Hossain, Naomi. 2009. "Rude accountability in the unreformed State: Informal pressures on frontline bureaucrats in Bangladesh." *IDS Working Paper*, 319. Brighton, Institute of Development Studies, 35 p.

Kelsall, Tim. 2003. "Rituals of verification: Indigenous and imported accountability in Northern Tanzania." *Africa: Journal of the International African Institute*, 73 (2), pp. 174~201.

_____. 2011. "Going with the grain in African development?" *Development Policy Review*, 29 (S1), pp. 223~251.

Lafarge, François. 2010. "La révision générale des politiques publiques: objet, méthodes et redevabilité." *Revue française d'administration publique*, 136, pp. 755~774.

Lawson, Andrew et Rakner Lise. 2005. "Understanding patterns of accountability in Tanzania." *Final Synthesis Report*. Oxford, Oxford Policy Management, Bergen, Chr. Michelsen Institute, 41 p.

Lindberg Staffan I., 2009, "Accountability: The core concept and its subtypes." *Working Paper*, 1, Africa Power and Politics Programme, 23 p.

Lonsdale, John. 1986. "Political accountability in African history." dans Patrick Chabal (ed.). *Political Domination in Africa. Reflections on the Limits of Power*. Cambridge, Cambridge University Press, pp. 126~157.

Manin, Bernard. 1995. *Principes du gouvernement représentatif*. Paris, Calmann-Lévy.

Nugent, Paul. 2010. "States and social contracts in Africa." *New Left Review*, 63, pp. 35~68.

Olivier de Sardan, Jean-Pierre. 1996. "L'économie morale de la corruption en Afrique." *Politique africaine*, 63, pp. 99~116.

_____. 2008. "À la recherche des normes pratiques de la gouvernance réelle en Afrique." *Discussion Paper*, 5. Africa Power and Politics Programme, 23 p.

_____. 2009a. "State bureaucracy and governance in francophone West Africa: An empirical diagnosis and historical perspective." dans Giorgio Blundo et Pierre-Yves Le Meur (eds.), pp. 39~72.

_____. 2009b. "Gouvernance chefferiale et gouvernance associative dans les campagnes nigériennes." dans Jean-Pierre Olivier de Sardan et Mahamam Tidjani Alou (eds.).*Les pouvoirs locaux au Niger, 1, À la veille de la décentralisation*. Paris, Karthala et Dakar, CODESRIA, pp. 15~36.

Poluha, Eva et Mona Rosendahl (eds.). 2002. *Contesting 'Good' Governance: Crosscultural Perspectives on*

Representation, Accountability and Public Space. Londres-New York, Routledge Curzon.

Ribot, Jesse C. 2009. "Authority over forests: Empowerment and subordination in Senegal's democratic decentralization." *Development and Change*, 40 (1), pp. 105~129.

Schedler, Andreas. 1999. "Conceptualising accountability." dans Andreas Schedler, Larry Diamond et Marc F. Platner (eds.). *The Self-Restraining State: Power and Accountability in New Democracies.* Boulder-Londres, Lynne Rienner Publishers, pp. 13~28.

Scott, James C. 1998. *Seeing like a State. How Certain Schemes to Improve the Human Condition Have Failed.* New Haven, Yale University Press [『국가처럼 보기: 왜 국가는 계획에 실패하는가』. 전상인 옮김. 에코리브르. 2010].

Taussig, Michael T. 1999. *Defacement. Public Secrecy and the Labour of the Negative.* Palo Alto, Stanford University Press.

Titeca, Kristof et Tom De Herdt. 2010. "Regulation, cross-border trade and practical norms in West Nile, North-Western Uganda." *Africa*, 80 (4), pp. 573~594.

Tsai, Lily L. 2007. "Solidary groups, informal accountability, and local public goods provision in rural China." *The American Political Science Review*, 101 (2), pp. 355~372.

World Bank. 2004. "State-Society synergy for accountability. Lessons for the World Bank." *World Bank Working Paper*, 30. Washington.

Comparer

제2부
비교하기

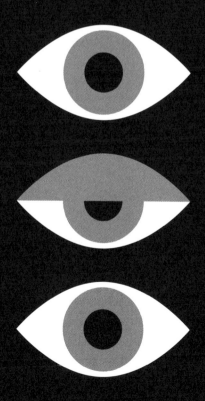

Faire des sciences sociales

제4장
세계화된 중세?

서양의 동학을 이끈
초기 원동력에 관한 서술

제롬 바셰

김태수 옮김

제롬 바셰는 이 글에서 세계사를 관통하는 사회역사적 구조 및 진화의 동력을 총체적으로 파악하기 위한 새로운 관점을 제시하면서 이 영역에 대한 기존의 대립된 두 관점, 즉 서양 중심주의적 근대화 담론과 포스트 식민적 해체주의의 양자택일에서 벗어나는 통로를 밝힌다. 저자는 시선을 신대륙으로 우회하면서 중세 서양에 대한 탈중심적 시각을 확보해 서양의 지구적 팽창의 동학을 일으킨 추진력을 탐구한다. 특히 저자는 콜럼버스의 "신대륙 발견"(1492년)을 "근대의 시작을 알리는 르네상스의 요술 지팡이질과 연계된 사건으로 볼 것이 아니라, 신대륙의 운명을 중세 유럽에 묶는 기점"으로 파악하며 이를 봉건-교회적 세계화로 개념화한다. 즉, 근대 유럽의 팽창적인 동학은 이미 중세 시대에 준비되었으며 이 동학의 추진체가 13세기에 서유럽에서 완성된 교회 보편주의 — 교회의 형식을 띤, 하나의 사회역사적 세력으로의 기독교 — 임을 밝힌다. 이런 방법으로 저자는 서방이 확대되는 과정에서 교회의 역할, "기독교의 교회적 구조화"를 정교하게 분석하면서 기존의 역사 서술에서 단순히 "종교 문제"로 치부된 영역에서 서양의 동학에 얽힌 수수께끼를 풀 열쇠를 제시한다.

◇

우리는 유럽의 지배가 지구 전체로 점차 확대되었다고 단언하는 역사의 "고르디우스 매듭"을 피할 수 있을까?✦ 우리는 서양을 찬양하는 것으로 귀결되는 근대화 거대 담론과 다양한 역사적 경로의 가치를 추구한 나머지 세계의 서양화 및 이 서양화의 연속적 형태에 대한 이해를 둘러싼 이슈에 눈감는 포스트 식민적 해체 사이에서 양자택일할 수밖에 없는 것일까? 서양과 타자의 차이를 본질화essentialisation하는 태도와 양자의 모든 실제적인 격차를 부정하거나 그 차이를 일시적이고 제한된 요소 또는 역사의 우연으로 환원하는 태도 사이에서 하나를 선택해야 하는 함정에서 어떻게 빠져나올 수 있을까?

이런 질문들은 최근에 일어난 역사 서술의 변화를 반영한다. 미시 역사 서술과 분절화를 지향하는 포스트모더니즘 경향이 한때 유행한 이후, 역사학에서 다시 글로벌✦✦ 단위가 다양한 양식을 취하면서(월드 히스토리,✦✦✦ 글로벌 역사, 접속된 또는 교차된 역사✦✦✦✦ 등은 프랑스에서 뒤늦게 그리고

✦ 페르낭 브로델Fernand Braudel은 "이른바 유럽 우월성의 기원이라고 말하는 세계사의 고르디우스 매듭 자르기"를 시행할 조건이 충족되지 않았다고 지적한다(Beaujard, Berger et Norel 2009, 7에서 재인용). [고르디우스의 매듭은 알렉산드로스대왕이 칼로 잘랐다고 하는 전설 속의 매듭이다. '대담한 방법을 써야 풀 수 있는 문제'라는 뜻으로 쓰이고 있다.]

✦✦ [옮긴이] 여기에서는 적당한 번역어를 찾기 어려워 '글로벌'로 표기했다. 이후 맥락에 따라 '총체적', '지구적' 등의 번역어로도 대체했다.

✦✦✦ [옮긴이] '월드 히스토리'world history를 우리말 '세계사'로 옮기면 오히려 오해의 소지가 있어 구태여 번역하지 않았다. 글로벌한 관점에서 역사를 고찰하는 월드 히스토리는 1980년대에 역사학의 한 분과 학문으로 부상했으며 글로벌 역사global history 또는 교차된 역사transnational history로 칭하기도 한다. 이 분야는 세계의 다양한 국가와 문화의 역사를 다루지만 글로벌한 관점을 배제하는 비교 역사학과 구별된다. 월드 히스토리는 모든 문화를 관통하는 공통의 패턴을 탐구한다. https://en.wikipedia.org/wiki/World_history 참조.

✦✦✦✦ 이런 관점이 프랑스 역사학계에 도입되며 일어난 논쟁에 관해서는 *Revue d'histoire moderne et contemporaine*, 54/4bis, 2007, 특히 카롤린 두키와 필리프 미나르(Douki et Minard 2007), 필리프 보자르·로랑 베르제·필리프 노렐(Beaujard, Berger et Norel 2009) 참조. 이 글에

비판적으로 수용되었다) 새롭게 부각되고 있다. 글로벌(또는 토털) 역사의 개념이 종래의 고전적 의미에서 언급되는 것이 아니라 베르나르 르프티 (Lepetit 1995, 1999)의 표현대로 "전체로서의 사회"에 대한 고민을 잘 함축한다는 점은 의미심장하다. 월드 히스토리 분야에 속한 연구물들이 오직 경제적 사안에 국한된 점을 고려하면, 기존에 제기된 일부 비판을 참작하면서 주어진 사회역사적 총체의 특징적 구조 및 진화의 동력을 글로벌하게 파악하는 관점을 재정립할 시점이라 생각된다. 이 관점은 지리적인 확대뿐만 아니라 사회 내부에 대한 깊은 인식, 그리고 연구를 풍부하게 만들 수 있는 단일성과 복수성의 관계 설정을 둘러싼 고민 속에서 되도록 넓은 시선들을 결합하는 방식이어야 한다(Baschet 2009b).

여기서는 서양 중세 시대를 성찰하면서 이런 문제들을 다루고자 한다. 물론 중세 서양을 지구적 역사관 정립의 대표적인 사례로 삼는 것이 의외일 수도 있다. 우리는 여기에서 시·공간적으로 확장된 중세의 관점을 취한다. 즉, 시간상으로는 자크 르고프(Le Goff 1985)가 설정한 4세기에서 12, 13세기에 걸친 긴 중세이며, 공간적으로는 스페인과 포르투갈의 식민지 확장을 중세의 동학이 신대륙으로 투사되었다는 측면에서 관찰할 것이다.* 신대륙으로 우회하면서 확보한, 중세 서양에 대한 탈중심적 시각을 통해 우리는 유럽의 도약에서 은폐된 부분이자 매우 중요한 부분인 (봉건-기독교적 동력이라고 일컬을 법한) 시스템의 동학에 대해 일련의 질문을 제기할 수 있다. 그렇다고 중세가 서양의 확장을 이끈 원동력에 얽힌 수수께끼를 풀 마법의 열쇠라는 뜻은 아니다. 사실 유럽의 세계 지배는 중세 시대가 끝난 뒤에야 전적으로 실현되었다. 그러나 유럽의 특이한 이행 경로와 그 일관성을 제대로 파악하려면 우선 이미 중세에 형성되기 시작한 서양 팽창의 동학dynamiques을 일으킨 추진력에 관

서 다룬 시대와 관련된 논문은 파트리크 부셰론(Boucheron 2009) 참조.

* 이것은 필자가 『봉건 문명』*La civilisation féodale*에서 검증하려 했던 가설이다(Baschet 2006).

심을 가질 필요가 있다.◆

마지막으로, 이처럼 확대된 글로벌 역사는 비교학적 관점과 일부 연결되어 있다는 점을 주지해야 한다(특히 Atsma et Burguière 1990; Detienne 2000; Werner et Zimmermann 2004 참조). 사실 유럽의 동학을 거론한다는 것은 역사적으로 확인된 다른 경로들과 비교해 유럽의 유일한 차이를 가늠하는 것을 필연적으로 가정한다(총체적으로 볼 때, 오직 이런 관점만이 적실성을 갖지는 않지만, 비교 연구에는 특별히 적절하다). 또한 여기에서 우리가 제기한 문제들에 대한 해답을, 서양 역사에서 중세 부분을 빼놓고 찾기란 불가능할 것이다.

(유럽에 대한 문제로부터) 무엇을 할 것인가

예외성과 일반화 사이에서

우리는 유럽의 특징에 대해 사고하기가 힘들다는 점을 잭 구디Jack Goody의 저작을 통해 지적할 수 있다. 그는 서양과 다른 모든 지역(특히 중동 지역)의 단절을 강조하는 전통적 사고를 집중적으로 비판하면서 최근 저작에서 인류학적으로 통일된 유라시아라는 총체성을 강조했다. 우선 유럽이 아프리카 지역과는 달리 아시아와 유사한 구조를 가지고 있다는 점을 들어 유럽과 아시아의 일체성을 강조한다. 다음으로 이런 관점을 일반화하면서 기원전 3000년부터 19세기에 이르기까지 유라시

◆ 이 글의 제목에서 유라시아 대륙 차원의 상호 의존과 교환 네트워크에 중세 유럽이 통합되었다는 제리 벤틀리의 관점(Bentley 2009)이 연상되더라도 그의 관점과 이 글은 아무런 관련이 없다는 점을 부연할 필요가 있다. 물론 당시 무역 및 기술과 문화 교류의 역할을 무시할 수는 없지만, 이런 교류의 규모와 효과가 어느 정도인지조차 측정하지 않고 '통합'을 주장하는 태도는 심한 왜곡에 빠질 수 있다.

아의 총체가, 여러 변화와 리더십의 교체에도 불구하고, 어떤 공동의 문명 테두리 안에서 유지되었다고 주장한다(Goody 2004, 2010). 유럽 중심주의 역사관을 배격하려는 강력한 의지를 내비친 그는 서양의 역사적 경로에서 특별한 것은 전혀 없으며, 다만 19세기부터 뒤늦게 유럽과 다른 지역의 격차가 벌어지기 시작했는데 이 부분만이 설명을 요한다고 주장한다. 그는 산업화와 자본주의의 비약적 발전도 다른 지역에서 시작될 수 있었다고 주장하며 그뿐만 아니라 이런 발전이 가져다준 서양의 이점도 일시적인 현상에 불과하며 앞으로는 중국이 발전의 덕을 더 많이 볼 수 있다고 판단한다(Frank 1998 참조). 그러나 서양의 독특한 특징을 과대평가하고 본질화하는 자문화 중심주의적 사고를 배격한다는 친절한 배려가, 오히려 서양이 걸어온 이행 경로의 특수성을 과소평가하고 유럽의 지구적 팽창이라는 역사적 현상의 중요성에 눈감는 역방향의 편견에 노출될 위험은 없을까? 또는 이런 태도가 이매뉴얼 월러스틴 Immanuel Wallerstein이 지적한 "반反유럽 중심주의적 유럽 중심주의"의 오류에 빠질 위험은 없을까?◆ 어쨌든 잭 구디는 (다른 학자들과 함께) 청동기시대의 도시 혁명 이래 현재까지 유지되고 있다는 유라시아 문명 단위를 전제하면서 너무 방대한 층위에서 통일화를 강조하는 반면에 비교연구에 필수적인 하위 층위를 무시했다. 구디는 서양 자체를 언급하면서, 르네상스가 유럽에 "탈종교화된 탐구"와 "과학기술의 자유로운 사용"이라는 빛을 가져다주었다면, 중세 시대는 "(역사의) 퇴보"와 "몰락하는 문명"이라고 묘사하는 등 가장 흔한 역사 서술의 도식을 단순히 되풀이했다.◆◆

◆ 반유럽 중심주의는 유럽 이외의 문명도 유럽처럼 근대성의 경로를 겪었다고 주장하면서 유럽 문화의 독특함을 부정하고 다른 모든 문화도 유럽 문화와 비슷하다는 관점이다 (Wallerstein 2008).

◆◆ 잭 구디는 봉건주의는 "역사의 심각한 퇴보"로, 중세 기독교는 "파국적인 퇴행"으로 평한다(Goody 2010, chap. 6; 2009, 152, 153).

본질화essentialisation와 목적론téléologie의 함정을 피하면서 유럽과 아시아를 비교하는 방식을 재고할 필요성은 분명하며, 최근의 역사 서술에서도 매우 강조되듯이 유럽과 아시아의 차이가 지금으로부터 멀지 않은 과거의 한 시점부터 벌어졌다는 점도 분명하다.[*] 실제로 케네스 포메란츠Kenneth Pomeranz는 유럽과 중국 사이(특히 영국과 양쯔강 삼각주 사이)에 격차가 벌어지기 시작한 시기를 18세기 말로 본다. 두 지역은 당시까지 농업, 인구, 상업, 기술 및 (초보적) 산업의 발전 수준이 비슷했다(Pomeranz 2010). 그는 전통적 성장 유형의 한계를 뛰어넘을 가능성이 영국에 주어지면서 중국과의 차이가 벌어지기 시작했다고 설명한다. 이 가능성은 두 가지 요인이 합쳐지면서 실현되었다. 하나는 대대적인 석탄 연료 사용(주요 생산지 주변에서 구할 수 있었다)이고, 다른 하나는 신대륙의 자원(특히 면화)을 통해 영국 본토의 경작지와 숲 지대의 공간적 한계 및 기존 생산지의 환경 스트레스를 극복한 것이다. 이는 매우 흥미로운 설명인데, 우선 타당한 층위에서 전개된 비교 연구 사례를 이 설명에서 찾을 수 있다. 또한 본질화된 차이를 배제하려는 의도로, 제한적이지만 중요한 효과를 낼 만한 요인들을 지나치게 강조하는 경향에도 불구하고, 포메란츠는 상당한 영향을 끼칠 요소(신대륙의 장악)를 전면에 내세우면서 우리가 여기서 향후 전개할 관점과 만날 수 있게 해주었다. 이렇게 해서 유럽과 다른 문명의 격차가 비교적 최근에 나타난 이유를 설명할 때 이미 오랜 기간에 걸쳐 만들어진 요인에 대한 탐구를 배제하지 않는다는 점을 확인해 준다. 사실, 신대륙 장악이 결정적인 이유는 귀금속이나 이 귀금속 덕분에 가능해진 재산 증식이 아니라 열대 지역의 천연자원을 수급할 가능성 때문이었으며, 천연자원 수급의 중요성은 18세기에 결정적으로 확인된다. 동시에 우리는 포메란츠의 논의에서, 공동체적 현

[*] 크리스토퍼 바일리(Bayly 2007)에 따르면 1780년에서 1914년 사이에 유럽 중심적인 세계가 성립되었으며 여기에서 유럽과 그 외 지역의 간격이 근본적으로 벌어지기 시작했다.

실에 나타나는 관념적인 차원*을 과소평가하는 편협한 경제적 접근 방식 및 경제지표를 사회 시스템과 (전자는 후자의 맥락에서 실현되고 그 의미를 취할 수 있음에도) 독립적으로 분석하는 경향을 비판할 수 있다. 바로 여기에 비교 연구의 핵심이 있다. 비교 연구를 하려면 적절한 비교 층위를 선택해야 한다. 그러나 비교되는 지역의 구조화와 고유의 동력 안에서 되도록 폭넓은 방식으로 유지되는 사회적 논리를 비교할 수 있도록 총체적인 관점을 취하는 것도 중요하다.

그런데 여기에는 더 어려운 문제가 숨어 있다. 당시 발생한 변혁을 어떻게 이해해야 하는가? 이는 단순한 "산업화"** 과정인가, 심지어 (제한된) 성장의 한 유형에서 (신속하고 자체적으로 유지되는) 다른 유형으로의 이행인가? 또는 우리가 "자본주의"***라고 일컬을 만한 완전히 새로운 시스템의 전개로 이어지는 완전한 변혁인가? 이 점에서, 과거에도 비교적 행동반경이 넓고 강도가 높은 자본의 실천이 존재하기는 했지만 하나의 생산 시스템, 그리고 더 폭넓게는 하나의 사회 시스템****(Polanyi 1983)으로서 자본주의의 성립이 이전 시대와 단절을 초래했다는 점을 인정해야 한다. 결정적인 변화의 시점은 18세기 후반부(시간상 더 긴 단절의 시퀀스 내의 결정적 지점으로 이해할 수 있다)에 위치될 수 있으며,

---

* 그러나 포메란츠는 자신이 과학기술적 요인을 과소평가한 점을 인정하고 "모든 유럽의 문명적 장점"을 부정한다는 잭 골드스톤(Goldstone 2009)의 비판에 반응하면서 더 글로벌한 성격을 향해 다수의 층위를 교차해 분석하는 길을 열었다(Pomeranz 2010, 서문).

** "산업화는 근대 시대에서 경제의 '자연적인' 발전으로 초래된 것이 아니다."라고 주장하는 포메란츠는 18세기 말에 일어난 변혁은 매우 일어나기 힘든 도약이었다고 판단한다(Pomeranz 2010, 321).

*** 월드 히스토리 분야의 많은 저자들은 자본주의의 존재를 기원전 3000년까지 거슬러 올라가 언급하면서 [근대]자본주의의 특별한 성격에 대한 문제를 완전히 제거하려는 경향을 보인다(Frank et Gills 1993; Gills et Denemark 2009). 이런 태도에서 현대의 논리를 이전 사회에 투사하려는 현재 중심주의présentocentrisme의 오류가 나타난다.

**** 마르크스주의 전통 내부에서 자본과 자본주의를 구분하는 정도에 따라 여러 입장이 갈린다. 예를 들면 루지에로 로마노(Romano 1970)와 피에르 빌라(Vilar 1976) 참조. 마르크스주의적 자본주의 해석에 대한 새로운 분석은 모이시 포스톤(Postone 2009) 참조.

이 시점은 (적어도 유럽의 일부 지역에서) 긴 중세 시대(자크 르고프가 설정한 시기)가 결정적으로 마감되는 순간이기도 하다. 또한 이때는 "이중의 개념적 단절"이 이루어진 시기로서 경제와 종교 분야에서 새로운 개념들이 부상해 이전 시대의 사회적 논리를 이해할 수 없게 만들고 이를 암흑주의, 경제적 정체immobilisme productif, 또는 정치적 무질서라는 상투적 표현으로 가두는 시발점이 되었다(Guerreau 2001). 한마디로 우리는 흔히 우리가 살고 있는 사회 시스템을 기점으로 인간 사회의 다양성을 탐구하려 하지만, 사회 시스템의 시·공간적 확대(그리고 근본적인 특징)를 명확하게 인식하지 않고는 제대로 된 비교 연구를 수행할 수 없다는 점을 다시 밝힐 필요가 있다.

중세의 동학과 미 대륙의 식민화

우리는 여기에서 18세기 말 유럽에서 일어난 단절을 강조할 예정이지만, 반대로 15세기 말에 일어난 단절이 흔히 말하듯이 그렇게 명확하지는 않았다는 점을 밝힐 것이다. 즉, 1492년의 '신대륙 발견'을 근대의 시작을 알리는 르네상스의 요술 지팡이질과 연계된 사건으로 볼 것이 아니라, 신대륙의 운명을 중세 유럽에 묶는 기점으로 봐야 한다는 것이다. 베르나르 뱅상Bernard Vincent은 중세의 동학과 미 대륙의 식민화 사이의 봉합점이기도 한 이 "경탄할 만한 연도"를 특징짓는 사건들의 연관 관계를 분석했다(Vincent 1996). 크리스토퍼 콜럼버스는 교과서에서 칭송받듯이 현대성의 영웅이라기보다는 마르코 폴로Marco Polo와 스콜라 신학자인 피에르 다일리Pierre d'Ailly 추기경에게 영향을 받은 중세 여행가였다(Baschet 2009a). 그의 항해는 우선 동방 제국의 황제를 만나 그를 개종시킨 뒤 반이슬람 전쟁의 동맹으로 삼으려는 목적을 띤 사절단의 성격을 지녔으며, 그가 항해를 통해 얻는 물질적 이득으로 이루려는 최종 목표는 예루살렘의 재정복이었다. 자신을 예언자적 숨결로 움직이는, 신의 섭리에 따르는 도구로 인식한 콜럼버스는 "대서양 횡단에는 이성도, 수학도, 세계지도도 필요 없었다. 그냥 이사야가 말한 대로 성취되었다."*라고 단언하면서 자신을 합리적인 발견자의 이미지와 거리를 두었다.

가령 초기 콘키스타도르conquistador**는 중세 무훈시武勳詩의 영향을 받아 레콘키스타Reconquista***처럼 무공을 세우면 봉토를 얻으리라고 기대했다. 그러나 쉽게 나열할 수 있는 단절적인 비교 너머로 중세 유럽 사회와 라틴아메리카 사회 간에 가능한 한 체계적인 비교가 필요하다.**** 이는 당시 처음으로 생겨난 것, 변화된 것뿐만 아니라 식민 지배의 논리에 연결된 모든 특수성을 고려하는 비교이다. 어쨌든 많은 차이가 있음에도 15세기 말은 중세의 가장 특징적인 부분이 확대-변화된 것으로 결론지을 수 있다. 따라서 교회가 중세 서양의 총체적인 지배적 제도이듯이 교회는 당시 "식민 체제의 핵심 축"이었다(Castro Gutiérez 1996a, 1996b; Gruzinski 1988; Farriss 1995; Rubial Garcí 1999). 신세계에서 100년 넘게 공들여 완성한 장소와 시간의 복음화와 기독교화의 기술적인 측면 너머로 교회가 이 땅에서 결정적으로 이바지한 것은 식민 지배의 구조화 — 특히 원주민 마을의 생활공간을 구획하고 조직하는 — 자체였다. 한정된 지면에서 더 서술할 수는 없지만, 우리는 향후 더 완성된 분석을 통해, 새롭게 발전하는 요소가 있음에도 교회가 식민 사회를 구조화하면서 이후 3세기 동안 식민 사회를 유지하는 중요한 역할을 했다는 점을

---

* *Livre des prophéties*(1501), Christophe Colomb, *La découverte de l'Amérique*, éd. Soledad Estorach et Michel Lequenne, 2eme éd., Paris, La Découverte, 2002에서 번역문 인용. 드니 크루제(Crouzet 2006) 참조.

** [옮긴이] 콘키스타도르는 정복자를 지칭하는 스페인 카스틸라어로 15, 16세기에 아메리카를 정복하는 데 직접 참가한 스페인 원정 대장과 군인을 일컫는다.

*** [옮긴이] 레콘키스타는 이베리아반도에 존재했던 무슬림 왕국의 재정복을 지칭한다. 서기 722년 아스투리아스 정복을 시작으로 1492년 아라곤왕국의 페르디난드 2세와 카스티야왕국의 이자벨 여왕이 주도하는 기독교군이 이베리아반도의 마지막 왕국인 그라나다를 정복하면서 스페인의 통일을 이룩했다.

**** 뉴 스페인(누에바에스파냐)에 대한 구체적 사례는 바셰(Baschet 2006, 380~416) 참조.

밝힐 수 있을 것이다. 바로 이런 의미에서 서양의 중세 시대가 대서양을 건너면서 '세계화'되었다고 주장할 수 있다.

이 주장에서 명확히 해둘 것이 두 가지 있다. 우선 아메리카 대륙의 식민화로 연장된 중세의 동학에 대해 말하자면, 이 동학은 고정된 시스템이 재생산되는 것이 아니라 반대로 이 시스템의 지속적인 변화를 의미한다. 한편 세계화라는 용어를 모호하게 사용하지 말아야 한다. 흔히 우리는 지역 간의 교환, 상호 접속, 심지어 통합 현상을 두리뭉실하게 세계화로 일컫고 그 특성에 대해 침묵하면서 어떤 현상을 역사적으로 인식할 수 있는 '세계화'의 원칙으로 설정해 이것이 마치 현재의 완성된 형태까지 점진적으로 실현된다고 간주한다(Cooper 2001; Zuniga 2007; Douki et Minard 2007). 이와 반대로, 통합 양식의 성격을 특정하는 것이 중요하기 때문에 세계화의 여러 양식을 구분할 필요가 있다(특히 이 통합의 비대칭적인 성격은 '세계화'를 대상으로 하는 분석에서 자주 은폐된다). 이런 점에서 바일리(Bayly 2007)처럼 16, 17세기를 "구식舊式 세계화"mondialisation archaïque로 칭하면 이후에 일어난 세계화와의 차이를 강조하는 데 도움이 된다. 저자는 구식 세계화의 추동력이 기독교의 보편적 확장을 실행하고 자신의 명성을 드높이려는 욕구로 충만한 군주들이 권력을 확립하는 과정에서 만들어졌다고 판단한다. 구식 세계화의 특징을 거듭 강조하고 부정적인 어감을 피하기 위해 봉건-교회적 세계화mondialisation féodo-ecclésiale로 칭할 수도 있다. 그뿐만 아니라 이 사건에 세계화의 원조라고 간주할 만한 11~13세기의 십자군 원정을 연결할 수도 있다. 실상 11세기에서 18세기에 이르는 동안 서양의 확장과 관련된 (레콩키스타도 포함해) 모든 현상을 봉건-교회적 세계화라는 용어에 포함할 수 있을 것이다.✦

✦ 1780년대부터는 제2의 세계화가 시작되는데, 이는 유럽 중심적이고 자본주의 체제-세계의 확립과 연결되며 시스템 중심부에 위치한 국민국가 간의 대립 관계가 해외로 연장되는 경쟁적인 제국주의 세력들의 부상으로 특징된다. 제2차 세계대전 이후, 자본

모순적 부상浮上: 교회 동학의 여러 양상

계속 시간을 거슬러 올라가 서양 중세 시대 자체를 논의해 보자. 우리는 연구 프로그램의 형식에 기대어 중세 시대 동학의 특징적인 요소들을 다룰 것이다. 그러나 앞으로 진행될 논의는 중세 서양의 사회구조와 그의 변동을 이끄는 동학에 대한 총체적인 분석의 큰 틀 내에서만 의미가 있다.◆ 11세기부터 13세기까지 서유럽의 인구와 생산력이 이례적으로 증가했다. 이는 상공업 활동의 확대 및 도시화(이 현상은 봉건적 자급체제에 단순히 중첩된 현상이 아니라 농촌 사회의 변화, 특히 봉건지대에서 파생된 상품의 교역 확대가 이끈 동력과 상호작용을 한 결과이다)로부터 군주 권력의 강화(물론 이 군주 권력은 군주정과 귀족정 간 갈등에서 자유롭지 못했다◆◆) 등에 이르는 대규모 변화와 연결되었다. 앞서 열거한 모든 특징은 이른바 봉건 체제를 변화 없이 정체된 체제로 간주한 기존 관점을 벗어나지만, 이런 점들이 당시 서유럽이 획득한 새로운 팽창 능력의 물질적 기반이 되었다는 것이다.

서기 1000년의 유럽과 1300년의 유럽은 여러 중요한 변화에 의해 구분된다. 그리고 두 시기를 움직인 동학은 동일했다. 여기에 두 가지 요소가 결정적인 영향을 미쳤다. 하나는 밀접한 사회통제, 봉건적 지배,

---

주의 체제-세계의 대폭적인 개편은 제3의 세계화로 이어졌다. 이 세계화는 포스트 식민주의적 성격과 미국의 초超제국주의, 그리고 단일화된 세계시장 속에 국가 단위가 점차적으로 흡수되는 특징을 갖는다. 따라서 '세계화'는 분명히 구분되는 순차적인 형태를 띠므로 이 차이를 분명히 밝힐 필요가 있다.

◆ 필자가 예전에 제시한 논의를 여기에서 정리할 예정이다(Baschet 2006).

◆◆ 흑사병에 따른 급격한 인구 감소(그러나 이 영향을 과대평가하면 안 된다. 1500년경 유럽은 1348년의 인구 규모를 회복했다)를 비롯해 14세기와 15세기에 일어난 재난이 야기한 긴장 상태를 감안하더라도 우리는 이 시기를 중세의 '말기'(중세의 가을 또는 봉건 체제의 최종 위기)로 지칭하는 데 반대한다. 당시 변화의 폭이 어떻든 간에, 그리고 여러 첨예한 갈등(특히 제도화된 교회에 대한 비판)을 낳은 어려움들에도 불구하고 11~13세기에 시작된 동력은 여전히 유지되었다.

마을 공동체의 역할 및 생산자의 실제적이고 폭넓은 자율성 간의 기묘한 조합을 만들어 낸, 봉건적이며 기독교적인 동시에 공동체적인 삶과 활동의 지역공동체 구조가 존재했다는 점이며, 이것이 이 시기의 발전을 이끌고 유지하는 데 특히 적합했던 것으로 보인다. 다른 하나는 교회가 결정적으로 사회관계를 지역에 안착시키면서 나타난 지역사회의 "세포화"細胞化, encellulement 현상이다.◆ 또한 교회는 이 지역들을 기독교로 통일된 대륙 공간에 포함했다. 이 시기에 교회 자체도 근본적으로 변해 교황의 집중화된 권위 아래 하나의 조직체를 구성하는 동시에 사회 전체의 구조화를 담당하는 역량을 강화해 갔다. 한편, 교회(에클레시아ecclesia)의 (최소한) 두 가지 의미를 감안해야 중세 교회를 제대로 정의할 수 있다. 교회의 첫째 의미는 애덕愛德, caritas — 사회에 관한 공동체 고유의 사고방식 — 으로 모인 (살아 있는 또는 죽은) 신자들의 공동체이며, 둘째 의미는 인간과 신 사이의 중재를 거의 독점함으로써 정신적 권력체로 부상한 교회 제도이다. 이 두 요소를 고려해야만 교회를 중세 사회에 대한 총체적 지배 기관, 중세 사회의 중추 기관, 심지어 중세 사회를 추동한 핵심 엔진으로 식별할 수 있다(Guerreau 2001).

기독교 보편주의

보편주의는 아마도 중세 서양의 특징 중에서 이 지역의 확장 능력과 가장 직접적으로 연결된 요소일 것이다. 사도바울은 유대교 내부에 머물러 있던 기독교 메시지를 특정한 지역성(종족, 문화, 신분 또는 젠더 구분 없이)을 초월하는 보편적 프로젝트로 향하게 만들었다(Badiou 2002, 17).◆◆

◆ [옮긴이] 사회사社會史 개념인 세포화는 중세 유럽에서 농촌 주민들에게 실행된 공간적 조직화를 가리킨다.

◆◆ 8, 9세기의 교황들은 교회가 지구 전체에 널리 퍼져야 한다는 생각을 표명했다(Lubac 2009, 101, 102). 교황 이노센트 3세는 자신을 "지구의 모든 것과 지구상에 사는 모든 생

모순적인 측면들이 있음에도 초기 중세 시대에 기독교 개종이 동쪽과 북쪽으로 점진적으로 확대된 이후에도 보편화 계획은 지구 끝까지 복음을 전파하려는 이상으로 통일된 교황청과 연계되었다(Iogna-Prat 1998). 이 프로젝트의 일환이었던 동방(오리엔트)을 향한 선교는 즉각적인 효과를 보지 못했지만, 이는 사람들의 상상력을 자극해 결국 신대륙 정복으로 이어졌다(Vauchez 1990). 콜럼버스는 기독교 보편주의 기획의 대표적인 화신이었다. 그는 인류 역사의 새로운 시대에 투신하기는커녕 기독교가 지구의 끝에까지 퍼져 모든 인간이 기독교로 개종하기를 갈구하는 성스러운 종말론적 시대에 속한 인간이었다. 더 넓은 의미에서 기독교 보편주의는 유럽의 확대를 추동하는 동력 중 하나였다. 기독교 보편주의가 없었더라면 서양의 동학은 유럽 대륙 전체를 지속적으로 포섭할 수 없었을 것이며, 이 대륙을 그토록 강력한 문명의 총체로 변모시키지도 못했을 것이다. 그러나 여기에서 보편주의는 기독교의 추상적 실현(또는 바울의 기독교에 대한 재정립)의 의미가 아니라 기독교가 교회의 형식을 띤 사회역사적 세력이 되었다는 뜻이다. 그리고 군주 권력의 역할이 무엇이었든지 교회 보편주의universalisme ecclésial가 유럽의 식민지 팽창에서 중요한 역할을 했다고 간주할 수 있다.

탈친족화

중세 서양의 친족 관계 구조에서 주목할 만한 특징이 전혀 없다는 잭 구디의 주장은 받아들이기 힘들다. 이 구조에서 적어도 영적靈的 친족 관계의 지위와 관련된 한 가지를 주목하고 강조할 필요가 있다(Guerreau-Jalabert 1996, 1999; Baschet 2000b). 복음적인 근거가 없지 않은 이 영적 친족

물이 속한 왕국의 사제"로 지칭하면서 이 생각을 극단적으로 표현했다(PL 216, col. 1044, Iogna-Prat 2006, 401에서 인용).

관계는 그 의미가 확대되면서 교회가 사회와 분리된 자신의 입장을 정하고 사회에 대한 장악력을 강화하는 중요한 지렛대가 되었다. 생물학적 친족 관계를 정신적 친족 관계보다 열등하게 보는 시스템은 친족 관계의 사회적 역할을 제한하고 특히 이 관계를 벗어난 교회 기구에 의해 친족 관계를 통제하는 데 기여했을 것이다. 여기부터는 요셉 모르셀(Morsel 2007, chap. 5~7)이 밝힌 사회관계의 탈친족화/공간화 과정을 참조하겠다. '탈친족화' 과정은 친족 관계의 결정적인 역할을 빼앗아 이를 친족 영역 외부에 위치한 사회적 논리에 복속시키는 과정이다. 그리고 이 사회 논리는 공간적 성격을 갖는다. 사실 중세 시대에 사회조직과 이 사회조직에 대한 표상의 공간화가 진행되었다. 지역에 기반한 귀족 혈통의 성립과 지역민 공동체의 형성은 사회적 소속감의 공간적인 착근과 밀접히 연결된 두 모습이었다(Guerreau-Jalabert 1990; Guerreau 1996). 이제부터 이런 사회 구성에서 나타나는 새로운 형태의 특징을 측정하고 그 결과를 추적하며 이것이 중세 서양의 동학에 어떻게 이바지했는지를 가늠할 차례이다.

개인주의 없는 개인

개인주의를 언급하기 전에 이 개념이 차별적 의미를 취하기 시작하는 경계를 정해야 혼동을 피할 수 있다. 루이 뒤몽Louis Dumont은 이를 분명하게 정의했다. 그는 개인을 특정한 경험적인 존재로 간주하는 진부한 사고 대신에 개인을 (사회적으로 구성된 총체 속에 위치시키는 대신에) "최상의 가치"로 간주하는 것을 개인주의의 기준으로 삼았다(Dumont 1977, 1985). 엄격하게 따지자면, 이 기준점을 사회적 관계 이전에 존재하는 어떤 개인으로서 타인과 맺는 모든 형태의 상호 의존 관계 외부에서 사고 가능한 어떤 개인을 상정하는 홉스와 루소 사이에 위치시킬 수 있다.♦ 개인에 관한 이런 정의를 통해 의미 있는 관점 전환이 이루어진다. 이기주의가 인간 본성의 특징 중 하나로 간주된다면(그러나 자선caritas

의 가치가 우월해야 하는 사회에 대한 개념화 내에서), 개인적인 이익을 좇는 인간 행동은 이제 긍정적으로 받아들여지는 한편 사회의 핵심 가치로 받들어져야 한다(Sahlins 2009, 84~88). 이렇게 정해진 기준에 따르면, 자아에 관한 상호적interpersonnel 관점**이 여전히 지배적인 중세 시대에 개인주의가 부상했다는 주장은 부정되어야 할 것이다(Bynum 1982; Schmitt 2001a; Bedos-Rezak et Iogna-Prat 2005). 물론 최근 역사 서술에서 폭넓게 분석된 여러 현상이 중요하지 않다는 것은 아니다. 기독교에서 개인의 구원을 최상의 가치로 설정하고 있지만, 이를 대립되는(그리고 서로 유동적인 비율로 연결되어 있는) 두 경향 사이에서 형성된 긴장 관계 속에서 파악할 필요가 있다. 한쪽에 각 개인의 운명을 교회 제도에 의해 궁극적으로 통제되는 일련의 행위에 종속시키는 강력한 종교의식이 있다면, 다른 쪽에서는 구원을 향한 노정에서 개인의 책임을 인정하면서 영적 성숙과 성찰 같은 개인의 의식에 가치를 부여하는데, 이는 간혹 자서전 및 신앙고백이라는 형태를 취한다.*** 그러나 개인의 주체성에 대한 이런 복잡한 논의와는 별도로 결국 "신과 맺은 관계에서의 주체"가 핵심 문제로 부상한다. 개인 상호 관계의 압력(친족 관계나 다양한 공동체 의식이 개인에게 가하는 압력)은 약해지면서 개인의 행동과 자아의식의 발현에 더 많은 여지를 마련할 수 있었다. 한편 이런 압력은 인간 존재의 조건으로 인정되었다. 요컨대 개인에 관한 상호 관계적 개념이 당시에는 여전히 지배적이었으며 개인의 주체성과 독자성의 발전은 신에 대한 복종이라

♦ 『사회계약론』Le Contrat social (II, 7)에서 루소는 개인을 "완벽하고 고독한 하나의 전체"로 묘사했다(Dumont 1985, 118에서 재인용).

♦♦ 이는 비서구 사회의 지배적인 관점이기도 한데, 이에 따르면 주체는 "서로 연결된 [사회의-옮긴이] 구성원"이다(Sahlins 2009, 52~54).

♦♦♦ 피터 본 무스Peter von Moos는 진정한 개인주의가 19세기 이전에는 존재하지 않았다고 인정하면서도 중세 시대의 중심 가치로서 (개인적인) 영혼의 구원이 갖는 효과를 강조한다. 그에 따르면, 진정한 개인주의는 (사회에) "포함된 개인"이 아니라 니클라스 루만Niklas Luhmann이 칭하는 "사회 외적外的인 개인"을 상정한다(Moos 2005).

는 중심 원칙의 주변에 포진되었다. 전근대적 개인성의 부분적 형태가 시간이 지날수록 축적되어 현대 개인주의로 완성된다는 진화론적 발전의 도식을 거부하는 순간, 이 초기의 불완전한 개인주의 형태가 얼마나 그리고 어떤 방식으로 후기의 (완성된) 개인주의로 넘어가는 변동 과정에 관여했는지(또는 안 했는지)에 대한 질문이 제기된다.

시간의 역사화와 추상적 시간의 출현

기독교적 시간의 선형線型적 관념이 서양 문화의 독특한 특징을 이룬다는 점은 널리 알려졌고, 18세기 후반부터 이 관념을 이어받은 근대 역사관이 성립되었다. 경험의 영역과 기다림의 지평을 명확하게 분리하는 것으로 특징되는 근대 역사관의 탄생은 라인하르트 코젤렉(Koselleck 1990)이 분명히 밝혔듯이 근본적인 단절이었다. 이와 동시에 일어난 또 다른 단절은 추상적이고 비어 있는 시간에 대한 칸트적인 표상으로 이어졌는데, 이는 시간 자체 속에서 일어나는 현상들과 완전히 독립적인 것으로 사고되었다(Alliez 1991). 따라서 근대성에 속한 개념들과 이전 개념들 간의 격차를 복원할 필요가 있다. 기독교적 시간의 선형성이 열어놓은 여러 가능성에도 불구하고 중세의 시간 관념은 모순적이다. 연대기를 유지하려는 강박관념과 반복적 순환론 사이에서 방황하는 준準역사적 시간이 당시를 지배하는 한편, 그리스도 강생降生, Incarnation부터 종말론직 기다림까지 성 아우구스티누스의 6시대♦ 관념이 고착되었다 (Baschet 2006, partie 2, chap. 1). 그러나 이 준역사적 시간은 점차 힘을 잃어가고 구체적 시간은 추상적 시간과 모순에 빠져들었다. 강생에 의해 활성화된 신 자체에 대한 역사화 또한 이 과정을 촉발했다. 대표적인 예

♦ [옮긴이] 성 아우구스티누스가 '무학자의 교리교육'De catechizandis rudibus에서 제안하고 이후 대부분의 중세 신학자·역사학자가 따랐던 6시대론six âges du monde은 아담의 탄생 이후 인간 역사를 1000년 단위의 여섯 시대로 구분한다.

로, 스콜라 교리가 열어 놓은 공간은 계시啓示, révélation의 역사성을 부각
시켰다. 이것이 15세기 무염수태無染受胎, Immaculée Conception*론자들이,
성서적 근거가 부재한 탓에 과거 신학자들이 접근할 수 없었던 진리를
현대 신학자들은 접근하게 될 것이라는 주장의 논리적 근거이기도 했
다(Lamy 2000, 612, 613). 이들의 사고가 아직은 진보주의 역사관과 거리가
있지만 기다림의 지평이 경험의 영역과 차별화되는 양상을 엿볼 수는
있다. 그리고 여기에서도 문제는 섭리攝理, providence라는 개념이 세속화
되어 이후 진보로 번역되어 연결되는 지점을 정교하게 분석하기는 아
직 어렵다는 것이다.

자연과 자연의 지배에 관한 구성

필리프 데스콜라Philippe Descola는 자연에 관한 사고, 즉 자연을 인간
과 분리된 독자적 영역으로 간주하고, 인간이 지식과 기술을 통해 자연
을 정복할 수 있다는 생각이 나타난 시기를 17세기로 잡고 있다(Descola
2005). 따라서 이때 유럽은 지구상의 다른 많은 사회의 특징인 "유사"類
似, analogique 존재론에서, 유럽에서 특별한 방식으로 태어난 "자연주의"
존재론으로 이동한다. 중세 서양의 유사 존재론에 있는 독특한 요소 하
나가 이 지역을 자연주의 존재론으로 이행하게 했다. 가장 확실한 요소
는 동물과 식물 세계에 대한 인간의 지배가 성서에 명시되었기 때문에
(「창세기」 1장 26~29절, 2장 19, 20절), [인간과 자연을 잇는] 수많은 연속성
에도 불구하고 이것이 유사 존재론을 믿는 다른 사회들[비유럽 사회]보다
더 분명하게 인간과 동물을 분리하는 사고로 이어졌다(Dittmar 2010). 한
편 인간과 자연을 분리하는 사고가 중요하지만 이 둘의 관계는 인간을
포함해 만물을 창조한 신에게 종속된다. 중세의 유사 존재론에는 실상

---

* [옮긴이] 원죄에 물듦이 없이 태어남.

이중의 관계가 세계관을 결정한다. 조물주와 피조물 간의 이원론적 관계뿐만 아니라 피조물 중에서 인간과 비인간 사이의 위계적 구분을 무시할 수 없다. 이렇게 해서 인간과, 우리가 "자연"으로 칭하는 것의 분리는 피조물이라는 하나의 형상 안에 갇히는데, 이 피조물은 조물주와 조물주의 의지라는 난해한 표식 속에서 여전히 통일된 상태를 유지한다. 따라서 중세의 유사 존재론이 점진적으로 꽃을 피워 이후 자연주의 존재론 발전의 씨앗이 되었다는 "맹아萌芽설"이라는 관점으로 진화되는 과정을 볼 것이 아니라, 이를 유사 존재론의 고유한 동학이 발현된 과정으로 간주하고 분석해야 한다. 또한 중세 신학자들이 생성한 자연에 대한 지식, 또는 사물의 고유한 형상과 창조된 생명체에 대한 지식의 도약을 언급할 수 있는데, 이런 도약은 교회 시스템 자체의 고유한 동학 — 끊임없이 피조물에 대한 관심을 강조하는데, 물론 피조물 자체를 위해서라기보다는 조물주와 그의 구상에 대한 지식을 탐구하는 것으로 연결되는 관심이다 — 에 따른 것이었다(Boulnois 2008, 265, 266).◆ 한편, 중세 기독교 내부에서 강화된, "자연"에 대한 탈신성화 과정, 그리고 신과의 관계를 특정한 장소, 특히 건축물에 연결시키는 과정을 언급해야 한다(Schmitt 2001b, 47, 48). 마지막으로 필리프 데스콜라가 강조한, 서양에서의 창조-생산 도식이 기독교 유사 존재론의 독특한 동학 속에서 중요한 역할을 했으리라는 가설을 세울 수 있다. 사실 신에 의한 창조라는 개념은 생산자를 영웅시하는 모델로 이어진다. 이 영웅 모델은 생산된 사물 또는 존재의 절대적인 이유이며 자신이 생산한 것과 근본적으로 분리된 존재를 상정하는데, 이 모델은 원래 조물주와 연관되는 것으로서 인간 생산자를 향해 그 의미가 확대될 수 있다.◆◆ 결국 이 유사 존

◆ 근대과학의 비약 가운데 많은 부분이 교회 제도가 허용할 수 있는, 심지어 조장한 범위에서 시작된 사실은 이미 알려져 있다(Fried 2004).

◆◆ 1076년에 안셀렘 드 칸토베리Anselme de Cantorbery는 조물주를 공인工人과 비교했으며 (*Monologion*, X, éd. Michel Corbin, Paris, Éditions du Cerf, 1986, p. 78), 수십 년이 흐른 뒤에도 오팅

제4장
세계화된 중세?

141

재론 내부에서 이미 자연을 분리된 대상으로 인지하고 사물처럼 파악할 수 있다고 간주하는 자연 관념, 즉 "현대인의 유일하고 독특한 프로메테우스 신화"로 가는 길이 열린 셈이었다(Dumont 1985, 255).◆

영혼과 물질의 역설적인 결합

영혼과 물질의 관계를 설정하는 문제는 앞서 언급한 동학을 가로지르는데, 이에 대해서는 정교한 논의가 필요하다. 이 논의는 인간 개인에 관한 중세의 사고에서 출발할 것이다. 이 중세적 사고를 이원론적이라기보다는 이중적 사고라고 칭할 수 있다(Baschet 2000a). 인간 개인에 관한 중세적 사고가 이중적인 이유는 인간이 두 개의 다른 본질, 즉 비물질적이고 영속하는 영혼과 물질적이고 소멸하는 육체가 결합된 산물로 보았기 때문이다. 한편 기독교는 육체를 악으로 설정하고 육체로부터 자유롭고 완전히 순수한 영혼을 통해서만 구원이 이루어진다고 믿는 엄격한 이원론(마니교 또는 특히 카타리파◆◆)과 항상 거리를 두었다. 물론 바울의 저술이나 이후 후기 고대 시대와 전기 중세 시대의 저술에서 강력한 이원론적 관점의 흔적을 찾을 수 있다. 여기에는 육체에 대한 끝

의 호노리우스Honorius Augustodunensis가 동일한 비교를 했다(*Liber XII quaestionum*, 2, PL, 172, col. 1179). 로마 시대부터 화가 또는 조각가의 창작은 조물주의 창조에 대한 명예로운 모방으로 인식되었다(Wirth 1999, 377, 378). 한참 뒤 레온 바티스타 알베르티Leon Battista Alberti도 인간은 조물주의 창조적 행위를 본받아야 한다고 주장했다(*I Libri della famiglia*, Turin, Einaudi 1994, p. 161, Golsenne 2009, 242에서 재인용).

◆ 루이 뒤몽은 이 현상을 "기독교적 잉태"라 칭했다. 그러나 그가 여기서 채택한 관점인 "기독교적"을 "교회적"으로 대체할 수 있다.

◆◆ [옮긴이] 12, 13세기에 유럽에서 위세를 떨친 그리스도교 이단으로 카타르파cathars라고도 한다. 청정무구를 의미하며, 물질을 악의 근원이라 해서 신과 대립시키는 이원론과 육식·결혼 생활·재산의 사유 등을 부정하는 극단적인 금욕주의가 특징이다. 「[두산백과사전] 카타리파Cathari」 참조.

없는 경멸이 나타나며, 육체와 분리된 영혼에서만 출구를 찾았다. 많은 성직자들이 당시 인간의 육체를 마치 일시적이고 피상적인 의복, 심지어 영혼의 자유로운 비약을 막는 감옥으로 보는 신플라톤주의 전통을 따랐다. 그러나 신학에서 이원론적 요소만 분리해 채택하는 오류를 범하지 않아야 한다. 이런 이원론을 극복하려 한 성 아우구스티누스는 육체를 영혼의 감옥이라고 보는 관점을 거부했다. 이원론적인 경향이 일부 존재함에도 우리는 중세 기독교에서 영혼과 육체의 관계를 긍정적으로 사고하고 인간의 정신과 육체의 통일을 강조하는 반이원론적 동학을 찾을 수 있다. 이는 12, 13세기에 더 강력해졌다. 당시 위그 드 생-빅토르Hugues de Saint-Victor 또는 피에르 롱바르Pierre Lombard 같은 신학자들은 영혼과 육체의 "긍정적인 결합"을 음악적 하모니와 동일시했으며, 토마스 아퀴나스Thomas Aquinas는 아리스토텔레스Aristoteles의 질료 형상론◆을 인간에 대한 개념에 적용해 ─ 인간을 구분되는 두 요소의 결합이 아니라 하나의 완벽한 통일체라고 주장 ─ 이 동학을 극단적으로 이끌었다. 그는 영혼은 육체의 본질적인 형태이므로 영혼이 육체와 분리되면 가치가 근본적으로 절하된다고 봤다. 그에 따르면 육체가 없는 영혼은 그 고유한 능력을 수행할 수 없으며 이런 상태는 '반자연적' 상태가 된다.

인간에 대한 중세적 개념은 동질적이지 않고 유동적이었다. 이원론적 경향과 반이원론적 동력 간 균형이 수 세기에 걸쳐 변동을 겪으면서 결국에는 후자가 우세해졌다. 이 균형은 개별 상황이나 담론의 유형에 따라 다르게 나타났다. 이렇게 서술이 일관되지 못한 것은 인간에 대한

◆ [옮긴이] 아리스토텔레스의 질료 형상론質料形相論, Hylemorphismus에 따르면 인간의 영혼과 육신은 형상Forma과 질료Materia의 공동 구성 원리로 되어 있으며, 육신 없는 영혼은 불완전한 상태이며 육신을 잃어버린 영혼(죽음)은 부활 후에 필연적으로 육신을 다시 취한다는 철학적인 설명을 했다. 「[네이버 지식백과] Immortalitas animae」(백민관 엮음, 『가톨릭에 관한 모든 것』, 가톨릭대학교출판부, 2007) 참조.

개념적 모형(매우 차별화되고 분명히 위계화된 두 요소가 결합된 형식) 자체가 복잡하기 때문이다. 따라서 경우에 따라 영혼과 육체의 위계적 분리를 강조하거나, 두 요소의 결합으로 도출되는 긍정적인 통일을 강조하기도 했다. 그러나 적어도 정통 교회의 관점에서 볼 때, 인간 개념의 이 두 해석 중 하나를 완전히 부정할 수는 없었다. 덧붙이자면, 영혼과 육체가 완벽한 관계를 맺는 형상은 내세의 역사화된 지평에서나 가능한 것이었다. 죽음의 순간이야말로 영혼과 육체의 강력한 이원화를 초래하지만 이 이원화는 일시적인 것에 불과하며 기독교적 관념은 — 이 점이 기독교의 가장 독특한 요소 중 하나이다 — 최후의 부활을 통한 육체와 영혼의 결정적인 통일에 대한 약속을 그 특징으로 한다. 그리고 서양 기독교의 고유한 동학에서는 그리스 전통과 달리 성 아우구스티누스 이래 하나의 모순 어법으로 선자選者의 "영적靈的인 육체"(「고린도서」 1장 15절)를 사고하는 독특함에서 역설의 힘이 강화된다. 즉, 완전한 물질적 형상을 가지게 되는 부활한 육체는 동시에 완전한 영혼체이다. 부활한 육체는 영혼과 결합하면서 전보다 더 우월한 성격을 획득하기 때문이다. 이렇게 해서 영광스러운 선자의 육체는 이상적으로 조합된 영혼과 육체가 맺은 관계의 형상을 그려낸다. 이는 한편으로는 육체가 비범하게 승화해 영혼과 동격이 되는 것을 의미한다. 그러나 또한 이는 육체가 영혼의 의지에 전적으로 복종해 (보나방튀르Bonaventure의 표현◆에 따르면) "통치의 질서"를 존중하는 것을 가정한다.

이런 인간 모형이 사회와 교회 제도에 적용되면서 나타난 결과도 엄청나다. 영혼과 육체 간 관계가 성직자와 평신도 간 관계의 바탕이 되고 성직자 계급의 우월성을 뒷받침하는 토대가 되었음을 상기해 보라.◆◆ 더 자세히 말하면, 육체와 영혼의 구분은 중세의 친족 체계에 본질적인

◆ Bonaventure, *Breviloquium*, pars VII, chap. VII, éd. Louis Prunière, Paris, Éditions franciscaines, 1967, pp. 315~319.

◆◆ 또한 남성/여성 관계에 대한 사고의 토대이기도 하나(Baschet 2008).

방식으로 개입했다. 영적 친족 관계와 육체적 친족 관계의 위계 설정은 탈친족화, 그리고 특히 육체적 친족 관계 규범을 벗어나는 영적 친족 관계 네트워크로서 교회를 개념화하는 지렛대로 작용했다. 영혼과 육체 간의 위계화가 중요하기는 하지만 육체의 영혼화 논리에 주목할 필요가 있다. 왜냐하면 이 논리가 교회의 핵심 기능에 자리 잡고 있기 때문이다. 육체의 영혼화는 성사聖事, sacrements가 수행하는 결정적인 작업이다. 이렇게 해서 세례 의식은 원죄의 얼룩이 묻은 몸뚱어리로 태어난 것을 영혼으로 다시 태어나게 만든다. 또한 이 의식은 육체적 친족 관계에 3중의 영적인 계통(성모-교회에 의한 영적인 출산, 성부-하느님에 의한 입양, 대부모 관계)을 덧씌운다. 또한 이는 11세기에서 12세기로 넘어가는 시점에서 성례화聖禮化가 확립된 결혼식에서도 마찬가지이다. 평신도들을 원죄 아래에서, 그리고 멸시되는 육체의 세상에서 살도록 내버려두지 않고자 성직자들은 그리스도와 교회의 신비스러운 연합을 모델로 삼아 결혼 관계를 남녀의 영적인 연합으로 만들면서 자손 생산 활동의 정당한 규범을 만들었다. 일반적으로 볼 때, 성사에서 육체적 현실의 영혼화를 담당하는 목적 이외에 다른 목적은 없다. 위그 드 생-빅토르도 성사를 영혼에 대한 물질적인 조종자로 정의했다.◆

동일한 논리가 사회 공간을 분극화하는 결정적인 역할을 한 교회 공간의 구성에도 적용되었다. 미셸 로워스(Lauwers 2005)와 도미니크 이오그나-프라트(Iogna-Prat 2006)가 적절히 밝혔듯이, 교회 공간은 이전의 기독교 교리를 완전하게 전복하는 기회를 제공했다. 예배 장소의 물질적인 성격을 부차적으로 여기며 성스러운 것을 지리적으로 지정하는 것을 탐탁지 않게 여겼던 초기와는 반대로 이후에는 교회의 건축학적 성격뿐만 아니라 교회 건물을 성사 행위(그리고 사회의 재생산)의 필수 공간으로 만

◆ *De sacramentis*, I, 9, 2, PL 176, col. 317, 도미니크 이오그나-프라트(Iogna-Prat 2006, 467, 468)에서 재인용.

든 교회학＊이 성립되었다. 그러나 혼인을 영적인 결합으로 간주되는 조건에서만 인정하듯이, 예배 장소도 순전히 물질적일 수는 없는 노릇이었다. 이 장소도 영적인 장소로 변환될 때에만 정당화되었으며 이것이 바로 헌정 의식에 부여된 기능이었다(Méhu 2007). 11세기 말에 보니종 드 쉬트리Bonizon de Sutri 주교는 사제가 빵과 포도주를 그리스도의 살과 피로 바꾸듯이 교회의 봉헌식을 올리는 주교는 물질적 건조물을 삼위일체와 천사가 깃든 영적인 장소로 변환시킨다고 설명했다(Iogna-Prat 2006, 415, 416에서 재인용).

이미지에도 동일한 논리가 적용되었다. 이미지도 신성한 대상을 정하는 과정에 참여하는데, 이것이 신대륙에서까지 기독교의 확대와 안정화에 이바지한 점을 간과할 수 없다. 중세 서양의 역사에서 우리는 교회가 이미지를 수용하고 이를 점점 더 많이 사용해 가는 것을 확인할 수 있는데, 그 이유는 이미지가 영적인 것에 물질적 형태를 부여한다고 믿기 때문이었다. 이미지는 이미지 자체를 넘어 영적이고 보이지 않는 것을 향해 투사될 수 있을 때에만 그 가치를 지닌다. 반대로 이미지의 이런 능력을 부정하는 순간 그 이미지는 우상으로 지탄받는다. 영혼과 물질의 (긍정적인) 관계 설정이 불가능하다면 이미지를 사용하는 것은 부당해진다. 그리고 이원론을 강조하는 모든 시도는 이 이미지들을 단순한 물질로 받아들여, 헌신과 예배를 도와주기는커녕 신을 향한 모든 거양성체élévation에 대한 장애가 된다. 따라서 11세기부터 중세 교회에서 이미지의 사용이 더욱 확대된 이유는 영혼과 물질의 긍정적 관계 설정 도식이 강화되었기 때문이라는 가설을 세울 수 있다. 이미지 사용의 확대와 반이원론의 동학은 서로 영향을 미치거나, 또는 더 정확히 말하자

＊ [옮긴이] 교회학은 교회론, 교회에 대한 신학, 때로는 교회 건축학을 말하기도 한다. 교회론은 교회의 성격 규명, 권한, 교계제도敎階制度, Hierarchy, 교회의 조직과 사명, 기능, 교회 구성원의 성격 규명 등을 연구한다. 「[네이버 지식백과] Ecclesiology」(백민관 엮음, 『가톨릭에 관한 모든 것』, 가톨릭대학교출판부, 2007) 참조.

면, 교회 제도를 확립하는 데 서로 응답하는 방식으로 실현되었다. 육체와 영혼의 긍정적인 관계에 대한 요구에 부응하듯이 이미지가 이 관계를 중재하는 힘을 형상화하는 장식으로 이용되면서 중세 교회 제도가 확립되었다. 상반된 요소에 대한 이런 관계 설정은 당연히 강생에 연결된다는 점을 덧붙이면,[*] 중세 서양에서 이미지의 도약적인 발전은 강생과 반이원론 그리고 교회의 도약으로 대표되는 3중의 도약(결국 하나의 도약인 셈이다)에 의해 추동되었다고 추론할 수 있다.

결국 육체와 영혼의 긍정적인 관계 설정은 역설적 제도인 교회의 지위를 확립하는 근본적인 구도임이 드러났다. 바로 이런 관계 덕분에 교회는 물질적인 기부를 받을 수 있으며, 더 넓은 의미에서는 영적인 가치 위에 세워졌음에도 물질로 구현된 제도임을 자임할 수 있었다. 성사의 작업을 통해 수행되는 육체적인 것의 영혼화는 이것(육체/영혼의 긍정적 관계 설정)의 가장 극단적인 형태이며 물질적인 것을 통해 영적인 것에 도달(또는 보이는 것을 통해 안 보이는 것에 도달)하는 능력은 이것의 가장 널리 알려진 양식을 구성한다. 이것이 교회의 정당성을 구성하는 논리이며 교회를 순전히 물질적인 것으로 치부하는 모든 비판자들과 반대자들의 주장이 이를 역으로 확인해 준다. 예를 들어 존 위클리프John Wyclif는 기존의 교회를 육체적 교회로 칭하면서 이를 영생이 예정된 신자들prédestinés의 영적 교회와 대립시켰다. 이런 비판 논리는 교황청 기구를 배(복부)와 부엌으로 치부하면서, 이 기구를 통제 불능에 빠진 육체가 추구하는 순전히 물질적 차원으로 환원해 버리는 개신교도들의 논쟁적인 분노에서 극단적으로 표출되었다(Crouzet 1990, 677).

영혼과 육체의 긍정적인 관계 설정은 이렇게 중세 서양 사회 속에서 교회가 점하는 지배적인 위치를 동반하면서 사회 전체로 자신의 권력을

---

[*] 루이 뒤몽이 "기독교 발전의 모든 역사에 숨겨진 기독교의 비밀"이라고 칭한 강생의 중요성을 아무리 강조해도 지나치지 않다(Dumont 1985, 62).

전개하는 데 기여하는 도식 중의 하나로 나타났다. 여기에서 사회와 분리된 위치를 강조하면서 사회를 장악하고 사회에 명령을 내릴 수 있는 교회의 지배 양식에서 작동하는 특별한 효율성의 측면을 확인할 수 있지 않을까? 이 논리는 교회가 "세상 밖에 존재해야 한다."는 명분 아래 실제적으로 "세상에서 존재"할 수 있도록 자임하게 한다. 어쨌든 우리는 육체에 대한 정신의 우월적 이원화, 이와 동시에 육체적인 것의 영적인 변화에 근거한 물질적-영혼적 제도로서 교회가 점하는 역설적인 지위가 강화되는 현상에 주목할 수 있다. 바로 이 지점이 교회에 역설적인 잠재성을 최대한 표출하도록 이끌고(이 역설적 잠재성은 삼위일체의 교리, 강생의 교리, 그리고 인간에 내재된 상반된 요소의 결합을 서로 연결한다), 이 역설에 기댄 표상으로 구성된 영역이 확대될 수 있는 가변성에 노출시킴으로써, 궁극적으로는 세상과의 새로운 관계를 향한 인간의 자연적 종말과 초자연적 종말 사이의 관계를 긍정적으로 설정하게 하는 것은 아닐까?

이 같은 영혼과 물질의 관계 설정은 교회 제도의 구성 너머까지 영향을 미쳤다. 여기에서, 황금을 찾겠다는 강박관념뿐만 아니라 먼 세상 주민들을 기독교로 개종하려는 희망으로 가득한 대서양 횡단 기획을 펼친 콜럼버스의 사례를 다시 들 수 있다. 공리주의와 경제주의에 물든 현재의 지배적인 해석은 인간의 행동을 오직 물질적 이해관계의 축에 가두면서 황금이 계량화할 수 있는 가치를 지닌 재화 이외의 것이 될 수도 있으며, 원주민을 개종시키겠다는 희망이 어떤 추상적인 명분보다도 더 강력할 수 있다는 점을 상상하지 못하게 막는다. 한편, 황금과 개종을 향한 콜럼버스의 이중적 강박관념이 영혼과 물질에 대한 관계 설정과 동일한 형식임을 알 수 있다. 그는 황금을 개종의 징표이며 수단일 뿐만 아니라(그는 당시 황금을 동방 제국의 수도가 멀지 않았다는 지표로 인식한 한편, 예루살렘을 재정복할 자금원이 되리라고 기대했다), 특히 성스러움과 구원을 향하는 영혼화되고 영혼화하는 물질적 재화 자체로 받아들였다. 콜럼버스는 다음과 같은 문장으로 물질과 영혼의 중세적 관계 설정을 놀라울 만큼 잘 드러냈다. "황금은 매우 훌륭한 것이다. 이를 소유한 자는 세상에서 그가 원하는 모든 것을 할 수 있고 심지어 영혼을 천국에 도달하게 할 수도 있다."♦ 간단히 말하면, 중세 시대 동안 물질적 이해와 지위의 추구 ─ 현세의 명예와 내세의 구원 ─ 사이에 설정된 위계 구도는 우리가 살고 있는 현대사회의 그것과는 정반대이다.♦♦ 물론 유럽의 식민 지배가 교회의 성스러운 명분을 구실로 삼아서 식민지의 많은 귀금속과 다양한 재화를 약탈해 갔다는 사실을 부정해야 한다는 뜻이 아니다.♦♦♦ 이런 의미에서 영혼과 물질의 긍정적인 관계 설정은 세계를 장악하는 데 매우 효과적인 양식으로 나타났다. 왜냐하면 이것이 오직 무용만을 정당한 가치로 인정하는 가치 체계 내부에서 이해타산적인 행위를 허락하기 때문이다.

앞서 언급한 대부분의 요점을 통해 우리는 상반된 요소에 대한 위계적이고 동적인 관계 설정에서 동일한 논리를 찾을 수 있다. 바로 이 때문에 우리는 교회의 표상들을 이해하기 위해 "양면적 엄격성"을 논할 수 있다. 모순적인 요소들의 관계를 설정하는 능력으로 정의되는 이 양면적 엄격성은 유연함이나 관용으로 이어지는 것이 아니라, 오히려 특별하게 엄격하고 효과적인 지배 형태와 연결된다(Baschet 2006, 758~764).♦♦♦♦

♦ 콜럼버스에게 황금은 모험에 대한 신의 은총과 메시아적 가치의 표식이었다고 크루제는 강조했다(Crouzet 2006, 189, 190).

♦♦ "물질적 부는 명예를 부여하고 관대해질 수 있게 하며 우정을 유지하게 한다"(*Summa theologiae*, IIa IIae, qu. 129, art. 8). 바로 이것이 아퀴나스가 채택한 물질적인 부의 정당화 양식이기도 하다. 좀 더 일반적으로 말하면, 이 관점은 자비와 기부에 근거한 반反경제적 사고로서 바르톨로메 클라베로는 이런 사고가 매우 오랫동안 지속되었다고 밝힌다(Clavero 1996).

♦♦♦ 물론 이 사안에 대한 교회의 당시 해석은 정반대로 표명되었다. 16세기 말 스페인 예수교 선교사 호세 데 아코스타José de Acosta는 신대륙의 자원을 인디언 개종을 위해 신의 섭리로 만들어진 일종의 미끼로 해석했다(*Historia natural y moral de las Indias*, Florescano 1994, 302에서 인용).

♦♦♦♦ 상반된 요소의 관계 설정과 관련해 우리는 특히 남/여 관계에 관한 지배적 사고에 주로 사용되는 평등과 위계를 배합한 도식의 중요성을 언급할 수 있다(Baschet 2008).

또한 우리는 이 양면적 엄격성의 다양한 표출 형식들이, (지배의 축에 복종한다는 조건 아래 있는) 피지배적 요소의 ― 간혹 극단적인 ― 찬양으로 이어지는 모습을 관찰할 수 있다. 영혼과의 관계에서 육체, 신과의 관계에서 인간, 조물주와의 관계에서 피조물, 성직자와의 관계에서 평신도를 찬양하는 것 등이 그 예이다. 역설적으로, 강력한 위계를 준수하는 것은 강력한 평등화의 경향을 허락한다. 이런 논리 구조는 "X의 명분 아래 비非X를 찬양하다."라는 양식으로 정리될 수 있다. 이렇게 우리는 신과의 관계 아래 인간의 자리를 마련할 수 있으며, 영혼과의 관계 아래 육체를 찬양할 수 있고, 영혼화를 매개로 물질을, 초자연적 종말의 우위 아래 인간의 자연적인 종말을, 창조주와의 관계 아래 창조된 세상을 찬양할 수 있다. 이를 위계 속의 평등화 경향으로 요약할 수 있다. 다시 말해, 상하 관계의 존중이 피지배적 요소를 찬양하는 조건이며, 바로 이런 조건에서 피지배적 요소는 적어도 이상적으로는 지배 요소와 동등한 지위에 오를 수 있다.

이런 논리 구조는 상하 관계의 정당화, 특히 가장 광대한 사회적 상하 관계의 정당화에 효과적인 방식으로 적용될 수 있다. 그러나 이 논리 구조는 피지배 요소의 (항상 상대적이지만) 강력한 긍정의 동학을 만들어 실제적인 효력을 생성하기도 한다는 점을 인정해야 한다. 이 형식적인 도식을 봉건-교회 시스템의 동학을 끊임없이 동반하고 추동하는 관념적인 실체의 중심에 위치시킬 수 있을까? 적어도 이것은 이중의 관계, 즉 봉건-교회 동학과 현대성("……의 명분 아래 ……에게 자리를 만들어" 내는 논리를 반복하다가 완전히 새로운 논리로 들어가게 된다. 즉, 영혼 없는 육체, 신 없는 인간, 조물주 없는 자연, 그리고 교회 없는 사회를 사고하기 시작한다) 사이의 생성 관계이며 동시에 양자 간의 근본적인 단절 관계를 포착하는 데 도움이 될 것이다.

앞서 분석한 다양한 특징들은 교회를 총체적 지배 기구로 파악할 때에만 의미가 있다. 그리고 탈친족화로 시작해 교리의 역설들의 강화(강생, 영혼/육체의 관계)뿐만 아니라, 중세 신학에 내포된 보편주의적 잠재성의 실재적인 활성화에 이르기까지 중세 서양의 가장 특징적인 원칙을 구성하는 것은 바로 교회 권력의 점진적인 확립이다. 또한 교회의 지배 형식은 서양의 다른 모든 경쟁 지역에서 특징적으로 나타난 제국의 형식[통치 능력을 벗어나는 확대 경향과 특정한 범위를 벗어난 상업 활동에 대한 규제 등 제국의 한계에 대해서는 월러스틴(Wallerstein 1980) 참조]을 벗어났다는 점을 상기해야 한다. 서양의 경우, 보편적 기획의 힘이 비제국주의적인 조직 형태와 조합되었다는 점을 특별히 지적해야 한다. 제국의 형식과는 달리 봉건-교회 시스템은 적어도 초기에는 비교적 약하고 완화된 규모의 정치 구조(본질적으로 군주정이지만 또한 도시를 기반으로 삼고 있었다)를 조장했고, 이것이 향후 국민국가의 성장을 이끄는 토양이 되었다. 교회의 경우에는 지역의 공간적 단위에 대한 매우 강력한 구조화를 이룩하고 교황의 중앙집권적 권위 아래 하나의 동질적인 몸체로 대륙의 통일을 이끄는 역할을 했다. 따라서 최초의 중세-교회 주도 세계화, 즉 기독교의 보편화를 이끄는 식민지 확장의 형태는 서양 군주 권력과 교회 권위의 조합을 통해 실현되었다.

결국 교회가 강생의 논리와 영혼과 육체의 역설적 관계 설정을 격화할 수 있었던 것은 성직자들이 사회에 대한 직접적인 통제와 가장 물질적인 재화에 대한 통제를 주장하면서 과잉 신성화된 신분으로 구성되었기 때문이다. 사실, 교회는 영혼과 육체의 위계적 이원론뿐만 아니라, 육체의 영적인 변신 또는 물리적 사물의 비물리적 사물로의 이행에 근거해 세워졌다. 차츰 "……의 이름 아래 ……을 할 수 있는 여지가 생긴다."의 형식이 활성화되면서 개별적 세계와의 관계가 열리고 자연주의와 결별할 단초가 생기기 시작했다.

***

결국 우리는 중세의 동학, 더 넓게는 서방이 확대되는 과정에서 교회의 역할, 또는 더 정확히 말하자면 기독교의 교회적 구조화의 역할을 강조할 수 있다. 이 지점이 아마도 특별히 숨겨진 유럽 역사의 한 부분일 텐데, 우리는 이 부분을 '종교 문제'로 치부하면서 사회적·경제적·정치적 범주로 가정하는 중요한 과정에 비교하면 주변적인 관계일 뿐이라고 일축해 왔다. 이런 관점은 중세의 실상에 전혀 부합되지 않는 개념적 구획에 몰입된 나머지 교회가 매우 효과적이며 특별히 총체적으로 중세 사회를 구성하는 양식으로 서유럽의 특징을 이루고 있다는 점을 간과하기 때문에 더욱 유감일 수밖에 없다.* 우리가 이 교회 제도의 특징과 본질을 조금이라도 인정한다면, 서양의 역사적 이행 경로와 그 추동력의 특징을 살피기 위해서는 이 방향으로 탐구할 수밖에 없다.

두 가지 지점을 명확히 할 필요가 있다. 여기서 우리가 논하려 한 것은 종교현상으로서의 '기독교'가 아니라, 기독교의 교회적 형태, 또는 서양 기독교의 교회적 형태이다(서양 기독교의 교회적 동학을 특징짓는 대부분의 현상들, 특히 영혼과 육체의 긍정적 관계 설정이 격화되는 현상이 제국과 쌍둥이 관계를 유지한 비잔틴교회에서는 발생하지 않았음을 감안하면 비잔틴과의 비교에서 서양 기독교의 차이가 극명하게 나타난다). 여기에서 중요한 논점은 종교적 범주에 속한 문제가 아니다. 종교 문제는 이전 시대와 관련해 그다지 적절하지 않을 뿐만 아니라 불분명한 지점들을 많이 내포한다(Schmitt 2001, 10; 2001c). 중요한 문제는 중세 유럽에서 사회에 대한 교회적 구성이다.

다른 한편, 이 글은 중세 시대를 부정적으로 서술한 것에 대한 비판을 넘어 현시대의 유년기 또는 현대성으로 진입하는 열쇠의 지위로 승

---

* 미셸 푸코Michel Foucault의 저작도 서양 발생론의 중세 부분을 은폐했다는 점에서는 자유롭지 못하지만, 그는 1977, 78년 강의에서 교회의 특수성을 강조했다. 그는 당시 교회를 "서양의 가장 독특하고 이상한, 그리고 가장 폭넓고 가장 지속적인 자산을 가진" 권력 양식으로 보면서 이를 생정치biopolitique의 부상과 관련한 분석에서 "성직자 권력" pouvoir pastoral이라고 칭했다(Foucault 2004, 134).

격된 중세 시대를 찬양하는 종류의 글이 아니다. 이런 오독을 벗어나려면 이 시기가 엄청난 변화에 따른 장벽으로 우리 시대와 분리되어 있어서 외형적인 지속성과 현대의 우리에게 친숙하게 여겨질 수도 있는 중세의 모든 특징은 실제로는 우리의 눈을 속이는 특징임을 상기할 필요가 있다. 따라서 중세를 타자altérité로 보는 관점은 여전히 유효하다(Le Goff 1978; Zumthor 1980). 앞서 우리는 유럽 근대화의 역사적 이행을 가능하게 만든, 이전 시대에 발생된 추진력을 추적하면서 언급된 중세의 특성들을 일종의 근대성의 맹아로 간주하려는 의도가 전혀 없다고 밝혔다. 이와 반대로 우리는 봉건-교회 세계 내부에서 흔히 현대성과 연관 짓는 사회 논리와는 완전히 다른 사회 논리로의 방향 전환을 이끄는 동학에 기여하거나 이를 특정한 방식으로 '준비하는' 특징들을 식별하려 했다.[*]

여기에서 비교 연구와 총체적 역사 인식은 부분적으로 연결된다. 우리가 세계의 서양화를 특징으로 하는 주요 현상에 대한 분석을 진전시키고 서양과 서양의 경쟁 지역 사이에서 (때늦게) 벌어진 분리 현상을 이해하려면 유럽의 특징을 정확히 포착할 수 있게 하고(유럽의 특징을 과장하는 자문화 중심적 편견뿐만 아니라 유럽의 특징을 전적으로 부정하려는 자문화 중심주의 비판론도 피해야 한다), 서양의 총체적인 동학과 이행 과정을 다른 여러 세계와 대조하고 이해하게 해주는 비교 연구에 도달해야만 한다.

세계의 서양화에 관한 역사 서술, 즉 이 과정의 전체적인 동학, 이 과정에서 발생하는 수많은 굴절과 한계를 포함한 서술이 필연적으로 자문화 중심주의에 입각한 기획일 수는 없다. 그러려면 적어도 세 가지 조건을 충족해야 한다. 첫째, 세계의 역사가 서양이 세계를 점차 지배하는 역사로 환원되지 않는다는 점을 잊지 말아야 한다. 둘째, 서양의 본질에

---

[*] '준비한다'는 말은 절대로 '필연적으로 ……(으)로 이끈다'는 의미가 아니다. 이 말은 (모든 주의를 기울여 목적론의 위험을 제거해 가면서) 단지 차후 시스템에서 연결 고리가 될 만한 요소들을 언급하는 것이다.

관한 모든 사고(서양 본질론)를 거부해야 하며 바로 이 본질론으로 서양의 지배를 증명하려는 태도는 (심지어 매우 최근에 만들어진) 역사적 구성의 산물이라는 점이다. 마지막으로, 모든 가치 평가를 배제해야 한다(그리고 사실로 관찰되는 서양의 우월적 현상을 서양의 정신적인 우월성으로 넘어가려는 경향도 경계해야 한다). 다시 강조하지만 여기에서 "야만의 자료가 아닌 문명의 자료는 존재하지 않는다"(Benjamin 1971, 199)는 점을 갈파한 발터 벤야민Walter Benjamin의 지적은 우리에게 자기 문명의 자격으로 타 문명을 재단하는 행동을 금지시키는 보호책이 될 수 있다. 따라서 서양(또는 현대성)을 두고 공공연한 또는 은밀한 찬양으로 기울어서도 안 되며, 서양을 본질화한 나머지 이해 불가한 괴물로 악마화하려는 일부 포스트식민 연구자들의 경향에 거리를 두는 태도 역시 필요하다. 이런 기본적인 자세 너머로, 세계의 서양 중심적 구성에 관한 비非서양 중심적 역사 서술은 서양 중심주의에 대한 진정한 비판의 조건 중 하나이다. 이는 인류 역사에 관한 간문화적 재전유réappropriation interculturelle에 필요한 단계 중 하나다. 유럽을 지방화하기◆는 유럽이 역사 추동의 발화점이 되지 않는 모든 역사적 동학의 정확한 지점을 파악하는 것을 전제한다. 그러나 또한 유럽만의 특성을 정확하게 측정하고, 서유럽에 의해 점진적으로 전개된 지구적 지배의 메커니즘을 이해할 것을 요구한다. 이는 우선 최초의 국면, 즉 초기 봉건-기독교 세계화의 밑거름이 된 중세 사회의 동학에 대한 무지를 거두는 것을 전제한다.

◆ [옮긴이] Dipesh Chakrabarty, *Provincializing Europe: Postcolonial Thought and Historical Difference*, Princeton Univ Press, 2007(디페시 차크라바르티, 『유럽을 지방화하기: 포스트식민 사상과 역사적 차이』, 김택현·안준범 옮김, 그린비, 2014).

참고 문헌

Alliez, Éric. 1991. *Les temps capitaux*. Paris, Éditions du Cerf.

Atsma, Hartmut et André Burguière (eds.). 1990. *Marc Bloch aujourd'hui. Histoire comparée et sciences sociales*. colloque international organisé par l'EHESS et l'Institut historique allemand de Paris, 16-18 juin 1986. Paris, Éditions de l'EHESS (coll. "Recherches d'histoire et de sciences sociales").

Badiou, Alain. 2002. *Saint Paul. La fondation de l'universalisme*. Paris, Puf (coll. "Les essais du Collège international de philosophie").

Baschet, Jérôme. 2000a. "Âme et corps dans l'Occident médiéval: une dualité dynamique, entre pluralité et dualisme." *Archives de sciences sociales des religions*, 112, pp. 5~30.

_____. 2000b. *Le sein du père. Abraham et la paternité dans l'Occident médiéval*. Paris, Gallimard (coll. "Le temps des images").

_____. 2006. *La civilisation féodale. De l'an mil à la colonisation de l'Amérique*. Paris, Flammarion (coll. "Champs"), 3e éd.

_____. 2008. "Distinction des sexes et dualité de la personne dans les conceptions anthropologiques de l'Occident médiéval." dans Irène Théry et Pascale Bonnemère (eds.). *Ce que le genre fait aux personnes*. Paris, Éitions de l'EHESS (coll. "Enquête"), pp. 175~195.

_____. 2009a. "Le Journal de bord de Christophe Colomb." dans Patrick Boucheron (ed.). pp. 582~587.

_____. 2009b. "Unité, dualité, multiplicité. Vers une histoire à la fois globale et plurielle." dans Carlos Barros (ed.). *Historia a Debate III*. Saint-Jacques-de-Compostelle, vol. 1, pp. 157~178. 검색 가능 웹 페이지: halshs.archives-ouvertes.fr (2012년 9월 접속).

_____. à paraire, "L'humain (et l'institution) comme paradoxe. Corporel et spirituel dans l'Occident médiéval." dans Patrick Henriet (ed.). *Corps en société. Perception et usages du corps au Moyen Âge*. Rennes, Presses universitaires de Rennes.

Bayly, Christopher A. 2007. *La naissance du monde moderne (1780-1914)*. Paris, L'Atelier-Le Monde diplomatique (coll. "L'atelier en poche").

Beaujard, Philippe, Laurent Berger et Philippe Norel (eds.). 2009. *Histoire globale, mondialisations et capitalisme*. Paris, La Découverte (coll. "Recherches").

Bedos-Rezak, Brigitte et Dominique Iogna-Prat (eds.). 2005. *L'individu au Moyen Âge. Individuation et individualisation avant la modernité*. Paris, Aubier.

Benjamin, Walter. 1971. "Thèses sur la philosophie de l'histoire." *Essais 2*. trad. par Maurice de Gandillac. Paris, Denoël (coll. "Dossiers des Lettres nouvelles").

Bentley, Jerry. 2009. "L'intégration de l'hémisphère oriental du monde, 500-1500 ap. J.-C." dans Philippe Beaujard, Laurent Berger et Philippe Norel (eds.), pp. 65~80.

Boucheron, Patrick (ed.). 2009. *Histoire du monde au xve siècle*. Paris, Fayard.

Boulnois, Olivier. 2008. *Au-delà de l'image. Une archélogie du visuel au Moyen Âge. ve-xvie siècle*. Paris, Seuil (coll. "Des travaux").

Bynum, Caroline. 1982. "Did the twelfth century discover the individual?" repris dans *Jesus as Mother. Studies in the Spirituality of the High Middle Ages*. Berkeley, California University Press, pp. 82~109.

Castro Gutiérrez, Felipe. 1996a. *La rebelión de los indios y la paz de los españoles*. Mexico, Ciesas.

_____. 1996b. *Nueva Ley y nuevo rey. Reformas borbónicas y rebelión popular en Nueva España*. Mexico-Zamora, UNAM-Colegio de Michoacán.

Clavero, Bartolomé. 1996. *La grâce du don. Anthropologie catholique de l'économie moderne*. trad. par Jean-Frédéric Schaub, préf. de Jacques Le Goff. Paris, Albin Michel (coll. "L'évolution de l'humanité").

Cooper, Frederick. 2001. "Le concept de mondialisation sert-il à quelque chose? Un point de vue d'historien." *Critique internationale*, 10, pp. 101~124.

Crouzet, Denis. 1990. *Les guerriers de Dieu. La violence au temps des troubles de religion (vers 1525-vers 1610)*. préf. de Pierre Chaunu, Seyssel, Champ Vallon (coll. "Époques").

_____. 2006. *Christophe Colomb. Héraut de l'Apocalypse*. Paris, Payot & Rivages (coll. "Biographies Payot").

Descola, Philippe. 2005. *Par-delà nature et culture*. Paris, Gallimard (coll. "Bibliothèque des sciences humaines").

Detienne, Marcel. 2000. *Comparer l'incomparable*. Paris, Seuil (coll. "La librairie du xxe siècle").

Dittmar, Pierre-Olivier. 2010. *Naissance de la bestialité. Une anthropologie du rapport homme-animal dans les années 1300*. thèse de doctorat de l'EHESS, sous la dir. de Jean-Claude Schmitt (dactyl.).

Douki, Caroline et Philippe Minard. 2007. "Histoire globale, histoires connectés: un changement d'échelle historiographique? Introduction." *Revue d'histoire moderne et contemporaine*, 54/4bis, pp. 7~21.

Dumont, Louis. 1977. *Homo aequalis I. Genèse et épanouissement de l'idéologie économique*. Paris, Gallimard (coll. "Bibliothqèue des sciences humaines").

_____. 1985. *Essais sur l'individualisme. Une perspective anthropologique sur l'idéologie moderne*, 2e éd. Paris, Seuil (coll. "Esprit").

Farriss, Nancy. 1995. *La corona y el clero en el México colonial (1579-1821). La crisis del privilegio eclesiático*. Mexico, FCE.

Florescano, Enrique. 1994. *Memoria mexicana*. Mexico, FCE.

Foucault, Michel. 2004. *Sécurité territoire, population*. Paris, Gallimard-Seuil-Éitions de l'EHESS (coll. "Hautes Études").

Frank, André Gunder. 1998. *ReOrient: Global Economy in the Asian Age*. Berkeley, University of California Press [『리오리엔트』. 이희재 옮김. 이산. 2003].

Frank, André Gunder et Barry K. Gills (eds.). 1993. *The World System: Five Hundred Years or Five Thousands?*. Londres-New York, Routledge.

Fried, Johannes. 2004. *Les fruits de l'Apocalypse. Origine de la pensée scientifique moderne au Moyen Âge*. préf. de Jean-Claude Schmitt, trad. par Denise Modigliani. Paris, Éditions de la MSH.

Gills, Barry K. et Robert Denemark. 2009. "L'hypothèse de la continuité historique du système monde." dans Philippe Beaujard, Laurent Berger et Philippe Norel (eds.), pp. 203~226.

Goldstone, Jack. 2009. "Efflorescences et croissance économique dans l'Histoire globale: une réinterprétation de l'essor de l'Occident et de la Révolution industrielle." dans Philippe Beaujard, Laurent Berger et Philippe Norel (eds.), pp. 299~334.

Golsenne, Thomas. 2009, "'L'homme est la mesure de toutes choses' ou comment l'humanisme de la Renaissance est fondé sur deux malentendus." dans Gil Bartholeyns et Pierre-Olivier Dittmar (eds.). *Adam et l'astragale. Essais d'anthropologie et d'histoire sur les limites de l'humain.* préf. de Jean-Claude Schmitt. Paris, Éditions de la MSH.

Goody, Jack. 2000. *Famille et mariage en Eurasie.* trad. par Pascal Ferroli, révisé par Francis Zimmermann. Paris, Puf (coll. "Ethnologies").

_____. 2004. *Capitalism and Modernity. The Great Debate.* Cambridge, Polity Press.

_____. 2009. "De la comparabilité des civilisations eurasiennes." dans Philippe Beaujard, Laurent Berger et Philippe Norel (eds.), pp. 149~158.

_____. 2010. *Le vol de l'histoire. Comment l'Europe a imposé le récit de son passé au reste du monde.* trad. par Fabienne Durand-Bogaert. Paris, Gallimard (coll. "NRF Essais").

Gruzinski, Serge. 1988. *La colonisation de l'imaginaire. Société indigènes et occidentalisation dans le Mexique espagnol, xvie-xviiie siècle.* Paris, Gallimard (coll. "Bibliothèque des histoires").

Guerreau, Alain. 1996. "Quelques caractères spécifiques de l'espace féodal européen." dans Neithard Bulst, Robert Descimon et Alain Guerreau (eds.). *L'État ou le roi. Les fondations de la modernité monarchique en France (xive-xviie siècles).* table ronde à l'École normale supérieure, 25 mai 1991. Paris, Éditions de la MSH, pp. 85~101.

_____. 2001. *L'avenir d'un passé incertain. Quelle histoire du Moyen Âge au xxie siècle?.* Paris, Seuil.

Guerreau-Jalabert, Anita. 1990. "El sistema de parentesco medieval: sus formas (real/espiritual) y su dependencia con respecto a la organización del espacio." dans Reyna Pastor (ed.). *Relaciones de poder, de producción y parentesco en la edad media y moderna.* Madrid, CSIC, pp. 85~105.

_____. 1996. "*Spiritus et caritas.* Le baptême dans la société médiévale." dans Françoise Héritier-Augé et Élisabeth Copet-Rougier (eds.). *La parenté spirituelle.* Paris, Archives contemporaines, pp. 133~203.

_____. 1999. "Parenté." dans Jacques Le Goff et Jean-Claude Schmitt (eds.). *Dictionnaire raisonné de l'Occident médiéval.* Paris, Fayard, pp. 861~876.

Iogna-Prat, Dominique. 1998. *Ordonner et exclure. Cluny et la société chrétienne face à l'hérésie, au judaïsme et à l'islam (1000-1150).* Paris, Aubier (coll. "Collection historique").

_____. 2006. *La Maison Dieu. Une histoire monumentale de l'Église au Moyen Âge, 800-1200.* Paris, Seuil (coll. "L'univers historique").

Koselleck, Reinhart. 1990. *Le futur passé. Contribution à la sémantique des temps historiques.* trad. par Jochen Hoock et Marie-Claire Hoock. Paris, Éditions de l'EHESS (coll. "Recherches d'histoire et de sciences sociales").

Lamy, Marielle. 2000. *L'Immaculée Conception. Étapes et enjeux d'une controverse au Moyen Âge (xiie-xve siècles)*. Paris, Institut d'études augustiniennes (coll. "Éudes augustiniennes." série "Moyen âge et Temps modernes").

Lauwers, Michel. 2005. *Naissance du cimetière. Lieux sacrés et terre des morts dans l'Occident médiéval*. Paris, Aubier (coll. "Collection historique").

Le Goff, Jacques. 1978. *Pour un autre Moyen Âge. Temps, travail et culture en Occident*. Paris, Gallimard (coll. "Bibliothèue des histoires").

_____. 1985. "Pour un long Moyen Âge." repris dans *L'imaginaire médiéval*. Paris, Gallimard (coll. "Bibliothèque des histoires"), pp. 7~13.

Lepetit, Bernard. 1995. "La société comme un tout." dans Carlos Barros (ed.). *Historia a Debate I*. Saint-Jacques-de- Compostelle, vol. 1, pp. 147~158.

_____. 1999. "La société comme un tout: sur trois formes d'analyse de la totalité sociale." *Les Cahiers du Centre de recherches historiques*, 22.

Lubac, Henri de. 2009 [1949]. *Corpus mysticum. L'eucharistie et l'Église au Moyen Âge*. Éric de Moulins-Beaufort (ed.). Paris, Éditions du Cerf.

Méhu, Didier (ed.). 2007. *Mises en scènes et mémoires de la consécuration de l'église dans l'Occident médiéval*. Turnhout, Brepols.

Moos, Peter von. 2005. "L'individu ou les limites de l'institution ecclériale." dans Brigitte Bedos-Rezak et Dominique Iogna-Prat, pp. 271~288.

Morsel, Joseph. 2007. *L'Histoire (du Moyen Âge) est un sport de combat*. Paris, LAMOP. 검색 가능 웹 페이지: http://lamop.univ-paris1.fr (2012년 9월 접속).

Polanyi, Karl. 1983. *La grande transformation. Aux origines politiques et économiques de notre temps*. trad. par Catherine Malamoud et Maurice Angeno, préf. de Louis Dumont. Paris, Gallimard (coll. "Bibliothèque des sciences humaines").

Pomeranz, Kenneth. 2010. *Une grande divergence. La Chine, l'Europe et la construction de l'économie mondiale*. trad. par Nora Wang, postf. de Philippe Minard. Paris, Albin Michel (coll. "Bibliothèque de l'évolution de l'humanité").

Postone, Moishe. 2009. *Temps, travail et domination sociale. Une réinterprétation de la théorie critique de Marx*. trad. par Olivier Galtier et Luc Mercier. Paris, Mille et une nuits.

Romano, Ruggiero. 1970. "A propósito de *Capitalismo y subdesarrollo en América Latina*, de A. G. Frank." *Desarrollo Económico*, 38.

Rubial García, Antonio. 1999. *La santidad controvertidad*. Mexico, FCE-UNAM.

Sahlins, Marshall. 2009. *La nature humaine, une illusion occidentale. Réflexions sur l'histoire des concepts de hiéarchie et d'égalité sur la sublimation de l'anarchie en Occident, et essais de comparaison avec d'autres conceptions de la condition humaine*. trad. par Olivier Renaut. Paris, Éditions de l'Éclat (coll. "Terra cognita").

Schmitt, Jean-Claude. 2001. *Le corps, les rites, les rêves, le temps. Essais d'anthropologie médiévale*. Paris,

Gallimard (coll. "Bibliothèque des histoires").

_____. 2001a. "La découverte de l'individu, une fiction historiographique?" *ibid.*, pp. 241~262.

_____. 2001b. "La notion de sacré et son application à l'histoire du christianisme médiéval." *ibid.*, pp. 42~52.

_____. 2001c. "Une histoire religieuse du Moyen Âge est-elle possible?" *ibid.*, pp. 31~41.

Vauchez, André. 1990. "L'évolution de l'idée de mission et de la pratique missionnaire en Occident à l'époque médiévale." dans *Église et histoire de l'Église en Afrique*. actes du colloque de Bologne organisé par l'Institut pour les sciences religieuses de Bologne et l'École française de Rome, 22-25 octobre 1988. éd. par Giuseppe Ruggieri. Paris, Beauchesne, pp. 13~27.

Vilar, Pierre. 1976. *Crecimiento y desarrollo*. Barcelone, Ariel.

Vincent, Bernard. 1996. *1492: l'année admirable*. Paris, Flammarion (coll. "Champs").

Wallerstein, Immanuel. 1980. *Capitalisme et économie-monde (1450-1640)*. Paris, Flammarion (coll. "Nouvelle bibliothèque scientifique").

_____. 2008. *L'universalisme européen. De la colonisation au droit d'ingérence*. trad. par Patrick Hutchinson. Paris, Démopolis [『유럽적 보편주의: 권력의 레토릭』. 김재오 옮김. 창비. 2008].

Werner, Michael et Bénédicte Zimmermann (eds.). 2004. *De la comparaison à l'histoire croisée*, revue *Le Genre humain*. Paris, Seuil.

Wirth, Jean. 1999. *L'image à l'époque romane*. Paris, Éditions du Cerf (coll. "Histoire").

Zumthor, Paul. 1980. *Parler du Moyen Âge*. Paris, Minuit (coll. "Critique").

Zuniga, Jean-Paul. 2007. "L'histoire impériale à l'heure de l'histoire globale. Une perspective atlantique." *Revue d'histoire moderne et contemporaine*, 54/4bis, pp. 54~68.

Faire des sciences sociales

제5장
법, 역사, 비교

파올로 나폴리

김성현 옮김

법학에서 비교적 방법론의 역사는 오래되었다. 다른 학문처럼 법학에서도 이런 접근은 결국 보편성과 개체성의 관계, 즉 개별 사례들을 통해 보편적 원리를 향해 나아가는 귀납적 방법과는 반대로 보편성으로부터 개별 사례들을 설명하는 연역적 방법의 문제와 연결된다. 저자는 중세부터 현대에 이르기까지 비교 방법의 발달 과정을 특히 교회법과 세속의 법 이론과 실무에 관련된 쟁점들을 추적하면서 설명한다. 저자는 귀납-연역의 문제뿐만 아니라 비교를 수행할 때 비교 준거들의 구성에 영향을 미칠 수밖에 없는 문화적 정체성, 학문적 관심과 실무적 관심 간 이론적·실용적 시각의 대립, 나아가 법의 수용과 전파에 대한 연구에서 비교적 방법이 직면하는 문제들을 다각적으로 조명하면서 주요 쟁점을 분석한다.

관련 비교 연구 주제를 역사적인 관점에서 보자면 몇 가지 사전 설명이 필요하다. 법의 비교 연구를 하는 경우 우선 법률가의 작업 방식에서 시간적인 조정을 하는 것인지, 어떤 구체적인 역사적 상황을 통해 규범이 적용되는 지리적 범위를 확대해 보는 것인지, 혹은 역사적인 성격을 띠고 있으므로 보다 심층적이고 구조적인 시간적 층위 속에서 해석할 때 꼭 필요할 수도 있는 인식론적 전제를 표현하는 것은 아닌지 질문해야 한다. 이 질문들을 달리 표현하면 다음과 같다. 비교 연구는 법의 세계를 이해하는 새로운 방법으로서 비교적 최근에 출현했는가? 아니면 19세기 중반 이후부터 '비교법'이라 불린 전공 분야의 탄생을 가져온 특수한 상황과는 별도로 법 자체에 필연적으로 수반되는 필요조건이었는가? 비교 연구는 우선 구체적인 사례들 간, 다음으로 가깝거나 먼 나라들의 법률 시스템과 법제들 간, 법전화와 판례법case law의 모델 간, 나아가 법전화된 법(성문법)의 경우에는 로마-독일 계통과 로마-프랑스 계통 간 동일성과 차이점을 설명하는 데만 유용할 뿐인가? 마찬가지로 비교는 정신적인 작업으로서 — 무엇보다 법률 영역에서는 지적인 진보가 일반화에 의해 나타난다는 생각에 따라 — 귀납적으로 어떤 원리들을 이끌어 내기 위해 여러 사례를 서로 견주어 보는 데 유용한가? 혹은 비교는 동일성과 타자성이라는 이분법적 표상에 기인한 법률적 기술techniques들 사이에 나타나는 유사성, 영향력, 그리고 순환과 같은 논리로부터 법을 따로 분리할 수 있게 해주는 방법인가? 비교는 구체적인 제도와 관련 주제에 대해 좀 더 정밀하면서도 측정 가능한 정보를 통해 여러 법률적 질서를 구분하고 그들 간 수렴하는 부분과 분화하는 부분을 가늠하게 해주는 방법인가? 비교한다는 것이 한편으로는 정합성이나 유사성 논리로, 또 다른 한편으로는 결함이나 불균형 논리로 작동하는 게임jeu des concordances et des difformités이 제로섬에 가까워질 때에는, (20세기 초 법률가들이 꿈꾸었고 오늘날에는 작은 나라들의 입장을 옹호하는 자들이 우려할 수도 있는) 법의 단일성과 같은 불가능한 설계를 내포하고 있지는 않은가?

현 시대와 가까운 것들과 좀 더 앞선 시대의 것들을 구분해 주는 기술art을 아주 섬세하게 적용하면서 애초에 부재했던 단일성을 '사후적으로'en aval 찾아가는 비교를 통해, 우리는 법률 세계에 진입하는 첫 번째 경로로 이용된다고 강변하는 비교 방법론에 직면하게 된다. 이제 비교 연구는 역사가나 법률가의 변증법적 지적 사고에 내재된 고유한 정체성과 연계된 어떤 반영도 아니고, 다른 문화의 발견과 보호라는 가면을 쓰고 과거나 현재에도 작동하는 식민주의를 수행하는 제국주의 국가들의 지정학을 통해 형성된 정교한 도구도 아니다. 이런 관점에서 현대적인 법을 이해하고자 하는 비교 방법은 '사전적'事前的, en amont 역할, 즉 구성주의적인 역할을 요구하게 된다. 그렇지만 터무니없을 뿐만 아니라 순진하기도 한 이런 주장은 즉각적인 반대를 불러일으킬 수도 있다. 예컨대 우리가 역사적이고 지리적인 현상이 무한하게 연속적으로 흩어져 있다고 생각되는 질서를 단일한 것으로 경험할 유일한 방식은 그것으로부터 보편적인 생각 — 칸트의 말에 따르면 규율적인 생각 — 을 가짐으로써 가능하다는 것이다. 비록 쇠퇴해 가는 인권 관련 담론들이 계속해서 이런 소망을 피력하고 있기는 하지만, 인간 중심적인 어떤 보편적인 것이 이런 역할을 담당할 수 있다고 상상하기는 어렵다.

근대적 의미의 법droit moderne의 운명은 우연성에 의해 결정되곤 했다. 아리스토텔레스의 유명한 엔데코메논endechomenon(우연)의 정의에 따르자면, 필연적이지도 않고 불가능하지도 않은 것이 근대 법에 부여되어 있다.♦ 어떤 단일성이 가능하다면, 이런 우연성을 규범적으로 체계화하기 위해서라도, 그 단일성을 인간의 곁에서 찾아서는 안 된다. 더군다

♦ 니클라스 루만(Luhmann 1992, chap. 3)은 엘리자베스 멘쉬Elisabeth Mensch로 대표되는 비판 법학 연구 운동의 입장에 대해 다음과 같이 설명한다(Mensch 1982, 18). "법의 역사에서 가장 지독한 메시지는 우연성의 메시지이다."

나 그것은 우월성으로 무장한 인간이 오늘날 법의 주체로서 자연과 경쟁하고 있기 때문이다(Hermitte 2011). 이런 시도는 결국 서구 문명의 특징을 이루는 아주 특수한 인류학적 모델을 촉진할 것이다. 또한 법의 단일성이 실제로 추적될 수 있다면 그것은 바로 실천적인 측면에서 이루어질 것이다.

중세 시대의 발단[초기 발생 과정]

당시 최근에 발명되어 법학 전공자들 사이에서 어떤 지위를 확보하기 이전에도,[*] 대학교수이든 법 실무자이든 법률가들에게는 비교 방법이 이미 오랫동안 추론하고 구체적인 작업을 하는 방식이었다. 여기에 대해서는 중세 시대에 '보통법'common law이라 불린 것이 만들어진 과정을 생각해 보는 것으로 충분하다. 이 사례는 여전히 우리를 지배하고 있는 이데올로기적 왜곡과는 반대로, 실제 역사적 범위를 재구성하는 데 적합한 사례이다. 12세기부터 대학에서 교육받은 박사들의 학문적이고 실무적인 작업은 주로 서구 문화에서 사라진 것으로 보였던 로마법의 기술적이고 지적인 유산을 재발견하는 것이었다. 로마법은 3학과trivium[**]와 4학과quadrivium[***]의 자유로운 고전 기술을 익힌 지식인들의 해석 능력을 연마하기 위해 만들어진 소중한 지식의 저장소처럼 보였다. 그뿐만 아니라 그 다음 단계에서 로마법은 볼로냐 대학Studium[****]을 거친 법률가들과, 그 후에는 북이탈리아와 프랑스 중남부의 대학을 졸업한

---

[*] 1900년 파리에서 열린 제1차 비교법 대회에는 유럽 곳곳에서 온 법률가들이 참가했다(*Congrès* 1900).

[**] [옮긴이] 중세 학교의 세 가지 주요 과목. 문법·논리학·수사학.

[***] [옮긴이] 산술·음악·기하·천문학.

[****] [옮긴이] 신학·법학·의학 등을 가르치던 중세의 대학을 스투디움Studium이라고 한다.

법률가들이 살았던 시대의 정치적이고 사회적인 필요에 부합하는 훌륭한 도구이기도 했다. 법률 요약집Institutes, 법전Code, 판례집Digeste, 혹은 유스티니아누스 법전Pandectes으로 구성된 교회법전집Corpus Juris의 해석은 변증법적 방법과 결합했고(아벨라르의 『긍정과 부정』sic et non*), 텍스트의 의미를 확립하기 위해서뿐만 아니라 그 의미를 규범적이고 사회적인 맥락에 맞추기 위해서도 논리적 구분 형태가 결정적인 역할을 수행했다. 사람들은 해석되어야 할 텍스트가 이처럼 규범적이고 사회적인 맥락에 통합될 수 있기를 희망했다. 이런 주해적인 계획에서 앞서갔던 1세대 법률가, 즉 주석자glossateur들은 친필 자료의 내용을 자유롭게 활용하다 보니 자연히 문서 자료들을 비교해야 했다. 그들에게 비교는 예비적인 대조 작업을 통해 종합적 설명만을 제공함으로써 "법의 규칙들" regulae을 이끌어 내는 유일한 방법이었다. 이런 의미에서 중세가 우리에게 전달해 준 로마 시민법은 그것이 탄생하던 순간부터 이미 비교법이었다. 개념들의 조화를 특징으로 해 마련된 로마 시민법은 진실과 권위의 특수한 조합에 의지함으로써 자신의 모순 체계를 정화하고자 했다. 우리가 독단론이라 부르는 것과 같았다(Wieacker 1967, chap. 3). 주석학자들의 논리는 텍스트를 해체할 수 있게 해주는 분석 활동뿐만 아니라 유추에 의한 추론에도 호소함으로써(유사한 사례들에 특수한 사례를 연결함으로써 그 사례의 의미를 명확하게 밝히는 것이 목적이었다) 고전적인 스콜라적 방법의 길을 되찾았다.** 중세적 독단론은 체계를 구축하기 위해 사례

---

* [옮긴이] 피에르 아벨라르Pierre Abélard는 프랑스의 초기 스콜라 신학자로서 1108년경 파리에서 신학과 변증술을 가르쳤다. 그는 보편적인 것은 정신의 밖에 있는 것이 아니라 안에 있으며, 개념으로서만 존재한다고 주장했다. 그의 『긍정과 부정』은 스콜라철학의 주요 저작이다.

** 신학과 법은 프랑스인의 관례mos gallicus를 따르는 프랑스 인문주의자들에게는 지긋지긋하고 매우 힘이 드는 방법으로 받아들여졌다. 이 방법은 반론을 해결하기 위해 라 프로렉티오la prolectio(가장 훌륭한 해석본의 선택과 구절의 강독), 라 디비시오la divisio(문제의 분석), 레 카이숨 피규라레 에트 레 다레 카우사스le casum figurare et le dare causas(예시화 방식), 라 숨마티오 에트 라 콘노타티오la summatio et la connotatio(비교를 통한 일반화), 디스

들 간의 유사성을 중시했다. 이 체계는 고전적인 로마법의 법리와 중세의 법리를 명확하게 구분했는데, 로마 사법 체계의 규칙에 대한 관심은 특히 아무런 개념적 구조를 추가하지 않으면서 결의론la casuistique◆의 계획을 유지하기 위해서였다. 특수한 사례의 구체적인 면으로부터 전형적인 상황을 추상해 내는 관습 때문에 로마에서는 '사례'에서 법률가의 추론에 의해 개념과 체계라는 보다 높은 통일성에 흡수되어야 하는 우연한 에피소드보다는 실무에 유용한 자원을 파악하려는 비교 기술이 극도로 높이 평가되었다.

최근 역사 서술에서 가장 독창적인 점은 '지적인' 지식의 지배를 받는 결의론의 모든 한계를 드러낸 것이었다. 그것은 또한 사례의 '비교'가 이전의 것과 새로운 상황 간의 타협으로 이어져야만 할 필연성이 전혀 없었음을 보여 주기도 했다. 이와 같이 비교 방법을 법의 규칙 정립을 위해 법률적인 영역을 지배하는 단순한 수단과 동일시한 고전적이고 소극적인 시각과는 정반대로, 법률가들의 프락시스praxis는 현실적인 규범의 작동에서 안정화되는 예외적인 해결 방법을 중시하면서, 매우 다른 방식으로 사례를 활용하게 되었다. 결의론적 분석에 양분을 제공한 비교 방법은 과거의 것을 새로운 사례에 적절하게 적용시키고, 점진

팅티오distinctio(구분), 암플리피카티오amplificatio(확장), 그리고 리미타티오limitatio(제한) 같은 태도에 의지했다(Calasso 1954, 594).

◆ [옮긴이] 결의론이란 개개의 도덕 문제를 법률 조문식으로 규정한 도덕법으로 해결하는 방법을 말한다. 14, 15세기에 결의학으로 발전했다. 그 발단을 이룬 것은 스토아학파로서, 중세 스콜라철학이 중시했지만 이 경우 기초했던 것은 기독교의 참회서이다. 이것은 처음에는 외적 죄악에 대한 벌을 규정했지만, 나중에는 양심에 관계되는 것도 규정하게 되었다. 일단 이런 규정이 정해지면 그 규정에 위반되지만 않으면 양심적인 것이 되어, 오히려 큰 부도덕이 간과되고 그 규정을 지키는 것에 얽매여 정신의 발전을 해친다. 특히 예수회에서처럼 인간의 자립적 활동을 구속하고 정신적 예종을 강요하는 중요한 수단이 된다. 도덕교육에서의 덕목주의德目主義는 이 경향을 띤다. 또 거기서 보이는 기만적 성질 때문에 궤변의 의미로도 사용된다(임석진 외, 철학사전편찬위원회 편, 『철학사전』, 중원문화, 2009).

적으로 이동시키고, 절제된 추상화 작업을 하는 것과 같은 덕목을 찬양하지 않았다. 측정, 정확한 비율, 균형 등 비교의 여러 절차와 방식을 이끄는 가치들은 여기에서 완전히 뒤집히는데, 이제부터 표준적인 사례의 범위를 설정할 수 있게 하는 지적 활동을 좌우하는 것은 바로 한정된 수의 사례들이었기 때문이다.* 이런 가능성은 순전히 법적 기술의 측면에서 중세의 질문들을 뒷받침하기 위한 로마 자료들의 인용, 논리적 귀결, 유추, 참조의 조합 등으로 설명된다. 법률가들은 실제로 다양한 규범의 하이퍼텍스트hypertexte를 구축했는데, 이 하이퍼텍스트는 규칙의 언표, 주해, 주장, 주장된 텍스트의 해석 등 다양한 담론의 수뿐만 아니라, 특히 [사회를] 제대로 규제하는 데 필요한 구체적인 도식을 경험하지 못한 상황들에 옮겨 놓기 위해, 다양한 맥락에서 활용할 수 있는 해석자들의 능력으로부터도 영향을 받았다. 이렇게 인식된 결의론적 접근에서 유추는 다양한 비교에서 중요한 근거가 되었다. 유추는 이와 동시에 법의 탄력성을 보장했는데, 그것은 어떤 상황을 다른 상황으로 확산하는 법 기술이 가지는 성향이 이런 논리 형태의 사용과 강하게 결합되어 있기 때문이었다.

그러나 결의론이 온갖 형태의 도그마적 사고에 불러일으킨 반감도 무시해서는 안 된다. 결의론의 풍부한 상상력은 곧바로 경험주의로 간주되었다. 결의론에서 유추법의 사용은 일반적 원리들로부터 특수한 규칙을 이끌어 내는 엄격한 연역적 절차의 확립에 해로운 동시에 경박한 것처럼 보이기도 했다. 결의론에 대한 이런 비난과 거부는 최종 분석

---

* 얀 토마스(Thomas 2011)는 이와 같은 제한된 사례의 패러다임적 작동에 주목했다. 그의 설명은 진화적이고 개방적인 결의론의 사용을 중시하는데, 이것은 19세기에 프리드리히 카를 폰 사비니Friedrich Karl von Savigny가 정립한 교조적인 생각이 결의론의 체계적인 폐쇄성을 비난했던 것과 정확하게 배치된다. 토마스가 이야기 형식을 선호했다면 사비니는 논증 형식을 선택했다. 전자는 자신의 존재이유를 다양한 기술의 발현과 언제나 미완성인 자신의 전환에서 찾았으며, 후자는 선험적으로 올바른 개념적 정체성의 확신이나 무효화infirmation에서 찾았다.

에서 법률 지식의 원천으로서 비교 방법의 유용성 자체를 문제 삼았다. 규범성의 역사는 이런 질서의 몰이해로부터 생겨났는데, 이런 몰이해는 역사학과 사회과학, 즉 귀납적으로 규범을 이해하려는 접근을 따르는 시각과 법 내부의 시각, 즉 배타적인 법학의 속성 간 갈등에서 유래했다. 물론 사비니가 로마 시민법을 이해하는 방식에 대해 체계적인 전복을 꾀한 것은 이 점에서 중요한 사건이었다. 그럼에도 18세기부터 시민법을 유일한 실재의 법으로 간주한 사료 편찬의 영향을 훨씬 덜 겪었지만 역시나 매우 중요한 상황들이 발견될 수 있다. 예컨대 경험적 방법과 도그마적 방법 간의 대비가 다른 규범적인 지형, 즉 — 아직까지 '법'으로서 공식적으로 정의되지 않았던 — 행정 영역에서도 출현했다. 이 분야에서 가장 독특한 발견은 행정의 세계에서 대표자인 프랑스와 독일의 두 모델이 서로 만나는 과정이었는데, 상호 비교된다는 점에서 두 모델은 서로 이해될 수 없는 것처럼 보였다. 이런 이해 불가능성은 수 세기에 걸쳐 로마법에 의해 작성된 학문적 틀이 결여된 채, 규범의 세계를 통제하기 위해 다양한 인지적 방법들이 사용됨으로써 비롯되었다. 독일은 관방학♦을 만들어 냄으로써 이런 현실적인 불편함에 대응했는데, 관방학은 효율적인 공무원들을 과학적으로 육성하기 위한 대학들의 거대한 학문적 노력이었다. 학문적 지식으로서 관방학의 학설은 몇몇 진리들을 근본적인 원칙으로부터 이끌어 내면서 증명해야 했다. 이런 유형의 지식은 곧 행정 인력의 육성에 필수 불가결한 유산이 되었다. 따라야 할 규칙들은 경험적으로 적용되기보다는 과학적으로 작성되었는지를 기준으로 그 진위가 판정되었다. 관방학자들과 '단순한 경험주의자들'을 대립시킨 매우 격렬한 논쟁 과정에서 통계적인 방법과 유추에 대한 의존은 신뢰를 상실했다. 추정과 우연적인 것은 배제되어야 했는

♦ [옮긴이] 16세기 중엽부터 18세기까지 독일 및 오스트리아에서 생겨난 학문. 국가를 사회생활과 복지의 향상을 위한 관리자로 간주하고 정부 관료가 수행할 업무 및 행동 윤리에 중점을 두었다. 관방학은 특히 신학과 왕권신수설을 국가권력의 토대로 간주했다.

데, 왜냐하면 그것들은 객관적이고 안정적인 규칙보다 일시적인 것에 만족했기 때문이었다. 고트프리트 빌헬름 라이프니츠Gottfried Wilhelm Leibniz의 뒤를 이어 논리-연역적 전개에 기초해 모든 과학에 통할 수 있는 일반적인 방법론을 마련한 크리스티안 볼프Christian Wolff의 합리주의적 개념이 준법률적인 행정의 영역에 강한 영향을 미쳤다. 사례와 귀납적 대조에 의한 추론에 강력하게 저항한 이 '독단론'dogmatique은 따라서 수십 년 후에 법률 분야에서 성공적으로 발전할 독단론, 즉 시민법droit civil의 독단론을 예견했다. 관방학자들이 발전시킨 정부 구조를 접한 프랑스인들은 곤혹스러워하는 듯했다. 그들의 고유한 방법, 즉 (관방학과는) 정반대로 귀납적 방법을 통해 보편성에 도달하고자 한 프랑스인들의 방법은 선험적으로 결정된 규범의 구성을 이해할 수도, 그리고 그 결과 비교를 수행할 수도 없게 했다. 이런 관점에서 관방학자 폰 유스티Von Justi의 『시민력』市民曆, Grundsatze der Policeywissenschaft의 프랑스어판(Les Ephemerides du citoyens, 1769)에 대한 중농주의자 뒤퐁 드 느무르Dupont de Nemours의 비평은 결의론과 독단론 간의 근본적인 비교 불가능성에 대해 설명했으며, 이와 동시에 규범 사회과학의 기본서이기도 했다(Napoli 2003, 274 이하). 태동하던 비교법학 전공이 정체성을 확립한 1900년경에 인식론적 토대를 시급하게 밝혀야 할 필요성을 느낀 것은 따라서 우연이 아니었다.✦

중세 시대로 돌아가 보자. 또 다른 중요한 요인이 우리의 관심을 끈다. 비교 방법이 초국적 법학 교육의 핵심에 자리 잡은 것은 유스티니아누스 법전을 중심으로 시민 교양studium civil에 관련해 교회법droit canon-

---

✦ 레몽 살레유Raymond Saleilles는 다음과 같이 명료하게 설명했다. "법률적인 구성은 처음이 아니라 마지막에 이루어져야 한다. 논리적 결과들을 연역하기 위해 선험적a priori 구성으로부터 출발해서는 안 된다. 우선 결과들에 주목해 (그 결과가 의도한) 목표와 실천이 얼마나 조화로운지를 기준으로 그 결과들을 검토해야 한다. 그리고 일단 사실에 대해 합의되면 이론을 구성하라. 이 경우 각자는 자신의 심리를 좇아 이론을 구성한다"(Congrès 1900, 12에서 인용).

nique이 수행한 결정적인 역할에서 비롯된 것이기도 했다. 그것은 적용과 관련된 중요한 권력관계에서 발생했다. 우선 신학 이론의 영향을 받은 교회법전은 두 개의 중요한 순간, 즉 교회법을 위한 주해자들과 같은 역할을 한 교회법 전문학자decretistes들이 편찬한 그라티아누스 교령집Decretum de Gratien(1140년경)과 각 지역의 교회들이 보낸 세세한 질문에 대한 교황들의 대답인 방대한 교령decretale집의 편찬◆(교령집 편찬은 14세기 말까지 교회법 전문 학자들을 표준화하는 여러 대변자들을 산출했다)을 통해 연속적인 층위가 축적됨으로써 형성되었다. 시민법droit civil과 교회법은 중세 후기 권력자들의 실천과 정신에 상호 영향과 교환을 주고받으며 이런 양편의 정의utrumque ius를 이루는 축이 되었다. 시민법 혹은 교회법 전문가들의 입장은 이중적 의미에서 보충성 원리principe de subsidiarité를 준수하는 것을 전제로 했는데, 보충성 원리의 정당성은 또한 시민법 연구를 담당할 자격이 있는 성직자들에게 내려진 금지로 확인되었다. 교회의 입장에서 이런 제한을 두어야 할 필요성은 행정 및 사법 공직을 보유한 세속적 성직자들이 실무에서는 로마법과의 비교에 의존하던 관습에 의해 설명된다. 로마의 원칙들이 종교 법정에서 원용되었듯이, 사람들은 세속의 사법절차에서 교회법 원칙들에 의존할 수도 있었다(Wieacker 1967, chap. 4). 따라서 이제 우리는 같은 제도가 하나의 장에서 다른 장으로 이동함으로써 따를 수 있는 논리들의 다양성을 규명하기 위해 이 두 규범의 전문가들 각각의 관점으로부터 주어진 실무적 상황들이나 기능들을 분석하게 된다. 즉, 위임된 재산biens에 대한 어떤 행정가의 특권을 정의해야 할 때, 민사 행정administration civile과 종교 행정의 차이는 비교의 용어를 활용함으로써, 즉 로마법의 후견tutela이라는 용어를 통해 명확해지곤 했다. 교회법 전문가들은 후견이라는 용어

◆ 그레고리우스 9세의 『리베르 엑스트라』Liber Extra(1234), 5책 편람과 그 뒤를 이은 보니파키우스 8세의 『리베르 섹스투스』Liber Sextus(1298), 클레멘스 5세(1305~14)의 『클레멘스 법령집』Clementinae.

에 힘입어 고위 성직 행정관에게 인정된 권력의 우월성을 뒷받침할 수 있었다. 장 르 퇴토니크Jean le Teutonique의 그라티아누스 교회법령집에서 「보통 주해」glose ordinaire♦는 그것을 명확하게 보여 준다. "후견인tuteur은 피후견인의 재산을 좌우할 수 없는 반면에 고위 성직자prelat는 교회의 재산을 좌우한다. 후견tutelle은 임무charge이고 성직은 명예honneur이다. 따라서 고위 성직자는 보다 자유로운 행정을 관장한다"(Gl. in c. 5, q. 3, c. 3 quia episcopus). 프란시스쿠스 자바렐라Franciscus Zabarella(1335~1417년 추정) 추기경의 권고consilium는 다양한 실천 상황으로부터 출현하는 법의 문제에 대한 특수한 의견은 "고위 성직자와 수도원장이 후견인보다 더 큰 권력을 향유한다"는 것을 확인했는데, 이 테제는 또한 알베리쿠스 데 로자테Albericus de Rosate(1357년 추정)♦♦ 법학 사전에도 등장한다. 이것은 무엇보다 비교와 보충성이 그 기원 자체가 이질적인 규범적 현실들 간의 접속으로 생각될 수밖에 없었던 '유럽의' 법의 담론적 표상과 실무에 깊이 배어 있었다는 사실을 보여 주는 사례이다. 그리고 현대의 법률가들이 국가를 넘어서는post-national 법의 현실을 설명하며 사용하곤 하는 '혼성' 개념조차도 그것을 상징적인 면에서도 해석했던 중세인들에게 이미 명확하게 나타난다. 그레고리우스 9세(1253년경) 교황령 전집 Summa aux Decretales의 서문Proemium(§12)에서 호스티엔시스Hostiensis 추기경은 교회 법률가들을 반은 신학적이고chevaline 반은 민법적인asinienne 성격을 띤 노새mulet로 표현했다.

♦ [옮긴이] 보통 주해는 전문용어로 서술된 가톨릭 신부들의 성경 주해 모음집이다.

♦♦ Franciscus Zabarella, *Consilia*, Venise, Porta, 1581, cons. 95, no. 4. 로자테에 대해서는 다음을 참조. Albericus de Rosate, "Administratio praelatorum maior & liberior est, quam aliorum administratorum", *Dictionarium iuris, tam Civilis, quam Canonici*, Venise, 1601, fol. 12r.

근대적 문제의식

약 1000년 전 로마에서 만들어진 기술을 해석하고 적용하려 했을 뿐만 아니라 이 기술을 교회법(그리고 롬바르드법♦)과 대조시키려는 이중적인 노력을 통해 비교적 추론 방법을 획득한 중세의 법률가들은 법의 비교와 관련된 문제를 올바르게 제기하는 방법을 우리에게 잘 알려 준다. 이 점에서 헨리 S. 메인Henry S. Maine의 말들은 지금까지도 현실성을 전혀 잃지 않고 있다. 『동방과 서방의 촌락공동체』*Les communautés de village en Orient et Occident*라는 유명한 연구에서 그는 현대 국가들의 법률 시스템의 제도들 사이에서 단순히 입법 관련 유사성만으로 한정된 비교 방법 자체를 배제해 버렸다(Maine 1889, 8).

두렵게도 우리가 몰두하는 비교 방법은 현재 법률 전문가들뿐만 아니라 우리 같은 지위의 법학자들이 부여하는 의미의 "비교법제"legislation comparée 연구가 아니다. 사실 평범한 의미를 통해 이해된 "비교법제"는 법의 역사에 그 어떤 새로운 것도 밝히지 못한다. 비교법제가 철학적인 면이나 원리를 밝혀 주는 장점이 있다는 것조차도 보편적으로 인정되지 않는다. 비교법제 작업은 서로 다른 두 인민에 속하는 두 개의 법률 시스템을 선택해 그것들을 평범한 법률의 관점에서 비교하는 것으로 한정된다. …… 비교법제 연구는 이 시스템들이 역사적으로 발전하는 특정 기간 동안 자신이 조사하기를 원하

♦ 중세 말기부터 종교법과 시민법 간 차이점에 대한 연구가 발전하게 된다(Portemer 1946; Wolter 1975, 23~52). 롬바르드법은 이탈리아 중세 초기부터 작성되었는데(로타리Rothari의 칙령은 643년경이다) 카롤루스 데 토코Carolus de Tocco가 13세기 초에 저술한 『롬바르디아의 기구』*Apparatus à la Lombarda* 이후 로마법과의 체계적인 비교 대상이 되었다. 13세기와 14세기 문건들에 대해서는 각각 안드레아 보넬로와 비아지오 다 모르코네 참고. Andrea Bonello, *Differentiae inter ius romantum et ius longobardum* (Venise, 153V. reimpr. Turin, 1964), Biagio da Morcone, *De differentiis inter jus Longobardorum et Jus Romanorum* (Naples, 1912).

는 주제들을 취하며, 그다지 상관이 없어 보이는 이 시스템들의 역사를 계속해서 서술하고 있다.

메인은 구체적인 실무의 목표들을 효과적으로 취합할 수 있도록 국내법의 능력을 개선하기 위해 신뢰할 만한 방법을 제시한, 이런 형태의 비교 방법의 유용성을 물론 인정할 수만은 없었다. 그러나 그는 자신의 연구를 다른 비교 영역에 연관시켰는데, 이 장르의 방법은 문헌학이나 비교 신화 같은 다른 전공들이 이미 기꺼이 수용한 방법에 속한 것이었다. 인도에서 오랫동안 국왕의 명령을 수행한 고위 행정관으로서 메인은 각자의 방언을 이해하지 못하는 사람들에게 공통의 가계parentèle commune를 부여하는 산스크리트어의 중요성을 깨닫기 시작했다. 제도, 관습, 법, 관념, 믿음 등에서 아리안적 기원은 그것이 변화를 겪을 수밖에 없었던 유럽의 그 어떤 나라보다도 인도에서 더 잘 보존되어 있었다. 현장에서의 관찰은 예를 들어 무엇보다 분류와 명명법, 경제적 합리성 개념 자체 등을 가로지르는 유사성에 기초함으로써 인도와 유럽의 재산 제도 간 차이를 평가할 수 있게 했다. 토지와 동산의 소유권, 지대, 이윤, 교환, 경쟁 등이 인도에 나타났지만 그것들은 서구의 것과 이 개념을 동일시할 수 없게 만드는 특징들로부터 영향을 받았다. 메인은 이 점에서 독일 역사학파의 풍부한 저작과 이 학파가 수 세기에 걸쳐 유럽에서 원시적 소유권 형태의 연구에 바친 수백 권의 저작들이 비교 방법을 결정적으로 바로잡지 않는 한 계속 미완성에 머무를 위험이 있다는 것을 알았다(Maine 1889, 289 이하). 이로부터 법학을 위한 것이기도 한 새로운 프로그램이 등장한다. 비교와 역사적 방법이 밀접하게 연관되어 있다는 생각이 이제는 극단적으로 중요한 것으로 간주된 듯하다. '멀리 떨어진' 문화에 전형적인 법률 및 사회현상을 관찰하고 분석하는 사람들은 타자에 대한 매료가 사실상 자신의 고유한 법의 역사에 대한 무지에서 비롯되었음을 발견했다. 메인의 추론을 보여 주는 중요한 대목을 그대로 인용하는 것이 나을 듯하다(Maine 1889, 12, 13).

우리는 수많은 현대의 사건들과 생각들, 혹은 현대의 관습들을 다룬다. 그리고 똑같은 사건들과 생각들, 혹은 관습들의 과거 형태를 발견하기 위해, 우리는 거기에 관련된 역사적 기억들뿐만 아니라 완전히 발전하지 않았지만 우리가 이 세계에서 아직도 그 자취를 발견할 수 있는 이 과거의 표본들도 활용하면서 귀납적인 방법으로 연구를 수행한다. 우리가 크게 확장되고 매우 다양한 인간 사회의 현상들에 대해 어느 정도 적절한 생각을 형성하기에 이르렀을 때, 특히 동방'Orient이라는 이름으로 매우 불명료하게 지칭되는, 아직 탐구되지 않은 방대한 지역을 대지와 인간에 대한 우리의 관조에서 배제하지 말아야 한다는 것을 배웠을 때, 과거와 현재의 구분이 사라진다고 주장하는 것이 더는 그토록 공상적이거나 역설적인 것으로 보이지 않게 됨 직하다. 가끔씩 과거는 현재의 다른 면일 뿐이다. 훨씬 더 빈번하게 과거는 연대상으로 우리가 정확하게 계산하거나 표현하지 못할 수도 있는 다양한 거리에 위치해 있다. 따라서 역사적 접근이 직접적인 관찰에 도움을 주듯이 직접적인 관찰이 역사적인 접근에 도움을 준다. 역사학에 특수한 어려움은 통찰력이야 어찌 되었든 우리가 검토하고 또 검토하는 문헌들이 제공하는 증언에 매우 희귀한 상황을 제외하고는 우리가 덧붙일 것이 아무것도 없다는 것이다. 우리가 그다지 익숙하지 못한 법률 및 사회현상에 적용하는 직접 관찰의 특별한 위험은 이 현상들을 외견상 같은 종류의 현상에, 그리고 우리가 이미 익숙한 현상들에 성급하게 일치시키는 것이다. 그러나 독일에서처럼 영국에서도 가장 훌륭한 현대의 역사가들은 비교적인 방법을 통해 그들이 보유하고 있는 자료들을 증가시키려고 한다. 그리고 동방에서 오랫동안 살았던 사람들은 유감스럽게도 동방의 관념과 관습에 관한 성급하고 개인적인 연구에 기초한 수많은 결론들의 해악이 동방에서 이루어진 법의 역사에서 많은 기초적 사실들을 무시하는 관찰에서 비롯되었다고 말할 수밖에 없다.

인도와의 비교가 서구의 관찰자에게 자신의 고유한 제도들의 체계가 기반한 생각지도 못한 것을 발견할 독특한 기회를 제공하더라도, 연구 결과는 한 문화가 다른 문화에 끼치는 파괴적인 영향력을 ─ 특히 두 문화가 접촉할 때 관습법에 작용하는 성문법의 권력을 ─ 설명하는 것과는 무관하다고 가정한다. 영국과 인도의 특수한 사례에서는 외국법과 토착법의 사용에서 외국법에 의한 전염이 너무나 빈번하기 때문에, 역사가들이 인도의 촌락공동체에서 통용되는 법의 독특한 요소들을 식별하기 어렵게 만든다. 반대로 비교는 관찰된 사회의 구별되는 속성의 총체가 고려될 때, 비로소 역사적 담론의 요구에 부합한다. 인도의 경우 이것은 우선 주권자와 백성, 그다음으로 그들의 통합 효과를 설명해 주는 모든 것(명령, 법, 의무, 제재, 법정) 등, 근대적이고 서구적인 정치·법률 시스템을 지탱하는 기본 개념들과는 관계없이 촌락공동체들이 조직된다는 것을 인정함을 의미한다. 역사적 접근과 비교 접근의 조화는 불가분성이라는 얇은 막이, 두 모델이 분리되고 난 뒤에 두 모델을 상호 조합하는 것으로 끝날 때 결실을 거둘 수 있다(Maine 1889, 90 이하).

따라서 법률적 비교는 관찰자를 둘러싼 현상에 대한 시각을 고정시키는 현재의 시간적 축이 그의 정체성의 근원들을 캐도록 자극하는 과거의 시간적 축과 교차될 때, 그 유용성과 적합성이 각별해진다. 그 어떤 합리적인 '수평적' 전망[공시적 접근]도 과거를 돌아보고 맥락적인 연구를 비켜 갈 수는 없다. 진정한 동시대성은 이 두 차원의 연대기적 융합télescopage에 있으며 그것으로부터 법적 비교는 생명력을 이끌어 낸다. 이런 이유로 메인은 철학적이고 역사적인 법의 연구는 두 가지 형태의 인식을 전제하고 있음을 영국인들에게 상기시켰는데, 이때 논쟁이 전혀 없지는 않았다(Maine 1889, 33).

인도에 대한 이해는 이 나라가 아직도 검증이 필요함 직한 과거의 법 관념과 과거의 법률 사용의 모든 현상이 모여 있는 거대한 박물관이기 때문에 필요하며, 로마법의 과학은 이 법의 발전 과정을 관찰하면서 과거의 법 사용과 법 관념이 어떻게 우리 시대의 법 관념에 연결되는지 이해할 수 있게 해주기 때문에 필요하다.

비교법을 법률 정책에 이바지하는 도구로 여기는, 즉 각국의 실정법을 적용하기 위한 도구로 간주한 보다 교조적인 정향과는 반대로, 이런 입장은 1900년 파리회의에서 비교법을 사회과학의 한 부분으로 삼으려 했던 연구자들의 수많은 설명을 자극했다. 프랑스의 장 가브리엘 드 타르드Jean Gabriel de Tarde, 영국의 프레더릭 폴록Frederick Pollock, 독일의 요제프 콜러Joseph Kohler가 추종한 이 정향들 중 첫 번째 것에 따르면, 비교법학은 한 사회의 민족학적ethnologique이거나 역사적인 생활과 그 사회의 법률 규칙 간의 관계를 명확하게 밝히는 것을 임무로 한다. 스위스 학자인 게오르크 콘Georg Cohn이 레몽 살레유와 주고받은 서신에서 제안한 구분을 따르자면(에두아르 랑베르Edouard Lambert의 보고서 참고. *Congrès* 1900, 34), 비교법학은 현행법Weltrecht과 법의 원초적 단계Urrecht를 함께 고려하면서, 시간적 비교 연구뿐만 아니라 공간적인 비교 연구를 동시에 수행할 것을 요구하고 있다. 반면에 도그마적 시각에서 비교법의 의미는 민족학적이고 역사적인 규범의 특성보다는 국가별 법률질서의 다원성에 공통된 원칙들의 형태로 일어나는 수렴의 가정에 더 비중을 둔다. 민법의 특징을 이루는 제도들(가족, 실정법, 의무, 승계 등)에 감추어진 법률적 합리성이라는 생각은 국민국가들의 파편화로 인해 은폐된 통일성을 탐구하도록 비교 분석가들을 이끈다. 여기에서 비교법은 '보통'법의 요청을 부활시켰지만, 이 법은 과거 로마 교회법과 혼동되었고 19세기에 전서주의pandectisme가 무대 위에 내세운 또 다른 '보통의' 것cet autre 'commun'과는 전혀 다른 원리들에 토대를 두고 있었다.❖ 이 문제에 대해

❖ 전서주의는 이런 법률 사상의 경향이다. 그것은 독일에서 각양각색의 패권을 행사했을 뿐만 아니라 여러 외국에서도 19세기 후반에 패권을 행사했다. 이 경향은 도그마적 법의 역사를 작성했는데, 이 역사는 엄격하게 성문화되고 자신의 뿌리를 '전서파'pandectistes 지식인들이 다시 작성한 고대 및 중세 로마법에 두고 있었다. 이 엄격한 범주 덕분에 법률가들은 서로를 이해할 수 있었지만 스스로 해석한 그들의 언어는 그들이 세계의 다른 부분과 소통하지 않는다는 비난을 받게 했다. 교조적인 역사의 관점에서 법은 명료화되는 과정을 겪었는데, 이 과정은 법이lui 본래의 (구체적) 작성 방식을 상실하게 만

랑베르가 주장하는 요점은, 바로 국가별 운동을 통해 로마법으로 대표되는 인위적인 '공통의 것'을 버리고, 국내의 법질서에 강하게 구속되어 있지만 상호 동질적인 법제화의 과정에서 나온 보다 현실적인 '공통의' 것을 포용하는 방법을 얻을 수 있다는 것이다.

공통의 입법권은 강력한 민족의 층위에 기반해 유사한 경제 및 사회적 발전의 정도에 도달한 나라들을 통합했다. 이 민족의 층위는 프랑스에서는 관습적 보통법droit commun coutumier의 형성을 통해, 독일에서는 독일민법Deutsche Privatrecht에 기반한 법적 게르만주의의 형성에 의해 각각 찬양되었다. 바로 이것이 비교 연구의 이상이라 할 수 있다. 이런 이상적 비교는 비록 앵글로색슨의 계보를 통합하는 것은 주저하지만 라틴계와 게르만계라는 대륙의 두 법률 문명 계보 간의 상호 침투를 중시하는 거의 자연스러운 경향에 의해 주어진다. 앵글로색슨 계보에서는 이런저런 제도들에 대해 보통법이 증명하는 공통점들이 법전 형식에 의거하지 않고 성장한 이질성을 제거할 수 없다. 다른 한편, 비교 분석자들은 법률적 자각conscience이 더디게 발전했다고 자주 간주되는 국가들의 법제와 법전을 비교하는 것에 만족하지 못할 수 있다. 법원의 결정들과 특히 그 결정들을 이끈 동기들은 비교 법률가에게 이론적인 논쟁뿐만 아니라 그들이 관찰하고 접근시키고, 각색(또는 종합)하는 데, 즉 비교 연구 전공의 방법을 명확하게 설명하는 세 가지 활동을 수행하는 데 필요한 부분을 보충하기도 했다.◆ 실무적인 문제들을 해결할 사명을 가

들었으며, 법을 추상적이고 지적인 대상으로 변형했다[전서주의는 자연권 이론을 이성주의의 상징으로 비판하고 로마의 학설법인 유스티니아누스 법전을 연구하려는 사조였다. 특히 이성주의에 근거한 형식주의와 추상주의를 비판했으나 결국 로마의 법 개념이라는 형식에 묶여 버렸다].

◆ 레몽 살레유는 이에 대해 다음과 같이 설명했다. "경제적·사회적 관점에서 계획된 외국법제 각각의 비판적 연구, 여러 나라에 공통된 변화 경향에 부합할 것으로 보이는 접촉 지점의 탐색, 주어진 제도를 위해 하나 혹은 복수의 법률 형태의 결정 등. 사회 상태가 매우 유사한 나라들의 법률 정책은 이런 것들을 지향한다"(*Congrès* 1900, 174, 175에서 인용).

진, 즉 당위성devoir-être을 이해하기보다는 만들어 내야 하는 사명을 가진 비교 법률가는 자신의 첫 번째 연구 계획에 비교 역사가들에게는 부차적으로 보인 것들을 배치한다. 비교 역사가들에게 여러 문명들의 옛 법이나 현재 발효 중인 법에 대한 지식은 사회적 발전 정도를 측정하는 수많은 요소 가운데 한 가지 방법일 뿐이다. 비교 법률가들은 법의 차원보다 더 큰 현실을 설명하는 데 기여하는 법의 부수적인 개념들과 현재의 법제를 가로지르는 경향들을 발견할 필요성을 대비시킴으로써 "공식적 텍스트의 외형적 다양성의 배후에 법률생활의 공통적인 경향"이 존재함을 드러내고자 했다(랑베르, *Congrès* 1900, 51에서 인용). 법률가의 목적론적인 본능은 그러나 필요할 경우 이 경향들의 극도로 독특한 가치를 주장해야 한다는 것에 가차 없이 동의하지 않게 만들고, 따라서 법률 시스템의 다원성에서 비롯된 제도들 간의 대립이 가져온 문제들에 대해 단일한 해결책을 이끌어 내는 어려움에 대해서도 가차 없이 동의하지 않도록 만든다. 따라서 이제 비교 방법은 규범적인 자료에만 관여하는 것이 아니라 법률가의 방법 자체에도 관여하게 된다. 여러 법제들이 제시하는 것들 가운데, 무엇이 바람직한 해결책인지 결정하기 위해 법률가들은 다른 전공들(경제학, 통계학, 공법, 법제사 등)로 돌아가야 한다. 법률가가 공통의 규범적 기준을 끌어낼 수 있는 것은 비교되었지만 이차적인, 그런 순서의 조사부터이다(*Congrès* 1900, 52). 이렇게 해서 경험적인 탐구는 비판적인 비교 방법으로 변화한다. 이런저런 법률 제도를 위해 최고의 법률적 처방을 발견하려는 것과는 무관하다. 이 비판은 우월한 것으로 간주되는 모델로부터 서열을 확정하려고 하는 것이 아니라, 법제가 이러저러한 영역에서 성취한 결과들을 겨냥함으로써, 규범들이 그 중심에서 작동하는 사회적인 틀 안에서의 기능을 평가하려고 한다(*Congrès* 1900, 168). 제도들의 비교 역사(사건들에 대한 주요 원천)와 사회학(사회 진화의 법칙에 대한 주요 원천들)의 합류점에 위치한 비교법은 이 두 가지 지식을 제공하는 구체적인 데이터들로부터 추론해 고유한 법률적 논리를 만들어 내는데(*Congrès* 1900, 174), 이 데이터들은 각 활동 영역 자체를 구분하게 해준다.

[경계를] 이동하는 법

법의 관찰자들처럼 법의 실무자들도 모든 법률 시스템이 많게 혹은 적게 겪는 규범의 결함을 강조하고자 비교 방법에 의존한다. 법률적인 면에서 그들에게 주어진 대응과 사회적 필요가 증가하는 상황은 불가 피하게 공공 및 민간 행위자들이 새로운 필요들을 충족할 것으로 보이는 국내 및 해외의 모든 규율 자원들을 동원하도록 만들었다. 이 같은 사회학적인 기본 사실에 따라 법과 비교 방법 사이의 관계는 20세기 내내 이 관계의 운명을 결정한 사료 편찬 범주들의 출현과 더불어 결정적인 전환을 맞이했다. 나아가 '법의 이식'légal transplants이라 불리는 것에 관한 현대 논쟁에 비추어 볼 때 우리는 이런 범주의 영향이(필자는 '수용' réception에 관해 설명하고자 한다) 아직 완전히 결실을 거두지 못했다고 자신 있게 주장할 수 있다.

처음에는 문화적 헤게모니의 상황에서 법(즉, 로마법)이 독일인들의 토착 법에 남긴 흔적을 설명하려고 했던 법의 '수용'은 법률 시스템이 중앙 권력의 조종과는 무관하게 상호간에 고려되고 평가되는 가장 구체적인 방식 중 하나를 대표했다. 특히 법역사학자인 프란츠 비이커Franz Wieacker는 수용 개념에 관한 연구를 심화했다. 그의 분석은 이 개념을 법의 전이가 일어나는 두 개의 상이한 문화적 상황을 대비하며 이분법 적 표상을 밝히도록 이끌었다. 비이커는 사실 20세기 실증주의의 특징을 따르는 개념을 거부했는데, 이에 따르면 수용은 로마법에서 비롯된 규범이나 도식이 다른 법률질서로 객관적으로 옮겨지는 것과 혼동될 수 있다. 이 경우 그런 유산의 수용은 그것을 수용하는 시스템 측의 변화도, 그 어떤 동화의 과정도 고려하지 않는다. 이것은 일종의 수용과 관련해 상대적으로 빈곤한 시각이라는 문제로 연결되는데, 이런 시각에 내포된 과학적 방법이 미치는 정치적·사회적 영향력을 이해하지 못하게 하는 걸림돌이 된다. 사실 독일 지역에서 이런 시각을 주로 수입했던 자들은 남부 유럽 출신의 법률가들이었으며 공적 생활을 합리화하는 과정에서 결정적인 역할을 했다. 비이커가 상세하게 설명한 바와 같이(Wieacker 1967, chap. 7) 수용은 장기간에 걸쳐 진행된다. 우리는 그 자취를 11세기까지 거슬러 올라갈 수 있다. 수용은 '수용하는' 문화의 법률적 차원을 넘어선 정신적이고 물질적인 생활 전체를 포괄한다.

그러나 비이커는 여전히 전달하는 심급과 수용하는 심급의 이질성을 강조하는 이원적이고 외인적인 표상에 의존한다. 게다가 이렇게 이해된 수용은 정신적 가치의 영속성에 초점을 둔 역사철학의 성질을 띠었다. 역사적 비교의 수행들을 따라, 이와 같은 가치들은 다른 사회적 경험의 형태에 전달되어 과거로부터 이어진 어떤 세습hérédité의 제도화 과정을 묘사하는 방식으로 정체성을 다시 그려 낼 수 있다(Wieacker 1967, chap. 2). 보다 일반적으로 비이커가 수용을 설명하기 위해 사용한 모델은 우리가 다른 지리적 요소를 고려하자마자 수많은 구체적인 반대를 불러일으킨다. 만약에 독일뿐만 아니라 유럽 전체를 고려한다면, 에리히 겐츠머Erich Genzmer가 주장한 바와 같이 로마법의 확산을 마치 전염병의 전파 과정과 같이 수용을 설명하는 것은 터무니없을 것이다. 그것은 오히려 조직화를 이끌고, 후에는 유럽 대륙 차원에서 교회법의 확산을 이끄는 것처럼 토착적인 진화 과정이라 할 수 있다(Wieacker 1967, chap. 7). 이런 상황에서 침투해 들어가는 법이 특정한 법률 시스템의 경계를 넘어, 그 법률 시스템을 변화시키고 심지어 대체하기도 한다고 주장하는 안과 밖의 논리로(Fögen et Teubner 2005) 규범적 경험의 대립을 환원하는 것을 어떻게 가정할 수 있는가?

또 다른 설명 모델들이 다양한 역사적 비교의 수행에 보다 적합할 것으로 보인다. 예를 들어 현대 법의 초국가적 형성을 특징짓는 법률의 역동성이 ("법의 세계화라 불리는") 외적 수용에 비추어 볼 때 적절하게 이해될 만한지 질문할 수 있다. 예를 들어 대략적으로 법의 세계화의 기본적인 속성 중 몇 가지를 상기해 보자. 그것은 카를 슈미트Carl Schmitt가 지상의 노모스nomos de la Terre라 묘사한 것의 쇠퇴, 즉 주권 원칙의 위기, 세계에서 일어나는 기본권의 강조, 법적 시간temps juridique의 변화, 근본 질서의 재분배 등이다(Rodotà 2002, 563). 또한 영토의 경계로부터 독립된 효력을 가지고 부문별 레짐들에 의해 법을 재단하는 법적·비법적 국제 심급의 증가이기도 하다(Teubner 2004). 여기에 초국가적이고 탈산업적인 현대 경제가 단일한 시장에서 활동하려는 기업들을 만족시키기 위해 국가의 입법가들이 아니라 미국의 법률사무소들이 만들어 낸 무형의 계약같이, 법보다 더 유연한 법률 수단을 요청하고 있다는 사실도 추가 된다(Galgano 2005, 93 이하, 115 이하). 끝으로 효율성을 강조하는 법률 활동 은 세계적인 차원에서 보다 쉽게 인정될 만한 원칙들을 만들 수 있는 법의 해석에서는 그 능력이 뒤처지고 있다 — 이 현상으로 인해 몇몇 저자들은 재치권iurisdictio◆의 우월성이 복귀했다고 주장하기도 한다.

우리는 여기에서 현재의 법의 세계화의 큰 흐름들을 발견할 수 있지 만, 이와 동시에 비이커가 제안한 수용 모델을 재고해야 함을 알 수 있 다. 상상할 만한 대안들 가운데 우리는 신학적 비판과 이 모델이 구분되 는 방식에 대해 생각해 볼 수 있는데. 이브 콩가르Yves Congar의 중요한 논문은 특히 그것을 비판한 바 있다(Congar 1972).◆◆ 이 문제는 제2차 바 티칸 공의회 당시 가톨릭교회가 독점한 종교운동의 대표적인 용어들로 제기되었다. 루멘 겐티움 회칙Lumen Gentium encyclique◆◆◆이 제시한 원칙들 을(이 원칙에 따라 교황이 "주교들의 발의를 자유롭게 수용할 경우"libere recipiat "진

◆ [옮긴이] 교회를 다스리는 권리.

◆◆ 콩가르는 알로이스 그릴마이어(Grillmeier 1970)에게 의존했다. 이 문제(질문)는 주세페 알베리고와 장피에르 조수아(Alberigo et Jossua 1985)의 저작에서 명확하게 제시되었다.

◆◆◆ [옮긴이] '인류의 빛'이라는 뜻으로 제2차 바티칸 공의회의 교회 헌장을 말한다. 이 헌장은 한편에서는 교회의 권위와 정체성과 임무를 강조하고, 다른 한편으로 신도들의 의무를 강조한다.

정한 공동행위"verus actus collegialis가 될 수도 있다) 상기시키면서 콩가르는 공의회와 교황이라는 두 심급 간에 존재하는 원초적인 이질성alterité의 관점을 넘어선다. 그는 교회라는 단일체 "내부의 교회론적 사실"fait ecclésiologique과 동일시되는 일원론적 접근을 발전시킨다(Congar 1972, 370). 교회의 역사는 공의회들의 결정, 특히 동방 공의회의 결정이 교황청Saint-Siège에 의해 수용된 많은 사례들을 간직하고 있을 뿐만 아니라, 반대로 각 영토에 있는 모든 교회들이 (트리엔트공의회 같은) 특정 공의회들을 수용할지를 둘러싸고 겪었던 난점도 기억하고 있다. 그러나 수용의 테마는 또한 교황과 공의회라는 고전적인 양극polarité을 넘어 교회 생활에 리듬을 부여한다. 이 테마는 콩가르가 규명하려고 공을 들였던 법률적 관점뿐만 아니라 이론적 관점에서도 달라지는 상황의 다원성으로 되돌아간다.

법의 수용 현상에 대한 외인론 및 전염론과 거리를 둔 콩가르는 수용 과정을 뒷받침하는 공동체적 전제를 강조한다. 수용 과정은 언제나 고립된 기관이 고통을 겪게 만드는 규범적 자족 능력의 부족에서 비롯될 뿐만 아니라, 자신에게 속하지는 않지만 받아들이고자 하는 규범들과 진리에 연결되어야 하는 존재론적 필요에서 비롯되기도 한다. 그러나 이 모델에 따르면 수용은 불균등한 지위에 있는 주체들 사이에서 일어나는 것이 아니다. X는 Y에게 Y의 재산 목록patrimoine에 들어 있지 않은 재화를 전달하는데, Y는 이 재화를 통합하면서 자신의 고유한 시스템에 적응시킨다. 수용은 사실상 양자 간의 관계에서 일어나는 독특한 요소들이라기보다는 전체 기독교 공동체를 포함하는 개방되고 확장된 과정이다. 이런 특징들과 더불어 수용은 '안/밖'dedans/dehors의 이원적 코드를 벗어나는 고유한 발전을 따른다. 바로 이 때문에 수용은 현재의 초국가적 법의 설명에 보다 적절한 해석인 것처럼 보인다. 콩가르는 이 점에 대해 다음과 같이 매우 명확하게 주장한다(Congar 1972, 370).

여기에서 우리는 '수용'을 어떤 종교단체가 자신의 생활에 적합한 규칙을 선포를 통해 인정하면서 이 단체가 스스로 부여하지 않은 결정을 자기의 것으로 만드는 것으로 이해한다. 수용에는 신학자들이 복종을 통해 이해하는 것과 매우 다른 점이 있다. 신학자에게 수용이란 어떤 복종자가 상위자의 권위를 존중함으로써 이 상위자의 정당한 가르침précepte에 따라 자신의 의지와 행위를 조정하는 행위이다. 수용은 상하위 관계secundum sub et supra의 단순하고 순수한 구현이 아니다. 그것은 원래의 정신적 자원을 집행하는 어떤 단체의 생활이 표현되는 동의, 경우에 따라서는 판단의 순수한 기여를 포함하는 것이다.

수용은 따라서 열등한 지위로 떨어지는 것을 의미하는 것도 아니고 불가피한 법률적·상징적 세력 관계에 적응해야 할 필요성을 의미하는 것도 아니다. 콩가르가 우리가 관심을 갖는 주제에 매우 적절한 설명을 제공한 보편 교회ecclesia universalis 내부에서 수용은 일련의 언어나 기타 행위들을 통해 수행되는데, 이 행위들은 새로 임명받은 자récipiendaire뿐만 아니라 수용자recevant의 사회적 가치를 확인해 준다. 바로 여기에 수용 현상의 기반이 되는, 비대칭적이지 않은, 동등한 '인정'의 의미가 자리하고 있다. 동의와 판단의 능력이 있는 살아 있는 육체에 대한 고려는 외부 모델의 단순한 집단적 수용reception grégaire이라는 생각과 대조된다. 법의 내적인 비교뿐만 아니라 법의 외부(신학)에 열려 있기도 한 비교에서 중요한 문제는 따라서 (교회들의 교단으로 이해되는) 보편적 종교사회와, 반대로 위계적 권위에 복종하는 교회 사이의 차이에 달려 있다. 앞의 상황에서는 수용과 동의의 모델이 우월하며, 후자의 상황에서는 복종의 모델이 우월하다.

이와 같은 발단 과정을 거쳤다면, 수용 과정에서 중요하게 다루어지는 인정은 대상이 되는 규범에 대해 어떠한 진위성과 정당성도 제공하지 않는다는 점을 함께 고려해야 한다. 만약 가톨릭교회는 성령의 존재 자체로 충만되는 모든 것un tout이라고 한다면, 각각의 개별 교회는 자신이 구성원으로 있는 그 모든 것의 생활에 적극적으로 참여해야 하며, 게

다가 이런 귀속에 온전히 참여하기 위해 그리고 합리적으로 동의하기 위해 단순한 복종의 자세를 취하게 된다. 그러나 다른 한편으로 이런 가담이나 수용에는 선언적인 성격이 있다. 그것은 동의의 대상이 되는 내용의 진위를 결정하지 않는다. 여기에서 진실은 교회라는 모든 것le tout에 있다. 콩가르는 "보편적 교회는 신앙에서 실수를 저지를 수 없다"(Congar 1972, 396)고 상기시킨다. 전체로서 교회는 그것을 이루는 부분들의 합이 아니라 역사적이고 신학적인 의미에서 자신의 모든 기관organes들이 위계적인 강요라기보다는 공동 소유라는 방식으로 공유하는 진리로 이루어진 총체적 구조이다. 어떤 행위는 그것을 발산하는 권위의 정당성을 가지고 있는데, 이 권위로부터 그 행위는 강력한 복종의 힘을 이끌어 낸다. 그럼에도 교회에서 수용은 개인적 동의들의 단순한 합산이 아니라 교회와 관련해 쌓여 온 기억la mémoire de l'Eglise과 같이 총체성에 의지한다. 바로 이런 의미를 가진 표현이 동의하고 찬성한 자아ego consenti et subscripsi라는 것이다. 나는 그렇게 형성된 동의 속에 들어갔고, 또 이 동의에 의해 교회가 믿는 것이 발현되었으며, 그것은 진리가 교회에 그런 방식으로 전달되었기 때문이었다. 바로 이런 방식으로 과거 교부敎父♦들은 공의회가 내린 결정의 권위가 구축된다고 믿었다(Congar 1972, 396).♦♦ 결국 어떤 결정에서 법률적 질이 도그마이든 공인된 교리이든, 혹은 윤리적 규칙이든, 수용에 의해 결정되는 것이 아니다. 그것은 외적인 재량권이 내적인 효력을 얻어 내는 순수한 형태의 승인과도 다르다. 국제조약을 비준할 때처럼 어떤 법이 규범적 내용을 획득하게 해주는 절차를 적시하기보다, 수용은 그것이 교회의 선bien de l'Église에 부합

♦ [옮긴이] 2세기에서 8세기까지 기독교 교리를 세우고 확립한 자들을 일컬으며 일종의 경칭이다.

♦♦ 폴 힌시우스(Hinschius 1879, 349)를 인용해 보자. "수용은 진위를 제공하는 행위가 아니며, 원칙으로부터 진위를 구성한다. 수용은 단지 결정들이 처음부터 올바른 것이었음을 선언할 뿐이다. 비수용non-reception은 반대로 (법률적) 진위의 완성을 가로막으며, 결정들이 형성될 때부터 무효nullite에 부딪힌다고 설명한다."

함을 입증하기 위해 내용 자체를 검토한다. 콩가르는 다음과 같이 결론 지었다. "어떤 공의회의 수용이 그것의 효율성과 동일시되는 것은 바로 이 때문이다. 그것은 이 결정이 어떤 생명력도 일깨우지 않으며, 따라서 교화에 기여하지 못했음을 의미하는 것이다"(Congar 1972, 399). 수용은 단순하면서도 급진적인 방식으로 "생명력"과 동일시되는데, 생명력은 어떤 주어진 결정이 준수되고 적용되면서 실행의 중요성을 얻는다는 것을 입증하게 된다. 수용된 결정이란 작동하게 된다는 결정이며, 아무것도 일어나지 않는 상태에 머무르지 않는다는 결정이고, 결국 효과를 산출한다는 결정이다. 다시 말하자면, 어떤 질서를 수립하는 결정이라는 것이다. 수용은 수용된 것의 진위와는 아무런 관계가 없다. 포괄적인 신학의 전제에 따르면 이런 것은 보편 교회가 실수를 저지르지 않기 때문이다ecclesia universalis non errat. 물론 자신의 행위를 통해 이 진리에 생명을 부여해야 하는 사람들과 기관들은 그 진리를 인정할 수 없거나 그것을 적용하지 못할 수 있다. 바로 이 때문에 수용은 '증명'의 메커니즘처럼 보이는 것이다. 수용은 어떤 결정의 올바름(혹은 잘못될 경우 틀림)을 판정하지 않는다. 수용은 이론적인 역사가 사회의 역사로 변화되는 방식, 즉 확산의 동력일 따름이다.

법의 영역으로 옮겨진 종교적인 수용 모델은(필자의 견해로는 제도적 현실성에서 매우 모호할 뿐만 아니라 심지어 문제까지 안고 있는 "제국"empire이라는 비유보다 더 적절하고 구체적으로 보인다. Jouannet 2008, 14) 한스 켈젠Hans Kelsen이 법률 규범의 현실을 설명하기 위해 사용한 구분을 따른다면, 타당성보다는 효율성의 측면으로 치우치게 된다. 효율성의 차원은 한 사회의 법률 층위를 구성하는 실천의 정향, 법적이고 이론적인 주장들, 원칙들, 그리고 규칙들의 작동 단계에 속한다. 법의 가장 정치적인 순간인 정당한 권위에 의한 규범적 결정의 채택(효력의 순간)은 완전히 무시된다. 마찬가지로, 법의 세계화의 가장 두드러진 특징 중 하나는 법의 규칙들이 존재하는 준거로서 효율성이라는 현실적인 순간을 명확하게 강조하는 것이다. 단일한 방식으로 효율성을 대표하기 위해 국가를 제기한 세계

사회는 어떤 정치적 의지가 통합된 법의 원천을 제공할 것이라고 생각할 수밖에 없다. 그 의지는 순전히 효율적인 규범적 사실들로 환원되어야 하는데, 이 규범적 사실들을 중심으로 서열상 상위에 있는 그 어떤 주권적 실체도 이 과정을 관리하지 않는 상태에서, 다양한 초국가적 공동체 성원들이 각 부문의 법률 거래commerce juridique를 위해 결집할 수 있다. 이런 수평적 영역에서 국제적인 관습과 전통은 사법적 권리와 함께 객관적 규칙들과 실천을 통합한 원천이었던 보편 교회에서 성령이 수행했던 것과 똑같은 균등화 역할을 수행한다. 두 사례에서 최고 권위의 기능은 쇠퇴한다. 이제 본질적인 것은 복종하는 수탁자의 연합체를 위해 정당하게 결정하는 것이 아니다. 물론 지구적인 법의 경우 관습적이고 전통적인 규범들이 계속해서 승인과 검증attestation의 대상이 되는데, 이 승인과 검증은 언제나 국제적 행위를 더욱 지향하는 국가별 판례들이나 국제적인 중재위원회들로부터 수용된다.♦ 마찬가지로, 종교의 영역에서도 수용은 증명을 필요로 하는데, 그것은 정당한 권위가 질서와 진리에 따라 내린 결정이 공유된 합의에 의해 수용되었음을 의식적으로 강조하기 위해서이다. 그러나 어떤 경우에도 수용 결과는 내용의 진위를 전혀 결정하지 않는다. 수용은 규범과 진리의 존재를 선언하는 것으로 만족하는데, 이런 규범과 진리의 진위성의 토대는 '모든 것'le tout과 그것을 표현하는 제도들이다. 수용은 포괄적 법에 대해서처럼 보편적 교회에 생명을 부여하는 유일한 구체적 방법이다. 그것은 결국 중심도 영토도 없는 상태에서 어떤 제도의 오래된 소명을 통합하는 최고 권력이 없는 질서이며, 그리고 규범적인 경계를 개의치 않고 순전히 효율성에 따라 작동하려는 현대의 법률적 장치이기도 하다. 이처럼 수용의 역사적 문제에 의해 밝혀진 보편적 교회의 탄생과 법의 세계화 과정 속

♦ 법의 세계화 과정에서 핵심 추동력 중 하나인 국제상사관습법lex mercatoria의 경우가 그러하다(Galgano 2005, 199).

에 발견되는 상동성은 현대의 해석자들이 가장 중요한 의미를 부여하고 있는 비교 연구에 대한 열정을 잘 설명해 준다.

법의 이식

토착적인 수용 현상에 관심을 기울이면서 비교 역사가는 다음의 성찰에 의거해 자신의 연구 범위에서는 해결하기 어려운 역설을 시험하게 된다. 그들은 한편으로 일원론적 시각을 통해, 적용된 규범의 형식 및 내용을 가지고 법질서의 특수성을 초월하려는 과정을 확인해야 한다. 다른 한편으로 특수한 맥락의 역사가 올바르게 고려되지 못할 때, 즉 맥락들이 추상적인 규범의 장치들로 환원되지 않을 뿐만 아니라 상이한 법률 범주들과 실천들이 유보되는 상황에서, 역사가는 이런 일원론적 소명이 현실에서 겪게 되는 이데올로기적 변형을 설명해야 한다. 극복하기 힘든 이런 갈등에 직면해 비교의 가능성은 연구자들이 명확한 선택을 하도록 요청한다. 글로벌한 법의 팽창을 설명하는 데 토착적 수용 모델이 가장 효과적인 것으로 생각되기 때문에, 규범적 기술의 순환을 파악하기 위해서는 가장 널리 퍼져 있는 수단을 고려해야 하며, 그 결과 초국가적 차원에서 법의 통일성을 고려해야 한다. 그것은 우리가 이미 언급한 법의 이식legal transplant에 관한 것으로서(Watson 1993), 각국의 구조가 요구하는 자원들을 외부로부터 결합하면서 국내의 법들을 수정하게 하는 맞춤형 법un droit à la carte을 토대로 법률 질서를 발전시키는 방법에 관한 것이다.◆ 이런 법률 쇼핑lex shopping에 영향을 미치는 경제

◆ 이 용어는 이 글에서는 정확한 법률적 의미라기보다는 비유로서 사용한다. 이 관점에서 헌법과 같은 문건, 즉 수용 국가의 법률 문화에 낯선 결과들을 산출하기 위해 세상의 한쪽 끝에서 다른 한쪽 끝까지 여행하는 ― 일반적으로 서양에서 개발도상국으로 ― 법률가들의 현상은 놀랍기만 하다. 마찬가지로 사업법과 상업법의 자문가들이 그들의

적·상업적 시각은 중심에서 주변을 향한 운동에 따라서 성문화된 법이나 보통법 등과 같은 법률적 계보가 있는 나라들 간에 규범적 모델들이 확산되는 것으로 법의 이식을 이해하는 비교법의 특정한 경향에서 두드러진다. 식민 시대부터 끈질기게 이어진 유산인 이런 법 접목 방식은 보통법과 시민법civil law이라는 법률 계보의 구분을 다시 만들어 내는데, 수많은 저자들(Gordley 1993; Legrand 1996)은 이런 구분이 현실성을 상실했거나 적어도 비서구 국가들로부터 이 두 가지 계보를 분리하는 간극에 비해 덜 중요하다고 주장한다(Mattei 1997). 나아가 이미 구체적인 역사를 설명하기에 부적절하다고 경고했던 외생적 수용 모델인 '비이커 모델'을 되풀이하는 것처럼 보인다. 한편 경제적 관점에 따른 분석은 단한 가지 조건에서 법의 이식 현상을 기꺼이 받아들이는데, 그 조건은 국내적인 상황에서 다양한 규범적 요구가 출현하고 이 요구를 충족하기 위해 상응하는 공급이 요청될 수 있다는 것이다(Berkowitz, Pistor et Richard 2001).

　법의 이식을 법 시스템 진화에 당연히 도움이 되는 수단이라며 옹호하는 사람들과, 이와 반대로 변화를 촉진하는 사회 세력의 역할이나 수용 상황에서 생겨나는 자율적 해석 행위에 주목하지 않는 점을 비판하는 사람들(Halpérin 2009, 27~55) 사이에서, 법의 비교는 법률 규칙의 역사와 작동 원리의 특수성을 관찰하기 위한 이상적 관점을 제공한다. 구체적으로 법의 이식에 관한 논쟁들은 여러 법규범들이 각자의 맥락에 따라 전형적인 순환 관계에 들어가는 방식을 보여 준다. 앨런 왓슨Alan Watson은 이런 관점에서 법의 이식 현상이 법 자체만큼이나 오래되었다고 주

국내법에서 유래한 모델들을 요청한 나라에 전파하는 경우도 흔하다. 세계적인 규범의 영향력과 그 확산 경로를 보여 주는 지도에 대해서는 홀거 스팸만(Spamann 2009) 참고. 이 책은 풍부하고 상세한 참고 문헌들을 포함하고 있다. 다른 한편으로 외국법의 이식이 수용하는 측의 올바른 역사적 상황에 부합하지 못할 때, 역사는 저항의 위기들로 가득 찬다(Berkowitz, Pistor et Richard 2003).

장할 수 있었다. 법이 구체적인 시·공간적 틀 안에서 활동하는 행위자들의 욕구를 표현한다고 간주하는 사회과학의 지배적인 경향과는 반대로, 법역사적historico-juridique 비교는 그 어떤 역사가도 채택할 엄두를 못내는 하나의 출발점이 될 수 있다. 법역사적 비교는 규범적 기술과 그것이 새로운 상황에 적응하고 심지어 어떤 맥락들을 만들어 내는 권력 등을 관찰할 수 있을 것이다. 이때 이 같은 창조적인 작동 원리가 규범의 내재적 합리성에 머무른다는 점에서 그 의미를 선험적으로 알 수 없다. 그러나 이런 작동 원리는 규범 자체가 한정짓는 맥락에 따라 결정된다는 것을 인식해야 한다. 즉, 비교 연구자는 규범의 접목이라는 실천이 자극하는 갈등을 극복해야 할 것이다. 이 연구자는 상호 구분되지만 분리될 수 없는 두 순간 사이의 변증법적 관계를 중시할 것이다. 즉, 추상적인 규범에 의해 사회적 현실이 법적으로 구성되는 순간, 그리고 이런 구성으로부터 진행되지만, 이렇게 만들어진 맥락에 의존할 때만 구체적인 적용을 제공할 수 있는(즉, 고려된 규범 형식들에 실질적인 의미를 제공할 수 있는) 해석적 수행의 순간 사이의 변증법적 관계이다. 비교한다는 것은 따라서 맥락을 한정할 수 있는(이 맥락에서부터 이 기술들은 이해할 수 있는 유일한 것이 될 것이다) 법률적·기술적 규칙들의 순환적 존재론을 수용하는 것과 다름없다.

결의론의 영역에 개방되는 정도에 따라 이런 비교는 법의 체험에 대한 역사의 무관심 같은 모든 형태의 교조적 역사를 (그것이 이미 지나갔든 다시 출현하든) 부정한다. 이에 따라 언어적 다원주의가 중요해지는데, 이 다원주의는 단지 새로운 링구아 프랑카lingua franca◆의 헤게모니를 비판하기만 하는 것도, 국가별 정체성과 고유어에 대한 옹호에 집착하는 것도 아니다. 언어적 다원주의는 비교의 필수 조건이다. 이때 비교는 국제적인 거대 이익집단의 압력하에서 편의에 따른 의사소통을 위해 급조

◆ [옮긴이] 서로 다른 언어를 쓰는 사람들 사이에서 의사 전달 수단으로 쓰이는 공통 언어.

된 작업에 머무르는 것이 아니라, 과학의 관점에서 직업윤리에 맞는 의무를 기꺼이 수용하려는 자세여야 한다. 그 의무는 (국내적·국제적, 부문별·직업별 등)◆ 상이한 맥락에서 해당 규범을 채택했을 때 개인, 집합체, 그리고 관련 기관에 유발하는 정치적·경제적·사회적 효과들에 주의하면서, 법률 규칙들의 적용 가능성과 명료성의 조건들을 통제하는 것이다. 법 이식의 실행은 수용 환경의 법 문화culture juridique와 대립하며 맞닥뜨리는 저항보다는 바로 이 지점에서 중요한 한계를 발견한다. '법 문화'라는 범주는 그 자체로 인간의 태도를 결정하는 원인을 판별해 주기에는 너무나 모호하다. '법률 계통'famille juridiaue, '법률 시스템', 혹은 '법률 전통'과 같이 너무나 자아 준거적autoreferentiel이고 낡은 용어에 다시 빠져들지 않으면서도, 특수한 요인들의 영향을 정교하게 보여 주는 수고를 덜어 내려는 언어적 교활함이 이 말에 담겨 있다. 게다가 유럽의 공간을 준거로 하는 법 문화 개념은 그것의 옹호자들이 스스로 인정하는 것처럼(Sunde 2010, 20) 여전히 개별 국가의 틀에 몰두하고 있다. 그러나 우리가 광의로 이해하든 협의로 이해하든 법 문화라는 생각은 무엇보다 로런스 프리드먼(Friedman 1995, 53)이 제안한 법 문화의 정의에 따르면, 기술-제도적인 법의 작동(소송을 해결하고 규범을 생산하는 것)은 "주어진 대중의 내부에서◆◆ 법률, 법 시스템과 제도들에 대한 생각, 태도, 가치, 견해"로 구성된 더욱 광범위한 내용에 포함될 때만 이해된다는 것을 의미한다. 특히 법이 궁극적으로 지향하는 것으로 이해되는 정의justice라는 관념은 그것이 발효effectuation되기 위해 준비된 절차들과 함께 법적 활동들의 역사적 의미에 다가가는 중요한 열쇠를 제공할 수도 있

◆ 법의 이식은 법이 효과적으로 될 수 있게 만들어야 한다. "그것(법의 이식)은 석용되는 상황에 대해 의미를 가져야만 한다. 그리하여 시민들은 법의 도움을 받고 제도들(기관들)이 그것의 적용과 발전을 위해 작동할 것을 촉구하도록 이끌어야 한다"(Berkowitz, Pistor et Richard 2003).

◆◆ 영어 원문은 다음과 같다. "Ideas, attitudes, values and opinions about law, the legal system and legal institutions in any given population."

을 것이다. 그러나 바로 이 점에서 우리는 규율의 형성이라는 창조적 능력을, 공유된 사회적 가치의 효력 발생에 복종시키게 되는데, 여기에는 그 어떤 고유한 목적telos도 배타적인 목표를 지향하지 않으며 최상위의 프락시스로서 법이 보유한 특수한 성격을 시야에서 놓칠 위험이 있다. 법의 체계적이고 학문적인 구성의 제단에 실천의 관념을 희생시키기 위한 전서주의의 시도에도 불구하고, 또한 다른 한편으로 프락시스의 관념이 우리가 '법 문화'라고 부르는 현실의 사회학적 파생물과 동일시될 위험에도 불구하고, 그런 순간은 아마도 실천의 관념에 지적인 특권을 부여하는 것으로부터 도래했을 것이다. 자신의 외부에서 만들어진 생각들을 고려할 필요가 없이, 스스로 어떤 생각을 만들어 내는 프락시스로서 법은 단순한 성찰의 '대상'이라는 지위로 환원되지 않는다. 왜냐하면 법은 언제나 다양한 '주관적' 기능을 부여받은 '민감한 인간 활동'을 형성해야 할 소명을 가지고 있기 때문이다.[*] 잠재적으로는 국적이 없는 법적 수단들의 사용, 그렇지만 상황에 의해 실행되는 해석의 구속에 따르는 법적 수단들의 사용은 해석에 있어서 고유한 시차를 고려해야만 하는데, 이것을 라인하르트 코젤렉(Koselleck 1997, 175)은 "구조적 반복 가능성"répétabilité structurelle이라 불렀다. 이런 "반복 가능성"은 정치적이고 사회적인 제도에 영향을 미치는 사건들을 외부의 것으로부터 범주화하는 연대기적 구분decoupages chronologique을 지속적으로 변화시킨다. 반대로 법률적 기법에 고유한 반복과 전달의 메커니즘은 그것에 내재된 시간성을 도입하며 이때 이미 채택한 시기 구분으로부터 우회시키기도 한다. 매우 장기간에 걸친 법 규칙들과 선례들의 힘을 드러내는 연대기적 이동은 이렇게 해서 역사적 비교에 우선적인 목표인 것처럼 보인다. 이 경우 연속성과 단절이라는 매개변수parametre는 미미한

---

[*] 카를 마르크스Karl Marx가 루트비히 포이어바흐Ludwig Feuerbach에 관한 첫 번째 테제에서 밝힌 유물론의 근본 전제들은 우리가 보기에는 여전히 유효하다.

제2부
비교하기
◇
192

가치를 드러낼 뿐이다. 왜냐하면 법적인 활동이 정치 이론, 경제, 심리, 문화적 형태, 이데올로기 단계로 환원될 수 없는 시간적 차원에 포함되기 때문이다. 비교법 역사가의 절차가 연대기적 한계라는 가정을 지향하면 안 되는 이유는 바로 이 때문이다. 왜냐하면 그 역사가는 사건과 시간 사이 운동의 자유를 받아 적는 것은 선택된 문제의식으로 되돌아가는 것이기 때문이다. 시간적인 차원이 역사적이고 비교적인 재구성에 따른 필연적 결과가 된다면, 현대의 법 현상을 설명하기 위해 지나간 시대로 거슬러 올라가는 것은 전적으로 정당하다.

예를 들어, 우리가 연성법soft law♦ 같은, 겉보기에 최근 현상들을 분석하기 위해 이 연성법을 공동체 제도의 작동에 따른 내부의 생산으로 간주하는 데 만족한다면, 역사적 비교는 여기서 많은 것을 얻지 못할 것이다. 제도에 대한 관심을 기술에 대한 관심으로 옮겨 놓음으로써, 우리는 권고, 백서, 녹서[심의용 정책 제안서], 실무적인 만남 등에 의해 만들어진 이 법이 사실은 상대적으로 더욱 심오한 계보학적 층위에 기초함을 알아차릴 수 있을 것이다. 어떤 조직들은 이미 행위의 제재와 의무보다는 환기, 자극, 동반의 원칙에 기초한 규율을 이미 계획하고 작동시켰다. 교회는 재치권만으로는 백성들을 이끌지도, 그들의 행동을 인도하는 데도 충분치 않다는 것을 처음으로 이해했다. 기독교 공동체가 처음 출현했을 때부터 우리 시대의 첫 몇 세기까지 종교 조직은 매우 행정적인 성격의 도구들을 만들어 냈는데, 이 도구들은 정의를 구현하라는 요청과는 다른 토대에서 법질서를 사유할 조건들을 제공했다. 이런 경로로 태어난 법은 점차 판사의 영역으로부터 벗어나 자율적인 규범성의 장을 형성하기에 이르렀다. 12, 13세기부터 신학자들과 교회법 학자들은 이 규칙들을 법리적이거나 분쟁적인 재판과 구분하기 위해 이 규칙의 총체를 "내부의 재판"for interne이라 불렀다(Prodi 2000, 104).♦♦ 모순

♦ [옮긴이] 연성법은 법적인 구속력이 없는 준 법률 문서들을 지칭한다.

적인 주장들을 판정하기보다는 큰 목표, 즉 영혼의 구원이라는 목표에서 결과의 획득을 보장하려 한 '법' 하나가 이때 발전했다. 올바른 방향으로 행위를 이끌어야 했던 이 조치는 엄격한 의미에서 법적 수단은 아니었다. 그것은 백성들을 심판하지 않았고 사안에 따라 유연하게 백성을 통치했다. 명령과 더불어 법률은 점차 적응력과 당위성의 변화 가능성을 실험하기 시작했다. 만약에 현대의 한 비교 분석가가 온라인 음악 서비스 영역에서 저작권법의 초국가적 공동관리에 관한 2005년 유럽연합위원회의 "권고"에 관심을 가진다면, 그는 적어도 두 가지 이유로 놀랄 것이다. 첫째, 권고 같은 특수한 조치의 용어적 정당화 때문이다. 가령 "시장이 올바른 방향으로 발전할 수 있도록 하기 위한 비구속적인 수단"과 같은 식이다.◆◆◆ 유럽연합 집행위원회는 수 세기 전에 가톨릭교회가 엄격한 교회법에 대해 종교적 대안을 마련했던 것처럼, 법보다 유연한 방법을 통해 올바른 방향으로 이끌 권력을 부여받은 것이었다. 두 번째 이유는 객관적인 주요 쟁점이 대체되었음을 인식함으로써 나타날 것이다. 교회가 기독교인의 영혼을 올바른 방향으로 인도하기를 원했다면, 유럽연합 집행위원회는 이와 유사한 '세심한 주의'를 시장에 바치는 것이다. 시장이 우리의 영혼을 지배하게 됐는데, 바로 이것이 이미 일반적인 논거의 반열에 올라선 진실을 확인하는 '비교'의 방법이다. 비교는 법률적 방법을 시류에 맞추는 것을 넘어서, 우리의 현실 문제에서 숨겨져 있던 것을 드러내는 방법이다.

◆◆ 내부 재판과 외부 재판 사이의, 그리고 의식(양심) 영역과 정치적 영역 사이의, 고백자confesseur와 판사 사이의 상호 얽힘에 관해서는 자크 시폴로(Chiffoleau 2006)를 참고.

◆◆◆ Parlement européen, *Rapport sur les implications juridiques et institutionnelles du recours aux instruments juridiques non contraignants* [soft law], 2007/06/28, p. 6.

참고 문헌

Alberigo, Giuseppe et Jean-Pierre Jossua (eds.). 1985. *La réception de Vatican II*. Paris, Éditions du Cerf (coll. "Cogitatio fidei").

Berkowitz, Daniel, Katharina Pistor et Jean-François Richard. 2001. "Economic development, legality, and the transplant effect." *William Davidson Institute Working Paper*, 410.

———. 2003. "The transplant effect." *American Journal of Comparative Law*, 51, 163.

Calasso, Francesco. 1954. *Medio Evo del diritto*. Milan, Giuffrè.

Chiffoleau, Jacques. 2006. "Ecclesia de occultis non iudicat?" *Micrologus. Nature, Science and Medieval Societies*, 14, pp. 359~481.

Congar, Yves. 1972. "La "réception" comme réalité ecclésiologique." *Revue des sciences philosophiques et théologiques*, 56, pp. 369~403, repris dans Congar, Yves. 1982. *Droit ancien et structures ecclésiales*. Londres, Variorum.

Congrès international de droit comparé. 1900. Paris, 31 juillet-4 août, Procès-verbaux des séances. Paris, LGDJ. 검색 가능 웹 페이지: www.archive.org (2012년 9월 접속).

Fögen, Marie-Thérèse et Gunther Teubner. 2005. "Rechts-transfer." *Rechtsgeschichte*, 7, pp. 38~45.

Friedman, Lawrence M. 1995. "Some thoughts on comparative legal culture." dans Clark, David S. et John H. Merryman (eds.). *Comparative and Private International Law. Essays in Honor of John Henry Merryman on his Seventieth Birthday*. Berlin, Dunker & Humblot.

Galgano, Francesco. 2005. *La globalizzazione nello specchio del diritto*. Bologne, Il Mulino.

Gordley, James. 1993. "Common law und civil law: eine überholte Unterscheidung." *Zeitschrift für Europäische Privatrecht*, 1, pp. 498~518.

Grillmeier, Aloys. 1970. "Konzil und Rezeption. Methodische Bemerkungen zu einem Thema der ökumenischen Diskussion." *Theologie und Philosophie*, 45, pp. 321~352.

Halpérin, Jean-Louis. 2009. *Profils des mondialisations du droit*. Paris. Dalloz (coll. "Méthodes du droit").

Hermitte, Marie-Angèle. 2011. "La nature, sujet de droit?" *Annales HSS*, 1, pp. 173~212.

Hinschius, Paul. 1879. *Das Kirchenrecht der Katholiken und Protestanten in Deutschland*, t. III/1, Berlin.

Jouannet, Emmanuelle. 2008. "The disappearance of the concept of Empire. Or, the beginning of the end of Empires in Europe from the 18th century." dans *A Just Empire? Rome's Legal Legacy and the Justification of War and Empire in International Law*. Commemorative Conference on Alberico Gentili (1552-1608). New York University School of Law, pp. 1~24. 검색 가능 웹 페이지: www.univ-paris1.fr (2012년 9월 접속).

Koselleck, Reinhart. 1997. "Histoire, droit et justice." dans *L'expérience de l'histoire*. Paris, Gallimard-Seuil-Éditions de l'EHESS. coll. "Hautes Études", pp. 161~180.

Legrand, Pierre. 1996. "European legal systems are not converging." *International and Comparative Law*

Quarterly, 45(1), pp. 52~81.

Luhmann, Niklas. 1992. *Beobachtungen der Moderne*. Opladen, Westdeutscher Verlag [『근대의 관찰들』. 김건우 옮김. 문학동네. 2021].

Maine, Henry S. 1889 [1876]. *Village-Communities in the East and West*, 3e éd. trad. dans Henry S. Maine, Études sur l'histoire du droit, trad. par René de Kérallain. Paris, Thorin (coll. "Bibliothèque de l'histoire du droit et des institutions").

Mattei, Ugo. 1997. "Three patterns of law: taxonomy and change in the world's legal systems." *The American Journal of Comparative Law*, 45(5), pp. 12~40.

Mensch, Elisabeth. 1982. "The history of mainstream legal thought." dans David Kairys (ed.). *The Politics of Law: A Progressive Critique*. New York, Basic Books.

Napoli, Paolo. 2003. *Naissance de la police moderne. Pouvoir, normes, société*. Paris, La Découverte (coll. "Armillaire").

Portemer, Jean. 1946. *Recherches sur les* Differentiae juris civili et canonici *au temps du droit classique de l'Église*. Paris, Jouve.

Prodi, Paolo. 2000. *Una storia della giustizia*. Bologne, Il Mulino.

Rodotà, Stefano. 2002. "Un codice per l'Europa? Diritti nazionali, diritto europeo, diritto globale." dans Paolo Cappellini et Bernardo Sordi (eds.). *Codici. Una riflessione di fine millennio*. Milan, Giuffrè, pp. 541~578.

Spamann, Holger. 2009. "Contemporary legal transplants. Legal families and the diffusion of (corporate) law." *Brigham Young University Law Review*, 6, pp. 1813~1878.

Sunde, Jørn Ø. 2010. "Champagne at the funeral: An introduction to legal culture." dans Jørn Ø. Sunde et Knut E. Skodvin (eds.). *Rendezvous of European Legal Cultures*. Bergen, Fagbokforlaget.

Teubner, Gunther. 2004. "Societal constitutionalism: alternative to State-centered constitutional theory." dans Christian Joerges, Inger J. Sand et Gunther Teubner (eds.). *Transnational Governance and Constitutionalism*. Oxford, Hart, pp. 3~29.

Thomas, Yan. 2011. "L'extrême et l'ordinaire. Remarque sur le cas médiéval de la communauté disparue." dans Jean-Claude Passeron et Jacques Revel (eds.). *Penser par cas*. Paris, Éditions de l'EHESS. 2005. repris dans Yan Thomas. *Les opérations du droit*. Paris, Gallimard-Seuil-Éditions de l'EHESS (coll. "Hautes Études"), pp. 207~237.

Watson, Alan. 1993. *Legal Transplants: an Approach to Comparative Law*. Edimbourg, Scottish Academic Press.

Wieacker, Franz. 1967. *Privatrechtsgeschichte der Neuzeit unter besonderer Berücksichtigung der deutschen Entwicklung*. Göttingen, Vandenhoeck u. Ruprecht, 2e éd.

Wolter, Udo. 1975. *Jus canonicum in iure civili. Studien zur Rechtsquellenlehre in der neueren Privatsrechtsgeschichte*. Cologne-Vienne, Böhlau.

Faire des sciences sociales

제6장
비교 연구와 문화 교류에 관한 사례연구

지젤 사피로

이길호 옮김

오늘날 사회과학에서 비교 연구의 중요성이 주지의 사실이라면, 비교 가능한 개별 연구 대상의 구상과 접근 방식의 선택은 고스란히 학자들의 몫이다. 따라서 지적으로 무장된 비교 연구를 실행하고자 한다면, 본질주의적 시각essentialisme, 민족주의적 태도 또는 몰역사적인 접근 등에 함몰된 방법론적·인식론적 오류와 한계를 극복하고, 연구 대상을 구성하는 주요 요소들의 특성뿐만 아니라, 관련 행위자들 간 구조적 관계의 생성 및 발전 과정을 함께 고려해야 한다. 바로 이런 전망에서 저자는 '번역'이라는 구체적 영역에서 관찰 대상과 분석 요소를 재구성하고 다양한 차원에서 경험적 비교 연구 사례를 보여 준다. 우선 거시적 차원에서, '시장'이라는 개념을 통해 번역물의 흐름에 나타난 개별 관찰 대상들(국민국가 및 언어권) 간 상호작용과 구조적 관계를 비교한다. 주요 분석 대상은 국내시장의 세계시장 편입 정도, 국내시장 간 비교(시장 규모, 수출, 규제, 지원 정책 등) 등이다. 한편, 거시와 미시 사이의 중위中位, mézo적 차원에서는, 장場, champ이라는 개념을 통해 여러 나라의 출판물 생산 구조에서 번역이 차지하는 비중을 비교하며, 연구 초점을 '수입'과 '수용'에 둔다. 끝으로 미시적 차원에서는, 관련 행위자들이 취하는 선택들이나 전략들을 비교하는데, 이때 이들이 살아온 역정과 성향을 다양한 구조적인 변수와 함께 분석한다. 상호 보완적인 이 세 가지 수준의 비교 연구에서 동원된 여러 접근 방식과 개념은 다음과 같은 장점이 있다. 우선, 양적 방법, 질적 방법, 인류학적 방법 등에 근거한 다양한 경험적 분석을 동시에 실행함으로써 관찰 대상에 내재된 복잡한 구조적 특성을 총체적으로 이해하는 데 필요한 비교 연구를 할 수 있게 해준다. 또한 역사적인 접근은 개별 장들 또는 행위자들 간 구조적 관계가 어떻게 다양한 시간성temporalités에 따라 구체적인 결과로 나타나는지를 이해할 수 있게 해준다. 예컨대 세계 번역 도서 시장에서 중심부와 그 고유한 작동 원리가 구조적으로 고착화되는 과정은 장기적인 관점으로, 세계화 시대에 대응하는 행위자들의 전략은 단기적인 관점으로, 그리고 서로 다른 도서 출판 장들 간 역사적 비교는 중기적인 관점으로 분석할 수 있다.

◇

에밀 뒤르켐Émile Durkheim이 즐겨 설명했듯이(Durkheim 1937, 124), '비교'는 사회학에서 아주 중요한 연구 방법이다. 현대 사회학의 창시자들은 비교 연구 방법을 통시적(한 사회를 여러 시점에서 비교)일 뿐만 아니라 공시적(여러 문화 또는 사회를 비교)으로 접근할 때, 그리고 미시와 거시 또는 그 중간 수준인 중위中位, mézo를 가로지르는 다양한 수준의 연구에서도 이용했다. 예를 들어, 막스 베버Max Weber는 자본주의 도래를 결정짓는 요소를 찾거나 여러 종교적 공동체의 조직 모델을 구분하기 위해 이런 연구 방법을 아주 체계적으로 이용했다.

그렇지만 이런 접근 방식은 '무엇을' 그리고 '어떻게' 비교할 것인가라는 두 가지 중요한 문제를 제기하게 된다. 첫 번째 질문에 답하기 위해서는 비교 가능한 것만을 비교할 수 있음을 상기해야 하며, 문화·사회·공동체·민족·국가·체제 등과 같은 비교 단위들을 분명하게 한정할 필요가 있다. 일반적으로 비교 연구는 사회적으로 인정되고 확인된 개별적 실체들을 기본 연구 대상으로 하고 있다. 그 구체적인 예를 들자면, 언어나 관습처럼 경험적으로 획득된 지식, '민족문화'와 같은 공통적인 준거, 국가나 체제처럼 관료적·정치적 조직의 형태에 관한 것들이다. 그러나 일국 단위를 넘어서서 국제적인 차원에서 이루어지는 비교 연구는 문화·사회·국가 또는 체제 등 비교할 대상의 공통된 요소들을 숨기는 경향이 있다. 이런 공통된 요소들이란, 예컨대 유럽에서 국민국가 차원의 정체성이 형성되기 이전에 그리스-라틴 유산을 공유하는 경우처럼 동일한 역사나 전통으로 나타나거나, 또는 이런 요소들 사이에 이루어지는 이전transferts 및 교환échanges의 결과물로 발현되기도 한다(Espagne 1994). 바로 이런 의미에서 '방법론상 민족주의'nationalisme méthodologique를 반대하는 비판들이 제기되었으며, 특히 사회를 국민국가Etat-nation로 한정하는 점이 이와 같은 비판의 대상이 되고 있다. 이런 접근 방식을 아주 강하게 비판하는 학자 중 한 명인 울리히 벡(Beck 2006)에 따르면,

집단적 정체성이 반드시 국가나 민족 차원에서만 정의되는 것이 아니다. 사회과학에서 말하는 초국가적 접근 방식approche transnationale은 바로 이런 문제 제기로부터 비롯되었으며, "교차 역사학"histoire croisée, "연결 역사학"histoire connectée, "초국가 역사학"histoire transnationale, "네트워크"와 "접속" 등 다양한 형식과 명칭으로 나타나고 있다(예컨대 Hannerz 1996; Amselle 2001; Werner et Zimmerman 2004). 이런 비판에 다음의 사실을 덧붙이고자 한다. 비교할 개별 대상 간의 관계는 — 그것이 관념적 공동체나 물질적 이익과 연결된 집단이든, 국가와 같은 법리적 구성체이든, 또는 사회 계급처럼 이론적으로 구성된 개념이든 — 여러 종류의 사회적(경제적·정치적·문화적) 자원이 분배되는 상황에 따라 나타나는 불평등한 힘의 관계 속에 이루어진다. 그런데 비교를 지향하는 모든 연구가 이런 점을 반드시 고려하고 있는 것은 아니다. 이런 면에서 보자면 앞서 언급한 다양한 초국가적 접근 방식도 크게 다르지 않다. 결국 복수의 관찰 대상들을 비교하거나 이들 간의 교류를 연구하고자 한다면, 이들이 서로 이루고 있는 여러 관계를 더 일반적인 시스템으로 재구성하면서 접근해야 할 것이다. 종속이론 틀 속에서 발전되었고 페르낭 브로델Fernand Braudel과 이매뉴얼 월러스틴Immanuel Wallerstein에 의해 널리 알려진 '중심부-주변부' 모델은 국민국가들 또는 지역들 사이에 (일국 내 차원뿐만 아니라 초국가적 차원에서도) 존재하는 경제 및 지정학적 힘의 관계를 체계적으로 이해하는 데 필요한 효과적인 분석 도구였다는 것을 이미 증명했다. 아브람 드 스완Abram de Swaan은 이 모델을 언어 연구 분야에 적용했으며, 영어·프랑스어·독일어와 같은 매개 언어◆로 이루어진 지배적 위치의 최상위 중심부hypercentral와 일차 및 이차 발화자 수가 상대적으로 적은 국가들의 언어들로 구성된 주변부를 서로 대치시키면서 분

◆ [옮긴이] 서로 다른 언어권의 사람들이 의사소통을 위해 사용하는 제3의 언어를 지칭한다.

석했다(Swaan 2001). 이 모델은 중심부와 주변부로 정의된 두 극極, pôle으로 연결된 대립 구도를 그려낼 수 있다는 점에서 여러 장점이 있다. 예컨대 각 극의 성격과 그 구성 정도를 가늠할 수 있으며 두 극 사이에 존재하는 중간 위치(준중심부 또는 준주변부)를 규명할 수도 있다. 게다가 이 모델은 국민국가들 사이의 관계, 그리고 어떤 정치체제(국가·제국)의 중앙집권화 정도나 문화 수도들capitales culturelles(Charle 2009)의 경쟁에서 비롯된 도시 간 관계와 같은 여러 시스템을 함께 아울러서 볼 수 있게 해준다.

바로 이 지점에서 '어떻게'라는 질문, 즉 관찰 대상들을 비교하고, 그들 간 이전 및 교류, 그리고 그들을 아우르는 관계로 이루어진 시스템을 연구할 적절한 방법에 관한 질문이 제기된다. 어떤 비교를 하려면 먼저 비교 가능한 요소들을 명확히 정해야 한다. 복수의 연구 대상을 비교하려면 두 가지 사전 작업이 필요한데, 하나는 비교 대상과 이를 구성하는 주요 요소들의 관계를 규명하는 것이고, 또 다른 하나는 비교할 지표들을 만드는 것이다. 어떤 사회현상이나 개별 연구 대상(정치체제·국민국가 등)을 미리 정의해 버리면서 연구 대상과 그 구성 요소들 사이에 필연적인 관계를 상정하는 본질주의적 접근approches essentialistes을 거부하려면 주요 작업 단계에서 여러 개념을 동원하게 된다. 예를 들면 탤컷 파슨스Talcott Parsons가 발전시킨 기능주의적 접근에 따른 개념인 '시스템', 클로드 레비스트로스Claude Lévi-Strauss가 언어 관련 연구를 사회현상 연구에 적용했고 관계를 중시하는 접근의 기원이 된 개념인 '구조', 또는 전형화typification 작업의 결과를 지칭하기 위해 막스 베버가 만든 개념인 '이념형'idéaltype 등이 있다.

또한 전형화 작업은 사회현상에서 나타난 여러 과정을 연구하는 데도 적용되며, 이때 비교 연구는 이런 과정들을 설명할 만한 일련의 지표(예를 들면 제도화 또는 직업화 과정)를 만들어야 한다. 국내총생산, 출생률, 사망률, 빈곤율, 실업률, 취학률 등이 그 예이다. 이 같은 비교 지표 및 자료는 개별 연구 대상이 직접 만들었거나,◆ 또는 경제협력개발기구

OECD와 국제노동기구ILO 같은 국제기구가 생산한 것이다. 한편, 이런 지표들은 급속히 늘어나는 경향이 있는데, 이는 평가 모델이 일반화되고, 금융 분야에서 신용 평가 기관 같은 전문 기관이 급증했기 때문이다. 그러나 연구자는 특정한 목적을 가진 기관에서 만들어진 지표들 자체를 그대로 사용할 수 없으며, 연구에서 제기될 문제와 견주어 그들의 타당성과 과학적 기준에 따른 적합성을 밝히기 위해 두 가지 비판적 검토 작업을 반드시 거쳐야 한다. 어떤 영역에서 규모가 다양한 관찰 대상(가령 인구) 또는 동일한 관찰 대상의 연속적 상황 변화를 통시적으로 이해하고자 실행하는 비율 측정은 체계적인 비교 작업을 가능케 한다. 예컨대 에밀 뒤르켐은 널리 알려진 자살 연구에서 사망률 변화를 분석할 때, 다양한 원인들 간 관련성을 살피고, 공변법**에 따라 여러 가지 다른 요소들(도시-농촌과 같은 지리적 요소, 연령이나 결혼 등 사회적·인구학적 요소)과도 연관 지으면서 분석했다. 바로 이런 방법을 통해 그는 경제 위기 상황에서 자살률이 정점에 이른다는 사실을 확인했으며, 결국 이 두 가지 사회현상 간 인과관계를 가정할 수 있었다.

'과정' 또는 '발전'이라는 관점에서 이루어지는 분석은 구조적 접근을 배제하는 것이 아니다. '발전'과 관련해서는, 앤드루 애벗(Abbott 1988)이 이론화한 '직업의 발전'développement professionnel을 예로 들 수 있는데, 이는 '직업화'professionnalisation라는 개념이 어떤 단일한 발전 모델에 따라 생겨났다는 기존의 자연주의적 시각을 거부하는 것이다. 대개 어떤 사회현상이나 개별 대상의 생성을 이해한다는 것은, 그것을 기록하고 규정할 때 나타난 차별적 편차들écarts différentiels로 이루어진 시스템을 재구성하는 것을 전제한다.

한편, 잘 알려졌듯이 비교 연구는 양적 연구 방법과 더불어 질적 연

◆ [옮긴이] 예컨대 한 국가가 생산한 각종 지표나 통계자료.
◆◆ [옮긴이] 공변법méthode des variations concomitantes은 유사한 방식으로 변하지만 서로 다른 현상 간 인과관계를 추론하는 귀납적 방법이다.

구 방법에도 기반하고 있다. 양적 연구 방법은 차이, 변화, 상관관계 등을 측정하고 설명하기 위해 계량된 정보 자료를 체계화하는 작업을 가능하게 해준다면, 질적 연구 방법은, 막스 베버가 『프로테스탄티즘의 윤리와 자본주의 정신』(Weber 1964)에서 환기했듯이 이런 정보 자료의 의미를 되짚어 보거나, 노르베르트 엘리아스Norbert Elias가 『궁정 사회』(Elias 1974)에서 한 것처럼 사회학적 '지형'configuration을 구성하는 데 필수적인 작업이다.

물론 지금까지 언급한 모든 접근 방식이 언제나 양립될 수는 없더라도, 그들 중 몇몇은 하나의 사회현상을 다양한 각도로 분석할 수 있게 한다. 지금부터 우리는 그 구체적인 사례로 번역이라는 특수한 대상을 자세히 살펴보고자 한다. 사실 번역은 서로 다른 문화권 간 텍스트 전파를 가능하게 해준다는 측면에서 초국가적인 접근의 흥미로운 사례이다. 또한 이런 접근은 교류와 변화 추이라는 문제를 제기하는데, 이 경우 이미 비교된 대상들을 비교 가능한 모든 대상으로 구성된 구조적 관계 속으로 재배치하는 작업을 할 때만 비로소 만족스러운 해답을 찾을 수 있다. 교류에 대한 분석은 반드시 개별 연구 대상 간 비교를 동반해야 한다. 결국 이런 분석은 비교 연구를 더욱 역동적인 차원으로 끌어올리고 불평등한 힘의 관계로 이루어진 한층 총체적인 시스템이라는 관점에서 실행할 수 있도록 해준다.

이 글에서 우리는 거시에서 중위, 그리고 미시적 차원으로 이어지는 분석을 하고자 한다. 구체적으로 어떻게 이런 일련의 작업이 하나의 사회현상에 내재한 복잡한 양상을 재구성하고 그에 따른 여러 문제 제기를 복합적으로 할 수 있는지, 그리고 어떻게 다양한 수준의 작업을 요구하는 비교 연구를 정교하게 실행할 수 있는지를 보여 줄 것이다. 우선 거시적 차원에서, '시장'이라는 개념을 통해 번역물의 흐름에 나타난 개별 관찰 대상(여기에서는 국민국가)들 간 상호작용뿐만 아니라, 이들 사이의 구조적 관계를 살펴볼 것이다. 바로 이 지점에서, 국내시장의 세계시장 편입 정도나 국내시장들 간 비교(시장 규모, 수출, 규제, 지원 정책

등)에 따르는 문제들도 제기할 것이다. 거시와 미시 사이의 중위적 차원에서는, 장場, champ이라는 개념을 통해 여러 나라의 출판물 생산 구조와 번역이 차지하고 있는 비중을 비교할 것이며, 특히 여러 출판사의 도서 목록을 비교하면서 연구 초점을 '수입'과 '수용'에 두게 될 것이다. 한편, 미시적 연구에서는, 앞의 두 차원에서 관찰된 바 있는 외부로부터 강요된 여러 제약에 직면해 관련 행위자들이 취하는 선택들이나 전략들을 살펴볼 것이다. 이때 비교 연구는 구조적인 변수를 고려하는 동시에 개인들의 전략이 그들이 살아온 역정이나 성향과 어떤 관련이 있는지 검토하면서 이루어질 것이다. 끝으로 마지막 결론 부분에서는 구조적인 면에 방점을 둔 비교 연구의 장점을 되짚어 보도록 하겠다.

세계 도서 시장의 구조와 거시적 연구

국가 간 교류는 유통되는 생산물의 흐름이나 수출입과 관련된 경제적 가치로 측정될 수 있다. 여기서는 첫 번째 사례, 즉 번역물의 흐름에 초점을 맞추려 하는데, 이것은 한 문화권의 텍스트가 또 다른 문화권으로 유통되는 것과 관련해 아주 적절한 지표를 제공한다. 유네스코UNESCO가 1931년부터 작성해 온 번역 도서 관련 데이터베이스인 트란스라티오눔 지표Index Translationum 덕분에 이런 도서 출판의 흐름을 어느 정도 구체적으로 파악할 수 있게 되었다. 물론 이 자료의 신뢰도가 질적으로 다양한 해당 국가 도서 목록에 의존하고 있다는 점, 그리고 이 자료에는 다른 형태의 매체(정기간행물, 신문, 온라인 매체, 회색 문헌,* 사용 설명서 등)가 배제되어 있다는 점을 분명히 인식해야 한다. 결국 이 데이

---

* [옮긴이] 국립중앙도서관의 도서관 용어 해설에 따르면, 회색 문헌Gray Literature은 통상적인 서적 판매 경로를 통해 입수하기 어려운 문헌을 가리키며, 대개는 관련 출판 정보가 공개되지 않아 확인하거나 접근 및 이용하기가 여의치 않다.

터베이스를 통해 우리는 번역에 의한 도서 유통이 임의적인 방식으로 작동되지 않는다는 것을 보여 줄 수 있게 되었다. 도서가 발행된 지역부터 그것이 번역되는 지역까지 추적해 보면, 시간에 따라 변하는 어떤 지리적 궤적을 그려 볼 수 있다.

번역 도서의 흐름은 원작의 언어와 발행 국가에서 본 관점이나, 번역된 언어 및 수용 국가의 관점에서 비교될 수도 있다. 우선 첫 번째 경우부터 살펴보도록 하자. 드 스완이 만든 모델에서 영감을 받은 요한 헤일브롱(Heilbron 1999)은 1980년대 트란스라티오눔 지표를 기반으로 만든 자료를 이용해 여러 언어 간 번역 도서의 흐름이 일정한 규칙성을 띠고 있다는 것을 보여 주었다. 그 내용은 이런 흐름이 비대칭적이고 주로 중심부 언어에서 주변부 언어로 유포되고, 또한 이 언어들 간 관계는 대체로 중심부 언어들을 통해 매개되고 있다는 것이다. 대다수 번역 도서의 원작 언어는 세계시장에서 중심부의 핵심을 이루고 있는 '초중심부적인 위치'position hypercentrale를 점하고 있는 영어(45퍼센트)이다. 해당 기간에 세 언어(프랑스어·독일어·러시아어)가 중심적인 위치(8~12.5퍼센트)를, 또 다른 여덟 개 언어가 준주변부semi-périphérique적 위치(1~3퍼센트)를 점하고 있으며, 나머지 언어들은 모두 주변부에 속했다(1퍼센트 미만). 10년 후 1990년대에는 이런 세계시장 점유율 분포도가 변했다. 그리고 1980년과 2000년 사이에 도서 출판 교류는 비록 50퍼센트 이상의 증가 폭을 기록하며 많이 증가했지만, 이른바 '지구화'에 대해 흔히 우리가 가지고 있는 표상과는 정반대로 다양화라는 측면에서는 크게 변하지 않았다(Sapiro 2009). 예를 들면 영어는 세계 번역 도서 중 45퍼센트에서 59퍼센트로 늘어나면서 초중심적인 위치가 오히려 더욱 강고해졌지만, 러시아어는 1990년대 초에 기록한 12.5퍼센트에서 2.5퍼센트로 급락했다. 프랑스어와 독일어는 9, 10퍼센트를, 이탈리아어는 약 3퍼센트를 차지하면서 이전 수준을 유지했으며, 스페인어는 1.6퍼센트에서 2.6퍼센트로 증가하면서 그 지위가 강화되었지만, 준부변부 언어들의 수가 줄어들었다. 하지만 이 지점에서 아시아권 언어들의 점유율이 빠르게 늘어나고 있다는 점을 눈여겨볼 만한데, 특히 일본어(1퍼센트에 근접)와 중국어(1퍼센트 미만)가 그렇다.

지금까지 어떤 규칙성과 전반적인 변화 추이를 살폈다면, 이제부터는 이를 좀 더 구체적으로 살펴보도록 하겠다. 드 스완이 비교 측정 방법으로 활용한 일차 및 이차 화자locuteurs의 수는 인과관계를 설명하지 못할 뿐만 아니라, 심지어 역설적인 문제까지 제기한다. 예컨대 어떻게 세계에서 가장 많이 말하고 읽히는 언어인 영어가 역시 가장 많이 번역된 도서의 언어가 되었는가? 왜 원어로 된 텍스트를 직접 읽을 수 있는 언어를 굳이 번역할 필요가 있었을까? 이런 역설적 문제는 주요 관찰 대상을 언어보다는 도서 시장으로 설정하면 해결된다. 사실 언어란 원저서가 발행된 국가, 출판 도시, 원저서를 발행한 출판사, 번역 도서를 발행한 출판사, 원저자 또는 번역자 등과 더불어 하나의 변수일 뿐이다. 하지만 도서 시장은 '언어권'과 '국민국가'라는 이중적 구조로 구성되어 있다. 특히 국민국가는 법적인 틀(저작권, 표현의 자유 제한 등)과 그것이 적용될 지리적 경계를 규정하고 있다. 실제로 원저서가 발행된 국가라는 변수를 도입해 살펴보면, 언어적 요소보다도 국가가 번역 도서의 흐름에서 결정적인 역할을 한다는 것을 확인할 수 있다. 실제로 번역된 영문 도서 대부분은 미국과 영국에서 발행된 책이며, 마찬가지로 번역된 프랑스어 도서의 대다수는 프랑스에서 발행된 책이다. 결국 세계 번역 시장에서 언어의 중심성centralité 문제와 더불어 국가의 중심성 문제가 추가로 제기된다.

주어진 하나의 시장만을 놓고 볼 때, 여러 유통 경로에서 나타나는 차이를 이해하려면 당연히 경제적 요소들을 잘 살펴볼 필요가 있다. 실제로 국내시장 규모는 출판된 단행본의 종 수와 함께 어떤 상관관계를 이룰 수 있다(Pym et Chrupala 2005). 그러나 국가 간 도서 교류는 단순히 개별 국내시장의 규모만 반영한 결과물이 아니다. 정치나 문화와 같은 다른 요소들도 작품 교류에 영향을 미치고 있다(Bourdieu 2002; Heilbron et Sapiro 2008). 아마도 1989년 이후 러시아어 번역물의 급격한 하락은 공산주의 체제의 종말과 구소련에서 실시했던 번역 지원 정책의 소멸과 연관이 있을 것으로 추정된다. 다른 구공산주의 국가들(Popa 2002, 2010)과 파시스트 시절 이탈리아(Billiani 2007)에 관한 연구가 잘 보여 주듯이, 정치체제의 유형, 계획경제, 검열, 번역 지원 정책 등의 많은 요소가 출판물 유통에 직간접적으로 영향을 미친다. 하지만 일반적으로 문화 교류는 경제 및 정치 이슈보다는 상대적으로 높은 자율성을 누리고 있다. 파스칼 카사노바(Casanova 1999)가 주장한 바 있듯이,♦ "세계 문학 공화국"république mondiale des lettres 내에서 작품 교류의 상당 부분은 관련 국가들의 문학작품 생산, 그리고 그 역사와 명성에 따라 축적된 "언어 및 문학적 자산"capital linguistico-littéraire에 의해 결정된다. 이 원칙은 인문·사회과학 관련 번역 분야에서도 적용된다. 1990~2004년에 이 분야에서 영문 서적 번역이 지배적인 위치를 차지하고 있지만, 철학 분야에서는 프랑스어로 번역된 독일어 서적이 영어 서적 번역물보다 더 많았는데, 이것은 독일 철학이 누리는 상징 자본의 단면이라고 볼 수 있다(Sapiro et Popa 2008). 따라서 번역된 서적의 범주와 장르를 비교하면 여러 가지 변수가 잘 드러나는데, 이 점에 대해서는 나중에 좀 더 자세하게 살펴보기로 하겠다.

정치적·문화적 요소 이외에도 모든 시장 그 자체가 사회적으로 구성된 결과물이라는 것을 상기할 필요가 있다. 사실, 도서 출판 시장은 가장 오래된 문화산업이다. 역사적 관점을 따르면 시장구조가 형성되는 과정을 설명할 수 있다. 민족주의적 시각에 기반한 방법론은, 예컨대 인쇄업이 라이프치히, 런던, 파리 등과 같은 도시에 집중되었다는 사실을 은폐할 수 있다. 사실 이런 도시들은 정치권력의 지원에 힘입어 문화

♦ [옮긴이] 이 저서에서 파스칼 카사노바Pascale Casanova는 문학의 생산·교류·수용 과정과 구조에 관한 연구를 하면서 분석 틀을 세계적 공간(공화국)으로 확장하고, 국가 및 지역 간 그리고 언어권 간 내재된 힘 관계의 역동성을 다양한 접근 방식을 통해 살피며 총체적인 분석을 시도했다.

적 중심지가 되었다. 프랑스의 경우, 정치권력은 지방 출판사들의 입지를 약화하면서 파리의 독점적 지위를 강화했고, 저작권 침해 행위에 대한 보호 조치를 취했다(Febvre et Martin 1971; Mollier 2001). 반면에 인쇄업은 민족 정체성 생성과 인민의 문화적 동화를 위한 프로젝트에서 중요한 역할을 했다(Anderson 1996). 이와 동시에 초국가적으로 출판 교류가 이루어지는 공간들espaces도 형성되었는데, 그것은 문화 분야를 겨냥한 제국주의 정책의 하나로 적극 추진된 새로운 시장 개척과 확장에 따른 것이었다. 예컨대 스페인어권·영어권·독일어권·프랑스어권·아랍어권 등이 나타났으며, 이 언어권들은 각각 중심부와 주변부가 대치되는 구조로 형성되었다. 주변부란 중심부의 헤게모니 아래에 놓여 있는 식민지 영토나 국가를 가리키며 중심부 도시에서 간행된 도서의 주요 판로가 되었다.

이와 같은 구조는 19세기부터 여러 국가에서 고유한 민족 정체성이 형성되면서 도전에 직면했다. 한편, 이런 민족 정체성도 부분적으로는 중심부에서 행사하는 문화적 헤게모니에 대항해 생겨났고, 특히 국내 시장을 보호하기 위해 실시한 자국 출판 지원 정책에 힘입은 바가 크다(Thiesse 1999). 19세기 중엽부터 번역은 여러 문화 분야 간에 이루어지는 문학작품 유통에서 중요한 형태가 되었다. 오노레 드 발자크Honoré de Balzac[1799~1850]의 작품은 당시 유럽 엘리트 사회의 언어인 프랑스어로 널리 유통되었던 반면, 에밀 졸라Émile Zola[1840~1902]의 소설은 다른 언어로 번역되어 읽혔다. 국가 모델의 유포는 국내 출판 시장 형성을 촉진했으며 초기 단계에서는 번역을 통해 이루어졌다. 이와 동시에 국제 차원에서 하나의 번역 시장이 형성되기 시작했으며, 1886년부터는 저작권에 관한 베른 국제 협약Convention internationale de Berne의 규제를 받았다. 20세기 초에는 많은 국가가 이 협약에 가입했다. 번역 출판은 당시에 형성 중이던 '국민국가' 간 경쟁에서 중요한 정책 도구가 되었으며, 특히 제1차 세계대전 직후 국제연맹 산하 국제지식협력기구Institut international de coopération intellectuelle가 국제 관계 평화를 모색하려는 방안으로 권유했던 문화가 외교 영역으로 포함됨으로써, 대외적으로 헤게모니를 행사하는 외교적 도구가 되었다(Renoliet 1999). 이런 구상은 이후에도 "해외에서 문화 전파" 또는 "영향력 제고를 위한 외교" 등의 발상으로 지속되었다. 1931년 트란스라티오눔 지표를 만든 국제지식협력기구(제2차 세계대전 이후에는 유네스코가 관장함)의 부양책 이외에도, 외교 관계 차원에서 문화 교류의 제도화, 이주, 외국어 교육의 비약적 발전 등이 서로 다른 문화 간 매개를 담당하는 전문 인력(출판인, 총서 기획 책임자, 에이전트, 번역자, 서적상 등)을 배출하는 과정에 기여했다(Wilfert 2002, 2003).

제2차 세계대전 이후에는, 1947년에 체결한 관세무역일반협정GATT 체제에서 경제 교역의 자유화가 국내 문화산업 발전에 유리하게 작용했고, 이와 동시에 음반, 영화, 도서 등과 같은 문화 상품 영역에서 하나의 세계시장이 점진적으로 부상하는 데도 기여했다. 이런 과정은 1970년대 신자유주의적 전환점tournant néolibéral을 거치면서, 그리고 우루과이 라운드를 통해 강화된 자유무역 원칙이 서비스 분야로 확대되면서 더욱 가속화되었다. 이 시기에 발전이라는 화두는 세계화로 대체되었고 상품과 자본의 자유로운 이동이라는 명목으로 국가 간 국경 개방이 강조되었다(Wallerstein 2006, 136). 출판 분야에서 국제 도서전 같은 특수한 조직의 급증은 세계 번역 시장의 구조가 단일화되는 징후인 동시에 그 중요한 특징 중 하나이기도 하다. 한편, 문학과 관련해 점점 더 중요한 매개 역할을 하던 에이전트들도 필요한 전문적 규칙과 상업 논리를 강력하게 제시하면서 번역 시장의 합리화와 조정 기능을 강화하는 데 기여했다. 1964년 처음 개최된 런던 도서전은 1971년 이후부터 유럽에서 프랑크푸르트 다음으로 가장 중요한 도서전 중 하나가 되었다. 베이징, 과달라하라(멕시코의 살리스코 주도), 뉴욕, 뉴델리, 와가두구(부르키나파소 수도), 튀니스(튀니지 수도) 등과 같이 오늘날 '문화 수도'를 표방하는 도시는 고유한 도서전 하나쯤은 주관하고 있으며, 점점 더 많은 국가가 이런 문화 행사에 참여하고 있다. 바로 이런 방식으로 세계 번역 시장의 단일화가, 그 당시까지만 해도 대부분 출판 산업이 수공업적 생산 양식에 머물러 있거나 국가 지원에 의존하는 상황에 놓여 있던 많은 국가에서 출판업과 서적 거래의 활성화에 기여했다. 그 구체적인 예로 최근 동유럽 국가(공산 체제 붕괴 이후 시장이 개방됨), 중국 또는 아랍 국가들을 들 수 있다.

여러 언어권 내에서 기존 중심부의 헤게모니를 저지하려던 시도는 어느 정도 성공했다. 자국 출판 산업을 발전시켜 왔던 미국에 의해 18세기 이후부터 이미 도전받아 왔던 영어권의 중심부는 1960, 70년대를 지나면서 점진적으로 런던에서 뉴욕으로 이동되었다. 마찬가지로 라틴아메리카에서도 국민국가 형성은 이 지역의 문학과 출판업 발전에 기여했다. 사실 남미 지역 문학과 출판업은 스페인 프랑코 독재 시절에 꽃을 피웠으며(Sorá 2009), 오늘날은 대서양 너머 스페인 출판사들이 과거 제국주의 시대와 같은 영향력을 회복하고자 펼치는 공격적인 전략에 맞서 대응책 마련에 부심하고 있다. 한편, 프랑스어권에서 파리의 지배적인 지위는 비록 구체적인 성과는 없었더라도 오랫동안 벨기에 출판업계의 도전을 받아 왔고, 제2차 세계대전 이후에는 새로이 등장한 퀘벡 출판업계의 도전을 받고 있다.

저작권 양도 계약이 해당 번역 도서가 배포될 지역의 경계선을 결정한다는 점에서, 번역 출판을 관찰하는 것은 여러 언어권 사이에 흐르는 긴장 관계를 이해하기에 안성맞춤이다. 번역권을 획득한 출판사는 일정한 지역에서 독점권을 요구하게 되는데, 이는 1970년대 발달한 관행에 따른 것이었고 출판사들이 자유롭게 경쟁하는 오픈 마켓open market 시스템과는 다른 것이다. 사실, 번역 출판 계약은 독점권의 범위를 세계 전 지역에서 인정하는 방식과 적용될 지역을 제한하는 방식 사이에서 다양한 형태로 이루어지고 있으며, 이런 상황은 공동 출판(예를 들면 미국 출판사와 영국 출판사 간) 형태가 발전하는 계기가 되었다.

하나의 언어권 내에서 발행 지역에 따른 번역물의 지리적 분포는 해당 지역 내에서 관련 번역 도서의 집중 정도를 관찰하는 데 유용한 지

표 1 프랑스어권 및 영어권에서 번역 도서의 지리적 집중도 비교

표 1 프랑스어권 및 영어권에서 번역 도서의 지리적 집중도 비교
(프랑스/미국, 파리/뉴욕: 1990~2003년)

	영어-프랑스어		프랑스어-영어
프랑스	81.1%	미국	37.6%
파리	71.7%	뉴욕	15.8%
프랑스어권 총 종 수	80,069종	영어권 총 종 수	11,318종

자료 : 트란스라티오눔 지표(Sapiro 2010a).

표가 된다. 그 구체적인 예로 미국에서 영어로 번역된 프랑스어 서적 출간과 프랑스에서 프랑스어로 번역된 영문 서적의 출간을 살펴보도록 하겠다(Sapiro 2010a). 우선, 트란스라티오눔 지표에 나타난 영어와 프랑스어 두 언어 간 번역된 서적의 종 수를 관찰하면 비대칭성이 확연히 드러나며(1 대 8 정도의 비율), 이것은 영어가 초중심부에 위치한 언어langue hypercentrale이고 프랑스어는 중심부 언어권에서 두 번째 위치를 점하고 있음을 잘 보여 준다. 또한 프랑스어권에서 영어가 출판물 교류 비율상 적자로 나타나는 유일한 언어라는 점에도 주목할 필요가 있다.

발행 지역을 기준으로 보면, 영문 도서의 프랑스어 번역 중 81퍼센트가 프랑스에서 출판된 반면, 프랑스어에서 영어로 번역된 도서 중 37.6퍼센트만이 미국에서 출판되었다. 이처럼 미국에서 비중이 상대적으로 더 낮게 나타난 것은 다음 두 가지 요소에 기인한다. 첫째, 영문 출판 권역 내에서 미국의 중심적 위치가 프랑스가 프랑스어권에서 차지하고 있는 위치보다 훨씬 최근에 형성되었고, 이와 같은 중심적 위치를 영국과 함께 공유하고 있다는 점이다. 둘째, 영어로 번역된 프랑스어 서적 중 상당 부분이 캐나다에서 이루어졌으며, 그것은 퀘벡주의 출판 지원 정책에 힘입은 바가 크다.

상기 두 언어 간 그리고 두 국가의 출판 중심지 간 번역물 교류에서 현재 나타나는 비중을 고려하면, 이런 격차는 더욱 커진다. 영문 도서의 프랑스어 번역 출판의 71.7퍼센트가 파리에서 출간되는 반면, 프랑스어 서적의 영어 번역 출간 중 15.8퍼센트만이 뉴욕에서 이루어진다.

표 2 프랑스어권 및 영어권에서 번역된 문학작품의 지리적 집중도 비교

(프랑스/미국, 파리/뉴욕: 1990~2003년)

	영어-프랑스어		프랑스어-영어	
프랑스	89.5%	미국		56.6%
파리	83.4%	뉴욕		25.7%
프랑스어권 총 종 수	44,621종	영어권 총 종 수		2,500종

자료 : 트란스라티오눔 지표(Sapiro 2010a).

미국의 도서 출판이 지리적으로 넓게 분산된 것은, 중요도가 조금 떨어지지만, 캘리포니아와 같은 또 다른 중심 권역이 국내에 존재한다는 사실과 미국 전역에 퍼져 있는 대학 출판사들이 하는 역할 때문이다.

이 같은 지리적 분포가 책의 종류에 따라서도 다양하게 나타나기 때문에, 출판 분야는 또 다른 중요한 분석 요소가 된다. 실례로 문학 분야에서 번역물(청소년 도서 포함) 발행은 뉴욕에 더 집중되어 있다(〈표 2〉 참조). 픽션 분야에서 영어로 번역된 프랑스 도서의 4분의 1가량이 뉴욕에서 출간되었고, 이 비율은 전체 번역물에서 나타난 비중보다 더 높다(각각 25.7퍼센트, 15.8퍼센트). 한편, 인문학 분야에서는 앞서 언급한 대학 출판사들의 역할 때문에 지리적으로 훨씬 더 분산되어 있다. 그렇지만 미국 대학 출판사들은 프랑스 문학 수입에서도 적지 않은 역할을 한다. 우리가 구축한 데이터(사피로의 데이터)에 따르면, 같은 기간에 미국에서 번역된 프랑스 문학작품 중 46퍼센트만이 뉴욕에서 발행되었다. 이 사실은 프랑스에서 번역 출간된 미국 문학의 경우보다 지리적으로 훨씬 더 폭넓게 분산되어 있다는 것을 보여 주고 있다(〈그림 1〉 참조).

프랑스어권에서 프랑스어로 번역된 영문학 서적 중 프랑스 수도에서 출간되는 비율이 83.4퍼센트에 이르렀다. 다시 말해 10개 작품 중 여덟 개 이상이 파리에서 발행되었다는 것이다(〈표 2〉 참조). 특히 이런 사실은, 다른 언어권 저작물보다 훨씬 더 비싼 영문 도서의 저작권을 구매할 수단을 지닌 대형 출판사가 파리에 집중되어 있다는 것을 설명해 주고 있다. 또한 이처럼 높은 집중도는 프랑스어로 번역된 영문학 서

그림 1 미국에서 영어로 번역 출간된 프랑스어 문학작품의 지리적 분포
(번역물 발행 종 수와 출판사 수: 1990~2003년)

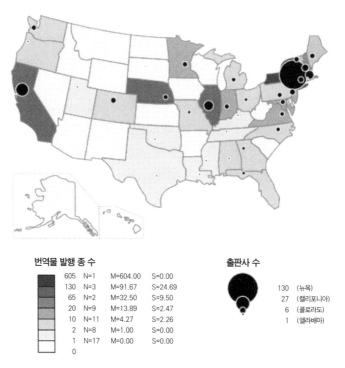

주 : N(표본 크기), M(표본 평균치), S(표준편차).
자료 : 사피로의 데이터(Sapiro 2010a).

적 수가 1990년에서 2003년 사이에 약 4만 5000종에 이른다는 점에서 그 의미가 더욱 크다. 참고로 그중 3만 7000종 이상이 파리에서 출간되었지만, 같은 기간 동안 뉴욕에서 번역 발행된 프랑스 문학 서적 수는 약 640종에 그쳤다.

결국 번역 출판물의 유통을 비교해 보면 도서 교류에 관한 지리적 분포도와 세계 번역 시장의 구조에서 나타나는 몇 가지 규칙성을 도출할 수 있다. 사실 세계 번역 시장의 구조는 오랜 기간을 거치면서 형성된 역사적 산물이며, 자본주의 도래, 국민국가 등장, 지정학적 힘의 관계,

제국주의 논리 등과 관련된 역사와 밀접하게 연결되어 있다. 한편, 이런 구조는 지배적인 위치에 있던 중심부를 전복하려는 주변부의 지난한 투쟁으로만 변화될 수 있었다. 그러나 책의 유통은 정치적·경제적 요인과 관련 없는 논리에 의해서도 이루어진다. 앞으로도 살펴보겠지만, 문화 교류는 정치적·경제적 제약에서 비교적 자유로운 어떤 자율성을 누리고 있다.

국가 단위의 장場 비교와 중위적 연구

지금까지 세계시장 차원에서 번역물의 유통, 그 규칙성과 지리적 분포를 검토했다면, 지금부터는 연구의 차원과 관점을 달리해 문화 수용이라는 각도에서 살펴보기로 하겠다. 일반적으로 번역은 문학사에서 비중 있게 다루어지지 않았지만, 실제로는 한 국가의 도서 출판 생산에서 중요한 역할을 했다. 번역은 여러 문화 간 교류를 증대하고 다양화하는 데 기여했으며, 특히 문화 활동이 세속화와 민주화라는 두 과정을 거치면서 탄생한 토착 언어◆로 이루어진 문학의 주요 구성 요소였다. 또한 번역은 언어와 문체 관련 모음집, 글쓰기 모델, 자국어로 된 작품의 자료집 등을 만들고 체계화하는 데도 중요한 역할을 했다(Even-Zohar 1997). 이 모든 것을 함께 연구 대상으로 삼을 때, 서로 구분되는 개별 대상이 존재한다는 것을 가정하고 있는 비교 연구에 대해 구체적인 비판적 시각을 가질 수 있다. 예컨대 민족 단위의 문화도 여러 번역 작품 속에 녹

◆ [옮긴이] 토착 언어langues vernaculaires는 한정된 공동체에서만 사용되는 언어이며, 여러 언어를 사용하는 주민들 간 공동으로 사용되는 매개 언어langues véhiculaires와 구별된다. 한 공동체에서 문화적 활동이 종교와 같은 특정 영역 그리고 지배계급과 같은 제한된 계층을 넘어서서 보다 다양한 부분에서 수적으로도 더 많은 그룹(대중 혹은 인민)이 접근 가능한 과정을 거치면서 한 언어가 토착화된다는 것을 확인할 수 있는데, 저자는 전자를 '세속화' 그리고 후자를 '민주화' 과정이라는 용어로 설명하고 있다.

아 있는 공동 유산으로부터 형성된 것이다(Milo 1984). 또한 이런 사실 확인을 통해 글로벌 시대에 이질적인 여러 문화가 서로 섞인다는 일반적인 견해에 대해서도 어느 정도 거리를 둔 해석을 할 수 있다. 실제로는 민족 단위 문화 그 자체도 여러 가지 이질적인 문화로 이루어져 있으며, 외국 모델에 적응하면서, 심지어 여러 형태의 외부 헤게모니에 저항할 때 이루어지는 일종의 교배 과정processus d'hybridation을 거치면서 생겨난 결과물이다.

그럼에도 우리는 번역이 여러 국가의 도서 출판 시장에서 차지하는 위치를 비교할 수 있다. 신간 서적 종 수라는 간단한 지표를 살펴보면, 번역서가 도서 출판 시장에서 차지하는 비중은 국가마다 다르다. 이때, 번역서 비중은 문화적 중심부에서 주변부로 갈수록 늘어나는 현상이 쉽게 확인된다. 예를 들면 1989~91년 기간에, 그 비중이 미국과 영국에서는 3퍼센트, 프랑스와 독일은 15~18퍼센트, 이탈리아와 스페인은 25퍼센트, 포르투갈은 35퍼센트, 스웨덴은 65퍼센트 수준이었다(Ganne et Minon 1992). 순수 기능주의적 접근은 문화가 어떤 부족한 요소를 수입하게 된다고 설명하지만, 이런 접근에는 '필요'라는 개념을 당연한 것으로 상정하는 문제점이 있다. 사실, 출판 시장은 무엇보다도 공급 시장이다. 이와 같은 순수 기능주의적 설명을 취하기보다는, 앞에서 강조한 바 있듯이, 어떤 '관계', 특히 힘의 관계라는 관점에서 고찰한다면, 언어별 번역물 유통 분석에서 드러난 여러 가지 구조적 차이점을 더 쉽게 이해할 수 있다. 예컨대 수출입에 나타난 상관관계를 살펴보면, 중심부의 언어들은 더 많이 수출되고 더 적게 수입되는 반면, 주변부의 언어들은 더 적게 수출되고 더 많이 수입되고 있다는 것을 확인할 수 있다. 그렇지만 이 같은 상관관계는 결코 기계적으로 이루어지지 않는다. 바로 이런 분석 틀에서 단행본 분야(문학, 청소년 문학, 인문·사회과학, 자연과학) 및 하위 분야(장르, 인문·사회과학의 여러 분과)를 비교할 때 관찰된 여러 가지 변수는, 경제적·정치적·문화적 요소 간 착종이나 국가정책 차원과 출판사들이 구상한 집단적인 전략을 통해 설명할 수 있다. 물론 이 모든 것을 위해서는 경험적 연구가 필요하다.

우리가 이미 살펴보았듯이, 각국의 토착 언어로 만들어진 도서 출판이 세계 도서 시장 형성과 국가 정체성 확립에 힘입어 발전되었고, 또한 이때 나타난 다양한 출판 형태가 영국, 독일, 프랑스 같은 국가에서 오래전부터 존재해 왔던 여러 모델 간 교류의 결과였다면, 이런 형태를 어떤 기존 모델이 단순 재생산된 것으로 볼 수 없다. 결국 19세기 초 서구 국가에서 등장한 자본주의 양식의 출판업이 즉각적으로 모든 국가로 전파된 것은 아니다. 예를 들면 동유럽에서는 국가가 출판을 통제하던 공산주의 체제가 붕괴한 이후에야 도입되었으며, 아랍 국가들에서는 아직도 완전하게 자리 잡지 못하고 있다. 심지어 자유주의 경제를 중시하는 여러 국가에서도 출판업의 조직이나 운영 방식은 상당한 차이를 보인다.

프랑스와 미국에 한정해 살펴보면, 적어도 네 가지 차이점을 거론할 수 있다. 첫 번째 차이점은 출판 기업의 법적 지위와 관련된 것으로, 예컨대 미국에서는 기업이 신고할 때 영리 또는 비영리 목적에 따라 차이가 난다. 반면에 프랑스에서는 출판 분야 구조상 이런 구분이 없다. 두 번째 차이점은 관찰 대상의 범위에 관한 것으로, 국가나 지방 공공단체의 개입이 미국에서는 거의 존재하지 않지만, 프랑스 도서 시장에서는 매우 중요한 역할을 한다. 프랑스에서 도서 지원 정책은, 출판과 번역 지원부터 도서 단일 정가에 관한 랑법loi de Lang이나 독립 서점 네트워크 지원에 이르기까지, 도서 생산과 유통 사슬에 다방면으로 영향을 미친다. 세 번째 차이점은 도서 생산 사슬 내부에서 이루어지는 노동 분업과 관련한 것이다. 예를 들면 미국에서 신인 작가 발굴 기능을 문학 전문 에이전트에 맡기는 업무 외주화 방식으로 이루어지지만, 프랑스에서는 이런 기능이 출판사 내부에 머물러 있다. 마지막으로 네 번째 차이점은 분류 원칙과 관련되는데, 특히 미국에서는 '픽션'과 '논픽션'의 구분, 프랑스에서는 출판사 카탈로그를 구성하고 있는 '프랑스 문학'과 '외국 문학'의 구분과 같은 것이다.

그러나 지금까지 살핀 차이점 이외에도, 피에르 부르디외Pierre Bourdieu가 고안한 장場 개념은 미국과 프랑스 출판계의 두 공간espaces éditoriaux 사이에 존재하는 구조적 상동 관계homologies structurales를 파악할 수 있게 해준다. 특히 이 개념을 통해 주로 대량 생산이 이루어지는 극極과 제한된 생산이 중시되는 또 다른 극이 서로 대립하는 관계와 이런 관계 속에서 나타나는 각 장의 특수한 형태를 더 잘 이해할 수 있다(Bourdieu 1977, 1999). 이 두 극은 경제와 이윤과 관련해 서로 차별된다. 대량 생산을 위주로 하는 극에서는 수익성 논리가 우선시되고, 이를 위해 기업의 집중화(합병-매수), 과잉생산, 배포 및 보급망 통제와 같은 생산의 합리화가 시도된다. 이와는 반대로 제한된 생산 극을 대표하는 책임자들은 출판 업무에서 지적인 면을 우선시하며 지적 또는 미학적 차원에서 가치가 있다고 판단되는 일련의 단행본 시리즈를 구축함으로써, 단기적인 이윤보다는 장기적으로 상징 자본capital symbolique의 축적을 추구하는 경향이 있다. 따라서 이 극의 경제적 특징 중 하나는 공공 기관, 후원자, 자선 재단 등이 제공하는 지원과 보조금을 이용하는 것이다. 이렇게 상반된 논리가 적용되는 두 극 간 대립 관계는 프랑스와 미국에서 유사한 용어로 표현되기도 한다. 예를 들면 '쇼트셀러'shortsellers(단기적 베스트셀러)와 '롱셀러'longsellers(장기적 스테디셀러)◆ 같은 구분이 두 나라에서 공히 사용된다. 아랍 국가들에서 대량 생산 극은 앞서 언급한 이유로 종교 분야를 제외하고는 거의 발달하지 못하고 있다. 한편, 영국 같은 국가에서는 제한된 생산 극이 강력한 시장경제 논리에 따른 제약 탓에 지속적으로 성장하기가 어려운 상황에 놓여 있다.

미국 도서 출판 장場에서 대량 생산 극과 제한된 생산 극 사이에 일차적 대립 관계는 기업의 법적 지위와 관련이 있다. 한편으로는 상업적인 기업과 또 다른 한편으로는 비영리 목적의 출판사가 서로 대별되지

◆ [옮긴이] 각각 베스트셀러와 스테디셀러에 대응하는 용어이다.

만, 이런 구분이 언제나 분명한 것은 아니다. 실제로 미국에도 수많은 소규모 독립 출판사가 존재하며, 법적으로 상업적 지위를 가지면서도 제한된 생산 극의 논리에 부합하는 출판 정책을 펼치고 그 정당성을 내세우기도 한다. 미국과 비교해 유사한 점이 많음에도, 프랑스에서 민간 부문과 공공 부문 간 상호 대립이 출판 장의 구조에서 반드시 결정적인 영향을 미치지는 않는다. 예를 들면 대학 출판사는 문학 분야나 번역서 출판 부문에서 역할은 미미한 편이며, 심지어 거의 없다고도 볼 수 있다. 반대로, 프랑스 국립도서센터Centre national du livre와 외무부가 공적 지원 정책 차원에서 실행하는 보조금은 미국의 재단들이 비영리 문화적 기업에 지급하는 지원금과 구조적으로 꽤 유사하다.

바로 앞에서 다룬 것과 중첩되기도 하겠지만 또 다른 수준의 관찰 지점에서 살펴보면, 장 내에서 대량 생산과 제한된 생산이라는 두 개의 극을 중심으로 펼쳐지는 분극 현상이 대형 그룹과 소규모 독립 출판사가 대립하는 구도와 상당 부분 일치한다. 이 같은 대립 관계는 프랑스뿐만 아니라 미국 출판 장에서도 구조적으로 중요한 작동 원리이다. 특히 기존 구도에 대한 비판적 시각을 견지하거나 번역 문학에 전문화되어 있는 소규모 독립 출판사는 이런 대립적 구조를 내면화하고 대형 그룹에 속한 출판사와 자신을 자연스럽게 구분한다. 이 같은 출판사들은 만족시켜야 할 주주도 없다고 강조하면서 비상업적 목적을 전면에 내세우기도 하는데, 이때 이런 주장이 하나의 '사명' 또는 '열정'에서 비롯되었다고 인식한다.

흔히 출판사의 '독립'이란, 생산물의 질보다는 경제적 이득에 더 관심을 가진다고 추정되는 주주에게 되돌려 주어야 할 그 어떤 채무 관계도 없이, 자신만의 출판 정책을 시행할 수 있는 자유라고 알려져 있다 (Schiffrin 1999; Vigne 2008; Discepolo 2011). 그렇지만 이런 대립 구도를 대량 생산 극과 제한된 생산 극 사이에서 작동하는 대립 관계에 기계적으로 겹쳐서 이해하는 것을 경계해야 한다. 더구나 독립 출판사를 대표하는 모든 이해 당사자들이 이런 대립 구도의 경계선에 대해 반드시 동의하는 것도 아니다. 첫째, 독립 출판사도 상업적 이익을 도모하는 정책을 공격적으로 펼칠 수 있다. 또한 대형 그룹에 인수된 출판사들이 자사의 전통, 회사 책임자들에게 주어진 경영상 여지, 축적된 노하우 등에 따라 출판 전략을 수립하고 실행하는 과정에서 일정한 자율성을 가질 수도 있다. 둘째, 대형 그룹을 모두 성격이 동일한 실체로 간주하기보다는, 서로 다른 성격을 띤 채 자신들만의 전문성을 수단 삼아 출판 장 내부에서 수직적 서열과 대립 구도를 재생산하는 여러 개체가 모인 집합체로서 이해해야 한다. 예를 들면 미국의 대형 그룹들도 내부적으로는 지향하는 가치의 차이점들marques이 '픽션/논픽션' 또는 '고급/상업적'이라는 대립 구도에 따라 전문화되는 경향이 있다. 한편, 이런 대립 구도는 제한된 생산과 대량생산을 각각 추구하는 두 극으로 분극화되는 현상과 부분적으로 일치한다. 이 같은 미국식 조직의 특성은 역시 프랑스 대형 그룹들에서도 나타나며, 실제로 최근에 구축된 각종 총서도 이와 유사한 구도에서 작동하고 있다(Simonin 2004; Sapiro 2008). 프랑스 대형 문학 출판사에서는 문학 총서를 번역 문학 총서와 좀 더 상업성을 띤 총서로 구별하고 있다. 예를 들면 갈리마르Gallimard 출판사에서는 '블랑슈'Blanche 총서를 '뒤 몽드 앙티에'Du monde entier 총서, '느와르'Noire 총서와 구분하고 있다. 베스트셀러와 이른바 유사 문학paralittérature과 같은 하위 범주(추리[소설], 공상과학[소설] 등)는 대개 특별 총서 형태로 나오며, 그 예로 라퐁Laffont 출판사의 '베스트셀러'Best-sellers 총서를 들 수 있다.

미국과 프랑스의 두 출판 장에서 나타나는 중요한 차이점 중 하나는 번역이 차지하는 위치와 관련이 있다(Sapiro 2010b). 미국 도서 출판 생산에서 번역 도서의 비중은 문학 분야를 포함해도 3퍼센트를 넘지 않는 반면(Allen 2007), 프랑스에서는 그 비중이 1990년대 초부터 18~20퍼센트를 기록하고 있으며, 문학 분야의 경우는 두 배로 높은 35~40퍼센트를 차지하고 있다(Sapiro ed. 2008). 하지만 이런 차이는 어떤 상동성homo-logie과 관련이 있으며, 앞서 언급한바 그 자체가 국가 간 힘의 관계에서 비롯된 것이다. 원저서가 미국 출판사에서 발행된 도서는 두 국가 모두 대량생산을 위주로 하는 극에서 지배적인 위치를 점하고 있다. 따라서 이 극에서 번역 도서(여기서는 모든 언어와 관련됨) 비중이 미국에서는 상대적으로 낮게 나타난다. 프랑스의 경우, 대중성 또는 상업성을 중시하는 장르에서 영어 번역물이 아주 높은 비중을 차지하고 있으며, 심지어 동종의 프랑스어 도서보다 발행 종 수가 더 많다. 거의 모든 '로맨스 소설'romans roses 그리고 상당 부분의 베스트셀러, 스릴러와 추리 종류의 도서가 바로 이런 경우에 해당한다.

이와는 반대로, 제한된 생산을 추구하는 극에서 활동하는 소규모 출판사는 영문 작품의 저작권을 획득하기 위해 대형 출판사와 경쟁할 수단이 많지 않아서, 준주변부 또는 주변부 언어로 된 작품 번역을 전문화하는 경향이 있다. 따라서 이 극에서는 영문 작품 번역물의 비중이 상대적으로 높지 않다. 폭넓은 대중을 지향하는 작품과 함께 '고급' 작품도 수입하는 대형 출판사들이 발행하는 외국 문학 총서의 경우는, 대량 생산 극과 제한된 생산 극 사이에 위치한다. 한편, 이런 출판사들은 추리 및 스릴러 총서도 발행하고 있다. 그리고 이들의 외국 문학 총서는 작가 관련 정책과 번역 언어의 다양화라는, 서로 양립하기가 쉽지 않은 두 가지 원칙에 의해 관리되는데, 영문 작품의 상대적 비중은 비교적 높지 않은 편이며(약 3분의 1인 반면에, 전체 평균 비중은 3분의 2), 번역 언어의 다양성 정도는 높다.

역으로, 미국에서 첫 번째 번역 언어인 프랑스어 작품 번역은 주로 제한된 생산 극에 위치하며 '고급' 문학작품 범주로 분류된다. 이 같은 사실은 프랑스 문학 수입에서 대학 출판사를 포함한 비영리 출판사의 역할을 잘 보여 주고 있다. 1990~2003년 기간 동안 적어도 10권 이상의 프랑스 문학작품 번역서를 발행한 29개 출판사 중에, 약 3분의 1에 해당하는 아홉 개가 비영리 출판사였다(Sapiro 2010a). 사실, 총서 기획이 없는 출판 카탈로그가 지배적인 도서 출판 장에서는 문학 관련 저명한 총서와 비견할 만한 것이 아예 존재하지 않는다.

결국 장 개념은 비교가 가능하고 상대적 자율성을 가진 두 공간 사이에서 나타나는 여러 성격의 구조적 상동 관계를 확인할 수 있게 해주는데, 이때 여러 개별 공간의 세계 도서 시장 편입과 관련된 것과 각각의 고유한 역사와 관련된 것도 분명히 구분해야 한다. 대개 이 공간들의 발전은 여러 가지 구조적 제약에 따라 결정되지만, 반드시 그런 것만도 아니다. 사실, 이들이 이루고 있는 구조의 존속 또는 변화는 관련 행위자(개인, 기관) 간 힘의 관계, 대립, 경쟁, 협력 등의 산물이기도 하며, 바로 이런 점들에 대해 경험적 연구를 진행해야 한다.

행위자의 참여와 전략에 관한 미시적 연구

행위자들이 사고하고, 행동하고, 판단할 때 여러 가지 외부 제약을 있는 그대로 받아들이며 내면화하게 되는데, 장 개념은 바로 이런 제약이 작동하는 '공간' 내에서 어떻게 개인 및 집단의 전략이 펼쳐지는지를 이해할 수 있도록 해준다. 그러나 같은 공간에서도 특수한 쟁점이나 행동 노선을 결정짓는 가치를 둘러싸고 서로 관점이 다른 여러 그룹이 서로 대립할 수 있다. 앞에서 이미 살펴보았듯이, 도서 출판 장은 구조적으로 단기 이윤에 기초한 상업적 가치를 지향하는 대량생산 극과 경제적 목적보다 지적·미학적 가치를 추구하는 제한된 생산 극으로 구성되어 있다. 흔히 이윤율이 낮을 것이라는 가정 때문에 생겨난 번역 작품에 대한 불신은 일반적으로 도서 판매 체인점, 마케팅 부서, 그리고 영업 책임자 등이 구조적으로 연합 관계를 이루고 있는 상업적 유통 경로에서 비롯된 것이다. 실제로 영업 책임자들에게 이런 불신은 하나의 사회적 '믿음'croyance이 되었고, 그것이 설사 거짓이고 곧 반박당할지라도 반드시 사회적 효과를 동반하리라고 확신하는 특징을 갖는다. 이를 두고 일찍이 로버트 머튼Robert Merton은 '자기실현적 예언'으로 명명했다. 이런 불신 및 믿음과 정반대되는 실례로 로베르토 볼라뇨Roberto Bolaño

의 소설 『2666』 또는 뮈리엘 바르베리Muriel Barbery의 작품 『고슴도치의 우아함』L'Élégance du hérisson이 거둔 성공을 들 수 있다.◆ 물론 이 작품들의 성공 사례는 당시 서점가에서도 예외적이라고 평가되었다. 오늘날 도서 출판 부문은 상업적 이익 추구에 따른 여러 가지 제약을 점점 더 많이 받고 있다. 예컨대 출판물을 기획할 때 영업 계획서를 사전에 제출하거나 마케팅 부서 책임자들에게도 보고하는 등의 의무 사항을 당연하게 받아들이는 상황에 놓이게 되었다. 심지어 이런 외부 제약들이 제한된 생산 극에까지 적용되어, 발행되는 번역 도서의 종 수를 줄이는 결과를 가져왔다. 반대로, 번역서 발행은 주로 소규모 독립 출판사들에 의해 이루어지고 있는데, 이 출판사들은 전문 에이전트를 거쳐 고액으로 판매되고 있는 미국 저서 저작권을 구매할 자원이 없기 때문에, 이미 국내외에서 널리 알려진 저명 외국 작가를 자기 나라에 소개하면서 번역을 상징 자본의 축적 수단으로 인식하고 있다. 이때 이들은 관련 국가가 번역 비용의 일부를 부담하는 형식으로 지원하는 재정적 혜택을 종종 받기도 한다. 이 소규모 독립 출판사들은 지적·미학적 가치를 추구한다는 명분으로 그들의 선택을 정당화하고 발행하는 저작물의 질적인 면을 강조하지만, 일상적으로 부딪치는 상업적 제약을 부정하지도 않는다. 물론 그들은 이런 선택에 따르는 위험을 인정하고 있다. 이런 위험을 감수한다는 것은 직업적인 행위에 속하는 것으로, 어떤 성향이나 취향이 아니라 그들 스스로 부여한 직무를 수행하기 위한 것이기도 하다. 한편, 비영리 추구라는 '지위'를 인정받은 출판사들은 그들이 존재할 수 있도록 도와주는 자선 재단이 제공하는 재정 지원을 받기 위해 이런 '임무'를 — 일반적으로 설득하는 어조로 — 분명하게 밝혀야 한다.

◆ [옮긴이] 『2666』은 칠레 작가 로베르토 볼라뇨의 미완성 작품으로 2004년 유고집으로 나왔으며 프랑스어 번역본은 2008년에 출간되었다. 한편, 『고슴도치의 우아함』은 프랑스 작가 뮈리엘 바르베리의 두 번째 소설로 2006년 갈리마르 출판사에서 출간되었고 여러 문학상을 받은 작품이다.

번역을 둘러싼 여러 작업은 바로 이와 같은 직무 수행에 속한다. 번역은 일반적으로 다른 문화에 대한 개방과 다양성 확대에 기여한다고 소개된다. 따라서 이런 역할을 장려하는 출판사와 번역가에게는 번역 작업이 문학적인 동기일 뿐만 아니라 정치적인 명분으로 인식되기도 한다. 실제로 미국 도서 출판에서 번역 작품이 차지하는 비중이 3퍼센트에 불과하다는 사실이 알려지면서 사회적 운동이 두 방향에서 일어났는데, 하나는 영어의 지나친 영향력에 반대하는 운동이고, 또 다른 하나는 다른 언어와 말을 널리 알리고자 하는 운동이다. 이 사회운동에 새로운 세대의 독립 출판사들이 참가했으며, 이들은 특히 펜 보이스 페스티벌PEN Voice Festival과 같은 모임을 주선하는 펜클럽PEN Club 활동과 밀접한 관계를 갖고 있었다. 한편, 펜클럽은 미국에서 번역 도서의 낮은 비중을 나타내는 수치를 연상시키는 〈스리 퍼센트〉Threepercent라는 인터넷 사이트와 온라인 저널(〈국경 없는 이야기〉Words Without Borders)을 운용하고 있다. 이 저널은 다양한 언어로 된 '목소리'voix를 도입 및 확산함으로써 글로벌한 문화적 교류를 장려할 목적에서 저널을 발행하고 있다고 선언문에서 밝히고 있다(www.wordswith outborders.org).

프랑스 상황도 앞서 살펴본 미국의 경우와 비교해 보면 여러 가지 면에서 비슷하지만, 중요한 차이점이 하나 있다. 즉, 프랑스에서는 도서 출판 관련 국가 공무원과 민간 이해 당사자 사이에 협력 관계에 기반한 국가정책이 시행되기 때문에, 제한된 생산 극에 불리한 힘의 불균형이 상대적으로 크지 않다는 것이다. 프랑스 국가정책은 책이 단순한 상품이 아니라는 사회적 믿음에 기초하고 있고 종국에는 제한된 생산 부문을 보호하는 것을 목표로 한다. 이 정책은 다음과 같은 두 가지 장치를 통해 구체적으로 시행된다. 하나는 도서 단일가에 관한 1982년 랑법처럼 조정 기능을 중시하는 대책이고, 다른 하나는 독립 서점 후원과 국립도서센터CNL가 주관하는 도서 출판 지원처럼 장려를 중시하는 대책이다. 국립도서센터의 지원 정책에는 번역 출판 지원도 포함되어 있다. 일반적으로는 프랑스어 작품이 다른 외국어로 번역되는 경우가 해당되지만, 외국어 작품의 프랑스어 번역도 지원 대상이다. 한편, 이는 본인 자신이 번역가이기도 했던 장 가테뇨Jean Gattégno[*]가 1980년대 말에 수립한 전략으로, 점점 커지는 영어의 영향력에 맞서기 위한 것이었다. 오늘날에는 2001년 유네스코가 채택한 '문화 다양성' 개념이 이 전략의 중심 좌표가 되고 있다. 결국 프랑스에서 번역을 보호하는 것은 국가, 출판사, 도서 출판 관련 직능 단체 — 특히 프랑스어 문학 번역가 협회와 문인협회Société des gens des lettres — 가 번역을 위한 사회적·직업적 조건들을 공동으로 검토하는 협의체를 만들어 낼 만큼 널리 공유하는 원칙이 되었다.

번역에 호의적인 운동 형태뿐만 아니라, 행위자들에게 여러 제약이 작동하는 공간과 개연성 있는 기회들이 주어지는 구조에도 주목하면서, 관련 행위자들의 다양한 전략을 비교하고자 하면, 출판사가 발행한 도서 카탈로그나 총서가 적절한 연구 대상이 될 만하다. 이런 전망에서, 제목 선택, 저자와 관련한 전략, 언어에 대한 연구(Serry 2002)와 갈리마르 출판사에서 간행된 번역물의 변화에 대한 연구(Sapiro 2011) 등이 발표된 바 있다. 더 나아가 이런 비교 연구를 위해서는 여러 작품의 유통 조건들을 자세히 검토해야 하며, 특히 번역 도서에서 영어나 프랑스와 같은 중심적 위치에 있는 언어의 역할을 잘 살펴야 한다. 이와 더불어 출판 모델 간 교류 조건도 충분히 고려해야 할 대상이다. 실례로 미국에서 대부분 대형 출판사들이 번역 부문에서 손을 뗄 때, 보스턴의 한 작은 출판사인 데이비드 고딘David Godine이 1997년 프랑스 모델에 근거한 외국 문학 총서 '베르바 문디'Verba Mundi를 발행한 바 있다. 한편, 여러 행위자의 전략에 관한 비교 연구는 번역과 관련된 실질적 업무와 규범에 대해서도 가능하다. 앞에서 이미 시사한 바 있듯이, 이런 규범은 문

---

[*] [옮긴이] 장 가테뇨(1935~94)는 프랑스 지식인이며 영문학자이다. 도서관 및 도서 출판을 관장하는 여러 기관에서 주요 행정 책임자로서 관련 정책 발전에 중요한 역할을 했다.

화뿐만 아니라 도서 출판 부문에 따라서도 다르게 나타난다(Sapiro 2008).

***

우리는 지금까지 번역이라는 사례연구를 통해 거시적·미시적·중위적으로 이루어지는 세 가지 수준의 비교 연구가 서로 착종되고 보완적이라는 사실, 그리고 이를 이해하기 위해 양적 방법과 질적 방법, 역사적·인류학적(현장 관찰, 인터뷰 등) 전망 등을 모두 함께 분석하는 구조적 접근의 필요성을 보여 주고자 했다. 이처럼 구조적인 면을 중시하는 비교 연구는 '장'場이라는 추상적인 개념을 동원하게 되는데, 이 개념은 여러 종류의 차이 속에서도 존재하는 상동성을 식별하고 그것이 미치는 효과를 더욱 적절하게 평가할 수 있도록 해준다. 사실, 프랑스에서 도서 출판 관련 문화 정책이 존재하는 것은 번역의 가치가 공적인 권위에 의해 인정받고 있음을 의미하며, 바로 이 지점에서 번역을 지지하는 사회운동의 영향력이 직업적인 차원보다는 상징적인 의미가 큰 미국의 경우와는 차이가 있다. 그러나 일국 단위에서 조직된 도서 출판 장들은 세계 도서 시장에 편입되어 있다. 이 세계시장 또한 구조적으로 불평등한 힘의 관계로 이루어져 있으며, 이런 구조는 여러 도서 출판 모델 간 유통과 교류에 크게 영향을 미친다. 지적으로 잘 무장된 비교 연구는 이와 같은 현상들을 모두 고려해야 한다. 그렇지 못할 경우, 국내시장이 세계시장에 편입되면서 나타나는 특징들을 국내시장 논리로 이해하거나, 심지어 오직 하나의 발전 모델만을 구상해 마치 그것이 당연하다는 식으로 받아들일 위험이 있다. 또한 비교 연구에서 동원된 장이라는 개념은 기존의 힘의 관계를 유지 또는 전복하기 위해 투쟁하는 다양한 행위자들(개인, 기관)이 서로 대립하는 역동적인 공간으로 인식되어야 한다. 도서 출판 장들은 저마다 고유한 역사가 있으며, 이 역사는 발행한 도서 카탈로그(관리해야 할 자산이기도 함), 전통, 그리고 행위자들의 노하우 속에 녹아 있다. 국제 차원의 유통 과정에서 생기는 출판 모델의 교류 또는 도서 출판 관련 종사자 채용 방식의 변모에 따라, 이들 장 내부에서도 어떤 변화가 생길 수 있다. 그러나 이런 변화는 기존 질서를 옹호하는 자들과 그들에 맞서는 자들 간에 벌어지는 대립의 결과일 것이다. 따라서 비교 연구는 과정을 중시하는 역동적 접근 방식을 취해야 한다(Boschetti 2010). 여기에서 통시적인 관점이 수행하는 다음 두 가지 기능은 앞에서 살펴본 세 가지 수준의 연구에서도 유효하다. 첫 번째는 개별 장에서 나타나는 여러 상황을 서로 비교하는 것fonction comparative이고, 두 번째는 어떤 하나의 사회적 공간과 그 구조의 생성 과정을 분석하는 것fonction génétique이다. 시간상 현재를 우선시하는 접근 방식이 오늘날 미국 사회과학에서 꽤 광범위하게 퍼져 있다. 그러나 이에 반해, 사회적 구조가 과거의 여러 과정이 시간성temporalités에 따라 구체적으로 나타난 결과라는 사실을 상기할 필요가 있다. 이때 시간성이란 연구자 스스로 결정해야 하며, 우리가 지금까지 보여 준 사례연구에서 이미 밝혔듯이, 장기부터 단기까지 다양한 관점으로 구성될 수 있다. 예컨대 세계 번역 도서 시장에서 중심부들과 고유한 작동 원리들이 구조적으로 고착화되는 과정은 장기적인 관점으로, 세계화 시대를 맞이해 번역을 지지하는 행위자들이 결집하는 현상은 단기적인 관점으로, 그리고 서로 다른 도서 출판 장들 간 역사적 비교는 중기적인 관점으로 분석할 수 있다.

참고 문헌

Abbott, Andrew. 1988. *The System of Professions. An Essay on the Division of Expert Labor*. Chicago et Londres, The University of Chicago Press.

Allen, Esther. 2007. *To Be Translated or Not To Be, Pen/IRL Report on the International Situation of Literary Translation*. Institut Ramon Lull.

Amselle, Jean-Loup. 2001. *Branchements. Anthropologie de l'universalité des cultures*. Paris, Flammarion.

Anderson, Benedict. 1996 [1989]. *L'imaginaire national. Réflexions sur l'origine et l'essor du nationalisme*. trad. par Pierre-Emmanuel Dauzat. Paris, La Découverte.

Beck, Ulrich. 2006. *Qu'est-ce que le cosmopolitisme?*. trad. par Aurélie Duthoo. Paris, Aubier (coll. "Alto").

Billiani, Francesca. 2007. *Culture nazionali e narrazioni straniere. Italia, 1903-1943*. Florence, Le Lettere.

Boschetti, Anna. 2010. "Pour un comparatisme réflexif." dans Anna Boschetti (ed.). *L'espace culturel transnational*. Paris, Nouveau Monde Éditions (coll. "Culture Médias").

Bourdieu, Pierre. 1977. "La production de la croyance: contribution à une économie des biens symboliques." *Actes de la recherche en sciences sociales*, 13, pp. 3~43.

_____. 1999. "Une révolution conservatrice dans l'édition." *Actes de la recherche en sciences sociales*, 126/127, pp. 3~28.

_____. 2002. "Les conditions sociales de la circulation internationale des idées." *Actes de la recherche en sciences sociales*, 145, pp. 3~8.

Casanova, Pascale. 1999. *La république mondiale des lettres*. Paris, Seuil.

Charle, Christophe (ed.). 2009. *Le temps des capitales culturelles, XVIIIe-XXe siècles*. Seyssel, Champ Vallon (coll. "Époques").

Discepolo, Thierry. 2011. *La trahison des éditeurs, Marseille*. Agone (coll. "Contre-feux").

Durand, Pascal et Yves Winkin. 1999. "Des éditeurs sans édition. Genèse et structure de l'espace éditorial en Belgique francophone." *Actes de la recherche en sciences sociales*, 130, pp. 48~65.

Durkheim, Émile. 1937 [1895]. *Les règles de la méthode sociologique*. Paris, Puf (coll. "Bibliothèque de philosophie contemporaine").

Elias, Norbert. 1974. *La société de cour*. trad. par Pierre Kamnitzer. Paris, Calmann-Lévy (coll. "Archives des sciences sociales") [『궁정사회』. 박여성 옮김. 한길사. 2003].

Espagne, Michel. 1994. "Sur les limites du comparatisme en histoire culturelle." *Genèses*, 17, pp. 112~121.

Even-Zohar, Itamar. 1997. "The making of culture repertoire and the role of transfer." *Target*, 9 (1), pp. 355~363.

Febvre, Lucien et Henri-Jean Martin. 1971. *L'apparition du livre*. Paris, Albin Michel (coll. "L'évolution de l'humanité") [『책의 탄생: 책은 어떻게 지식의 혁명과 사상의 전파를 이끌었는가』. 강주헌·배영란 옮김. 돌베개. 2014].

Ganne, Valérie et Marc Minon. 1992. "Géographies de la traduction." dans Françoise Barret-Ducrocq (ed.). *Traduire l'Europe*. Paris, Payot.

Hannerz, Ulf. 1996. *Transnational Connections: Culture, People, Places*. Londres, Routledge.

Heilbron, Johan. 1999. "Towards a sociology of translation: Book translations as a cultural world system." *European Journal of Social Theory*, 2 (4), pp. 429~444.

Heilbron, Johan et Gisèle Sapiro. 2008. "La traduction comme vecteur des échanges culturels internationaux." dans Gisèle Sapiro (ed.). 2008, pp. 24~44.

Milo, Daniel. 1984. "La bourse mondiale de la traduction: un baromètre culturel." *Annales ESC*, 39 (1), pp. 92~115.

Mollier, Jean-Yves. 2001. "La construction du système éditorial français et son expansion dans le monde du XVIIIe au xxXXe siècle." dans Jacques Michon et Jean-Yves Mollier (eds.). *Les mutations du livre et de l'édition dans le monde du xviiie siècle à l'an 2000*. Québec, Paris, Presses de l'université de Laval, L'Harmattan, pp. 191~207.

Popa, Ioana. 2002. "Un transfert littéraire politisé. Circuits de traduction des littératures d'Europe de l'Est en France, 1947-1989." *Actes de la recherche en sciences sociales*, 144, pp. 55~59.

_____. 2010. *Traduire sous contraintes. Littérature et communisme (1947-1989)*. Paris, CNRS Éditions (coll. "Culture et société").

Pym, Anthony et Grzegorz Chrupala. 2005. "The quantitative analysis of translation flows in the age of an international language." dans Albert Branchadell et Margaret West Lovell (eds.). *Less Translated Languages*. Amsterdam-Philadelphie, John Benjamins, pp. 27~38.

Renoliet, Jean-Jacques. 1999. *L'Unesco oubliée. La Société des Nations et la coopération intellectuelle (1919-1946)*. préf. de René Girault. Paris, Publications de la Sorbonne.

Sapiro, Gisèle. 2008. "Translation and the field of publishing. A commentary on Pierre Bourdieu's "A conservative revolution in publishing" from a translation perspective." *Translation Studies*, 1 (2), pp. 154~167.

_____. 2009. "Mondialisation et diversité culturelle: les enjeux de la circulation transnationale des livres." dans Gisèle Sapiro (ed.). *Les contradictions de la globalisation éditoriale*. Paris, Nouveau Monde Éditions (coll. "Culture Médias"), pp. 275~302.

_____. 2010a. *Les échanges littéraires entre Paris et New York à l'ère de la globalisation*. étude réalisée dans le cadre d'une convention avec le MOtif (Observatoire du livre d'Île-de-France). Paris, CESSP. 검색 가능 웹 페이지: www.lemotif.fr (2012년 9월 접속).

_____. 2010b. "Globalization and cultural diversity in the book market: The case of translations in the US and in France." *Poetics*, 38 (4), pp. 419~439.

_____. 2011. "À l'international." dans Alban Cerisier et Pascal Fouché (eds.). *Gallimard: un siècle d'édition (1911-2011)*. catalogue d'exposition. préf. d'Antoine Gallimard et de Bruno Racine. Paris, BNF-Gallimard, pp. 124~147.

Sapiro, Gisèle (ed.). 2008. *Translatio. Le marché de la traduction en France à l'heure de la mondialisation*. Paris,

CNRS Éditions (coll. "Culture et société").

Sapiro, Gisèle et Ioana Popa. 2008. "Traduire les sciences humaines et sociales: logiques éditoriales et enjeux scientifiques." dans Gisèle Sapiro (ed.). 2008, chap. 5.

Schiffrin, André. 1999. *L'édition sans éditeurs*. trad. par Michel Luxembourg. Paris, La Fabrique.

Serry, Hervé. 2002. "Constituer un catalogue littéraire." *Actes de la recherche en s.ciences sociales*, 144, pp. 70~79.

Simonin, Anne. 2004. "Le catalogue de l'éditeur: un outil pour l'histoire. L'exemple des Éditions de Minuit." *XXe siècle. Revue d'histoire*, 81, pp. 119~129.

Sorá, Gustavo. 2009. "Des éclats du siècle: unité et désintégration dans l'édition hispano-américaine en sciences sociales." dans Gisèle Sapiro (ed.). *Les contradictions de la globalisation éditoriale*. Paris, Nouveau Monde Éditions (coll. "Culture Médias"), pp. 133~156.

Surel, Yves. 1997. *L'État et le livre: les politiques publiques du livre en France, 1957-1993*. Paris, L'Harmattan (coll. "Logiques politiques").

Swaan, Abram de. 2001. *Words of the World: The Global Language System*. Cambridge, Polity Press.

Thiesse, Anne-Marie. 1999. *La création des identités nationales. Europe XVIIIe-XXe siècle*. Paris, Seuil (coll. "L'univers historique").

Thompson, John B. 2010. *Merchants of Culture. The Publishing Business in the Twenty-First Century*. Cambridge, Polity Press.

Toury, Gideon. 1995. *Descriptive Translation Studies and Beyond*. Amsterdam, John Benjamins.

Vigne, Éric. 2008. *Le livre et l'éditeur*. Paris, Klincksieck (coll. "50 questions").

Wallerstein, Immanuel. 2006. *Comprendre le monde. Introduction à l'analyse des systèmes-monde*. trad. par Camille Horsey. Paris, La Découverte (coll. "Grands repères").

Weber, Max. 1964. *L'éthique protestante et l'esprit du capitalisme*. trad. par Jacques Chavy. Paris, Plon (coll. "Recherches en sciences humaines") [『프로테스탄티즘의 윤리와 자본주의 정신』. 김덕영 옮김. 길. 2010].

Werner, Michael et Bénédicte Zimmermann (eds.). 2004. *De la comparaison à l'histoire croisée, revue Le Genre humain*. Paris, Seuil.

Wilfert, Blaise. 2002. "Cosmopolis et l'homme invisible. Les importateurs de littérature étrangère en France, 1885-1914." *Actes de la recherche en sciences sociales*, 144, pp. 33~46.

_____. 2003. *Paris, la France et le reste… Importations littéraires et nationalisme culturel en France, 1885-1930*. thèse de doctorat d'histoire de l'université Paris I, sous la dir. de Christophe Charle (dactyl.).

Faire des sciences sociales

제7장
'한국' 연구와 사회과학

분단된 두 '한국'에 대한
비교 연구의 다면성

발레리 줄레조

이길호 옮김

지리학자이며 '한국'Corée 관련 연구를 전공으로 하는 저자는 이 글에서 지역연구와 학제 간 연구가 어떻게 암묵적 비교 연구(비교를 실행하되 이를 명시적으로 밝히지 않는 비교학적 접근 방식)로 연결되는지를 보여 주면서, 이런 연구 방식의 가능성, 형태, 성격 그리고 그 결과를 되짚어 보려 한다. 지역학에서 암묵적 비교 연구는, 관찰자가 '현장 중심 연구'recherche située를 진행하며 자기가 속한 공간ici에서 획득한 이론과 시각을 연구 대상 지역là-bas에서 통용되는 가치나 지식 체계와 '교차'시킬 때, 그리고 동일한 대상 또는 범주를 여러 분과 학문이 만나는 공동 연구를 진행할 때 주로 이루어진다. 이 같은 연구 방법은 (관련 용어 번역의 한계와 오류, 공간 및 시간의 착오, 서구 중심주의, 문화주의 등에 따른) 다양한 지적 편견을 비판적으로 해체하고 기존의 여러 시각(남북한 각각의 입장에서 바라본 남한과 북한)도 더 잘 이해할 수 있도록 해주는 장점이 있다. 연구 대상으로서 '한국'의 가장 큰 특징 중 하나는 역사적으로 단일 공동체에서 오늘날 두 개의 사회로 분단된 채 존재하는 남북한을 포함하는 '한국'이라는 이중적인 성격을 띠고 있다는 점이고, 바로 이런 특수성 때문에 전통적인 비교 연구의 틀을 기계적으로 적용하기에는 한계가 있다. 그러나 남북한 간 정치적 화해가 시도된 이른바 '햇볕 정책' 기간을 거치면서 그동안 비교 연구가 불가능했던 일부 분야(경계선, 공간, 도시 개발 등)에서 학제 간 공동 연구가 가능해졌다. 결국 오늘날 국내외 정치적·사회적 환경의 변화뿐만 아니라, 사회과학계에서 일어나고 있는 일련의 변화(분과 학문 간의 장벽 완화, 다국적 공동 연구 발전)에 따라 비교 연구의 중요성이 더욱 주목받고 있는 가운데, 분석과 서술에서 분명한 관점을 요구하는 '한국' 관련 연구는 여전히 다양한 비교학적 도구를 동원하고 실험할 수 있는 영역으로 남아 있다.

많은 지역연구aires culturelles, études aréales들은 분과 학문적이고, 문화적인 경계를 넘어서는 여러 가지 접근 방식을 동원하고 있는데, 이것은 오늘날 비교 연구의 영역이 얼마나 방대한지 잘 보여 주고 있다(Detienne 2000; Werner et Zimmerman 2004). 이런 비교 연구 '장'場의 역동성은 최근 『아시아 연구 저널』*Journal of Asian Studies*(70권 4호, 2011년)에 실린 글들이나 빅터 리버만Victor Lieberman의 비교 역사서 제2권(Lieberman 2009)이 출판되면서 촉발된 일련의 토론에서 잘 나타나고 있다. 그러나 기존의 학제 간 그리고 문화적 경계선을 초월하는 접근을 시도한 비교 연구가 지금까지 필자가 해온 연구들 근저에 깔려 있다고는 하나, 이미 발표된 논문들에서 이를 곧바로 관찰할 수 있을 만큼 가시적이지는 않다. 예를 들면 필자의 연구 논문 제목에서 비교학적 접근 방식은 직접 명시되지 않았을뿐더러, 비교학적 시도를 표방(Robinson 2011)하는 어떤 용어도 사용되지 않았다. 바로 이 지점에서 역설적으로 보이는 질문 하나가 제기될 수 있다. 즉, 비교하지 않으면서 비교 연구를 한다는 것이 과연 가능

◇ [옮긴이] 이 논문의 원제목은 "La Corée dans les sciences sociales. Les géométries de la comparaison à l'épreuve d'un objet dédoublé"이다. 이 제목에서 가장 중요한 주제어 중 하나인 'objet dédoublé'라는 표현은 원래 동일체였던 하나의 '한국'이 제2차 세계대전 종전 이후 남북으로 분단됨에 따라 '두 개의 한국'이 생겨났다는 의미로 쓰였다. 이와 같은 저자의 관점에 따르면 '한국 연구'études coréennes 또는 '한국학'Korean Studies은 시·공간적으로 이 모든 '한국'을 포함하는 것을 그 연구 대상으로 하고 있다. 따라서 저자가 분단 이전의 '한국', '남북한' 그리고 한인 디아스포라처럼 한반도 안팎에 존재하는 한국 관련 모든 관찰 대상을 총칭하는 의미로 사용한 'la Corée'라는 프랑스어 표현은 이 글에서 '한국'Corée으로 번역 표기했다. 한편, 독자의 이해를 돕기 위해 저자가 사용한 표현을 필요에 따라 괄호 속에 병기했다. 원문에 인용 부호가 이미 표기되었거나 중요한 개념으로 사용된 경우는 따옴표와 함께, 그리고 일반 용어인 경우는 옮긴이의 판단에 따라 따옴표 없이 병기했다. 끝으로 이 논문의 번역 작업에서 한국어로 번역하거나 이해하기 어려운 개념 및 중요한 학술 용어는 저자와 옮긴이가 긴밀히 상의해 의역하거나 보조적인 설명으로 보완했음을 밝힌다.

한가?

　필자는 이 글에서 특정 전공 분야('한국'을 주제로 하는 지리학)와 지역학의 한 분야('한국 연구'études coréennes, 또는 '한국학'coréanologie)를 함께 묶은 연구가 비교학적 도구들을 동원하는 다양한 접근 방식에 대해 논하고자 한다. 이런 문제 제기는 다음과 같은 일반적인 질문들과 연결된다. '비교학적' 접근 방식의 특징은 무엇인가? 암묵적인 비교학적 접근, 즉 비교 연구 방법들을 동원하되 이를 명시적으로 밝히지 않는 비교학적 접근 방식은 존재하는가? 조슬린 다클리아Jocelyne Dakhlia와 같은 학자가 오래전에 이미 암시했듯이, 인문·사회과학 영역에서 — 당연히 지역연구를 포함해 — 모든 성찰적인 연구 방법은 이미 어느 정도 비교학적 접근을 내포하고 있지 않을까?

> 이런 전망에서 중요한 것은 비교 연구가 고려할 만한 가치가 있는지 여부가 아니라, 비교 연구 실행의 가부 결정이다. 어쨌든 비교 연구가 명시적이든 아니든 우리의 학문적 작업에서 필요한 것은 분명하다. 사실, 의식적이건 무의식적이건, 우리는 어떤 맥락에서 이미 검증된 개념, 문제 제기, 심지어 연구 대상조차 끊임없이 다른 맥락으로 이동시키는 작업을 수행하고 있다 (Dakhlia 2001, 1181).

　그리고 이런 접근 방식은 필자가 연구하는 대상과 관련된 여러 문제와 직결되었으며, 시간이 흐를수록 비교 연구는 점점 더 중요해졌다. 사실, 한국에 한정된 필자의 초기 연구(서울의 대규모 아파트 단지와 공공장소)는 특정한 비교 연구 방식을 직접 내포하고 있지 않으며, 비록 내포했더라도 간접적으로만 관련이 있을 뿐이었다. 그 이후 연구 대상은 남북한 사이에 존재하는 공간들(양국 간 '경계선', 한반도에서 남북한 간 '인터페이스'◆)뿐만 아니라, 명시적으로 비교적 접근을 필요로 하는 주제들(예를 들면 두 나라의 수도를 주제로 한 실험적인 연구)로 확대되었으며, 이때 양국의 경우를 비교하면서 여러 의문점을 자연스럽게 제기하게 되었다. 그러나 특히 북한과 관련해 관찰 대상 지역에 접근하기 어려운 한계와 관련 자료가 부재한 탓에 — 비록 이차적 정보는 비교적 충분하다고 하더라도 — 두 나라의 수도 또는 두 사회 전체의 비교 연구는 쉽지 않았다. 사실, 이런 남북한 비교 연구는 동아시아 연구에서 매우 흥미로운 부분을 차지하고 있는데, 이는 분단 이전에 동등하게 출발한 두 사회가 서로 다른 발전 단계를 겪게 되는 궤적을 관찰할 수 있다는 점에서 거의 실험적인 연구 주제이기 때문이다.

지금까지 제기된 질문과는 상반된 방식으로 또 다른 질문을 제기할 수 있는데, 이 질문은 마르셀 데티엔느Marcel Detienne가 『비교할 수 없는 것을 비교하기』Comparer l'incomparable에서 제기한 몇 가지 문제로 귀결된다. 비교는 항상 가능한가? 비교 가능한 것과 그렇지 못한 것은 무엇인가? 비교 연구에서 다양한 접근 방식 또는 담론이 존재하는가? 필자가 앞서 언급한 남북한 사례에서 보듯이 원래 동일했던 상황, 즉 1948년 분단 이전에♦♦ '단일 국가'에 속해 있던 두 사회 시스템을 비교할 수 없다면, 이 경우 비교 연구란 과연 어떻게 진행될 수 있을까?

이 연구는 오늘날 '한국' 관련 연구에서 주요 특징으로 나타나는 다학제적 연구와 지역연구가 어떻게 암묵적인 비교 연구로 연결되는지를 보여 주고자 한다. 또한 (남북한을 포함하는) '한국' 연구에서 비교 연구의 가능성을 결정짓는 이런 암묵적 비교 연구의 형식, 성격 그리고 그 결과를 검토하고자 한다. 특히 지리학과 도시 개발 분야를 포함하는 남북한 간 여러 공동 프로젝트를 가능케 했던 이른바 '햇볕 정책'(1998~

♦ [옮긴이] 'interfaces'라는 용어는 여기에서 하나의 지리학적 개념으로 쓰이고 있으며, 특히 복수의 '공간'이 서로 만나는 곳에서 이루어지는 어떤 '접촉'에 초점을 두고 있다. '공유 영역'으로 번역될 수 있으나, 이 글에서는 저자의 관점과 의도에 따라 영어 발음에서 직접 음차를 한 '인터페이스'로 표기하기로 한다. 자세한 내용은 발레리 줄레조·에리크 비데·엘리자베트 샤바놀 외(Gelézeau, Bidet et Chabanol et al. 2010) 참조.

♦♦ [옮긴이] 필자는 남북한에서 정부가 공식적으로 출범한 1948년을 한반도 분단의 기점으로 본다.

2008년)[*]이 실행된 지난 10년 동안 시도된 양국의 정치적 화해의 결과를 되짚어 보면서, 과연 '햇볕 정책' 관련 연구는 비교학적 담론을 담지하고 있는가라는 질문을 던져 보고자 한다.

지역연구: 비교하기, 교차하기, 해체하기

프랑스 인문·사회과학계에서 굳게 뿌리내린 지역학 연구는 비교학적 접근을 위한 효과적인 지적 '동력원'으로 다음 두 가지를 분명히 제시하고 있다. 첫 번째는 연구자가 속한 공간이 아니라 대상 공간의 입장에 서보는 것('여기와 저기 사이에서'entre ici et là-bas), 다시 말해 사회적·문화적으로 서로 다른 두 공간에 존재하는 대상들 또는 범주들을 비교하는 것이다. 두 번째는 연구 전망의 이동 또는 전이, 즉 동일한 대상 또는 범주를 서로 다른 여러 분과 학문을 통해 비교하는 것이다. 그러나 여기에서 우리는 연구 대상 및 전망의 '교차'croisement를 통해 영어권에서 하나의 학문적 경향으로 인식된 이른바 '비교학'comparative studies 영역으로부터 어떻게 사회과학적 방법론으로 확장된 의미의 '비교 연구'로 옮겨 갈 수 있느냐는 또 하나의 질문을 제기할 수 있다.

신시아 고라-고뱅(Ghorra-Gobin 1998)은 사회과학에서 비교학적 접근을 검토하면서 뒤르켐이 이미 사회학을 암묵적으로 비교하는 학문이라고 평가했음을 상기시키고, '지방의 특성'personnalités régionales을 묘사·분석하는 데 천착했던 폴 비달 드 라 블랑슈의 '지방 지리학'géographie régionale에서도 이런 암묵적 차원의 비교학적 접근이 시도되었다고 강조했다.^{**} 규

<hr />

* *Critique internationale* (Paris), "Coopérations coréennes, 1998-2008", n° 49, octobre-décembre 2010.

** [옮긴이] '지방의 특성'이라는 표현은 폴 비달 드 라 블랑슈Paul Vidal de la Blanche(1845~1918)가 정립한 '지방 지리학'의 핵심적인 개념이며, 특히 한 지방의 자연, 문화, 인구

모나 표상이 다른 연구 단위에 비해 어떤 '지방'région이나 '지역'pays에 대한 연구는, 한 개인이나 사례를 심층 분석함으로써 일반적인 정보 도출을 목적으로 하는 이른바 '사례연구' 방식과는 방법론적인 면에서 확연히 다르다(Passeron et Revel 2005). 또한 같은 논문에서 저자는, 정책 결정자의 입장에서 볼 때 주요 사회적 문제가 지구적 문제(환경·개발 등)로 직결되는 오늘날, 비교 연구 방법론이 학문적 지식 생산에서 얼마나 중요한 도구가 되었는지를 상기시켰다. 이처럼 활발히 이루어지는 비교 연구는 개발 문제와 관련해 이미 수많은 연구에서도 잘 나타나 있다. 도시 관련 연구 분야에서 제니퍼 로빈슨Jennifer Robinson 같은 학자도 "비교 연구를 위한 시도"a comparative gesture를 더 활성화할 필요가 있다고 강조했다(Robinson 2011). 더 나아가 그는 비교 연구 방법이 여러 사례를 단순히 병치하는 데 머무르지 않고, 연구 전략과 대상의 성격에 따라 그것을 철저하게 분석하는 것이라고 했다(Robinson 2011, 5).

오늘날 이런 연구 전망은 지역학 분야에서도 그대로 확인되며, 설사 각 연구(탈국경적 접근이나 개발 관련 비교 연구)에서 처음부터 비교 연구가 명시적으로 천명되지 않았더라도, 암묵적으로 이를 전제하고 있다(Dakhlia 2001). 사실 한 연구에서 관찰 대상과 어떤 관계를 설정한다는 것은, 클리퍼드 기어츠(Geertz 1996)가 사용한 용어를 빌려 표현하자면, '여기와 저기'l'ici et le là-bas[즉, 관찰자가 위치한 곳(것)과 관찰 대상이 되는 곳(것)]를 암묵적으로 비교하는 것이다. 여러 지역을 비교한다는 것은 비교 연구의 주요 형태인 동시에 지역연구의 핵심을 이루는데, 그것이 비록 초기에는 정치적이고 서구 중심적일지라도 '여기와 저기' 사이를 왕래해야 하는 연구 프로젝트 자체에 포함되어 있기 때문이다(Szanton 2002; Gibson-Graham 2004).

등을 종합적으로 분석하는 인문·사회지리학의 한 분야이다. 비달 드 라 블랑슈는 프랑스 현대 지리학 성립에 크게 공헌했으며 1841년 전문 학술지 『아날 드 제오그라피』*Annales de Géographie*를 창간했다.

이처럼 암묵적인 비교학적 접근은 한국의 대형 아파트 단지grands ensembles에 초점을 맞춘 필자의 초기 연구들의 초석이 되었다. 그런데 1990년대 한국에서 서울을 비롯한 대도시에서 급속하게 발전한 아파트 단지와 이에 대한 긍정적인 이미지는, 유럽의 도시 관련 기초 연구(도시 역사와 사회학) 또는 응용 분야(도시 개발과 계획)에서 지배적인 담론과는 정면으로 배치되었다. 그러면 이런 암묵적 비교는 어떻게 작동될까? 필자가 여러 연구(Gelézeau 2003, 2010a, 2010b)에서 '아파트 단지'를 연구 대상으로 설정해 실행한 비교 연구는 일종의 형태론적 연구로서, 이를테면 '여기'(유럽)와 '저기'(한국)에 있는 여러 도시 형태의 유사성에 대해 질문을 던지는 연구였다. 유사한 도시 형태에서 구조적으로 닮은 크고 작은 다양한 유형의 상동성homologie을 도출할 수 있었는데, 여기에서는 몇 가지 간단한 예만 들어 보겠다. 우선 거시적 차원에서 유럽과 한국의 여러 도시 형태는 모두 역동적인 도시 변화(주택 위기 대처의 필요성)와 더불어 국가의 개입(대규모 주택 공급 정책과 적극적인 공공 계획 수립)과 밀접한 관련이 있다. 한편, 이와는 정반대로 국내적 차원에서 보자면, 대규모 주택 및 아파트 단지의 개발과 발전은 중산층 출현이나 핵가족의 가속화와 같은 중요한 사회적 변화가 나타나는 시기와 일치한다. 동시에 구조적으로 유사한 상동성을 확인하는 작업은 이질적인 것hétérologies이나 차별적인 것을 찾아내는 작업을 내포하고 있다. 가장 대표적인 차이점은 대규모 아파트 단지 내에서 주택 소유 구조를 관찰함으로써 적나라하게 드러났다. 구체적인 예를 한 가지 들어 보면, 프랑스의 사회주택HLM 같은 정책은 한국에서 주택의 자가 소유를 억제하는 것으로 인식되고 있었다. 끝으로, 이와 같은 비교 연구는 일반적으로 알려진 것보다 훨씬 더 복잡하고 가변적인 요소들이 작동하는 두 개의 다른 공간에 관한 연구를 연결해 주는 역할을 한다. 1950년대 한국의 도시계획 전문가들과 건축가들 사이를 풍미한, 현대 주택에 관한 여러 사조의 흐름에 관한 연구를 살펴보면, 사상의 교류가 오랫동안 당연시되었던 방향(서양에서 동양으로)과는 정반대로 흐르는 역동성을 확인할 수 있다. 또한 이와 같은 사상의 역동성은 동북아시아의 독특한 시간적·공간적 논리(예를 들면 한국의 주택에서 관찰되는 일제강점기 시대의 영향)에 따라서 복잡하고 다양한 경로를 거쳤다는 사실도 알 수 있다. 이와는 반대로, 아니 푸르코Annie Fourcaut가 주관한 연구(Dufaux et Fourcaut 2004) 결과를 원용한 비교 연구를 하면서, 필자는 유럽에서 도시 형태와 관련된 지배적인 담론(주로 도시 위기에 관한 상투적인 표현이나 낙인찍기로 작동함)을 재검토할 수 있었다.

그러나 '현장 중심 연구'◆에서 비교학적 접근의 중요성은 그것이 다소 명시적이라고 하더라도 상동성이나 차이점을 확인하는 작업에 그치지 않는다는 데 있다. 사실, 비교 연구는 '비판적 해체'를 가능하게 ─ 적어도 암묵적으로라도 ─ 해주며, 드니 롬바르드Denys Lombard가 이를 "공간 착오의 원죄"pêche d'anatopisme를 가장 효과적으로 극복하는 데 필요한 "지역학의 덕목"이라고 갈파한 것과 그 맥락을 같이한다(Lombard 1996). "공간 착오의 원죄"는 '시대착오'anachronisme라는 용어를 원용한 일종의 신조어로 공간적 구도를 충분히 숙지하지 못한 사유 체계를 지칭하는 표현이다. 예를 들면 흔히 비유럽 사회를 분석하는 데 적용된 어떤 유럽적 접근 방식은 유럽 중심주의적인 시각을 내포하기 마련인데(도시지리학 분야에서는 Robinson 2004, 2011 참조), 이때 관찰자가 설명해야 하는 과정은 오히려 해당 관찰 지역사회가 역동적으로 겪어 온 긴 역사와 긴밀한 관계가 있다. 제니퍼 로빈슨은 일본의 근대화 과정을 그 구체적 예로 제시했다. 그의 분석에 따르면, 이런 일본의 경우는 서양의 산업혁명 모델로부터 영향을 받은 메이지유신이라는 단일 요소로만 설명될 수 없으며, 유럽 중세 시대 때 나타나 자본주의의 기원이 된 사회구조보다 더 오래된 일본의 독특한 경제구조에 그 뿌리를 두고 있다.

◆ [옮긴이] 여기서 저자가 말하고자 하는 '현장 중심 연구'recherche située란 '저기'là-bas에 있는 '현장'terrain(필드)으로 가서 연구 활동에 필요한 여러 조건뿐만 아니라, 연구자 자신의 관점에 대해서도 성찰적으로 인식하며 수행하는 연구를 지칭한다(Hancock 2004).

현재 동아시아 및 남아시아에 대한 연구는, 이 지역 내에서 진행되는 지식과 기술의 교류 그리고 이와 관련한 서양과의 관계가 지금까지 널리 알려진 것처럼 서(양)에서 동(양)으로 일방적으로 흐르는 순환 구조 속에서 바라본 이미지보다 훨씬 더 복잡하다는 것을 잘 보여 주고 있다 (Lieberman 2009; Pomeranz 2000; Wong 1997; Subrahmanyam 2005; Brooks 2008). 또한 전통적인 유럽 중심주의 사상 체계의 근간을 뿌리째 흔들었던 포스트 식민지 연구의 영향을 받은 로빈슨 같은 도시지리학 분야 연구자는, 주로 이원론적이고 문화 중심주의적 관점(선진국/개발도상국의 도시, 사회주의/자본주의국가의 도시, 유럽/비유럽 도시 등)에 바탕을 둔 기존의 복잡하고 다양한 비교학적 연구 방법에 의문을 제기하면서, 이를 새롭게 재해석하고 비판적으로 활용할 것을 주장했다.

더 나아가, 지역학 분야에서 실제로 연구 활동이 이루어지는 상황은 마르셀 데티엔느(Detienne 2000, 44)가 이미 언급한 바 있는 "역설"paradoxe과 "발견적 폭력"violence heuristique으로 흔히 이어진다. 사실, 이런 '틀'은 다학제적 접근 방식(예를 들어, 연구소라는 구체적인 공간을 통해 지역학과 연결된 여러 분과 학문이 함께 공존함으로써)과 문화적 경계를 넘어서는 "탈국경적" 접근 방식(현장 연구를 통해 이루어지는 대상 지역의 연구 결과물이나 연구자들과의 필연적인 만남에 의해)을 더욱 쉽게 해주면서 친숙했던 기존 범주들을 해체하는 충격이나 혼란을 야기할 수도 있다(Detienne 2000, 44). 이와 관련해 구체적인 일례로 프랑스 사회과학고등연구원EHESS의 한국학연구소(파리)가 주관한 한국의 '지방' 문제에 관한 공동 연구 프로젝트(Gelézeau 2004)를 들 수 있는데, 이때 프랑스와 한국에서 온 여러 분야의 학자들이 참가해 비교 연구 가능성을 타진하고 '지방'이라는 개념에 대해 의문을 제기했다. 사실, 이런 문제 제기는 데티엔느가 상기 연구에서 언급한 바 있는 다음 구절과 맞닿아 있다. "우선 어떤 하나의 범주를 선택하고, 이것이 비교 연구 작업을 시작할 때 너무 일반적이거나 너무 특별하지 않으면서도 충분히 전체를 아우르면서 사용할 수 있는지를 잘 살펴봐야 한다"(Detienne 2000, 44).

프랑스 지리학계에서도 이미 다의적으로 사용되고 있었던 '지방'이라는 용어에 대한 한불 (지리)학자 간 토론에서 아주 다른 두 가지 해석 방식의 충돌은 불가피했다. 프랑스 지리학 전통을 이어받은 해석 방법에 따르면 오늘날 '지방'은 중간 크기◆의 인문지리학적 단위로 이해되고 있었던 반면, 행정적 개념에 기반한 한국 지리학계는 이를 정치적·행정적 범주로 인식하고 있었다. 이 용어의 의미에 대해 어떤 합의점('무엇에 대해 말하고자 하는가?')을 찾기 위해 양국 학자들이 모인 첫 번째 세미나에서 비록 자신들의 사고 틀에 대해 일정한 비판적 시각을 견지하고 있었지만, 아주 다른 사고방식의 토대가 되는 두 가지 지적 전통이 고스란히 드러났다. 이 사례는 어떻게 기존의 사고방식이 그 근간부터 흔들릴 수 있는지를 극명하게 보여 주고 있는데, 요컨대 어떤 특수한 맥락에서는 의미 있는 문제가 다른 문화권이나 상황에서는 그 적확성을 잃어버릴 수 있다는 것이다. 결국 '지방'région 개념의 역사에 대한 발표회에서 한국 학자들은 '지역' 또는 '지방'(시골)province에 대해 정치적·행정적 차원은 물론, 심지어 경영적인 차원에서 많은 질문을 던졌지만, 우리(프랑스 학자들)가 가장 중요하게 여겼던 '지방'의 경계와 범위에 관한 질문에는 큰 의미를 부여하지 않는 듯했다. 이 같은 실례에서 보듯이 비교 연구는 언제나 만족스러운 조건 속에서 진행되지 못하는 것으로 보이기도 하는데, 사실은 개념을 둘러싼 차이가 분명하게 확인되지 않는 가운데(가끔은 이런 확인이 거의 불가능하기도 하지만) 이루어지는 비교 연구는 대개 불가능한 대화처럼 되어 버리기 일쑤다. 그러나 서로 다른 관찰 현장을 '교차'시키는 연구 방법은, 일단 개념상 차이의 존재를 받아들임으로써 "발견적 폭력"violence heuristique을 극복하는 순간부터, '저기'의 현실을 분석하는 것뿐만 아니라, '여기'◆◆에서 통용되는

◆ [옮긴이] 예컨대 국가, 도시 또는 마을 등과 비교한 크기의 인문지리학적 단위를 의미한다.

◆◆ [옮긴이] 자세한 설명은 237쪽을 참조.

기존의 여러 시각biais도 더 잘 확인할 수 있는 장점이 있다(Houssay-Holz-schuch 2007, 53).

비교하기, 번역하기, '의도적으로 포기'하기

지역학 분야에서 비교 연구는 번역의 문제와 직결된다(Christin 2010). 연구 초기부터 언어 문제를 고려한다는 것은 '비교'를 표방하는 모든 연구에서 아주 중요한 사안이다. '여기'와 '저기', 즉 서로 다른 사회들을 분석할 때 관련 용어의 차이나 유사한 의미의 존재에 대한 질문이 없다면 비교 연구 자체가 불가능하다. 비교 연구에서 필수적으로 다루어야 하는 번역 문제는 남아프리카공화국·중국·한국·멕시코·튀르키예 등 이른바 '중진국'으로 분류될 만한 국가에서 '공적 공간'espaces publics을 비교 연구하는 최근 프로젝트에서도 아주 잘 드러났다(Houssay-Holz-schuch 2007).

앞서 언급한바 첫 번째 세미나에서 주요 의제였던 어휘론적 질문을 통해 프랑스어 '에스파스 퓌블리크'espace public라는 용어에 직접 조응하는 한국어가 존재하지 않는다는 것을 분명히 확인했다. 이 용어의 한국어 번역은 프랑스어나 영어보다 상황에 따라 훨씬 가변적이다. 굳이 한국어로 직접 번역하자면 '공공 공간'公共 空間이 되는데, 국가와 관련된 의미를 가진 '공'公, 공동체와 결부된 '공'共, 비어 있다는 '공'空, 시간이나 공간상 틈새를 뜻하는 '간'間으로 이루어질 수 있다. 이처럼 한국어로 직역된 용어는 프랑스어보다 국가나 공동체의 의미가 훨씬 강하며, 전문적인 용어로 사용되는 일은 아주 드물다. 영어를 그대로 음차한 '오픈 스페이스'open space라는 표현이 도시 계획 및 재개발 영역에서 기술적 용어로 더 폭넓게 쓰이고 있는데, 이는 도시 형태 변화 및 신도시 개발에서 나타난 역동성을 잘 대변하고 있으며, 결국은 한국에서 일종의 '공공 공간'이라는 개념과 어느 정도 직결된다고 볼 수 있다. 끝으로, '공공 공간'이라는 개념이 한국어로 '공적 공간'이라는 표현으로도 번역될 수 있으며, 이는 사적 영역 이외에서 사회관계가 형성되는 어떤 제한된 공간(동네, 아파트 단지, 공중목욕탕, 좀 더 최근에는 찜질방 등)을 의미한다. 따라서 어떤 한 용어를 이해하고자 할 때, 하나의 언어가 아니라 적어도 세 개의 언어로 동시에 고려되어야만 한다. 이 경우에도 서양어로 '공적 공간'이라는 의미에 상응하는 용어이지만 동음이의어인 두 개의 한자어를 가지고 있어서 문제는 더욱 복잡해진다. 그것은 국가 차원에서 공적 의미가 있는 '公'과 공동체 또는 '함께'라는 의미에 가까운 '共'이 있기 때문이다. 결국 '공적 공간'에 대한 사회학적·인류학적 접근 방식은 용어 번역의 어려움이 어떻게 나타나는지를 잘 보여 주고 있으며, 실제로 이런 어려움 때문에 관련 학자들 그룹(우리의 경우, 초기에 프랑스 지리학자 여섯 명과 핀란드 인류학자 한 명으로 구성되었음) 내에서도 개념의 범위는 계속해서 변화했다.

그렇지만 대부분의 경우(예를 들면 한국어로 동음이의어가 존재하는 '공'의 경우처럼) '번역 불가능성'intraduisible이라는 문제에 봉착한다. 그러나 바로 이 번역 불가능성의 문제를 둘러싸고 비교 연구의 핵심 의제가 또 하나 형성되기도 한다. 인도 인류학자 호미 바바Homi Bhabha의 "문화의 장소"Lieux de la culture에 대해 논하는 한 에세이에서 티펜 사모요(Samoyault 2010)는 토착적인 코즈모폴리터니즘 개념에 관해 이 인류학자의 가장 중요한 학문적 업적을 다음과 같이 강조했다. 즉, "문화적 차이의 구분이 번역될 수 없는 것과 어떤 방식으로 연관되는지를 관찰하는 것이다. 사실, 바로 이때 생성된 문화적 차이는 의미나 상징이 해당 언어 속에서 잊힌 것처럼 나타나며, 주어진 어떤 시점부터는 사회적 표상으로 굳어지게 된다. 또한 번역이란 다른 것을 자신의 것으로 만드는 작업이 아니라, 어떤 차이가 분명해지고 그 자체로 인정받는 하나의 관계를 설정하는 것이다." 필자 역시 『서울의 아틀라스』L'atlas de Séoul 와 같은 형태의 출판 경험을 통해 아주 구체적으로 이런 문제를 경험했으며, 이 문제를 책의 부록에서 다음과 같이 추가로 설명했다(Gelézeau 2011, 79).

번역상 어떤 선택은 관찰 대상 지역의 현실을 무시하지 않으려는 어떤 의도나 논리와 맞물려 있다. 그러나 이런 논리가 어떤 한계를 가질 수밖에 없기 때문에, 그 선택은 언제나 만족스럽지 못하며, 아마도 그 선택 자체도 일시적일 수밖에 없다. 바로 이 같은 한계의 인식을 통해 하나의 거대도시는 끊임없이 재구성되는 하나의 세계라는 사실을 다시 한번 확인할 수 있다.

결국 심지어 대중을 위해 요약하거나 좀 더 쉽게 쓴 책에서도 필자는 번역 시 선택한 기본 논리를 설명해야만 했는데, 그것은 사실 '여기'의 독자를 위해 번역할 수 없다는 사실이나 '저기'에서 '공간'에 관한 인식의 틀이 바뀌지 않을 것을 에둘러 말하려던 것이었다. 이처럼 개념 정리와 번역의 문제에 직면해 선택한 "의도적 포기"lâcher-prise는 비교 연구를 수행할 때 어느 한 시점에서 꼭 필요한 조건이며, 흔히 "더 나은 표현을 할 수 없는, 쪼갤 수 없는, 환치 불가능한 문화들의 특수성"을 평범하게 재확인하는 작업 수준에 머무르는 것을 극복할 수 있게 해준다 (Dakhlia 2001, 1187).

비교하기, 대조하기, 일반화하기

비교 연구에서 다학제적 접근 방식은 지역연구와 더불어 가장 중요한 지적 원천이다. 데티엔느가 우리에게 이미 상기시켜 주었듯이, 이는 '발견적 역설'paradoxe heuristique을 풍부하게 해주는 것으로서, 최근 프랑스 사회과학고등연구원의 한국학연구소에서 주관한 한반도에서 남북한 간 '인터페이스'♦에 관한 연구 프로젝트에서도 아주 잘 나타난다. 이 연구 프로젝트는 남북한의 화해가 이루어진 기간(1998~2008년)에 대해

♦ lodel.ehess.fr/crc 참조.

인문·사회과학적 분석을 발전시킬 필요성이 대두함에 따라 구상되었으며, 그 당시까지 널리 유행했던 미래 계획 수립을 위한 담론(한반도 재통일réunification 가정) 또는 경제 분야와 (국제)정치학이 주도한 담론을 넘어서고자 했다. 프로젝트의 중심 의제인 '인터페이스'라는 개념은 특히 프랑스 지리학자들이 널리 연구했지만, 충분히 이론화되지 않아 비교적 유연하게 동원할 수 있었을 뿐만 아니라 다른 전공 분야에서도 원용될 수 있었다. 비록 주제 측면에서는 유사한 점(1998~2009년 기간의 '한국')이 있었지만, 이 연구를 앞서 언급한 '지방'에 관한 연구와 비교했을 때, 여러 가지 자료, 연구 방법론 및 전망을 서로 대조하면 두 사례에서 유사한 문제점이 발견되었다. 예컨대 연구 초기에 참가 학자들 사이에서 각기 다른 연구 그룹의 연구 결과에 대한 상호 불신에서 비롯된 소통 불능 상태를 극복하는 것이 급선무였다. 공동 세미나에서 '인터페이스'라는 개념에 대해 두 개의 상반된 주장이 팽팽히 맞서면서 공유 가능한 정의를 도출하는 데 실패했다. 한편은 이 개념에 내포된 '단절' 또는 '접촉'과 같은 문제 제기를 통해 남북한 관계를 분석할 수 있다고 주장했던 반면, 또 다른 한편은 그 가능성을 받아들이지 않았다. 결국 비교 연구를 위해 선택한 어떤 범주나 개념은 이미 앞서 언급한 바 있는 '발견적 폭력'을 수반하는 위험에 빠지게 된다. 사실 언어적 측면에서 어떤 공통점이 있다고 하더라도, 비교 불가능한 개념들은 번역 불가능성에 따른 것과 같은 결과를 동반하게 마련이다. 아마도 이런 상황은 역설적으로 문화적 차이에 따라 개념의 차이도 선험적으로 존재한다는 가정을 극복하고자 하는 '탈경계적인 접근'보다도 다양한 전공 분야를 관통하는 이른바 '다학제적 접근'에서 훨씬 더 만족스럽지 못할 수도 있다. 어쨌든, 이 공동 연구의 결과물로 간행된 텍스트는 이런 접근의 유효함과 예상치 못한 학문적 성과도 있었다는 것을 잘 보여 주었다(Gélézeau et al. 2010).

이해라는 관점에서 보자면 이 연구가, 초기에는 크게 기대하지 않았지만, 결과론적으로는 매우 만족스러웠다. 사실, 남북한 간 '상호 대치'라는 현실에 관한 토론에 참여한 연구자들은 의미 있는 어떤 합의점도 도출하지 못했다. 이런 한계에도 불구하고 남북한 문제를 분석하기 위해 도입한 이 새로운 개념('인터페이스')을 통해 두 국가의 핵심 문제인 '분단'의 중요성을 사회 전반에 걸쳐, 심지어 한국학 연구에까지 새롭게 인식시키는 데 공헌했다.◆

결국 이 연구에서 외견상 양립 불가능한 상황들을 대조함으로써 한반도의 분단 상황을 이해하는 데 필요한 여러 가지 중요한 요소들을 분석할 수 있었을 뿐만 아니라, 좀 더 명확하게 밝힐 수 있었다. 그중 첫 번째 분석 요소는 한반도 분단의 가장 기본적인 문제와 관련이 있는데, 마르셀 모스Marcel Mauss의 표현을 빌리자면, 하나의 "총체적인 사회적 사실"fait social total로 해석될 수 있다. 이런 관점에 따르면, 남한과 북한 사이에 존재하는 '공간적 분단'은 지정학적인 관점에서 흔히 설명하는 '외부적인 맥락'과는 거리가 멀며, 서로 분단된 두 사회의 중심부에서부터 모든 영역에 걸쳐 깊숙이 자리 잡고 있는 하나의 현실 또는 현상이라고 할 수 있다. 두 번째로 분석해야 할 요소는 이런 분단 상황에서 작동하는 복잡한 원리에 관한 것이다. 예를 들면 한국에서 북한 이탈 주민들이 모여 있는 장소나 남북한 경계선 주변에 있는 관광지 또는 특수 경제 지역과 같은 '고립된 공간'enclaves spatiales, 그리고 양국 간에 존재하는 어떤 간극interstice을 보여 주는 여러 모습(북한을 소재로 한 남한의 영화나 상대국을 서술하고 있는 남북한의 교과서처럼 지적·상징적으로 열려 있는 공간) 등이, 한반도 분단을 설명하는 데 유용한 도구가 될 수 있다. 또한 교역과 관련한 국경 통제나 국가 공식 담론의 생산 과정(언론사나 영화에 대한 직간접적인 간섭)에서 나타나는 작동 원리는, 다른 형태의 '인터페이스'(예컨대 해안이나 해상 경계) 상황에서도 관찰된 바 있는 조정 과정pro-

◆ 필자가 강조.

cessus de régulation으로 이해될 수 있다. 세 번째 분석 요소는 시간적 차원에서 분단 상황을 고찰하는 것이다. 이는 한반도 역사에서 이미 지나간 일정한 시점(예를 들면 '민족 분단'이라는 역사적 사건을 보는 관점에 따라 1945년 또는 1953년 등)이 아니라, 현재에도 지속적으로 작동하는 어떤 과정으로 이해한다는 점에 초점을 두고 있다.

지금까지 살펴본 모든 연구 프로젝트에서 세미나는 비교 연구가 실질적으로 수행되는 하나의 공간이 되었으며, 특히 이른바 '다학제적 접근'pluridisciplinarité에서 '분과 학문들을 관통하는 접근'transdisciplinarité으로 이어지는 연구를 가능하게 해주었다. 다시 말하자면, 여러 관찰 현장('필드'terrains)이나 연구 관련 전망을 단순히 병치하거나 대조하는 것이 아니라, 이런 작업들이 상호 영향을 미치면서 각각의 사고방식을 변화시키는 일련의 창의적 과정이 되었다. 바로 이와 같은 과정을 통해 지역연구는 보편적 사회법칙을 발견할 수 있다. 또한 제한된 하나의 '지역'이나 '문화권'을 대상으로 단순히 기존의 분과 학문 내에서 인정된 접근방식만 적용하는 데 머무르지 않고, 상기한 모든 연구 방식을 활용해야 한다.

'비교할 수 없는 것을 비교하기'를 통해 문화적 경계와 여러 학제를 관통하는 문제 제기가 더 풍부해질 수 있다면, 그것은 또한 '비교할 수 있는 것'과 '비교할 수 없는 것'에 대한 질문도 간접적으로 던지고 있다. 사실, 이 질문에 대해서는 데티엔느도 답하기 어렵다고 인정했지만, 필자는 여기에서 한반도의 경계선 및 분단 문제에 관한 사례연구를 통해 이 문제를 다루어 보고자 한다.

'한국' 그리고 '남북한': 어떻게 비교할 수 있는가

비교학적 접근이 많이 시도된 분야로는 남북한 관계와 경계선에 대한 연구 그리고 풍부한 담론을 접할 수 있는 한반도 통일 문제가 있다.

특히 독일 사례는 가장 많은 비교 연구 대상이었고 지금도 그러하며, 실제로 한국과 독일 양국 간 학자들과 전문가들 사이에 교류가 아주 활발하게 이루어지고 있다. 정치적 차원에서 독일이 경험한 사례는 남북한 비교 연구에 필수적인 준거 대상이 되었다. 한국 입장에서 독일 사례는 북한을 향한 '햇볕 정책'의 모델이 되었지만, 후자 입장에서는 남한에 의한 흡수통일을 의미했다. 실제로 북한은 이런 가능성에 대한 우려를 1990년 남북한 회담 시 공식적으로 표명하기도 했다. 아무튼 이 회담은 1991년 회담으로 이어졌고, 이른바 '기본 합의'라는 이름으로 일련의 사항(남북한 '화해', '상호 불가침', '협력과 교역')에 대해 공식 합의에 이르게 되었으며, 이때부터 합법적 틀이 마련되어 양국 간 교류가 급속도로 발전하게 되었다(Gelézeau 2010b). 또한 '통일 비용'의 예측과 산출도 언제나 독일 사례를 통해 이루어졌다.

더구나 남북한이라는 두 국가의 존재 자체가 비교 연구 분야에서 전례가 없는 특별한 경우이다. 사실 국경을 서로 접하고 있는 이 두 사회를 비교·분석한다는 것은 많은 어려움을 내포하고 있다. 이 두 사회는 한반도에서 오래전부터 자리 잡은 통일된 '사회적 공간'으로 이루어진 '한국'이라는 하나의 '세계'monde coréen에 속한다고 보는데, 이런 시각에 따르면, 50여 년에 불과한 현재의 분단 상황은 긴 역사 속에서 일종의 '사고'라고 볼 수도 있으며, 두 사회를 비교 연구 대상으로 한다는 것 자체를 무의미하게 만들어 버릴 수도 있다. 한편, '서구 중심적' 시각이 아니라 '한국적' 시각으로 보자면, 오늘날 남북으로 분단된 한반도 상황은, 미국과 소련의 무력에 의해 해방된 1945년과 한국전쟁이 종식된 1953년 사이에 우연히 발생한 역사적 산물일 뿐이며, 필자가 앞서 제기한 바 있듯이 현재까지 진행되고 있는 어떤 역동적인 관점에서 이해될 수 있다. 또한 이런 분단 상황은 양쪽 국가에서 '역사 새로 쓰기'의 대상이 되고 있으며, 한반도에서 정치적 미래가 어떻게 진행될지는 알 수 없지만, 그 장래를 결정할 중요한 구조적 변수이기도 하다.

이 단계에서 남북한 사이에 복잡하게 존재하는 경계선의 역설적인 측면을 다시 한번 상기할 필요가 있다. 사실 이 경계선은 "끝나지 않은 전쟁"guerre inachevée에서 그어진 단순한 휴전선이기에 일종의 "몰沒경계선"non-frontière이기도 하다(Grinker 1998). 1953년 휴전 이후 어떤 평화협정도 이루어지지 않아서 남북한 사이에 존재하는 비무장지대는 국제법에서 인정하는 국경선으로 전환되지 못했다. 이런 상황은 지정학적으로 볼 때 불확실한 경계 지대를 이루고 있는 해양 영토를 둘러싸고 남한과 북한 사이에 일어나는 잦은 (무력) 충돌을 잘 설명하고 있다. 남북 양국 간 경계선은 두 사회의 경계선이기도 하기에, 오래전부터 형성된 민족적·문화적 단일성을 가진 국민을 분리하고 두 경쟁 체제에서 정치 도구화되는 대상이 되었다. 끝으로 이 경계선은 미셸 푸세(Foucher 2007)의 표현에 따르면 일종의 "메타 경계"méta-frontière로서 20세기를 주도한 자본주의 세계와 사회주의 세계 사이의 사회적·경제적·이데올로기적 '분절'fracture과 분단의 근거가 되는 거대한 시스템과 직접 연관된다.

이와 같은 세계사적 '분절'은 오늘날 모든 면에서 상반된 특징을 가진 두 사회를 당연시해 버렸다. 한국은 신흥국으로서 선진화, 산업화 그리고 최근에는 민주화까지 이룬 사회인 반면, 국제 무대에서 격리된 북한은 시대의 흐름에 역행하는 발전 모델에 따른 극심한 경제 위기를 겪고 있으며, 세계사에서도 유일한 사회주의 세습 왕조 국가라는 독특한 전체주의 정치 시스템을 가진 사회가 되었다. 이처럼 확연히 다른 두 사회의 모습에서 북한은 "세계사적 흐름을 거부하는 영역"sphère de l'anti-monde에 존재하는 사회로 나타나는데(Brunet, Ferras et Théry 1992; Houssay-Holz-schuch 2007), 이는 역설적으로 1960년대 초 유럽의 미디어가 이 나라를 일본에 이은 두 번째 '아시아의 용'이라고 보도했던 사실을 다시 한번 되돌아보게 한다.

그러나 남북한 간 사회적·공간적 분단에도 불구하고 구조적으로 유사한 점들이 여러 사회과학 분야에서 이루어진 연구를 통해 밝혀졌다. 우선 정치 분야에서 여러 역사학자들(Myers 2010; Cumings 2004)은 북한의 주체사상이 유교주의에 근거한 문화적 요소들과 밀접하게 관련되어 있음을 보여 주었다. 더 나아가 이런 문화적 원형에 관한 연구를 통해 북한의 대중 선동에 나타난 지도자 이론에 대한 정치적 분석(Myers 2010)과 남한에서 방영되는 가족을 주제로 하는 연속극에 대한 인류학적 해석◆을 서로 분리하지 않고 동시에 바라볼 수 있게 되었다. 비록 이와 같은 접근 방식이 당장에는 다소 이해하기 힘들지 모르겠지만, 문화주의적 접근의 유혹과는 거리를 두려는 시도이며,◆◆ 결국 남북한 두 사회가 오랜 역사 속에서 축적한 구조적 요소들의 중요성을 재차 일깨우고 있다.

그렇지만 연구 대상의 '이중화'◆◆◆는 비교 연구 수행을 더 쉬워지게 하지는 않는다. 실제로 우리는 앞서 살펴보았듯이, 비교 연구는 어떤 문제를 해결하는 데 익숙한 여러 범주들의 차이, 전이 그리고 그 수의 급증 등을 수반하며, 심지어 이런 해결 지점이 초기 관찰 대상이었던 공간 밖에서 존재하기도 한다. 이와 더불어 우리는 이해 및 번역 불가능성에 따른 문제에 대해서도 이미 언급했다. 남북한의 경우 익히 알려진 언어적 단절 문제는 필자가 한국의 한 도시문제 전문가와 나눈 대화에서 잘 나타난다. 필자가 한반도에서 남북한 상호 대치를 다룬 연구 프로젝트를 그에게 설명하자, 그는 북한의 한 학자와 만난 에피소드를 이야기했다. 1980년대 어느 날 평양에서 도시 관련 전문가로 활동했던 북한 이탈 주민을 심문하던 국가안전기획부(현 국가정보원)의 요청에 따라, 한국의 도시 전문가 K 씨는 서울의 한 대형 호텔에서 몇 시간에 걸쳐 이루어진 인터뷰에 참가했다. 여기에서 그는 필자가 앞서 탈경계적 또

◆ Chloé Paberz (Université Paris X-Nanterre), "Parenté fonctionnelle, parenté réelle: une lecture anthropologique du feuilleton Pullyang kajok", 프랑스 한국학연구소CRC-EHESS 연구 세미나 발표, 2011/11/25.

◆◆ 다클리아는 "비교 연구의 한계와 문화주의적 접근"을 경계해야 한다고 강조했다(Dakhlia 2001, 1181).

◆◆◆ [옮긴이] 연구 대상의 이중화He dédoublement de l'objet d'étude란 원래 단일 국가였던 '한국' Corée이 남북한으로 분단된 뒤 일종의 '두 개의 한국'deux Corées이 된 상황을 일컬으며 비교 연구 실행을 더욱 어렵게 만들었다는 것을 의미한다.

는 다학제적 성격의 세미나에 대해 언급한 '대화 불가능'을 경험했다고 했다. 특히 그는 도시 중심가 형성과 그 기능에 대해 대화하고자 했으나, 주제 자체가 북한에서 온 도시 전문가에게는 아무런 의미가 없어서 그와는 소통할 수 없었다는 기억을 떠올렸다. 결국 K 씨는 두 나라에서 '도시에 관한 현실이 완전히 다르다'는 결론에 이르렀다는 것이었다(K 씨와 비공식 인터뷰, 2010년 1월).

'두 개의 한국', '남북한' 그리고 네 개의 담론
: 어떤 비교를 할 수 있는가

'경계선'frontière이란 도시를 논하는 방식이 서로 다른 두 전문가 사이를 가르는 경계선이기도 하지만, 앞서 본 대로 영토 또는 정치적 분단을 통해서도 나타나는데, 이 분단 상황은 "남북한의 모든 사회 영역에서, 심지어 한국학 관련 담론"에서도 깊이 자리 잡고 있다(Gelézeau et al. 2010). 특히 '인터페이스'에 관한 연구 프로젝트는 한반도의 분단 문제가 20세기 말까지 서양의 '한국 연구'에서 학문적 담론으로 정착되고 강화되었다는 것을 잘 보여 주었다. 이때 '한국' 또는 남한을 지칭하는 한국의 정체성과 그 단일성 및 일관성을 설명하는 것이 주된 관심사였으며, 사실 많은 연구가 '한국의 [경제발전] 기적'miracle sud-coréen의 특징이나 샤머니즘 같은 주제를 통해 독특한 '정신적 문화'의 특성을 분석하고자 했다. 연구 대상의 크기는 주로 국가 차원(민족의 상징인 서울을 중심 의제로 다루는 연구) 또는 소규모 지역 차원(현대화 과정에 들어섰으나 한국의 전통과 정체성을 집약해서 볼 수 있는 마을 단위 연구. Guillemoz 1983)인 경우가 많았던 반면, 중간 크기의 연구 단위('지방' 또는 중간 규모의 도시)는 아주 드물게 다루어졌다. 이처럼 '남한 중심'sudocentré 연구 모델에서는 한반도의 분단 문제가 마치 외부적 맥락, 즉 어떤 먼 곳으로부터 한국 사회에 영향을 미치는 일종의 '배경'처럼 다루어졌다. 이런 경향은 사후적으로 볼 때 필자의 대규모 주택단지에 관한 일련의 연구에서도 잘 나타나는데, 이때 주요 의제는 전국적 규모를 상정하게 되며, 서울 같은 거대도시는 한국 사회 전체를 대표하는 은유적 표현이 되기도 한다. 또한 필자는 프랑스, 미국 그리고 한국을 대상으로 하는 '지방' 및 일반 지리학에 관한 몇 개의 연구 논문을 세밀히 검토하면서 한반도 분단 상황을 지리학적 관점에서 본 '분단 지리학'géographies de la division 연구를 심화하고자 했다(Gelézeau 2010a). 프랑스 한국학연구소Centre de Recherches sur la Corée가 2000년대 말에 주관한 한국의 지방 문제에 관한 연구 프로젝트는 대표적인 새로운 연구 모델 중 하나인데, 과거와 달리 '한국'Corée을 하나의 동일체로 이루어진 '단일한 사회'라는 시각으로는 이해할 수 없다는 점을 인식시키는 데 어느 정도 공헌했다. 우선 '여러 개의 작은 구성체로 이루어진 한국'Corée en miettes으로 본다는 것은 '한 국가 또는 민족의 내부적'infranational 차원을 새롭게 주목한다는 것이다. 즉, 전국적 단위를 중시하는 국민국가적 관점이 아니라, 작은 지역 단위로 구성된 복합적 사회라는 관점이 더 중요하다는 것이다. 동시에 이것은 디아스포라, 한국 문화의 세계화 등 '초국가적'supranational 차원도 함께 고려한다는 인식에 근거하고 있다. 끝으로 남북한 간 '인터페이스' 연구는 한반도 문제에 관한 지식이나 담론을 가르는 다양한 종류의 '경계선'을 이해하고 인식하는 방법을 더 명확하게 하는 데도 공헌했다(Gelézeau et al. 2010).

'한국 연구'는 전통적으로 '한국'의 어떤 단일성을 전제하는 연구 모델에서 깊은 영향을 받아 왔는데, 이런 단일성이란 분단과 전쟁 이후 휴전선 너머 남북한 양쪽에서 경쟁적으로 발전시켜 온 이념적 관점에서도 잘 드러난다. 사실, 1990년대 이전 미소를 중심으로 양극화된 국제 무대의 영향을 받을 수밖에 없었던 한국학은 크게 두 방향으로 발전했다. 하나는 한국 또는 '남한'에 관한 연구이며 주로 한국과 서방 학자들에 의해 이루어졌고, 이때 '북한'은 남한에서 본 '북한'이었다. 또 다른 하나는 '(북)조선' 또는 '북한'에 관한 연구였으며 주로 북한과 중국 및 소련의 영향권에 있던 공산주의 국가의 학자들에 의해 이루어졌고, '남조선'은 북한에서 본 '남조선'이었다.

이런 관점에서 볼 때, 한반도 분단 문제에 대한 담론은 남북한에서 각각 생산된 두 종류가 아니라, 네 가지 다른 부류가 존재하며, 이처럼 원래 하나의 단위로 이루어졌던 관찰 대상이 두 개의 단위로 변화하면서 연구는 더 복잡해졌다.

그러나 이런 경계선 문제는 한국학 연구 모델 변화의 중심에 위치하게 되었다. 우선 물리적 경계선의 소멸(유럽에서 '철의장막' 철폐)이 이와 같은 변화의 중요한 요소로 등장한다. 유럽에서 냉전 이후의 새로운 질서가 성립되자 과거에 분리되어 있던 동서 유럽 간 인적·지적 교역이 급격히 늘어났으며, 그때까지 한국학 연구 내에서 분리했던 '과학적 경계선' frontière scientifique에도 변화의 조짐이 보였다. 또 다른 한편, 경계선 문제는 '인터페이스' 연구의 출발점이 되었다. 연구자들이 바로 이 지점, 다시 말해 두 개의 사회 중 하나만 관찰 대상으로 선택하는 것이 아니라, 단절과 접촉이 이루어지는 장소, 서로 다른 두 공간 사이에 위치하는 틈새 공간, 고립된 공간, 또는 주변화된 변두리 지역 등을 주목하고 고민할 때, 한국 관련 연구를 가장 잘 특징짓는 이중적 연구 모델paradigme dualiste♦을 분명하게 드러낼 수 있다. 끝으로, '북'이나 '남'도 아닌 "제3 지대" tiers-espace에서(Bhabha 2007) '타자성의 역동성'dynamique de l'otherness에 관한 문제의식이 가장 선명하게 나타나며 인식론적인 면에서도 가장 풍부해진다.

같은 시기에 많은 분과 학문에서 비교학적 접근을 시도하는 한국 관련 연구가 이루어졌으며(Delissen et Abdelfettah 2006; Black, Epstein et Tokita 2010), 필자가 일종의 '메타 문화'métaculture라고 해석한 '한국'을 인식하는 방

♦ 233쪽의 옮긴이 주 참조.

법에도 오늘날 큰 변화가 있었다. 이런 인식 변화는 두 가지 사실과 밀접한 관련이 있다. 첫째는 근대 이후 강제성을 띠었든 아니든 간에 많은 해외 이주가 이루어져 오늘날 600만 명 이상의 한인 디아스포라가 생겨남으로써 한국 문화가 한반도 너머 세계의 여러 지역까지 전파되었다는 점이다. 두 번째는 앞서 언급했듯이, 한반도 분단 문제가 모든 사회 영역에서 깊이 자리를 잡고 있으며, 과거의 한 시점에서 종료된 과거의 사건이 아니라 현재 진행형인 과정이라는 점이다.

일반적으로 '한국'에 대한 성찰과 지식은 '남' 또는 '북'과 결부된다. 그러나 유럽이나 미국에서는 하나의 '한국'에서 남북한으로 분단됨에 따라 연구 대상이 이중적 또는 다면적인 성격을 띠게 된 데 대한 문제 제기(파트리크 모뤼스Patrick Maurus는 이를 "우화"라고 말했다. Maurus 2010)가 오랫동안 부자연스럽게 다루어져 왔으며, 심지어 부정되기까지 했다. 이 문제는 '한국'의 '문화'와 '민족'이라는 두 표현을 암묵적으로 정당화하는 것이며, 실제로는 정치적인 문제와 직결된다. 예를 들면 북한의 전체주의 체제와 남한의 민주주의 체제를 대립적으로 인식하는 것이다. 따라서 오늘날 '한국' 또는 '남북한'에 대해 사회과학적인 질문을 던지고자 할 때 "오래된 분단"(Zamindar 2007)이나 "메타 문화"métaculture(Bonnemaison 2001)와 같은 개념을 충분히 고려해야 한다. 그 첫 번째 이유는 '메타 문화'는 지속적으로 구성되고 전파되는 진행형이기 때문이고, 또 다른 이유는 '한국'에 대해 서구 학자들의 학문적 담론이 '남한 중심적' 전망과 밀접한 관련이 있기 때문이다.

결국 남북한의 비교는 다음과 같은 두 종류의 어려움에 부딪힌다. 우선 북한 연구 현장에 접근할 수 없는 데 따른 어려움, 그리고 다른 한쪽(예컨대 남한이나 북한)의 관점을 거부한다는 원칙에 근거한 각각 다른 네 가지 담론의 존재에서 비롯된 어려움이다. 이 경우, 비교 연구는 현실적으로 '한국' 사회에 관한 새로운 담론을 생산하는 데서 언제나 불만족스러운 연구로 귀결되지 않을까? 예를 들면 '메타 문화'라는 개념은 미셸 푸세의 "메타 경계선"métafrontière에서 나온 단순한 언어유희가 아니며, 아르준 아파두라이Arjun Appadurai에 의해 유명해진 "에스노스케이프"ethnoscapes◆와 같은 유사한 개념들과 대체될 수도 없다. 조엘 본느메종Joël Bonnemaison이 제안한 이 개념은, 지리적으로 전혀 다른 환경 속에서 형성된 태평양 섬 사회에 관한 그의 연구서에서 영향을 받았지만, 한국 연구에도 긍정적으로 적용될 수 있다. 또한 이 개념은, 오늘날 '한국'이라는 '세계'monde coréen가 복잡하고 다중적인 면을 띤 동시에 일관성도 가지고 있다는 사실과 더불어, 분단 상황이 모든 사회적 현실에 녹아 있다는 사실도 아주 잘 보여 준다. 예를 들면 서울과 평양의 지하철, 서울의 '올림픽 타운'[올림픽훼밀리타운]과 평양의 '광복 거리' 건설, 1970년대 서울 강남 지역의 전격적인 개발, 서울에서 공동주택의 모습과 구조 등이 있다. 더 많은 예를 들 수 있는데, 이는 하나같이 도시 건설과 그 형태에 관한 문제로 직결된다.

북한의 수도를 통해 서울을 분석하고 또는 정반대로 남한의 수도를 통해 평양을 분석하는 것은, 사회과학적으로 매우 의미 있는 시도이다. 일반적인 도시 연구와는 아주 다르게 수도에 관한 연구를 가능하게 해 줄 뿐만 아니라, 어떤 특수한 맥락 아래에서 이루어지는 도시 변화를 이해하는 데 유용한 분석 도구를 많이 제공하기 때문이다. 그러나 접근 가능한 정보와 지식의 불균형 때문에 이런 연구를 실제로 수행하기는 매우 어렵다. 상기한 두 도시에 한정한다고 하더라도, 이런 불균형에서 야기된 문제는 매우 심각하다. 우선 서울과 관련해 학문적인 분야와 실용적인 분야를 망라하는 '서울학'séoulologie이라는 이름으로 한국 및 서방국가에서 무수히 많은 연구 결과물이 생산되고 있다. 여기에서 우리는 연구 방향과 관찰 대상 지역 선택의 문제와 부딪친다. 우선은, 비록 오늘날 인터넷을 통해 접근할 수도 있지만, 관련 자료를 충분히 확보하

◆ 아르준 아파두라이에 따르면 "에스노스케이프"는 오늘날 지구적 차원에서 나타나는 관광·이주·난민·노동·학업 등과 관련된 개인들의 이동이 동반하는 역동적 현상이나 상황을 의미하며, 개별 국가뿐만 아니라 국가 간 관계에도 지대한 영향을 미치고 있다.

고 확인하기 위해 현장 연구 수행이 필수적이기 때문이다. 한편 평양 관련 연구에 대해서도 이차 자료가 절대적으로 부족해 현장 연구가 꼭 필요한 형편이다. 왜냐하면, 설사 어떤 감시하에서 이루어지는 현장 연구(이 문제는 또 다른 주제이기도 하다)라고 할지라도, 현장에서 경험하는 직접적인 접촉은 이차 자료가 가져다주는 간접적 정보를 이해하는 데 매우 유용한 열쇠가 되기 때문이다.

한편, 이런 예를 통해 우리는 '비교 가능한 것'과 '비교 불가능한 것'을 둘러싼 질문에 대해 부분적인 답을 얻을 수 있다. 이 질문에 대해 데티엔느가 제시한 가정에 따른다면, 비교 연구가 지리적으로뿐만 아니라 개념적으로도 아주 다른 연구 대상들을 함께 볼 수 있는 범주를 통해 실행된다는 조건에서만, 모든 것은 비교 가능해진다. 필자가 관심을 두고 있는 남북한의 수도 서울과 평양은 아주 쉽게 비교할 수 있는 연구 대상으로 보이지만, 현실적으로는 접근 가능한 자료가 불균형하기에 전혀 그렇지 못하다. 실제로 자료 불균형은 분석 시 초점의 불균형을 초래하고, 결국은 비교 작업 자체를 불가능하게 하는 위험을 내포하고 있다.

'햇볕 정책' 관련 담론은 비교 가능한 담론인가

필자는 스테판 브레통Stéphane Breton이 다룬 비교 연구 문제에 대해 다시 한번 질문을 제기하고자 한다.

인류학은 태생적으로 비교 연구이다. 왜냐하면, 두 개의 다른 시각과 전망을 대조하고 교환함으로써 생겨난 학문이기 때문이다. 이와 같은 상호성은 기본적인 규칙이다. 오직 이런 원칙에서만 인류학은 자신의 한계를 규정할 수 있다. 이 분과 학문은 서로 다른 사고 체계 안에 존재하는 공통적인 범주를 찾아야만 하며, 그렇지 못하면 분석할 때 상호성을 망각하는 편견에 빠지게 된다(Breton 2012, 250 참조).

이 전망에 따르면, 비교 연구 담론은 결과적으로 어떤 비규범적non norm-atif 담론이나 비규제적non prescriptif 담론, 즉 주어진 하나의 주제에 천착하는 가치판단이 완전히 배제된 담론이 된다. 이 점에서도 '한국'의 사례는 어떤 과정을 통해 상기한 비교 연구 관련 담론이 생산될 수 있는지를 잘 보여 주기 때문에 매우 시사적이다. 실제로 지리학자의 관심을 끄는 주제(지리학 백과사전, 도시 연구)에 관한 두 개의 연구 프로젝트는 이런 점을 분명히 보여 주었다. 남북한 화해 정책이 시도된 시기(1998~2008년)에 등장한 이 두 프로젝트를 통해 구체적인 연구 협력 체제(전문가 방문, 공동 연구 기획 등)가 가동되었다.

또한 서울시정개발연구원Seoul Development Institute[현재 서울연구원]이 발의한 동아시아 4개국 수도(베이징·평양·서울·도쿄)에서 역사적 유산 보존 정책을 중점적으로 비교하는 연구 프로젝트도 비교 연구 관점에서 아주 흥미로운 경험이 되었다. 예를 들면 이 연구의 첫 번째 결과물을 영어와 한국어로 출판하면서 참가 연구자들은 번역 문제를 세밀하게 다루게 되었으며, 어떤 경우에는 영어로 작업할 수밖에 없었다(*Historic Conservation Policies in Seoul, Beijing and Tokyo*, 2005). 수도에 관한 이 연구 프로젝트에 평양을 포함하기로 한 결정이 남북한 화해가 이루어지던 당시의 시대적 배경을 반영한다는 점을 상기할 필요가 있다. 사실 이 무렵만 하더라도 평양은 동아시아 차원, 심지어 아시아 전체 차원의 모든 담론에서 완전히 배제되어 있었다. 더 나아가 이런 결정은 당시 한국 현실에 익숙하지 않은 사람들에게는 상상하기 힘든 범위까지 연구 프로젝트가 진전했음을 의미했다. 심지어 북한 입장에서도 서울이 오랫동안 한반도의 공식적인 수도였다고 인정하는 바였고, 실제로 평양은 1972년까지 북한의 임시 수도였으며 새로운 헌법이 통과된 뒤에야 조선민주주의인민공화국의 공식 수도가 되었다. 결국 평양이 동아시아의 다른 세 개 수도와 동등한 차원에서 연구 프로젝트에 포함되었다는 것은, 이미 연구 전망이 변화하고 있다는 사실을 웅변했다.

비교 연구는 연구 초기 단계부터 기본 원칙으로 받아들여졌으며 연구소 네 곳이 참여했다. 전체 연구는 서울시정개발연구원이 주관했으며 해당 수도에 관한 연구는 모든 학자가 참여하는 일련의 세미나에서 정한 연구 방향과 방침에 따라 연구소 네 곳의 책임하에 각각 나누어 이루어졌다. 최종 연구 보고서를 보면 학문적 완성도를 갖춘 진정한 비교 연구를 제안하는 데 실패했다고 볼 수 있다. 사실, 연구 보고서의 가장 중요한 부분은 세 개 장으로 이루어져 있는데, 그것은 네 개의 수도 중세 개만 다루고 있다(서울, pp. 38~161; 베이징, pp. 162~267; 도쿄, pp. 268~436). 또한 짧게 쓴 결론에서 몇 개의 주제(특히 도시 형태 변화와 역사적 유산 보호)를 분석한 부분만이 비교 연구의 성과를 간략하게 제시할 뿐이었다. 한편, 우리는 100여 쪽에 이르는 네 번째 부록(pp. 445~541)을 통해 이런 연구 수행에서 어떤 한계가 있었는지를 좀 더 자세히 엿볼 수 있다. 베이징과 도쿄의 사례연구는 도쿄 대학교의 지속 가능 도시재생 센터의 주도로 이루어진 반면, 평양 연구는 중국 연변 대학교의 책임하에 북한 사회과학원의 역사연구소와 공동 수행하기로 되어 있었다. 그러나 이 두 연구소는 여러 가지 '강요와 제약' 때문에 공동으로 마련된 연구 지침에 따른 연구를 제대로 수행할 수 없었으며, 연구자들이 필요한 모임에 참석하기도 어려웠다. 아마도 이런 이유로 평양 사례를 이 공동 연구 프로젝트에 포함하기가 불가능했다고 하더라도 놀랄 사람은 없었을 것이다. 그러나 북한 연구팀은 다른 파트너들이 요구한 정보(도시 개발 역사와 역사 문화재 보호 정책 관련)를 보고서 형식으로 제출했고, 후자는 이것을 연구 보고서의 부록으로 넣는 것이 유용하다고 판단했다. "북한 연구자들이 제출한 평양 관련 텍스트는 여기(부록)에 원본 그대로 포함되어 있다. 우리는 부록에 수록된 평양 사례가 북한 학자들의 시각과 역사 문화재 보존을 위한 그들의 노력을 더 잘 이해하는 데 도움이 되기를 희망한다"(pp. 445~541).

이와 같은 노력은 '햇볕 정책' 시기에 대표적인 프로젝트 중 하나인 『북한 지리 백과사전』서문에서도 잘 나타나 있다. 공식 명칭은 『조선 향토대백과』이며 북한의 한 공식 출판사와 남한의 평화연구소가 공동으로 간행했다(평화문제연구소 2005). 이 간행물의 서문에 사용된 문체를 분석해 보면 양쪽 학자들이 상대를 배려하려고 하는 노력을 엿볼 수 있다. 그 예로 '우리나라' 또는 '조국'이라는 표현의 사용을 들 수 있는데, 그 뜻은 남한과 북한에서 동일하다. 이와는 달리 '한국/북한'(남한에서 사용), '조선/남조선'(북한에서만 사용)과 같은 용어는 사용 장소에 따라 달리 쓰이고 있으며, 주로 지리 교과서에서 쓰인다. 한편, 앞서 언급한 북한 학자들이 쓴 서문에는 북한 최고 지도자를 찬양하는 문구들이 사용되지 않았는데, 이것은 매우 이례적인 경우이다. 그러나 철자법이나 용어 사용에서 그 차이점이 뚜렷하게 나타난다. 예를 들면 북한 학자들이 단어의 어두에서 자주 사용하는 자음 '리을'(ㄹ)은 남한에서는 그 사용법이 다르며, '동지' 또는 '동포' 같은 용어는 북쪽에서 더 자주 사용된다.

끝으로 햇볕 정책 시기에 한국에서 간행된 많은 단행본 연구서에서도 유사한 경우를 쉽게 관찰할 수 있다. 예를 들면 건축가이자 도시 전문가인 한국의 한 저자는 평양에 대해 쓴 자신의 책(임동우 2011)에서 '사회주의혁명의 도시'인 평양과 2000년대 초 이 도시의 변화를 이해해 볼 것을 제안했다. 이런 일련의 예들은 학자들에게 다양한 연구 담론과 전망을 받아들일 것을 촉구하는 계기가 되었으며, 찰스 암스트롱Charles Armstrong이 최근 한 학술지에 발표한 논문을 통해 이런 움직임에 대해 지지를 표명하고 나선 것이 그 대표적인 예다(Armstrong 2011). 이런 작업은 아주 성공적으로 완수된 비교학적 담론 생산을 전제하는데, 실제로 그렇게 실행하기가 결코 쉬운 일이 아니다.『공간과 시간』Espaces Temps(프랑스의 역사·지리학 학술지)에 발표한 남북한 간 '인터페이스'에 대한 공동 논문(「한반도에서 남과 북의 인터페이스」Les interfaces Nord/Sud dans la péninsule coréenne)을 요약할 때 경험한 한국어 번역 작업은 고도의 학문적 질이 담보된 비교학적 전망을 실제 연구 현장에 적용하기가 얼마나 어려운지를 극명하게 보여 주었다. 우리는 이 논문을 통해 비교학적 전망을 열어 보려고 노력했으며, 그 제목과 주제어를 분석해 보면 상기한 어려움이 좀 더 분명히 드러나는데, 구체적으로는 다음과 같다.

제목: '한국'에서 인터페이스와 남북한 문제의 변화Interfaces et reconfiguration de la question Nord/Sud en Corée

주제어: '한국', 북한, 남한, 남북한 관계, 인터페이스, 인식론, '한국 연구'.

우리에게 주요 난점은 적절한 용어 사용과 관련되며, 특히 남북한 두 나라를 하나의 공동체로 명명할 만한 단어의 부재에서 비롯된다. 이는 서구 언어에서 쉽게 드러나지 않는 문제이지만, 남한과 북한에서는 매우 가시적으로 나타나며 이데올로기적 성격을 강하게 띠고 있다. 사실 남북한의 두 '표준어'에서 '라 코레'la Corée라는 용어를 공통된 한 단어로 명명할 수 없다. 이 용어는 분단 이전에 오래된 '한국'을 하나의 '세계'monde coréen로 지칭하는 말인데, '우리나라' 또는 '조국'으로 표현될 수도 있다. 그래서 남한에서는 이런 문제를 의식해 영어 표기인 'Korea'의 음차를 활용해 '코리아'라는 말을 쓰기도 했다. 결국 우리는 영어로 '코리아', 프랑스어로 '라 코레'라는 용어를 상황에 따라 이중적인 표현으로 명명하기로 했다. 따라서 '한국'과 '조선'으로 쓰이는 이 용어는 '남한'(남쪽에서 바라보는 시각)과 '북한'(북쪽에서 바라보는 시각)으로 번역될 수 있다. 하지만 관점에 따라 명칭이 변하기도 하는데, 북한의 처지에서 본 남쪽은 '남조선'이 되며, 남한의 처지에서 본 북쪽은 '북한'이 된다. 바로 이런 맥락에서 '한국 연구'études coréennes라는 표현에서도 같은 문제가 제기된다. 그러나 로마자로 직접 표기된 영어식 용어 '인터페이스'의 사용에서 보았듯이, 자신의 관점에서 벗어나려는 노력을 통해 담론이 어떻게 생산되는지를 알 수 있다.

마지막으로 우리는 비교 연구에서 관찰 대상이나 연구 관점을 '설정'se situer하는 데 따른 어려움이 '한국'의 언어와 문화를 전공으로 하는 학과에 실질적인 영향을 미친다는 것을 강조하고자 한다. 2011년 가을 파리의 한 대학에서 '한국어와 한국 문학'을 전공하는 조교수 모집 공고에서 번역 문제가 제기되어 토론이 일어났는데, 결국 한국어 텍스트 내에서 'Korea'와 'Korean' 같은 영어 용어를 그대로 사용하기로 하는 결정을 내린 사례도 있었다.

***

우리는 지금까지 역사적으로 단일 공동체에서 오늘날 두 개의 사회로 분단된 채 존재하는, '한국'이라는 이중적인 성격을 띤 연구 대상이 어떻게 전통적인 비교 연구의 틀을 흔들 수 있는지를 보여 주고자 했다. 사실, 관찰자와 관찰 대상의 위치를 표현하는 '저기/저기'là-bas/là-bas는 '여기/저기'ici/là-bas로, 즉 '북(한)'과 '남(한)'으로 언제든지 대체될 수도 있다. 동시에, 이처럼 이중화되고 이념적인 성격을 강하게 띤 대상을 비교 연구할 때 기존의 경계선과 문화적 차이가 오히려 더 강화될 수도 있다는 것을 알 수 있다.

분석과 담론에 관한 어떤 관점이 있다면, 이는 모든 과학적 접근에서 반드시 고려되어야 한다. 그렇다면 이 관점이 존재하는 순간부터 모든 인문·사회과학적 성찰 또한 최소한 암묵적이라도 비교학적 성격을 내포할 수밖에 없다. 비록 오래전부터 사회과학계에 널리 알려졌지만, 이런 사실을 여기에서 다시 상기할 필요가 있다. 기존의 각종 경계선이나 분과 학문 간의 장벽이 완화되고 국제적인 공동 연구 발전의 필요성이 대두하는 등 최근 사회과학계에서 목도되는 일련의 변화 속에서 비교 연구는 필수적인 학문적 접근 방식이 되었다. 스테판 브레통이 제안한 비교학적 접근에 따르면, 한 관찰자의 관점에서 비롯된 학문적 전망은 연구 대상에 내재한 관점도 함께 보여 주어야 한다. 어떤 비교를 위해서는 가치판단을 배제한 두 개의 관점을 동시에 보여 줄 수 있는 담론이 필요하다. 그러나 이처럼 완벽한 담론을 생산할 수 있게 되는 순간부터 비교 연구의 창의적인 역동성은 사라질 것이다. 이 경우, 과연 비교 연구를 수행한다는 것이 가능할까? 결국 앞서 언급한 한국학 교수 모집 공고에서 나타난 난감한 상황이 잘 보여 주었듯이, 비교학적 접근은 피할 수 없는 논리적 난점에 봉착하지 않을까?

***

필자는 이 글의 초고를 깊이 있게 비평해 준 사회과학고등연구원의 알랭 델리슨Alain Delissen과 그르노블 대학교université de Grenoble의 미리암 우세-홀츠슈흐Myriam Houssay-Holzschuch에게 깊은 감사의 뜻을 전한다.

참고 문헌

임동우. 2011. 『평양 그리고 평양 이후: 평양 도시 공간에 대한 또 다른 시각, 1953~2011』. 서울, 효형출판.

평화문제연구소 엮음. 2005. 『조선향토대백과』 전 20권. 평화문제연구소.

Armstrong, Charles. 2011. "Trends in the study of North Korea." *Journal of Asian Studies*, 2 (70), pp. 357~371.

Bhabha, Homi. 2007. *Les lieux de la culture. Une théorie post-coloniale*. trad. par Françoise Bouillot. Paris, Payot [『문화의 위치: 탈식민주의 문화이론』. 나병철 옮김. 소명출판. 2012].

Black, Daniel, Stephen Epstein et Alison Tokita. 2010. *Complicated Currents: Media Flows, Soft Power and East Asia*. Victoria, Monash University Press.

Bonnemaison, Joël. 2001. *La géographie culturelle*. cours de l'université Paris IV-Sorbonne (1994-1997), établi par Maud Lasseur et Christel Thibault. Paris, CTHS (coll. "Format").

Breton, Stéphane. 2012. "Le regard." dans Olivier Remaud, Jean-Frédéric Schaub et Isabelle Thireau (eds.). *Faire des sciences sociales. Comparer*. Éditions de l'École des hautes études en sciences sociales.

Brooks, Timothy. 2008. *Vermer's Hat: the Seventeenth Century and the Dawn of the Global World*. New York, Bloomsbury Press.

Brunet, Roger, Robert Ferras et Hervé Théry. 1992. *Les mots de la géographie. Dictionnaire critique*. Montpellier-Paris, Reclus-La Documentation française (coll. "Dynamiques du territoire").

Christin, Olivier (ed.). 2010. *Dictionnaire des concepts nomades en sciences humaines*. Paris, Métailié (coll. "Sciences humaines").

Collignon, Béatrice. 2007. "Note sur les fondements des post-colonial studies." EchoGéo, 1. 검색 가능 웹 페이지: www.revues.org (2012년 9월 접속).

Cumings, Bruce. 2004. *North Korea. Another Country*. New York, The New Press.

Dakhlia, Jocelyne. 2001. "La "culture nébuleuse" ou l'Islam à l'épreuve de la comparaison." *Annales SHS*, 56 (6), pp. 1177~1199.

Delissen, Alain et Nedjma Abdelfettah. 2006. "Evasions & obsessions: differences and repetitions in history books: a bipartisan looks at the history of France's colonization of Algeria." *Nationalism and History Textbooks in Asia and Europe*. Seongnam, Academy of Korean Studies, pp. 239~278.

Detienne, Marcel. 2000. *Comparer l'incomparable*. Paris, Seuil (coll. "La librairie du xxe siècle").

Dufaux, Frédéric et Annie Fourcaut(eds.). 2004. *Le monde des grands ensembles*. préf. de Paul Chemetov. Paris, Creaphis.

Foucher, Michel. 2007. *L'obsession des frontières*. Paris, Perrin.

Geertz, Clifford. 1983. *Bali. Interprétation d'une culture*. trad. par Denise Paulme et Louis Évrard. Paris,

Gallimard (coll. "Bibliothèque des sciences humaines").

_____. 1996. *Ici et là-bas. L'anthropologue comme auteur*. trad. par Daniel Lemoine. Paris, Métailié (coll. "Leçons de choses") [『저자로서의 인류학자』. 김병화 옮김. 문학동네. 2014].

Gelézeau, Valérie. 2003. *Séoul, ville géante, cités radieuses*. préf. de Jean-Robert Pitte. Paris, CNRS Éditions (coll. "Asie orientale") [『아파트 공화국: 프랑스 지리학자가 본 한국의 아파트』. 길혜연 옮김. 후마니타스. 2007].

_____. 2010a. "Beyond the "Long Partition": from divisive geographies of Korea to the korean metaculture." *European Journal of East Asian Studies*, 9 (1), pp. 1~24.

_____. 2010b. "Espoirs et désillusions de la décennie du "rayon de soleil"." *Critique internationale*, 49, pp. 9~20.

_____. 2011. *Atlas Séoul*. cartographie Claire Levasseur, photographie Cathy Rémy. Paris, Autrement (coll. "Atlas mégapoles").

Gelézeau, Valérie (ed.). 2004. *Géographie et cultures*, 51, dossier spécial: "La Corée en miettes. Régions et territoires."

Gelézeau, Valérie, Éric Bidet et Élisabeth Chabanol et al. 2010. "Interfaces et reconfigurations de la question Nord/ Sud en Corée." *EspacesTemps.net*. 검색 가능 웹 페이지: www.espacestemps.net (2012년 9월 접속).

Ghorra-Gobin, Cynthia. 1998. "La démarche comparative en sciences sociales." document de discussion, Unesco. 검색 가능 웹 페이지: www.unesco.org (2012년 9월 접속).

Gibson-Graham, J. K. 2004. "Area studies after poststructuralis." *Environment and Planning A*, 36 (3), pp. 405~419.

Grinker, Roy Richard. 1998. *Korea and Its Futures. Unification and the Unfinished War*. New York, St Martin's Press.

Guillemoz, Alexandre. 1983. *Les algues, les anciens, les dieux. La vie et la religion d'un village de pêcheurs-agriculteurs coréens*. Paris, Le Léopard d'Or.

Hancock, Claire. 2004. "L'idéologie du territoire en géographie: incursions féminines dans une discipline masculiniste." dans Christine Bard (ed.). *Le genre des territoires: masculin, féminin, neutre*. Rennes, Presses universitaires de Rennes (coll. "Presses universitaires d'Angers"), pp. 167~176

Houssay-Holzschuch, Myriam (ed.). 2007. "Une géographie des espaces publics dans les pays intermédiaires." rapport à l'ANR d'une Action concertée incitative no JC6029. 검색 가능 웹 페이지: www.hal.archives-ouvertes.fr (2012년 9월 접속).

Lieberman, Victor. 2009. *Strange Parallels: Southeast Asia in Global Context, c. 800-1830*, vol. 2: *Mainland mirrors: Europe, Japan, China, South Asia and the Islands*. Cambridge, Cambridge University Press.

Lombard, Denys. 1996. "De la vertu des "aires culturelles"." dans Jacques Revel et Nathan Wachtel (eds.). *Une école pour les sciences sociales. De la VIe Section à l'École des hautes études en sciences sociales*, avant-propos de Marc Augé. Paris, Cerf-Éditions de l'EHESS (coll. "Sciences humaines et religions"), pp. 117~125.

Maurus, Patrick. 2010. *La Corée dans ses fables*. Arles, Actes Sud.

Myers, Brian. 2010. *The Cleanest Race. How North Korean See Themselves and Why it Matters*. New York, Melville House.

Passeron, Jean-Claude et Jacques Revel (eds.). 2005. *Penser par cas*. Paris, Éditions de l'EHESS (coll. "Enquêtes").

Pomeranz, Kenneth. 2000. *The Great Divergence: China, Europe, and the Making of the Modern World Economy*. Princeton, Princeton University Press [『대분기: 중국과 유럽, 그리고 근대 세계 경제의 형성』. 김규태·이남희·심은경 옮김. 에코리브르. 2016].

Robinson, Jennifer. 2004. "In the tracks of comparative urbanism: Difference, urban modernity and the primitive." *Urban Geography*, 25 (8), pp. 709~723.

_____. 2011. "Cities in a world of cities: The comparative gesture." *International Journal of Urban and Regional Research*, 35 (1), pp. 1~23.

Samoyault, Tiphaine. 2010. "Traduire pour ne pas comparer." *Acta Fabula*, dossier critique "Autour de l'oeuvre d'Homi K. Bhabha." 검색 가능 웹 페이지: www.fabula.org (2012년 9월 접속).

Sanjuan, Thierry (ed.). 2008. *Carnets de terrain. Pratique géographique et aires culturelles*. Paris, L'Harmattan (coll. "Géographie et cultures. Histoire et épistémologie de la géographie").

Subrahmanyam, Sanjay. 2005. *Exploration in Connected History: Mughals and Franks*. Oxford, Oxford University Press.

Szanton, David (ed.). 2002. *The Politics of Knowledge. Area Studies and the Disciplines*. Berkeley, University of California Press.

Werner, Michael et Bénédicte Zimmermann (eds.). 2004. *De la comparaison à l'histoire croisée, revue Le Genre humain*. Paris, Seuil.

Wong, Roy Bin. 1997. *China Transformed: Historical Change and the Limits of European Experience*. Ithaca, Cornell University Press.

Zamindar, Vazira. 2007. *The Long Partition and the Making of Modern South Asia. Refugees, Boundaries, Histories*. New York, Columbia University Press.

Généraliser

제3부
일반화하기

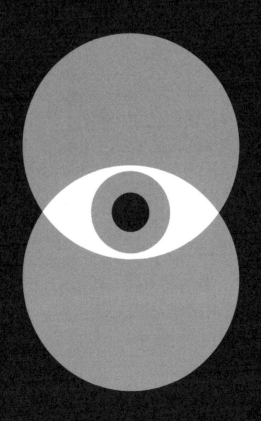

Faire des sciences sociales

제8장
어떻게 일반화하는가

긴급 구호의 문화기술지

다니엘 세파이

이진랑 옮김

이 글은 질적 방법론, 특히 문화기술지적 연구가 어떻게 일반화에 도달할 수 있는지 그 연구 과정을 '사뮈소시알'Samusocial de Paris이라는 프랑스 긴급 구호 기관의 사례연구를 통해 상세히 보여 주고 있다. 연구 방법론의 논쟁에서 질적 연구의 과학성에 대한 문제는 늘 제기되었다. 그것은 우선 과학이 추구하는 일반화는 대표성représentativité에서 나온다는 오류에서 기인한다. 그러나 우리는 이 글에서, 질적 연구가 추구하는 것은 특정 현상의 대표성보다는 포화성saturabilité, 즉 한 사례에서 새로운 특성 및 요소를 더는 찾아낼 수 없을 때까지 끝까지 관찰하는 것이 목적임을 알 수 있다. 일반화에 대한 두 번째 오해는 이론적 틀로부터 시작되어야 한다는 것이다. 이 글을 통해 문화기술지적 연구가 현장, 즉 현실에서 시작해 새로운 문제의식을 발견하고 궁극적으로 일반화에 기여하는 과정을 알 수 있다. 우리는 프랑스 사회학자의 이 기나긴 연구 여정을 살펴보며 사뮈소시알이라는 특정 기관의 사례연구가 그 포화성과 일반성을 획득하는 과정을 이해할 수 있다. 긴급 구호의 문화기술지는 시·공간을 넘나들며 '긴급 구호'라는 미시 사회학적 주제로 시작해 '사회복지 정책'이라는 한층 거시적인 정책 연구를 거쳐, 다시 '사회적 돌봄 작업'을 수행하는 현장의 주체들에게 기여한다.

한 집단의 문화기술지*를 어떻게 일반화할 것인가? 이 질문은 끊임없이 제기되었다. 이런 질문은 문화기술지적인 조사 방법이 구체적이고 특정한 맥락에서 이루어졌다는 점을 들어 다른 장소와 시간에 이전될 수 없다는 주장으로, 그 연구의 가치를 떨어뜨리는 데 사용된다. 문화기술지적 조사는 기술記述적인 가치는 있으나 이는 색인과 같은 유형에 불과하다는 것이다. 이는 질적 연구는 [실험실이 아닌 현실에서 이루어지므로 연구자가 예측하거나 통제할 수 없는] 상황적 변수라는 것이 있기 때문이다. 즉, 질적 연구는 [양적 연구처럼] '모든 조건이 동일하다'는 전제 하에 다른 사례와 비교할 수 없다. 이런 비판은 일반화의 문제에 대해 취할 수 있는 다양한 형태로 나타난다. 문화기술가는 미리 조작적으로 정의된 조사의 양식이나 모델 없이 어떻게 엄격하게 연구를 수행할 수 있는가? 문화기술가는 근시안적이고 미시적인 사회학적 접근으로 어떻게 보편적인 주제를 다룰 수 있는가? 문화기술가는 경험적인 자료 수집에 대한 강박에서 벗어나 어떻게 이론적인 분석 수준까지 이를 수 있는가? 연구자는 사실을 확정할 때 '개인적인 방정식'équation personnelle으로 어떻게 객관성을 주장할 수 있는가?

이런 일련의 질문에 대답하기 위해, 우리는 파리의 노숙인을 돌보는 사뮈소시알Samusocial de Paris, SSP이라는 긴급 구호 기관의 사례로 현장 조사를 통해 다양하게 시도한 일반화 작업 형태들을 보여 주려 한다(Cefaï et Gardella 2011). 또한 우리는 이를 통해 연구자에게 일반화의 문제는 연

---

* [옮긴이] 에스노그라피éthnographie, ethnography는 국내에서 민속지학民俗誌學, 민족지학民族誌學 또는 문화기술지文化記述誌 등 다양한 용어로 번역된다. 옮긴이는 연구 대상이 한 국가 또는 민족의 문화와 관련된 경우에는 '민속지'로, 한 집단, 조직 또는 세대와 관련된 경우에는 '문화기술지'로 번역한다. 이 글에서는 긴급 구호 분야의 한 조직인 사뮈소시알이 주 연구 대상이므로 문화기술지로 번역한다.

구 대상자들이 그들의 문제를 상식적·직업적·제도적 차원에서 어떻게 일반화하고 있는지를 이해하는 일임을 알게 될 것이다. 이는 공공 정책이나 사회정책을 이미 제시된 모델로, 예를 들면 사회관계를 계급적·인종적·젠더적 관점으로만 바라봐선 안 된다는 것을 의미한다. 즉, 연구자의 가설은 관찰하는 구체적 상황에 기반해 성립되어야 한다. 또한 '일반화'는 이와 대비되는 개념인 '개별 사례'와 뗄 수 없다. 분석의 범주나 규칙은 우리가 기술하고자 하는 사례의 경계와 함께 고려되어야 한다. 특수하거나 일반적인 것, 전형적이거나 비전형적인 것, 일상적이거나 예외적인 것 등은 주제와 처음 접촉해 나온 경험에 불과하며, 무엇이 특정 사례를 만드는지를 확인해 가며 우리는 일반화의 가능성을 발견한다. 따라서 일반화 작업에서 우리는 다양한 가능성을 열어 두어야 한다. 우리 사례에서 이것은 다양한 방법으로 이루어졌다. 우리의 조사는 사뫼소시알의 일을 다른 유사 조직에서 수행하는 작업과 비교했으며 그 역사성도 다시 둘러봤다. 또한 '대규모 소외'라는 사회적 문제가 어떻게 프랑스 또는 파리에서 제기되어 왔는지를 살펴봤으며 이를 다른 도시나 국가와 비교했다. 그리고 사뫼소시알의 긴급 구호에 대한 내부 및 외부의 비판을 하나하나 점검해 이에 관한 다양한 전망을 살폈고 그 변동 사항도 함께 고찰했다. 결국 연구의 마지막 단계에서야 이견의 여지 없이 연구 대상자의 '의미의 맥락'과 단절하고 사회과학의 문제의식 수준에서 자료를 재정리할 수 있었다. 이런 과정을 거쳐, 연구 결과를 직업사회학, 사회 보건 및 복지에 관한 연구, 정치 및 윤리의 문화기술지, 특정 활동(직업)의 일련의 규칙 또는 특정한 사회적 혼란에 대한 경험의 미시 정치학 등의 관점에서 재조명했다. 마침내 우리 연구 결과는 노숙인 정책, 사회적 돌봄 및 의료 보건 등 다른 비슷한 유형의 정책적 문제로 일반화되어 갔다.

참여 관찰을 통한 조사 주제 선정

　문화기술지 조사는 구체적이지 않은 문제의식을 가지고 어디로 가는지 알지 못한 채 여러 상황과 연구 대상자, 연구 동료, 그리고 책 등 가능한 모든 상호작용을 동원해 현장의 경계를 그려 가는 것이다. 또한 문제가 되는 상황으로부터 시작해(Dewey 1967), 연구자는 이를 설명할 수 있는 이론적·경험적 해석을 찾아 정의할 수 있는 다양한 요소를 고려한다. 우리가 연구를 시작한 계기는 노숙인들이 주거를 제공받기를 거절하는 문제에 직면한 파리의 긴급 구호 기관에 관심을 가지고부터이다. 이 연구는 사뫼소시알 관측소Observatoire de SSP가 재정을 지원한 석사과정 학생 세 명에 의해 시작되어 다양한 장면과 대화를 기술하고 분석한 성과물을 냈다. 그 뒤 2006년 이 연구를 더욱 심화해 보자는 의견이 나와, 2007년 1월 나는 관련 분야에 대한 사전 연구를 검토하지 않고 사뫼소시알을 직접 관찰했다. 선행 연구를 검토하지 않은 것은, 긴급 구호 상황을 현장과 사회적 주체를 관찰하는 데서 시작하는 이른바 분석적 귀납법induction analytique을 연구 방법론으로 취하고 싶었기 때문이다. 가설-연역 논리는 주로 이론적 개념이나 가설을 가지고 시작하는데, 이는 이미 알고 있는 사실을 강조sensibilisation, sensitizing하는 경우(Blumer 1954)에나 연구 가치가 있다. 가설연역법은 단지 [일반화되고 추상화되어] 구체적이지 않은 이론들을 '데이터'로 힘겹게 변화시킬 뿐이다. 중요한 것은 우리의 연구 대상인 현장이 연구자와 연구 대상자의 만남에서 영향을 받을 가능성, 그 속에서 특정 징후가 생겨나고 그것을 분석할 가능성을 미리 폐쇄하지 않는다는 데 있다. 핵심은 정책적·이론적 부담을 이유로 일반화라는 '열쇠를 손에 쥐고' 시작하지 않고, 일반화 차원에 도달하기 전에 구체적으로 경험하도록 내버려 두는 것이다. 즉, 우선 참여 관찰로 시작해, 이해하기, 설명하기 그리고 해석하기라는 일련의 과정을 거친다.

　문화기술지 조사는 무엇보다도 연구자가 직접 다양한 유형의 현장

생활이나, 언어 사용의 관행 또는 대인 간 상호작용 등에 참여하고 관찰함으로써 '기술'記述, description하도록 돕는다. 연구자는 현장의 환경 속에 갖추어진 사물들과 사람들, 즉 환경 그 자체와 상호작용한다. 연구의 여정은 집중과 관망, 연루와 거리 두기, 정착과 이탈을 오가는 순간들을 의미하며, 이 속에서 알게 된 사실은 여전히 현장의 맥락에서 벗어나지 않는다. 사실 '참여 관찰'이라는 범주는 조사 과정에서 일어나는 다양한 형태의 참여 자세나 입장postures d'engagement을 포함한다. 따라서 현장과의 접촉에서 만나는 다양한 상황에 대한 우리의 개입 형태나 성격 역시 상당히 다양하다. 한 사회복지사가 저녁 식사 시간에 자기의 인생 역정을 들려줄 때와 트럭 바닥에서 간호 요원과 노숙인이 나누는 대화를 들을 때, 또는 우리 연구자가 노숙인에게 안내하거나 충고를 해야 할 때 등, 이른바 "참여의 가면"(Goffman 2012)은 다양한 상황에서 다르게 나타난다. 또한 내가 현장 구조 요원으로 참여할 때, 또는 학업을 이어가기 위해 추천서가 필요한 한 젊은 운전사와 근무 후 교수로서 공감을 나눌 때, 우리가 인터뷰 약속을 잡기 위해 사무실에서 분주하게 움직일 때, 또는 우리가 사뮈소시알 본부의 컴퓨터 사용을 허가받았을 때, 우리의 역할은 같지 않다. 즉, 연구자는 상호작용의 성질에 따라 각기 다른 모습, 다른 능력, 다른 얼굴을 가질 수 있다. 정보통신 담당 요원이 노숙인 관리 소프트웨어 아키텍처를 설명하고 우리가 그것에 귀를 바짝 기울여 메모할 때, 사뮈소시알 기관장인 그자비에 엠마누엘리Xavier Emmanuelli에게 초대받은 식사 자리에서 좋은 인상을 주려고 술을 많이 마시고 상황에 맞지 않는 질문이나 대답을 피하려 할 때, 노숙인 쉼터의 방에서 벌어지는 싸움을 중재하고자 교육 요원과 함께 이리 뛰고 저리 뛰어야 할 때, 한 노숙인과 복도에서 나누는 대화 속에서 상황을 이해하기 위한 신체적·맥락적 단서, 즉 비언어적인 소통을 파악해야 할 때 등 우리는 수없이 다양한 상황에 놓여 있다. 이 다양성은 매번 경험의 성역이며, 앙가주망engagement의 프레임이자 참여의 역할로 작동한다.

따라서 연구자는 연구의 초기 과정에서는 성급한 일반화를 피할 수도 있다. 그러나 이렇게 산만한 상황에서도 이미 일반화의 다양한 전망들이 펼쳐지기 시작한다. 왜냐하면, 행위자들은 특정 상황에서 각자에게 부여된 한 가지 역할만으로 현장에 참여하지는 않기 때문이다. 각자 전형적인 상황 범주에 들어가게 되고, '직업적인 사고 틀' 안에서 합리적으로 실천하고자 하며, 조직의 합리성을 고려해 균형감을 유지한다. 참여 관찰자로서 연구자는 식별이 가능하지 않은 역할을 맡는다. 만남이라는 사건에 우연성이 있다 하더라도, 지금, 여기를 초월하는 징후들과 함께 나타나는 특정 상황에 내던져진다. 또한 참여는 나중에 회고적으로 입장을 정리하는 방식이 아니라, 사건이 벌어지는 바로 그 순간에 주고받는 생생한 표현들로부터 나오는 다양한 태도를 관찰할 기회이다. 이미 우리가 이야기했듯이, 연구자에게 일반화하기란 우선 연구 대상자들이 특정 상황에서 어떻게 그들 자신을 객관적으로 바라보는지[즉, 일반화하는지] 이해하는 것이다(Emerson, Fretz et Shaw 2010). 우리 사례에서는 긴급 구호 기관의 구호 요원이 그들의 개인적인 감성과 직업교육의 종류에 따라, 그들과 만나는 사람들(노숙인, 이용자, 환자, 지인, 정신병자, 행인, 이웃, 또는 단골 출입자 등)을 어떻게 바라보고 범주화하는지를 이해하는 것이다. 이는 또한 그들의 사고, 성찰, 결정 방식을 그들이 가진 모호함, 모순, 불확실성, 머뭇거림 등으로 이해하는 것이다. 연구자는 섣불리 일반화하기 전에 때로 조화롭고 때로 분쟁적인 다양한 연구 대상자들의 말과 행동으로부터 나온, 다양한 방법으로 수집된 생생한 결과물을 갖고 있어야 한다.

상호작용의 구현

이 문제에서 가장 적합한 경험적인 예는 신체적인 경험을 기술하는 것이다. 육체는 이용자를 상대하는 연구자나 구호 요원 모두 [서로를] 이해할 수 있게 하는 장치이다. 감수성이 풍부하고 감성적인 우리의 육체는 특정 상황에서 체면을 지키면서도 서로 부딪치고 다른 고단한 육체를 흔들기도 한다. 또한 무기력하거나 무감각하지 않으면서도 평정한 모습을 유지한다. 느낌이나 기분, 또는 분위기나 환경 같은 요소는 그들의 활동에서 매우 중요하며 이는 구호 요원의 경험을 다룬 보고서에서 잘 나타난다. 동시에 그들은 이런 정서적 영향을 다소 조절할 수도 있어야 한다. 공감과 돌봄을 수행하는 직업은 직감에만 몸을 맡겨서는 안 되고 이런 감정들에 휘몰리지 않는 '적당한 거리 두기'가 필요하다. 사회적·임상학적 진단은 이성, 시선 및 경청을 통해서뿐만 아니라 냄새나 촉각 같은 접촉이나 직감에서도 나온다. 따라서 구호 경험을 돌이켜 상황의 감성적 질을 재인식해야 구체적인 상황 속 특정 활동이라고 하는 실제적인 고찰을 가능케 한다. 육체적인 상호 교감은 함께 느끼고 감동하는 것, 즉 공감하는 일이며 이것만으로 서로의 관점을 교류하기는 어려울 수도 있으나, 이런 과정 없이는 관심조차 두기 힘들다.

관찰함으로써 이런 육체적 상호 교감의 도덕적인 질qualités morales을 파악한다. 돌봄이라는 행위를 관찰함으로써 연구자는 두 사람 사이 상호작용의 질과 관계를 파악한다. 일반화는 여기서 여러 가지 방법으로 이루어진다. 민속학 방법론(Katz 2010)에 의해 널리 알려진 현상학적 방법은 우리가 감정적·감성적인 상태를 극복하고 가치와 원칙 등을 섣불리 추상화하지 않으면서 활동과 상호작용 속에서 행해지는 것들을 이해하도록 돕는다. 이런 현장 관찰이 끝난 뒤, 즉 두 번째 단계에 가서야 우리는 연구 대상자들이 이야기한 것들을 기술한 현장 노트를 다른 경험들과 비교하면서 사회 보건 복지travail social et infirmier를 다룬 일반적인 저서들과 연결한다. 여기서부터 우리는 일반적으로 돌봄이라는 직업 활동 안에 내포된 함축적 지식에 대해 고찰하게 된다. 이 단계에 이르면 돌봄, 기여, 인정reconnaissance처럼 구호 요원들이 종종 사용한 용어들[의 의미]이 더욱 분명하게 다가온다. 구호 요원이 느끼는 긴장이나 불편함 등은 단지 기술적·지각적 오류로서가 아니고 상대를 위해 해야 했던 것을 하지 않아 생기는 감정으로 재조명된다. 이렇듯 도덕적 감각이라는 주제는 미리 결정된 분석적 개념을 선택함으로써 도출되는 것이 아니고 구호 요원의 경험을 범주화하는 과정에서 나타난 [애초에는] 불명확한 개념이었으며, 문화기술지적 주목을 통해 명확해진 것이다. 즉, 이 분석의 조각은 주어진 이론에 따라 관찰된 것들을 논리적으로 포섭하면서 이루어진 것이 아니다. 이는 관찰, 기술, 분석, 대화와 독서를 오가는 역동적인 과정을 거치며 공고해지고 명확해진다. 한 사례의 개별성은 이 안에서 더 풍부해지고 깊어지며, 더 미묘한 차이를 만들고, 더 분명해지고, 또 더 모호해지기도 한다. 여기서부터 도출되고 다른 새로운 경험적 사례로부터 증명된, 일반화된 사실을 이해함으로써 연구자는 마비 상태를 낳는 독단주의에서 비로소 벗어나게 된다. 개별화와 일반화는 한 쌍을 이루는 역동성이다.

공중 앞에 모습을 드러낸 육체는, 어빙 고프만Erving Goffman의 용어로 말하자면, 다른 사람에게 보이는 가면face이다. 육체는 미적인 상호작용(싫증, 유혹, 혐오)과 도덕적인 상호작용(공감, 존경, 신뢰)을 확고히 결합한다. 이 육체가 곧바로 일반화의 매개체이자 요소가 된다. 왜냐하면, 이것은 젠더, 계급, 인종, 나이, 국적 및 언어를 변수로 작용해 범주화되기 때문이다. 그러나 연구자는 현장에서 관련이 있을 듯한 이런 범주들을 연구자와 연구 대상자 사이의 상호작용으로도, 연구 대상자 간의 상호작용으로도 속단할 수 없다. 따라서 연구자는 일반화하려는 자신의 성향에 주의를 기울여야 하고, 사회관계의 '계급적·인종적·젠더적' 관점으로 상황을 보도록 하는 이론적·정치적 신념에 너무 의지하지 않아야 한다. 어떤 경우에 이런 범주는 전혀 중요하지 않으며, 다른 [비공식적이거나 미시적인] 범주들(간호사, 특정 언어의 화자, 좋은 사람, 마약중독 또는 무명씨 등)로 가려진다. 반면, 이런 범주가 핵심적인 요소가 될 때도 있다. 예를 들면 남성들을 배제하고 여성들에게만 제공되는 아침 식사 자리는 건강이 주 대화 소재가 된다. 간호사나 사회복지사보다 더 민중적인 계층인 '운전기사' 집단은 노숙인과 더 쉽게 가까워진다. 그러나 늘 구체적인 상황에서 경험된 관찰만이 특정 범주를 통한 일반화가 의미를 갖도록 한다.

물론 육체만이 사회적 특성을 보여 주는 유일한 변수는 아니다. 그러나 이는 우리가 고려해야 할 영역과 권리와 의무의 영역을 규정한다. 우리는 경험의 맥락에 따라 기준이 정해지는 선행과 악행에 대해 자문해 보지 않고는 육체에 다가가거나 또는 듣거나 만지거나 포옹하거나 관찰하거나 돌볼 수 없다. 구호 활동을 하던 요원이 저지른 사고나 실수는 미숙함이나 서투름으로 기록되기 쉽다. 그러나 거리에서 긴급 구호 작업이 문제를 야기하는 상황은 다양하다. 가령 구호 요원이 어떤 상황에서 잘못된 판단을 내리거나, 그 상황에서 특정한 요소를 간과하거나, 중앙기관에서 정한 절차를 제대로 따르지 않거나, 상황을 처리하는 과정에서 요원 간 일상적인 공조가 비효율적이거나, 노숙인과의 대화에서 오해가 발생하거나, 요원이나 노숙인이 상대가 받아들이기 어려운 가치관을 고수하는 경우 등이다. 요컨대 기존 방식으로는 해결하기 어려운 상황에 직면하는 것이다. 이런 어려움은 일반적으로 구호 요원의 '행동 수칙'maximes pratiques에는 없는 일종의 예외 사항처럼 여겨졌다. 여기서 행동 수칙의 예로는 불쾌감을 주지 않고 다가가기, 터놓고 얘기할 수 있도록 하기, 강요하지 않고 제안하기, 포기하지 않고 구호하기, 방치하지 않고 떠나기 등이 있는데, 이는 "구호자의 규약"(Wieder 2010)이라고도 볼 수 있다. 이 규약은 공식적인 것이 아니므로 사뮈소시알이 서명한 직업윤리 규약과 혼동해서는 안 된다. 이는 현장에서 구호 요원이 활동하면서 생겨난 경험적으로 축적된 규범이다. 따라서 이는 결코 한 번에 전부 나타나지 않으며 어떤 실수나 위반 등에 반응하는 형태로 나타나기에 지엽적이다. 그러나 여기에도 일련의 문법적 규칙이 존재한다는 것을, 우리가 구호 요원과 노숙인의 상호작용에서 나타난 중첩된 참여 양상(Goffman 2012)을 조금 거리를 두고 관찰하고 기술하는 과정에서 파악했다. 약 네 가지 참여 양상이 거리의 작업에 나타난다. 공공장소에서의 만남(통행인-통행인), 주거지에서의 대면(방문자-거주자), 직업적 개입(의료인-환자), 공공서비스 수행 상황(공공 요원-이용자) 등이다. 이런 행동 수칙과 참여 양상의 형식화 작업은 문제가 발생하는 상황을 구분하고자 행해진다. 따라서 이 형식화 작업은 모순적이고 모호한, 오류와 실수, 오해를 낳기도 하는 다양한 상황들을 모두 수집하고 조사하면서 이루어진다.

이와 같이 우리는 현장에서 일어나는 다양한 상황들을 관찰하고 기술하는 과정을 거쳐야만 일반화에 도달할 수 있다. 어떤 특성, 어려움과 딜레마의 반복(또는 비반복)이 시간 경과에 따라 나타나는 전형적인 상호작용의 윤곽을 인식토록 하고 참여자들에게 어떤 특이한 면이 보이는지를 이해토록 한다. 이것이 바로 일반화의 가장 기초적인 작업이다. 물론 이렇듯 현장에 근거한 이해는 기존의 정설과 맞서 비판하거나 뒤집거나 나아가 그것을 무효화하거나 새로운 대안을 내놓는 등, 선행 연구를 통해 더 잘 해석되고 설명될 수도 있다. 그러나 이 지점에서 문화기술지는 귀납과 연역의 논리로 범주화, 인과적 고리 찾기, 또는 기술된 다양한 장면들을 추론을 통해 지표를 찾고 재구성하기 등을 거쳐 처음 가졌던 생각이나 인식을 포기해야 한다.

일련의 글쓰기와 고쳐 쓰기

이와 같은 사실들은 무엇이 '자료'인지를 되묻게 한다. 누가, 무엇을, 누구에게, 누구에 의해, 언제, 어디서, 어떤 목적으로 주었는가? 자료란 문헌 조사와 인터뷰, 관찰 등의 행위를 옮겨 적은 것의 결과이고 분석과 서술을 통해 재가공할 목적에서만 자료 가치가 있다. 일반화하려는 노력은 자료의 밑바닥에서부터 우리가 보고 듣고 읽은 것을 고정하고자 하는 [통합해 재현하고자 하는] 초기의 선택에서부터 시작된다. 따라서 일반화 작업은 다양한 조사 양식 중 하나인 글쓰기에서 시작된다고 해도 지나치지 않다. 작은 수첩에 휘갈긴 메모가 다음 날 컴퓨터에 옮겨지고 대화 내용을 담은 녹음 파일이 녹취록이 되면서 조금씩 완전한 텍스트가 생산된다. 단어 하나, 세세한 문법적 표현, 조심스러운 서술적 구성은 다소간 고민을 거쳐 최종 결정을 좌우하는 요소가 되며, 이미 이것으로부터 연구자는 연구 대상자의 생각을 가장 잘 표현할 수 있는 '질적인 해석'의 노력을 지속하면서 일반화의 방향으로 나아간다.

녹취 자료는 결국 선택적으로 사용된다. 밤새 일어난 일련의 사건 중 특정한 사건만이 완전히 문자화된다. 가령 노숙인들의 급작스러운 공격, 이에 놀라는 요원들, 데모하는 노숙인들 등 일련의 장면들이 모자이크처럼 꿰맞추어지면서 형태를 갖춰 가듯이 가장 복잡한 사례들이 주목받는다. 또한 요원들이 이해하기 어려워하는 수수께끼 같은 상황도 주목받는다. 예를 들면 당뇨 환자가 혼수상태에 빠져 있는 상황에서 병원 구급차를 불러야 할지, 사뮈소시알 차량을 불러야 할지 쉽게 결정하지 못하는 경우이다. 그리고 연구의 분석적 결과를 경험적으로 잘 보여 줄 수 있는 대표적인 사례들도 주목받는다. 예를 들면 한 노숙인의 주거를 해결하는 과정에서 사뮈소시알의 거리 작업반, 콜센터 115 코디네이터,◆ 정신 치료 서비스, 침상 및 진료 의사 등 다양한 서비스 담당 팀이 협력하는 것을 보여 주는 사례이다. 물론 특정 사례가 '복잡하다'거나, '어렵다'거나 '대표적'이라는 평가는 연구자가 명확한 것, 일상적인 것, 또는 전형적인 것 등을 인식하고 있는지에 따라 결정된다. 즉, 감히 이런 결정을 내리기 위해서는 현장 경험에 대한 일련의 기준들을 연구 대상자들과 공유하고 있을 만큼 현장에 매우 익숙한 상태여야 한다. 물론 이런 과정에서 도외시된 사건이나 사례는 나중에 새로운 연구 문제가 나오면서 새롭게 재조명되기도 한다. 특수성과 일반화의 변증법은 절대로 끝나지 않고, 특정 시기에 관심이 부족해 등한시한 문제가 이후에

◆ 콜센터 115는 프랑스에서 노숙인에게 필요한 서비스를 요청하기 위해 준비된, 24시간 통화 가능한 전국 무료 전화번호이다. 사뮈소시알은 1997년부터 파리 지역의 콜센터 115를 관리하고 있다.

다시 나타나거나 다른 일반화의 영역에 나타난다. 같은 맥락에서, 사례는 자료를 안정적으로 배치하면서 비로소 사례로 채택되고, 또한 이 자료가 재가공되어 분석 가설과 개념을 도출하면서 사례가 되기도 한다. 즉, 사례는 분석 가설로부터 나오며 분석 가설이 사례를 만드는 과정이 반복되는 것이다.

쌓인 메모는 읽히고 또 읽힌다. 이것들을 '완전한 문장으로 쓰면서' 우리의 첫 번째 다시 쓰기 작업은 시작된다. 즉, 빈칸을 채우고 문장을 완성하고 범주를 선택하고, 물론 예비적이지만 몇몇 문단에 제목을 달고, 비교하기 위해 다른 곳에 재편집하는 등의 간단한 작업이 바로 분석의 작업이 된다. 때때로 컴퓨터 모니터상에서 자료를 훑으며 얼마 남지 않은 포도 알을 따 먹듯이 '이제껏 발견하지 못했던' 진주를 발견할 수도 있다. 이보다 좀 더 집중해야 할 분석 작업도 있다. 자료 하나하나를 일일이 인쇄해 연필을 쥐고 꾸준히 읽어 내려가면서 의미를 찾는, 근거 이론grounded theory(Glaser et Strausser 2010)이라는 이론 도구를 통해 가설을 생성하고 결정하는, 한층 엄격하고 열성적인 읽기 과정이다. 이렇듯 연구자는 초안을 넘나들면서 일반화에 이른다. 다양한 상황, 행위 및 사건 속에서 공통된 특성을 찾아내며 이를 모아 같은 범주에 넣는다. 물론 이 범주는 연구 대상자가 이미 언급했을 수도, 그렇지 않을 수도 있다. 구체적으로 일반화 작업에서 연구자와 연구 대상자의 관점이 상호작용을 하는 유형을 보여 주는 네 가지 사례를 들고자 한다. 과로burnout 문제는 실제 연구의 분석 대상으로서 다뤄지기 전부터 이미 구호 요원과 사뮈소시알 간부들 사이에서 회자된 문제였다. 반대로 행동 수칙은 모두가 느끼고 행하는 것이었으나 사소한 장애나 위기가 있을 때를 제외하면 잘 언급되지 않는 범주였다. 이는 연구자가 현장을 관찰하며 발견해 문화기술지의 이론적 정립 대상이 되었고, 다시 현장에서 행동 수칙을 더욱 공식화하는 데 기여하게 된다. 마찬가지로, 구호 요원들이 반복적으로 사용하는 '정신장애인'이라는 범주의 노숙인들은, 정작 그 표현을 사용하는 구호 요원의 시선을 끌지는 못했으나, 우리의 관심 대상이 되었다. 반대로, 사뮈소시알 근무자들의 대화 속에서 우리는 그들이 활동에 대한 자가 진단을 이미 매우 노골적이고 명확하며 비판적으로 수행하고 있음을 봤다. 그들은 다양한 수준의 경험과 전문성을 바탕으로, 그들이 하는 일과 사뮈소시알의 장단점을 매우 객관적으로 성찰하고 있었다. 또한 이런 일반화 작업은 저마다 다른 경험의 맥락에서 의미가 있기에 맥락에 따라 다른 주체나 공중의 관심을 끈다. 가령 과로 경험은 돌봄과 관련된 직종에 관한 연구의 중심에 있다. 더 나아가 이는 사회과학에서 노동에 관한 연구와 연관 지을 만한 주제로서 현재 공중보건 분야에서 핵심 쟁점이 되고 있다. 행동 수칙 문제는 이용자를 '찾아 나서는' 거리의 노동을 분석하고 정당화하는 데 기여한다. 이는 직업의 가이드라인을 형성하는 과정에 중요한 개념으로 제기되고 긴급 구호에 관한 교육과정을 만들 때도 언급된다. 또한 '정신장애인'이라는 분석 범주는 노숙인의 고통에서 나타나는 '반사회화 신드롬'과 문제 해결 과정에서 정신과 진료의 역할 등에 대한 일련의 질문을 제기한다. 긴급 구호를 비판적으로 성찰함으로써 내부적으로는 해당 조직의 장단점을 파악할 수 있고, 이를 통해 현재 사회적으로 이루어지고 있는 노숙인 관련 사회정책을 모색하는 논의에 기여할 수 있다.

기술 작업은 단순히 외부 현실을 복제하는 것이 아니라 연구와 연결된 진실한 이야기를 만드는 것이다. 사실 기술은 현장 연구의 순간에 이루어지는 것이지 나중에 [연구실에서] 쓰여지는 소설 같은 서사가 아니다. 문화기술지적 상상력은 연구자가 연구 대상자와 같은 환경에서 했던 활동들을 보고하는 것과 연구 대상자들 스스로 보고하는 것을 보고하는 것, 즉 현실 그 자체의 보고에 있다. 해럴드 가핑클(Garfinkel 2007)의 용어인 보고account의 개념은 여기서 매우 중요하다. 기술은 직접 관찰하는 일, 그 자체를 포함한다. 즉, 연구 대상자는 그들이 보고 느끼고 행한 것들을 그들의 낱말, 문장, 도표 및 스케치로 표현해 그들이 특정 사건을 보는 방식, 그들이 그것에 대해 지적하고 재구성하는 방식, 그리고 그 속에서 그들이 행동하고 상호 작용하는 방식을 보여 주며, 연구자는 이를 관찰하고 기록한다. 이는 조사란 외부에서 끌어온 분석 범주를 현실 자료에 적용하는 것이 아니라, 되도록 내부 구성원의 경험을 조직하는 양식에서 시작됨을 의미한다. 이런 내생적 범주는 한편으로는 간호사나 사회복지사의 직업적 용어로 표현되며 다른 한편으로는 새로 들어온 구성원들에 의해 빠르게 익숙해지는 긴급 구호 '내부의 언어'로 표현된다. 가령 우리는 노숙인에게 '길들이다'라는 표현을 쓴다. 이 표현은 노숙인의 자연성, 야생적인 상태를 연상시켜 충격적일 수도 있지만 사실 생텍쥐페리의 『어린 왕자』에서 왔다. '길들이다'는 관계를 만들고 책임을 부여하는 것을 말하며, 어원적으로 보면 '친숙하다'familari-ser, '익숙하다'habituer, '유인하다'ruser의 혼합으로 볼 수 있다. 또한 구호 요원들은 노숙인에게 '잡다'accrocher, '이탈하도록 내버려 두지 않다'라는 표현을 쓴다. 또한 그들은 많은 약호를 쓰기 때문에 사뮈소시알의 보고서들은 일반인이 처음 보고 이해하기가 쉽지는 않다. 그러므로 대화 중에 오가는 한마디 한마디를 수집하고, 가능하다면 대화 상황에서 발생하는 비언어 의사소통도 관찰하고 기록해, 그들이 사람·행위·상황을 어떻게 범주화하고, 어떤 것을 문제로 삼는지, 또한 이를 어떻게 해결하는지, 그들이 직면하고 있는 윤리적·인지적 노력은 무엇인지, 그들이 어떻게 해야 할지 모를 때는 어떤 논리와 사고로 대처하는지 등을 이해하는 일은 매우 중요한 작업이다.

특정 상황을 기술하려면 누가, 무엇을, 어디서, 어떻게, 누구와 함께, 누구에 대항해, 무엇 때문에, 무엇을 위해, 어떤 결과를 기대하는지 등의 사실을 알아야 한다. 기술 유형은 우리가 채택하는 '기술의 성격[또는 방법]'과 조사 및 확대 적용 가능성의 범위에 따라 매우 다를 수 있다. 우리는 마치 영화에서처럼 사건을 간헐적으로 보여 주는 여러 표들과 장면들을 연결하면서 분석 작업을 했으며, 여기에 만족하지 않고 더 복잡한 행위들, 더 확대된 공간과 더 길어진 시간의 범위로 관심을 돌렸다. 이는 이야기를 구성하는 과정에서 이루어진 것이지, 포스트모더니즘 문화사회학자들이 추구하는 텍스트의 기교를 위한 것만은 아니다.

즉, 이야기 구성은 조사 연구의 실험 결과이며 이 결과가 우리의 초점을 변경한다. 우리가 연구 초기에 채택한 고프만의 상호작용 질서라는 프레임은 연구 대상자를 따르거나 그들의 쟁점을 공유하는 것을 금지했다. 우리는 관찰 중에 연구 대상자와 함께 있는 상황에서 나와야 했으며 그러면서도 그 상황에서 떨어져 나가지 않도록 노력해야 했고, 관찰자인 동시에 참여자이기에 얻을 수 있는 이점, 즉 장면 하나하나를 세세하게 관찰하고 들을 수 있는 풍요로움을 포기하지 말아야 했다. 조사의 시·공간적 경계를 열면서, 우리는 다른 방식으로 자료를 보고 들었으며 이해하고 설명하기 시작했다. 여기서 우리는 해석이 해석을 낳는 해석의 소용돌이에 들어간다. 일반화하기는 부분과 전체 사이를 반복해 오가는 것이다. 우리는 수집된 자료의 부분들을 다시 확인하고, 다시 관찰하고 기술해 설명하고 해석하려 했으며 자료가 서로 연결되면서 어느 정도 윤곽이 잡히기 시작했다. 자료의 전체 윤곽은 부분들을 변형하고 재배치하는 대로 이내 나타난다. 그러므로 개별성에서 일반성으로 또는 일반성에서 개별성으로 가는 일방적인 움직임은 없다. 그 대신 계속되는 맥락의 조각들이 서로를 바로잡고 확인하고 파기하면서 끊임없이 끼워 맞춰진다. 반대로, 여러 사례의 맥락이 마찬가지로 끊임없이 끼워 맞춰지면서 각 사례들의 개별성이 그려진다.

다양한 상황으로 확장: 비교하기와 역사적 검토

참여 관찰을 통해 구호 활동을 이해하려 한 우리의 초기 계획은 어느 순간 일정한 한계에 봉착했다. 끊임없이 반복되는 조사 활동은 지나치게 엄격한 미시사회학적인 틀에 갇혀 있었다. 연구 대상자들 자신도 지금까지 조사해 온 틀에서 벗어나 새로운 연구의 장으로 가고 있었다. 특히 '돈키호테의 아이들'Enfants de Don Quichotte◆의 항의 기간처럼 예민한 때에 그들은 계속해서 운영진의 결정을 비판하고 다양한 기관을 오가고 다른 직업 활동에서 있었던 일들을 상기하고 현재 하는 일을 조망하기 위해 과거의 조각들을 모으고 그들의 활동에 의문을 제기했다. 우리는 다음과 같은 두 가지 상황 때문에 조사 장소와 기간을 다양화하며 연구를 더욱 역동적으로 만들어야 함을 느꼈다. 우선, 구호 요원 자신들도 그들 활동의 시·공간적 틀이나 제도적·정치적 틀의 양상에 주목했고, 구호 조직을 다양한 틀 속에서 더욱 체계적이고 종합적으로 이해해야 함을 느꼈다. 이 점이야말로 가장 중요하다. 다음으로, 전통적으로 사회과학에서 행하는 바와 같이, 우리의 자료를 더욱 섬세하게 이해하는 데 도움이 되는 부가적인 자료를 찾는 과정에서 연구 대상자들의 경험을 보여 주는 해외 사례를 비교하며 연구를 확장하기로 했다.

우리는 사뮈소시알 이외에도 파리에 있는 다양한 구호 요원 간의 비교 연구에 착수하면서 공간적인 확장을 시도했다. 즉, 노숙인을 상대하는 '구호 작업', 또는 '거리에서' 활동하는travail de rue** 조직이나 시민 단체의 책임자를 상대로 인터뷰 30여 건을 시행했다. 작업 성격(구호 작업, 거리의 노동)에 따라 다르게 범주화하는 것은 연구 대상자들에게 중요한 문제이다. 우리는 적십자, 사랑의 트럭Camion de coeur, 국경없는 의사회 Medecin du monde, 주민안전대책회의Protection civile, 사회적 수용소Recueil social, 노숙인 구호대Brigade d'assistance aux personnes sans-abri, 엠마우스Emmaüs,***

◆ 오거스탕 르그랑Augustin Legrand이 대표로 있는 이 시민 단체는 2006, 07년 파리에 있는 생마르탱Saint-Martin 운하 강가에 200여 개의 텐트를 설치하고 노숙인의 주거권을 주장하며 데모하면서 대중들에게 알려졌다.

◆◆ [옮긴이] 직역하면 '거리의 노동'. 가족과 단절된 채 거리에서 배회하는 아동, 청소년, 성인 등 사회적 소외를 경험하는 사람들을 돕고 만나는 사회복지 노동을 일컫는다. 특히 학교 밖 가출 청소년들을 찾고 교육하는 일이 많다.

◆◆◆ [옮긴이] 열거된 기관은 프랑스의 사회복지 분야 주요 시민 단체이다. 특히 엠마우스는 프랑스의 빈민 주거 운동을 주도하는 연합 단체로서 1954년 주택 부족 현상이 심각한 사회문제로 대두되면서 당시 국회의원이던 아베 피에르Abbe Pierre 신부가 주도해 시작되었다. 현재 프랑스뿐만 아니라 세계 곳곳으로 확대되어 공동체를 형성하고 있다. www.emmaus-solidarite.org.

포로들에게 해방을Aux captifs, la liberation, 사랑의 쉼터Coeur des Haltes, 또는 거리의 로빈Robins des rues, 모두를 위한 쇼르바 수프Chorba pour tous, 안티젤 75Antigel 75와 같이 더 작은 단체들의 주변을, 때로는 걸어서 때로는 차를 타고 배회하면서 수많은 밤을 보냈다. 이런 비교 조사를 통해 우리는 구호의 여러 개념, 형태, 스타일 등을 확인했으며 이들의 공통점도 이해할 수 있었다. 이들의 여러 작업은 모두 이용자의 생활 터전을 '찾아가는' 일이며, 이를 위해서는 효과적으로 접근할 행동 수칙, 친절함 그리고 보살핌 등이 필요하다. 이렇게 얻어진 자료가 늘 체계적인 방법으로 탐구되지는 않는다. 그렇지만 그 자료들 덕분에 다른 기관과 차별화되는 사뮈소시알의 특이성을 파악할 수 있었다. 지속적으로 비교하며 얻어지는 공통점과 차이점을 통해 특정 대상[구호 조직]을 더욱 구체적으로 기술할 수 있고, 전형적인 특성과 특이한 사항들이 구분되며, 이들을 나누고, 범주화하고, 다르게 분석하는 과정에서 결국 하나의 사례는 더욱 일반화된 사례로 인식된다. 더 나아가 프랑스 또는 외국의 다른 비슷한 경험들과 지속해서 비교함으로써 구호의 비교 문화기술지는 하나의 일반화된 개념으로 자리 잡을 것이다. 프랑스의 경우, 노숙인 '구호'라는 일반화된 개념이 주목받으면서 각기 다른 대상(성매매 종사자, 마약중독자, 불법 체류자 등)을 향한 비슷한 유형의 서비스 및 규모와 지위가 다양한 조직들이 출현했다. 이런 연구 경험이 축적되면서 다양한 '거리의 노동'의 직업적 전문화라는 문제의식을 갖게 된다. 노숙인 구호 작업이 직업 훈련을 통해 이루어지고 직업 현장이 만들어지고 있다는 것이 일종의 전문화 지표일 것이다. 또한 사뮈소시알은 프랑스 외의 지역에서도 국제 사뮈소시알이라는 이름으로 여러 현장에서 다양한 모습을 보여 준다. 결론적으로 파리의 사뮈소시알은 새로운 사회적·정치적·법적 환경에 적응하면서, 또는 노숙인 문제의 새로운 형태에 직면하면서, 그리고 가출 아동, 성매매 종사자, 마약중독자와 같은 새로운 대상을 만나면서, 다른 도시, 해외 영토, 또는 그 밖의 다른 곳까지 확장된다.

시간적인 측면에서도 우리는 연구 범위를 넓혔다. 우리의 사례는 사뮈소시알의 베테랑 요원들이 끊임없이 과거를 회상해 이야기하는 것을 들으면서 점점 더 이전 단계로 들어갔으며, 이렇게 해서 현재의 모습이 더 잘 이해되었다. 기록물과 인터뷰를 통한 조사는 이 조직이 구성원들에게 한 지금까지의 투자, 물질적인 자원, 제도적인 안정, 정치적 지원을 통해 어떻게 성장해 왔는지를 아주 잘 보여 준다. 특히 이 조사를 통해 우리는 긴급 구호의 개념과 장치들이 1993년 이래로 어떻게 변형되었는지 이해할 수 있다. 이는 사뮈소시알이 다양한 가능성 속에서 선택한 보고 말하고 행하는 방법을 프랑스 외에 비슷한 조직의 역사와 함께 조명함으로써 가능해진다. 우리는 1990년대 이래 사뮈소시알의 역사는 '대규모 소외'grande exclusion라는 사회적 문제를 정의하고 다루고 탐구하고 제도화한 역사와 불가분의 관계임을 이해함으로써 연구의 목적을 달성했다. 구호 요원은, 물론 이렇게만 축소해 말할 수는 없겠지만, '긴급 구호'의 직접적인 이해관계자이다. 더욱이 우리의 조사 연구는 사회적으로 커다란 사건과 겹쳤다. 바로 2006년 여름 '국경없는 의사회'가 텐트를 제공한 사건과 2007년 '돈키호테의 아이들'이 생마르탕 운하에 텐트를 설치한 사건인데, 이 두 사건은 긴급 구호 정책에 대해 새롭게 문제 제기를 하는 큰 이정표가 되었다. 당시 이런 집단 운동은 여론을 움직이며 다양한 반향을 일으켰다. 노숙인을 맡던 여러 조직을 재조정했으며, 그 당시 핵심 단체였던 사뮈소시알을 일정 부분 소외시켰다. 또한 달로법Loi Dalo: droit au logement opposable♦이 통과되었다. 그리고 이를 계기로 사회적 협의회♦♦가 열리고, 긴급 구호에 대한 계획을 확대

♦ [옮긴이] 달로법은 2007년 제정된 프랑스의 주거권 항의법으로 국민이 주거 지원을 요구했으나 정부가 만족스러운 해결책을 제안하지 못한 경우 법적으로 항의할 수 있는 법이다.

♦♦ 사회적 협의회는 숙의 민주주의의 실현 도구이다. "거리에서 벗어나기"라는 제목으로 2007년 11월 29, 30일 열린 협의회에는 정치인, 구호 분야 시민 단체 간부, 연구자, 공공 보건 담당자, 노숙인 구호 서비스 분야의 직업인 등이 참여했다.

하자는 내용의 보고서들이 나왔다. 또한 이 집단 운동은 '노숙'과 열악한 주거(주거권)를 명확히 연결시키고, 대안적인 해결책을 찾기 위해 '주거 우선 접근'◆처럼 해외에서 시작된 사례로 눈을 돌리는 등 공공 토론의 범위를 변경시켰다. 초기에는 이런 집단적인 역동성이 사뮈소시알의 입장을 약화하는 듯했으나, 예측하지 못한 반전으로 사뮈소시알이 지금까지 쌓은 경험과 정치적 지원에 힘입어 일드프랑스Île-de-France까지 확장한 115 콜센터의 수행자가 되기에 이른다.

물론 이런 공론과 정치적 결정의 변화가 어느 정도 우리 조사의 분석 전망을 재구성토록 했다. 우선, 우리 연구소의 한 박사과정생은 긴급 구호의 역사를 논문 주제로 선정했다. 그는 주거에 관한 부처 간 위원회Comité interministériel 대표이사팀의 일원으로 근무하게 되었으며, 이곳에서 그는 당시 개혁 과정에서의 정치적·법적 안건을 놓고 국가 최정상에서 벌어지는 논의 과정을 실시간으로 관찰할 수 있었다. 또한 사뮈소시알의 일상적인 활동을 노숙인이라는 특정 집단을 향한 사회정책의 변화 과정과 분리해 생각할 수 없게 되었기 때문에 새로운 분석 틀이 추가되었다. 지금껏 해오던 집필 내용을 변경하는 것은 경우에 따라서는 거의 불가능했으나, 긴급 구호를 '현재 프랑스'의 맥락을 넘어, 과거 유랑자 또는 부랑자의 처치에 관한 역사로 확장하거나, 미국, 퀘벡주, 브라질 등 해외 사례에 관해 더 읽고 관찰하는 작업을 통해 새롭고 거시적인 시각으로 바라볼 수 있었다. 문화기술지 연구는 2006년부터 이런 일련의 외적인 환경 변화로 조사와 질문, 고발, 주장 등 일련의 과정을 통해 여러 주체에게 새로운 문제로 다가왔다.

◆ 주거 우선 접근Housing first-Un chez soi d'abord은 2011년 프랑스 네 개 지역에서 시도되었다. '정신병리학적 문제를 가진 노숙인'에게 독립적인 주거를 즉각 제공하는 것이 주 활동이다. 정해진 기간 안에 모든 노숙인에게 영구적인 주거를 제공하고 필요하다면 여타 사회적 지원 서비스도 함께 제공함으로써 노숙 문제를 해결하고자 하는 프로그램이다.

제도적 차원에서 구호의 재조명

공간적 비교와 연대기적 탐구라는 우회로는 구호를 외부적인 맥락에서 바라보고 더 넓은 범위에서 재인식하도록 했다. 그러나 동시에 우리는 조사하는 과정에서도 이런 재인식을 경험했다. 구호 작업에 빠르게 친숙해짐으로써, 거리에서의 상호작용과는 다른 상황이지만, 우리가 개입하는 작업에 직접 연루될 수 있는 상황에 주목했다. 첫 번째 질문은 어떻게 구호 작업이 계획되고 조직되고 규제되는지, 또 어떻게 구호 요원들이 교육받는지다. 직업교육 문제는 공적 논의의 주제가 될 만큼 우리에게도 흥미로웠다. 즉, 우리는 그들이 자원봉사로 또는 전문 직업인으로 활동하는지, 특수한 학위가 있는지 또는 기존의 일반 교육과정이 노숙인의 문제에 충분한 동기를 부여했는지 등이 궁금했다. 이런 이유로 우리가 직접 사뮈소시알이 개설한 교육과정에 2주 동안 참여한 적이 있다. 우리는 거기서 전문 직업 활동의 문화기술지를 일반화의 한 축으로 끌어들일 필요성을 느꼈다. 노숙인을 상대하는 운전사, 간호사, 사회복지사 또는 사회교육자 등은 어떤 능력을 갖추어야 하는가? 특정 상황에서는 이것 중 어떤 능력이 발휘되고 또 어떤 능력이 발휘되지 않는가? 그들은 어떻게 그들끼리 협동하고 조율하면서 공통의 목적을 설정하는가? 그들 각자의 관점은 어떤 특수성을 갖고 있으며 그들이 받는 직업교육은 자원봉사나 비전문가와 차별화되는 어떤 부가가치를 주는가?

여러 작업을 연결하고 조정하는 문제를 파악하기 위해 우리는 이용자를 확인하는 최초 단계부터 사뮈소시알의 콜센터(115번)에 신고가 접수되는 단계, 즉 모든 근무자와 소통하는 '관제소'에 이르기까지 전 과정을 관찰했다. 조정 작업은 직접 전화했든 그렇지 않든, 도움이 필요한 사람들에게 첫 번째 진단을 내리고, 그들을 분류하고, 적절한 서비스로 안내하며, 특수한 문제 상황의 경우 그들을 거리의 구호대책반에 알리는 일련의 과정을 거친다. 이 신고 전화 중 일부는 차량에 전달되어 적절한 서비스를 제공케 하고, 다른 사람들은 중앙 콜센터(115번)의 안내에 따라 직접 숙박 시설로 보내지거나, 때때로 사뮈소시알의 의료 서비스로 연결되기도 한다. 콜센터 당직자들은 그들에게 처음 연락하는 사람들과는 다소 깊은 인터뷰를 할 때도 있다. 콜센터와 차량의 상호작용에 관심을 가졌던 우리는 구호팀과 콜센터의 조정 작업, 구호팀과 야간 근무 간호사, 주간 안내자의 상호작용으로 관찰 영역을 확대했다. 우리는 여러 날을 이 기관들을 관찰하는 데 할애했으며 최대한 주간 구호팀, 정신의학과 구호팀, 결핵 담당 구호팀 등 이른바 '특수' 구호팀도 따라다니고자 했다. 에스키롤Esquirol 병원 정신과 담당 구호 차량의 구성원이었던 현 사회과학고등연구원EHESS의 한 박사과정생과 구호 침대 조정실에서 특수 임무를 담당하던 석사과정생은 우리가 제안한 문제와 관련해 그들이 가지고 있는 자료로 다시 작업하는 데 동의하기도 했다.

이를 계기로 이제껏 하위 조직 간 협동 작업에만 집중했던 조사는, 각각의 개입 상황, 즉 가변적인 상황에 대처하는 전체 조정 작업에서 각 하위 조직의 활동을 고려하기 위해, 때때로 파리의 병원 및 정신의학 기관, 엠마우스나 구세군과 같은 외부 기관으로 확장하면서 그 규모가 커졌다. '최전선'에서의 상호작용을 하나씩 관찰하는 대신, 우리는 이들을 다소 유동적이고 긴장된, 여러 직군 사이에 동시에 이루어지는 협력의 순간들로 보기 시작했다. 이런 가설은 시카고 사회학파, 특히 에버렛 휴스Everett C. Hughes, 하워드 베커Howard S. Becker, 안젤름 스트라우스Anselm L. Strauss의 이론과 부합한다. 또한 이 가설은 1990년대 행정 창구에서 공무원과 이용자, 병원에서 환자 간 상호작용을 연구하던 '언어와 노동'이라는 연구팀이 수행한 연구들의 영향을 받았다. 우리는 두 가지 경험에 근거해 이 가설이 타당하다고 생각했다. 우선, 우리는 어떤 사례의 경우 특정인에 관한 요청과 해결의 흐름을 모든 과정, 즉 개입의 순간뿐만 아니라 그 전후 모두에 걸쳐 추적했다. 또 다른 경험은 더욱 어려운 작업이었는데, 구호 요원들이 말하는 이른바 '계속해서 돌고 도는' 구호 과정, 즉 여러 서비스 기관을 반복해서 거쳐야 하는 이용자의 여정을 재구성하는 것이었다. 이 작업은 어떤 경우에는 콜센터(115번)

를 직접 관찰하면서 때로는 컴퓨터 자료를 직접 관찰하면서 이루어졌는데, 한마디로 '되돌아오는 작업'arcs de travail에서의 협력 및 조정 과정을 보여 주었다. 또한 노숙인을 돕는 거리의 노동을 인간과 인간 사이에 일어나는 대면 상황으로 파악하는 것을 넘어서 협업 작업의 실천, 나아가 사회정책의 장치를 '도덕성'과 연결시킬 수 있도록 했다.

물론 우리는 사뮈소시알을 중앙정부의 복지부에서 사회복지 집행부, 일드프랑스 도청에서 파리 시청까지 등 다양한 정치적 기관과 맺는 관계로 분석할 수도 있었다. 저마다의 권한과 정당성을 바탕으로 다양한 지역 내 기관들이 주도권을 얻으려 노력하는 상황에서 사뮈소시알과 그 감독 기관, 재정 지원 기관 사이의 거래 방식은 정치학에서 매우 적합한 연구 대상이다. 또한 우리의 연구는 특정 조직 안에서 일어나는 권력관계를 보여 주거나 본부의 정책이 형성되는 양식을 철저히 분석하거나, 그자비에 엠마누엘리의 카리스마를 분석하거나, 조직 간부들이 결정을 내리고 전략적 선택을 하는 과정을 밝힐 수도 있었다. 아니면 물질적 지원 체제의 관점에서 일정 및 일지 관리, 팀의 운영, 활동 계획 및 기관 간의 조정 문제에 관심을 가졌을 수도 있다. 그러나 아쉽게도 우리는 이런 종류의 조사를 실행할 만한 현장에 접근하지 못했다.

문화기술지의 정책적·도덕적·이론적 범위

문화기술지는 관찰과 기술을 넘어서는 작업으로 이론과 실천의 인큐베이터이다. 현장이란 더 실천적인 것에서 더 이론적인 것으로 그 활동 영역을 확장하는 생생한 실험의 장이다. 우리는 작업을 진행하면서, 구호 요원들이 실천적 이성, 즉 경애와 존엄의 기원을 따지고, 자율과 책임의 원칙에 호소하고, 개인적인 참여 의식 및 타인에 대한 배려를 베풀고, 또는 선행이나 악행과 관련된 문제를 의식하고 실천하는 상황에 반복적으로 맞닥뜨렸기 때문이다. 따라서 우리는 그들이 특정한 시

간적 맥락에서 활동을 수행하는 경우, 거리의 사람들(노숙인)의 허약함
과 종속을 어떻게 느끼는지를 기술하는 작업을 수행한다. 우리의 조사
는 그들이 어떻게 고난을 겪고 난관에 부딪히며 부조리를 받아들이고
어려움을 해결하는지를 아주 가까이서 추적하고, 한 기관과 그 조직원
들이 이 공적 문제를 끌어안고 해결하는 방식을 추적한다. 또한 조사는
공공선을 추구한다는 이유로 타인에게 선행을 베푸는 활동의 중심에
있는 도덕적 시련이 무엇인지를 설명한다. 이것은 사람들을 보살피고
인간애라는 이름으로 그들이 배고픔과 추위에 시달린 채 죽게 내버려
두지 않으며, 때로는 그들에게 그들의 권리와 개인으로서 또는 시민으
로서의 자율을 만끽하도록 하는 것을 말한다.

즉, 도덕과 정책의 문화기술지[구호 활동의 도덕적 측면과 정책의 관계에
관한 문화적 해석]가 아주 또렷이 나타난다. 거리의 사람들(노숙인)에게 행
해지는 보살핌은 단지 개인의 의식이나 개인 상호 간 관계만의 문제에
그치지 않는다. 그것은 다양한 주체에 의해 조정된 작업의 하나이고, 여
러 법적·제도적·기술적 장치로 진행된 대상, 과정 그리고 규정의 상황
적 조정이며, 나아가 정책의 수행이다. 그러므로 그것은 제도적 질서 아
래의 정치적 명령과 개인 간 상호작용하의 도덕적 갈등 사이에 팽팽한
긴장 관계를 형성한다. 이런 현상은 두 가지 관점에서 중요하다. 우선,
자원봉사자나 전문 직업인과 같은 긴급 구호 참여자의 노동이 분석 틀
이나 교육 내용에 반영하기 어려울 만큼 측정할 수 없고 잘 보이지 않는
다는 점을 명백히 밝히면서, 현장에서 행하는 작업의 중요성을 재인식
시키고 보살핌의 질적 표준을 향상하는 데 이바지한다. 이 점에서 일반
화는 실천적이다. 또한 조직의 [관료적 과정에 대한] 문제들을 잘 인식하
면서도 노숙인을 인간적으로 대하는 '긍정적인 대우'bientraitance를 펼칠
환경 형성을 돕는다. 따라서 [구호 활동가의 도덕적 마음가짐이나 자세 등을
읽어 내는] 도덕의 문화기술지는 [그런 도덕적 차원이 개인적인 특성에 의해
형성되는 것이 아니라 제도적·정책적 과정에서 만들어진다는] 공공 정책의 문
화기술지와 분리될 수 없다. 이는 우리가 언급하고자 했던 두 번째 관

점인데, 노숙인이라는 대중에게 행해지는 사회정책은 아래로부터 연구되어야 하며, 구체적으로 국가에 관한 정치학 연구와 융합해 이루어져야 함을 의미한다. 기록 문서에 접근하거나 중대한 결정 과정을 보여주는 회의에 참여하도록 허가받지 못한 경우처럼 어려운 사례에서 문화기술지는 단지 윤곽만을 보여 줄 뿐이다. 조직 구성원들이 우리에게 준 조사 공간은 제한적이었다. 그러나 우리는 다른 조사 현장으로 확대 적용할 정도로 일반화할 만한 두 개의 독창적인 질문을 다룰 수 있었다.

첫째, 우리는 상호작용 상황에서 갈등을 해결하는 작업의 정책적 영역을 파악하는 데 "갈등의 미시 정치학"(Emerson et Messinger 2012)이라는 개념을 직관적으로 선택했다. 물론 여기서 제기된 문제는 조직 안에서 누가 무엇을 하고자, 어떻게, 언제부터, 어디에까지 영향을 미치는지 등 장치의 여러 부분에서 책임, 특권 및 권력을 어떻게 배분하는지 이해하는 것이다. 그러나 여기서 관건은 거리의 작업(구호 활동)을 자선 행위나 통치 기술과 구분된 관점으로 보는 것이다. 인정 이론은 구호 활동이 법적으로 보호받을 길을 열어 주고, 한 개인의 고독을 보여 주며 그의 사회적 평판을 재건한다고 설명할 것이다. 사회적 보호의 실천적 문제는 거리의 삶 속에서 취약해진 사람들을 찾아내 보호하고, 그들을 지원하여 최소한의 자립성을 되찾아 주는 것이다. 여기서 자립성이란 칸트가 말하는 주체의 자립성(혹은 자율성)을 이야기하는 것도, 자활 계약에서 말하는 자립성도 아니다. 이는 더 근본적인 것으로 자아를 보존하고 자기 신체를 스스로 보살피는 능력, 타인과 의사소통이 가능한 상태, 시간의 제약을 받아들이는 능력을 말한다. 이는 사뮈소시알 요원들이 그들에게 관심을 보이고 경의를 표하고, 신뢰를 얻고, 듣고, 달래고, 위로하고, [이런 행동을] 지속함으로써 가능하다. 결론적으로 자립성은 치료와 배려라는 의미에서의 보살핌으로부터 나오며 노숙인들이 최소한의 의존 상태를 거쳐야 하는 지금 상황에 동의하고 이런 현실과 맞서게끔 돕는 것이다. 이것은 구호 활동을 찬양하거나 또는 평판을 깎아내리는 기존 담론과는 전혀 다른 차원에서, 그 보살핌 활동의 복잡성을 보여 준다.

둘째, 파리 사뮈소시알 요원과 이용자 사이의 만남을 '뒤바뀐 창구' guichet inverse로 보는 관점이다. 즉, 요원은 이용자가 어디에 있고, 무엇이 필요한지 전혀 모른 채, 심지어 찾을 수 있다고 확신하지도 못한 채 찾아다닌다. 따라서 여기서 둘이 만나는 장소는 일반적으로 우리가 볼 수 있는 공공 행정기관의 닫힌 사무실과 다른, 열린 공간으로서 거리이다. 앞서 말했듯이, 관찰하고 듣고 기록하고 읽은 것을 토대로 우리의 경험과 활동의 네 가지 규칙을 유형화했으며 이들은 끊임없이 상호 작용하고 재구성되고 있다.

- 도시 공공장소의 규칙을 따르는 요원들과 이용자들은 일반적으로 그렇듯이 서로 시선을 끌거나 말을 걸기 전까진 거리에서 마주치는 모든 사람처럼, 거리를 다니거나 인도에서 멈출 때 필요한 일련의 행동 법칙을 따르는 '행인'처럼 행동한다.
- 요원은 거리에 적응된, 개인적인 물건들로 쉽게 눈에 띄는, 이용자의 생활 영역에 일종의 개별 방문을 한다. 요원들은 마치 지인의 집을 방문하는 듯한 상호작용 과정과 일련의 관습에 따라 이용자와 접촉한다.
- 요원은 특수 교육을 받은 '전문가'로서 가능한 최선의 보살핌을 제안한다. 그들은 이용자를 긴급 구호 서비스가 필요한 [사회적 약자로서의] '환자'로 간주해 [마치 사회복지사 혹은 의사나 공무원이 그러하듯 아주 형식적으로] '전문적인' 차원의 관례와 지식의 레퍼토리에 따라 행동한다.
- 요원은 준공공서비스를 대표하고 이용자는 '시민권 소유자'이다. 그들은 특수 서비스를 받을 수 있는데, 이는 구호나 인도주의적인 차원이 아닌, 이른바 시민성이라는 관점에서 혜택을 받는다.

이런 문제는 조사 기간에 떠올랐다. 현장과 이론을 넘나들면서 귀추ab-duction, 귀납 및 연역 등 다양한 방법론이 동원된다(Becker 2003). 현장에

꾸준히 밀착하면서도, 연구자는 [이를테면 구호 요원과 노숙인 사이에 오가는 감정을] 차용과 채무, 매력과 혐오, 도전과 자극, 지적 질서와 규범적 질서의 연결망 등 다양하게 바라보며 자신의 관점을 구체화하고 더 섬세하고 조밀하게 하려고 노력한다. 연구자라면 누구나 자신만의 이론적 감수성, 선호 저자들, 사유 방식, 세계관, 문체가 있다. 그는 동료 집단의 네트워크에 참여하고 논쟁에서 투쟁하며 특정한 방법을 따르고 특정한 학문에 기댄다. 사회과학의 글은 마침내 이중적 해석학double herméneutique을 통해 연구 대상자들의 것이 된다. 봉사 요원들은 보살핌이나 인정과 같은 표현을 들어본 적이 있고 이는 그들의 실천 활동을 이해하고 평가하는 기준이 된다. 간호사와 사회복지사 역시 피에르 부르디외Pierre Bourdieu나 로베르 카스텔Robert Castel의 비판적 관점에 노출되어 있고, 디디에 파상Didier Fassin의 인간애적 이성에 관한 생체정치biopolitique의 성찰에 익숙하다. 그들은 모두 자크 이옹Jacques Ion이나 베르트랑 라봉Bertrand Ravon과 같은 사회학자들이 저술한 개론서를 통해 사회적 노동에 관해 공부했다. 그들 중에는 교육 수업 자료에서 읽은 그자비에 엠마누엘리의 저서에 인용된 어빙 고프만Erving Goffman, 에드워드 홀Edward T. Hall의 공간학proxémique 또는 레이 버드위스텔Ray L. Birdwhistell의 운동감각학kinésique 등을 알기도 한다. 또한 그들은 대부분 파트리크 드클레르Patrick Declerck의 『조난자』Les naufragés를 읽었고, 그들 중 경륜이 있는 이들은 '노숙인 문제'에 관한 자그마한 개인 서재도 갖고 있을 것이다.✦ 일반화 작업은 문화기술지 연구자에게는 동료들이 일반화하는 방식을 배우는 것, 저마다 고유한 방식을 찾기 위해 그것들을 시험해 볼

✦ 부르디외, 카스텔, 파상, 이옹과 라봉의 저서는 일반적으로 사회복지대학 또는 사회복지사 양성 기관에서 많이 읽는다. 고프만, 홀과 버스위스텔의 저서는 미국의 커뮤니케이션 및 상호작용 과정에 대한 미시사회학을 대표한다. 『조난자』(Paris, Plon, 2001)는 낭테르의 노숙인쉼터(CHAPSA)에서 근무했던 드클레르라는 정신과 전문의가 쓴 베스트셀러이다.

뿐만 아니라 이렇게 얻어진 일반화의 산물이 현장의 주체들에게는 어떻게 보이는지, 어떻게 이 결과물이 그들의 경험 속에서 파악되는지를 이해하는 것이다.

***

이 방법론은 규범적인 기여를 하기도 한다. 문화기술지 연구자들은 공공 정책의 쟁점에 점점 더 관심을 두고 문화기술지 연구가 정책적으로 어떻게 수용되는지, 그 결과에 관심을 가지는 등 정책적 문제에 개입하고 있다. 우리 연구의 경우 2007년 겨울에 발생한 생마르탱 운하의 텐트 사건이라는 시사적인 문제가 그러했다.◆ 이 사건은 1990년대 초부터 자리 잡았던 노숙인 보호 대책의 정치적 장을 흔들었다. 이 사건은 '공공 문제'를 다시 정의해 새로운 방식으로 처리해야 한다는 필요를 남김으로써 여전히 계속되고 있다. 주거 청구권droit du logement opposable에 관한 법 제정 투표와 캐나다에 이어 프랑스에도 도입된 '주거 우선 접근'Logement d'abord 프로그램 이외에도 우리는 거리의 문제에 개입하는 시민 단체의 윤리 헌장 개발 과정, 봉사 요원을 대상으로 하는 전문 교육 프로그램 실행에 관한 협의 과정, 노숙인 서비스 과정이 합리화 및 지역화되는 것도 목격하고, 2011년 4월 긴급 구호 분야 노동자들의 집단 운동도 겪었다. 그래서 우리의 조사는 자연스럽게 이런 현장들로 옮겨 갔다. 그 결과, 일반화 문제는 실천적인 것이 되었다. 연구 대상자에게 읽히는 문화기술지는 어떻게 하면 그들의 성찰성을 심화하고,

---

◆ [옮긴이] 앞서 소개했듯이 '돈키호테의 아이들'은 2006년 11월 결성해 12월 생마르탱 주변의 노숙자 문제를 해결하려고 텐트를 설치하고 항의했다. 이 과정에서 노숙인 주거 문제가 프랑스 언론에 대대적으로 다루어졌고, 이는 이듬해 초 주거권을 보장하는 달로법이 제정된 직접적인 계기가 되었다.

그들의 직업교육 내용에 녹아들고, 공공 정책의 장치를 개선하는 데 쓰일 수 있을까? 이는 앞으로 이루어져야 할 또 다른 연구의 주제가 될 것이다.

참고 문헌

Becker, Howard S. 2003 [1958]. "Inférence et preuve en observation participante. Sur la fiabilité des données et la validité des hypothèses." dans Daniel Cefaï (ed.). *L'enquête de terrain*. Paris, La Découverte-MAUSS (coll. "Recherches. Bibliothèque du MAUSS"), pp. 350~362.

Blumer, Herbert. 1954. "What is wrong with social theory?" *American Sociological Review*, 19 (1), pp. 3~10.

Cefaï, Daniel, Paul Costey et Édouard Gardella et al. (eds.). 2010. *L'engagement ethnographique*. Paris, Éditions de l'EHESS (coll. "En temps & lieux").

Cefaï, Daniel et Édouard Gardella. 2011. *L'urgence sociale en action. Ethnographie du Samusocial de Paris*. Paris, La Découverte (coll. "Textes à l'appui. Bibliothèque du MAUSS").

Dewey, John. 1967 [1938]. *Logique. La théorie de l'enquête*. trad. et prés. par Gérard Deledalle. Paris, Puf.

Emerson, Robert M., Rachel I. Fretz et Linda L. Shaw. 2010 [1995]. "Prendre des notes de terrain. Rendre compte des significations des membres." trad. par Philippe Gonzalez, dans Daniel Cefaï et al. (eds.), pp. 129~168.

Emerson, Robert M. et Sheldon L. Messinger. 2012 [1977]. "Micro-politique du trouble. Du trouble personnel au problème public." trad. et prés. par Daniel Cefaï et Cédric Terzi (eds.). dans *L'expérience des problèmes publics*. Paris, Éditions de l'EHESS (coll. "Raisons pratiques"), pp. 57~80.

Garfinkel, Harold, 2007 [1967]. *Recherches en ethnométhodologie*. trad. coordonnée par Michel Barthélémy et Louis Quéré. Paris, Puf (coll. "Quadrige. Grands textes").

Glaser, Barney G. et Anselm L. Strauss. 2010 [1967]. *La découverte de la théorie ancrée. Stratégies pour la recherche qualitative*. trad. par Kerralie OEuvray et Marc-Henry Soulet, préf. de Pierre Paillé. Paris, Armand Colin (coll. "Individu et société").

Goffman, Erving. 2012 [1963]. *Comment se conduire dans les lieux publics. Notes sur l'organisation sociale des rassemblements*. trad. et prés. par Daniel Cefaï. Paris, Economica.

Katz, Jack. 2010 [2001]. "Du comment au pourquoi. Description lumineuse et inférence causale en ethnographie." trad. par Daniel Cefaï, dans Daniel Cefaï et al. (eds.), pp. 43~105.

Wieder, D. Lawrence. 2010 [1974]. "Dire le code du détenu. Enquêter sur la culture de la prison." trad. par Cédric Terzi, dans Daniel Cefaï et al. (eds.), pp. 183~215.

Faire des sciences sociales

제9장
집단 결정과
집단의 결정

필리프 위르팔리노

손영우 옮김

이 글은 집단 결정이라는 소재를 통해 사회과학에서 쓰이는 일반화 방법을 설명한다. 저자는 일반화 방법을 두 가지로 구분하는데, 하나는 현상이나 대상에 대해 일부분이나 한 측면을 분석해 그것을 전체로 확대하는 방법이고, 다른 하나는 다른 현상들에 대한 규정과 이에 대한 비교를 통해 여러 사건이나 여러 대상을 하나의 현상군으로 묶어 내는 방법이다. 이 같은 방법으로 집단 결정과 관련된 일반화를 시도해 본다. 특히 집단 결정과 혼동해 흔히 사용되는 다른 개념들, 즉 협상, 공정한 분배, 집단의 결정이라는 개념들과 구분하고, 현실 속에서 결합되는 현상을 분석한다. 방법론으로서 일반화 연구뿐만 아니라 갈등, 협상, 집단행동을 연구하는 학생들 및 연구자들에게 권하고 싶은 글이다.

◇

이 거대한 단체는 해마다 영혼과 마음을 변화시킨다.

같은 원로원이지만 바뀌는 원로 의원들.

– 코르네유, 『디도서와 베레니체』*Tite et Bérénice*, 5장 2막.◆

집단 결정décision collective이란 무엇인가? 사회과학에서 이 질문에 대한 지배적인 의견은 다음과 같다. 집단 결정이란 각자 따로 할 수 없는 선택을 함께 결정하기 위한 여러 개인들의 공동 활동coordination이다. 이 답변은 쟁점의 많은 부분에 답하고는 있지만 뭔가 부족해 보인다. 이 글에서는 집단 결정에는 우리가 '단체'corps 또는 '집단'collectif이라고 부를 만한 특별한 행위자 형태를 전제하고 있음을 보여 주고자 한다. 결정 참여자가 여럿이라는 점은 이처럼 하나의 집단적 실체가 있어야 한다는 것을 의미한다. 결국 집단 결정이란 집단의 결정일 것이다.

집단 결정의 개념을 엄격하게 규정하려면 사회과학이 줄기차게 재구성해 온 질문을 던져야 한다. 즉, 하나의 개념이나 개념 규정은 어디까지 확장될 수 있는가? 개념의 적합성은 우리가 '장르'(유형)라고 부르는 하나의 현상군classe de phénomènes 내에 국한되는가? 아니면 서로 다른 현상들의 불균등한 총체를 관통하는 하나의 속성이나 메커니즘과도 관계가 있나? 일반화généralisation란 하나의 개념으로 정의되고 메커니즘이나 속성을 만들어 냈던 대상보다 훨씬 방대한 현상들 전체로, 개념, 메커니즘, 또는 속성의 적합성과 그 사용이 확장하는 것을 의미하곤 한다. 이런 작업을 실행하는 데에는 서로 다른 두 가지 방법이 있다.

◆ [옮긴이] 1671년 출판된 코르네유의 저작에서 이미 집단과 집단 구성원을 구분하고 각각 독립된 차원에서 지속과 변화를 설명하는 흐름이 존재한다.

- 첫째, 지렛대를 이용하듯이, 어떤 사회현상의 일부분이나 한 측면이 보편적이거나 적어도 그와 유사해 보인다면, 그 특성에 의존할 수 있다. 이 특성은 보편적이라고 생각되는(인류나 모든 동물계에서 나타나는) 하나의 문제(가령 연계의 문제)일수도 있고, 기술(가령 소통 방법)이나 능력(가령 도구적 합리성)일 수도 있다.
- 둘째, 일련의 비교를 통해 특수한 사회현상군의 경계를 구획하면서, 이와 구분되는 독특한 특성들을 점차 규정해 갈 수 있다. 이런 경우, 일반화 행위는 하나의 현상군, 장르로 존재한다는 가설을 중심으로 펼쳐지는 내기가 된다. 그러므로 일반화하려는 시도는 시행착오를 통해 하나의 한정된 현상군을 규정하려는 고민과 떨어질 수 없다.

집단 결정은 어떤 문제나 기술에 중심을 두면서 대체로 첫 번째 방식에 따라 규정됐다. 여기서 문제란 하나의 활동을 공동으로 선택해 착수하려는 개인들 전체의 연계와 협력의 문제다. 한편, 기술이란 선호의 결집agrégation des préférences이다. 이 방식은 주류 문헌에서 집단 결정을 다루며 사용하는 방법이다. 가령 사회적 선택 이론théorie du choix social이 대표적이다. 이 이론은 케네스 애로Kenneth J. Arrow의 『집단적 선택과 개인적 선호』Choix collectif et préférences individuelles(1974)에서 경제학의 분과 학문으로 처음 언급됐지만, 이후 영어권에서는 정치학에서 발전했다. 사회적 선택 이론이 성공을 거두고 현실에서 집단 결정을 위해 투표가 빈번하게 진행됨에 따라, 집단 결정은 선호의 결집과 동일시되는 경향이 나타났다. 이 글의 첫 번째 부분은 이런 동일화의 적합성을 따진다.

이런 측면에서 욘 엘스터Jon Elster는 집단 결정을, 집단행동을 낳는 승인 과정processus d'arrêt으로 한정하는 매우 철저하면서도 구체적인 접근법을 제시한다(Elster 2007a). 이를 통해 엘스터는 경계가 더욱 분명한 집단 결정의 정의를 보여 줬다. 이 개념은 사례연구를 통해 제시되는데 일반화의 두 번째 방법과 유사하다. 이 글의 두 번째 부분은 승인 과정을 다룬다.

　세 번째 부분에서는 집단 결정을 규정하는 두 방법을 분석하며, 세 가지 다른 활동, 즉 협상, 공정한 분배, 집단들의 결정에 따른 세 가지 유형의 상황을 구분한다. 이 글의 네 번째와 다섯 번째 부분에선 집단 결정을 모든 다른 연계 활동과 구분하려면 결정에 참여하는 개인들에 대한 고려만으로 충분하지 않다는 사실을 보여 준다. 즉, 결정을 유도하고, 결국엔 결정을 진행하는 집단이나 단체에 대한 고려가 필요하다는 것을 보여 준다.

선호의 결집

　학술 문헌뿐만 아니라 상식적으로도 집단 결정이라는 것은 우리에게 익숙한 투표 절차와 매우 밀접하다. 우리는 상당히 다양한 상황에서 투표를 진행한다. 수학 전문가인 도널드 사아리Donald G. Saari는 다양한 투표 절차를 다룬 연구에 착수해 최초로 이에 대한 목록을 작성했다. 그는 투표 절차가 지닌 어려운 문제들에 대해 설명한다.[◆]

　하루 중 특정 순간에 당신은 하나의 결정을 내린다. 하지만 옳은 결정일까? 이 질문이 왜 필요한지를, 다음의 가설 사례가 말해 준다. 당신은 독서 클럽에서 제명됐다. 왜냐하면 성원들은 당신이 그들의 믿음을 배신했다고 판단했기 때문이다. 이는 전적으로 당신이 피망 피자를 좋아하고 열정적으로 다른 이들을 도와주려고 했기 때문이다. 독서 클럽은 당신에게 다음 모임에서 먹을 피자를 주문하는 임무를 부여했다. 당신은 각각의 선호를 다음 표에 정성껏 기입했다(Saari 2001, 1).

◆ 영어 문헌의 프랑스어 번역은 필자가 진행했다.

표 1 독서 클럽의 선호 분포

사람 수	제1 선호	제2 선호	제3 선호
3명	피망 피자	소시지 피자	안초비 피자
2명	소시지 피자	피망 피자	안초비 피자
2명	안초비 피자	소시지 피자	피망 피자

자료 : Saari(2001, 1).

사아리가 독자와 동일시했던, 클럽에서 퇴출된 불행한 회원은 상대적 다수 규칙(가장 많은 사람들이 선택한 피자를 선택한다)에 따른 투표 절차를 따랐다. 이렇게 하면서, 퇴출 회원은 장 샤를 드 보르다(Borda 1781)가 발견한 "잘못된 당선자"mal élu 문제에 직면했다. 첫눈에 퇴출 회원은 자신을 포함한 세 명이 선택한 피망 피자가 다수 득표를 했다고 인식했다(세 회원이 선택한 피망 피자가 두 명씩 선택한 다른 두 피자에 비해 가장 선호하는 피자이다). 하지만 그는 선호 분포에 포함된 또 다른 정보를 무시했다. 즉, 다중 다수 원리majorité encore plus importante에 따르면(회원 일곱 명 중 네 명♦) 피망 피자보다 소시지 피자가 선호된다. 이 문제를 잠시 놔두고 사아리의 주장을 계속 따라가 보자(Saari 2001, 2).

> 우리의 투표 절차는 최선의 결정 방식 중 하나다. 이런 민주주의 도구는 주문할 피자를 결정할 때뿐만 아니라, 단체의 차기 대표, 시장, 국회의원, 대통령을 선출할 때도 이용된다. 국회에서 투표 절차는 법의 개정을 결정하기 위해 사용되기도 한다. 하지만 피자 일화가 시사하듯이, 우리가 진정 원하는 것을 선택할 수 있나?

사아리는 책 앞부분에서 집단 결정에 대한 주요 성찰의 핵심 이념을 몇 줄로 소개한다.

♦ [옮긴이] 피망 피자보다 소시지 피자를 선호한 회원의 수.

- 집단 결정은 여러 개인들로 구성되는 하나의 그룹에 의해 내려진다.
- 집단 결정은 각자의 선호를 수렴하는 민주적 차원을 지닌다.
- 집단 결정은 선호의 결집을 이용하며, 이는 상당히 많은 상황에서 유용한 기재이다.
- 집단 결정은 어려운 문제에 직면한다. 즉, 선호의 분포 상황이 나타내는 바를 규정하는 다양한 방식이 존재하는데, 무엇이 최고의 방식인지를 판단하기가 쉽지 않다.

선호라는 개념은 애로가 자신의 저서(Arrow 1974)에 사용하면서 주목받았다. 애로의 개념 규정은 간결함, 중립성, 분석력으로 인정받았다. 선호préférence란 하나의 배열에서 자리이자 순위다. 만약 세 가지 항목 중에 선택해야 한다면, 참여자의 선호란 A, B, C를 막론하고 자기 방식대로 세 가지 항목에 순위를 매기는 것을 의미한다. 가령 A 〉 B 〉 C 조합은 항목을 채택함에 있어 A를 첫 번째 순위로 선호하고, 두 번째로는 B, 마지막 순위로 C를 선호하는 것이다. 이 개념이 지닌 일반화 능력은 그 개념의 중립성에서 나온다. 즉, 이 개념은 선호의 근원이 될 수 있는 이유, 동기, 열망 또는 심리학적 메커니즘에 대해 독립적이다. 이 개념은 이들을 배제할 수 있다.

  결집agrégation이란 참여자들의 선호 전체로부터 집단 결정이 최종적으로 채택되는 방법이다. 이 개념들은 서로 긴밀히 연결되어 있지만 두 가지 문맥상 의미에서 구분해 수용했다. 첫째, 애로에게 그리고 집단적 선택의 경제학에서, 결집이란 다양하게 분포된 모든 선호들에 하나의 집단적 선호를 부여하는 수학적 기능이다. 수학 공식화formalisation mathématique로 획득되는 이 입장은 통상적인 집단 결정의 방식에 반되 결과로 나타날 수 있다. 예를 들면 이른바 독재 상황은 선호 분포가 어떻든 간에, 참여자들 중 한 명의 선호가 집단적 선호를 결정하는 것이다. 두 번째 의미는 투표의 경험적인 실험과 관련되어 있다. 결집이란 서로 경쟁하는 항목에 각각 점수를 부여할 수 있도록 표출된 선호들의 총합을 내는 것이다. 가장 간단한 방식은 각 유권자들이 여러 항목 중 한 가지만 선택할 수 있고, 각 항목들이 획득한 표를 합산하는 것이다. 이렇게 두 가지 문맥상 의미를 수용한다면 집단 결정을 완전히 다른, 심지어 반대되는 개념으로도 바꿀 수 있다. 앞서 언급한 독재 사례와 관련해, 이때 결정은 집단적이지 않은데, 왜냐하면 그것이 단지 개인들의 총합에게 부여됐을 뿐이기 때문이다. 투표의 경험적 실험을 언급한 사례와 관련해서, 이때 결정은 집단적이라 평가하는데, 이는 단지 그 결과 때문만이 아니라, 모든 참여자가 집단적 선택에 기여한다는 그 방식으로도 평가받는다. 집단 결정이라는 용어의 의미가 모호하지 않으려면, 그 의미를 실제 참여하는 모든 행위자에게 규정하고, 또한 이를 처음부터 결정이 최종적으로 내려질 때까지 유지해야 한다.✦

선호 결집이라는 개념을 통해 투표 모델을 수학적으로 변환한다면, 변환된 모델은 매우 다양하고 변화무쌍한 현상들에 적용될 수 있는 놀라운 능력을 갖게 된다. 그리고 이 변환을 통해 수학적 개요로부터 관찰된 속성들을 이 현상들에 적용할 수 있다. 따라서 잘못된 당선자 같은 대표의 역설이나, 또는 이런 역설에 대한 해결책으로 제기된 문제들이 선호의 결집과 연관해 모델화할 수 있는 모든 상황에서 나타날 수 있다는 것을 예상함 직하다. 그 결과 다음과 같은 문제가 제기된다. 모델화할 수 있는 모든 상황이 단 하나의 현상군에 속하는가? 만약 그렇다면, 이 현상군은 일반적인 사회현상, 즉 집단 결정으로 규정할 수 있다. 이때 집단 결정은 선호의 결집과 완전히 동일해질 것이다.

사아리가 제기한 목록을 다시 보자. 피자의 선택, 단체의 대표 선출, 시장·국회의원·대통령 선출, 국회의 입법 투표. 이 목록들은 모두 동일한가? 본성이 동일한 현상으로 구성됐는가? 가령, 클럽 회원들의 식사 메뉴로 피자를 고르는 것이 국회의원들의 투표에 의한 입안과 본질적으

✦ 이어지는 내용에서 사용하는 결집 개념은 이처럼 매우 경험적인 의미에 따른 것이다.

로 동일하다고 간주할 수 있는가? 문제는 피자 선택처럼 평범한 것과 입법 결정처럼 중대하거나 엄숙한 결정을 동일한 수준에 놓는 것에 있지 않다. 다른 대비를 통해 직접 연관이 없는 차이를 제외해 보자. 가령 사아리가 언급한, 독서 클럽 회원들의 식사 메뉴로 피자를 선택하는 것을 한쪽에 두고, 다른 한쪽에는 피자 미식가 클럽이 독창적이거나 양질의 피자 판매를 촉진하기 위해 '이달의 피자'를 지정하는 것을 놓는다고 생각해 보자. 이 미식가 클럽이 해당 요리의 기품이나 맛의 다양성을 강조하기 위해 매달 클럽 소식지에 피자 한 종류를 할인 판매한다고 가정하자. 그리하여 비교 대상을 대략 비슷한 평범함의 수준으로 맞추었다. 이제 두 상황 간의 차이는 뭘까?

선호: 타협할 수 없는 취향의 표현인가, 이성적 추론의 결과인가

먼저, 회원들의 선호 형성과 그에 대한 규정이 앞선 두 상황에서 문제의 본질에 중요한 차이를 가져온다는 것을 기억하자. 독서 클럽 회원의 선호는 그들의 취향의 반영일 뿐, 이성적 추론의 결과가 아니어서 개인적·집단적 토론의 대상이 될 필요가 없다. 반면에 '이달의 피자' 선택에서 피자 미식가 클럽 회원들은 결국 클럽의 결정이자 클럽이 추구하는 바를 보여 주는 결정을 내리는 데 기여하는 자들이다. 이 기여자들은 서로 다른 선호를 지니는데, 그것은 이들이 클럽의 목적과 결부해 어떤 피자가 이달의 피자로 적합한지에 대해 구상하는 바가 서로 다르기 때문이다. 하지만 여기에서 이들의 선호는 그들이 그날 먹고 싶은 피자, 즉 클럽 회원의 취향과 직접적 연관이 없으며 그것을 필요로 하지도 않는다. 그들은 최고의 피자로 적합한 것에 대해 성찰하고 함께 논의했으며 다른 것에 비해 이것을 선호하는 이유가 있다. 그 이유에 대해 다른 사람들이 반론할 수도 있다.

활동: 공정한 분배인가, 집단행동의 결정인가

또한 앞의 두 경우, 결정에 따라 서로 다른 두 가지 활동을 가져온다는 점도 적시해야 한다. 그것은 재화를 공정하게 분배하는 것과, 그리고 클럽의 행위를 규정하는 것이다. 독서 클럽에서 피자를 선택하는 것은 집단 결정의 측면을 잘 지니고 있다. 왜냐하면 결국 다른 것이 아닌 특정 종류의 피자를 참석한 모든 회원들의 의도에 따라 그들 자신을 위해 구입할 것이기 때문이다. 하지만 이는 사실 재화의 공유와 분배에 관련된 것이다. 여기에서 언급하는 재화란 피자 그 자체가 아니다. 재화는 피자를 공동으로 구입하고 배분한다는 사실로부터 얻어진다. 분배분의 제공도 여기에서 문제가 되지 않으며 이는 공정할 것이라고 가정한다. 선택과 분배가 핵심인 여기에 적합한 재화는 선호하는 요리와 실제로 구입하게 될 요리 사이의 간격에 있다. 이상적인 것은 각자가 자신들이 선호하는 피자를 먹는 것이다. 실제로 몇 명의 경우에는 그럴 수 있겠지만, 다른 사람들은 선택된 피자가 그들의 두 번째 선택이거나 또는 마지막 선택에 불과할 것이다(이 경우 항의가 가장 크다). 이런 간격 탓에 좋거나 나쁘거나, 주문할 피자의 선택 문제는 되도록 가장 공정한 방법으로, 여기에서는 다수제 규칙을 통해 공유되고 분배하는 것으로 귀결된다는 점이다.

분배는 흔히 투표 이용 방식처럼 집단 결정의 형태와 유사한 방식으로 실행된다. 다른 사례도 있을 수 있다. 다수제 규칙을 예외 없이 사용하는 것이 불합리함을 증명하려는 논문에서, 철학자 엘리자베스 앤스컴Elizabeth Anscombe는 단체 관광을 가려고 편의상 공동 차량을 임대하려는 사람들 집단의 사례를 제시한다. 그들은 집단적으로 여행지를 결정해야만 한다. 그들의 희망이 모두 같지 않아 다수결 규칙으로 집단적 선택을 정한다.

여행지 선택은 법률 입안처럼 하나의 항목을 집단적으로 선택하는 문제에 해당한다. 하지만 독서 클럽 회원이 피자를 구입할 때처럼 여행의 경우에, 집단적 선택은 개인들의 만족 이외의 다른 목적이 없다. 여기에서 집단 결정은 분배하는 것이다. 집단 결정은 이른바 공정한 분배 partage équitable, fair division를 실현하는 것이다. 이 부분은 다양한 문제와 이의 해결 절차들을 결합한다. 여기에서 문제는 케이크나 유산을 나누거나, 이혼하는 부부들이 재산을 분배하면서 부딪치는 문제다(Brams et Taylor 1996; Moessinger 1998).

반면에 미식가 클럽 회원이 '이달의 피자'를 선정할 때 관건은 클럽의 방침이 될 내용을 결정하는 것이다. 이런 결정은 회원을 대상으로 한 분배 효과를 갖지 않거나 또는 갖지 않아야 하고, 만일 분배 효과를 갖는다 하더라도 그것이 결정하는 데서 주요한 관건은 아니다.

행위자에 대한 규정: 개인들의 무리인가, 집단적 행위자인가

결국 두 결정에서 '집단적'이라는 본성과 행위자의 지위는 앞의 두 경우에서 결정을 내린 것이 복수의 개인들이라 할지라도 완전히 다르다. 한 경우는 개인들의 무리collection d'individus를 통해 재화를 분배한다. 다른 경우에는 집단적 행위자agent collectif의 행위를 규정한다. 앤스컴이 강조한 것은 공동으로 계획된 여행지를 선택하는 "결정은 하나의 무리로 간주된 사람들의 그룹 일일 수밖에 없다"는 점이다(Anscombe 1976, 126). 독서 클럽에서 피자 선택 역시 마찬가지 경우다. 이에 비해, 미식가 클럽이 '이달의 피자'를 선정할 때 참석한 개인들의 투표에 따른 결정은 클럽이 내린 결정으로 간주된다. 여기에서 선택의 집단적 본성은 개체를 구성하는 개인들의 활동을 통해 선택을 부여받을 수 있음에도 그들의 무리에 그치지 않고 하나의 개체로서 집단적 행위자가 되는 것을 의미한다. 다시 말해, 앞의 두 그룹, 독서 클럽과 미식가 클럽은 똑같이 하나의 피자를 선택하고, 동일한 결집 방법인 다수결 규칙을 동일하게 사용하며, 선호의 분배와 결과 간의 합당성 문제에 마찬가지로 직면할 수 있다. 그러나 모든 면에서 선호, 활동, 행위자에 대한 규정은 매우 다르다.

앞서 살펴본 관찰 대상들의 지위를 구체화해 보자. 나는 선호의 결집에 근거한 집단 결정 분석이 경험적 차이를 무시한다고 비난하고자 두 상황에서 관찰된 차이를 강조한 것이 아니다. 바로 개념적 도식의 속성 그 자체가 몇몇 경험적 차이를 무시하도록 만든다. 선호의 결집에 대한 연구는 이를 잘 보여 준다. 이 연구에 따르면 대부분의 상황에서 공동의 문제들과 속성이 존재한다. 그렇지만 선호, 활동, 행위자 등에 대한 규정과 관련된 구분은 적어도 고려해야 할 두 가지 현상군이 있음을 보여 준다. 공정한 분배와 집단적 행위자의 결정이다. 이런 관찰들을 통해 우리는 선호의 결집이라는 개념이 잘못됐다는 것이 아니라, 명시적·암묵적으로 진행되어 온 선호의 결집을 집단 결정의 정의 기준으로 삼을 수 없다는 것을 보여 주고자 했다.

승인 과정

집단 결정은 하나의 집단행동 발의로 귀결되는 과정으로 이해될 수도 있다. 이런 방식으로 『사회적 행위를 설명하기』*Explaining Social Behavior*에서 엘스터가 집단 결정의 개념을 도입했다(Elster 2007a, 401).◆

흔히 가족부터 사회 전체에 이르기까지 한 그룹의 성원들은 모두에게 저촉되는 결정을 내림에 있어 공동 이해 사안들을 통제할 필요를 느낀다. 가뭄에 물 소비를 관리하는 문제를 생각해 보자. 때로는 이런 집단행동 문제가 도덕적이거나 이와 유사한 사회규범과 결합하는 것을 매개로 개별적인 결

◆ 지금까지 관련 주제에 대한 엘스터의 견해를 종합해 철저히 보여 주는 문헌이다. 사례 연구나 더 일반적인 다른 성찰에 대한 연구를 위해선 엘스터(Elster 2007b, 2010) 참조. 아쉽게도 곧 출판될 저작(Elster 2013)을 참조하지는 못했다.

정을 통해 해결될 수도 있다. 하지만 흔히 지역 의회가 잔디에 물 주기나 수영장 물 채우기 등 특정 용도의 사용을 금지하면서 물의 공급을 제한하거나 소비를 줄이기도 한다. 집단행동이 실패할 때 집단 결정이 요구된다.

집단 결정을 집단행동과 연결해 생각하면 이중의 이점이 생긴다. 우선 이 성찰은 집단 결정의 규범적인 차원을 강조한다. 즉, 이를 강제한다. 둘째, 하나의 특징에 초점을 맞춘다. 집단 결정은 집단행동을 가능케 하는 과정 중 하나라는 점이다. 두 요소는 서로 긴밀히 맞물려 있다. 왜냐하면 이런 성찰을 통해, 물 소비를 줄이듯, 다른 방식으로는 이루어질 수 없는 집단행동을 유발시킬 능력을 강제하기 때문이다.

엘스터의 문제의식은 결정을 선호의 결집만으로 이해하는 것보다 더 풍부한 시각을 제시하는 데 있었다. 그는 여기에 선호의 변환, 그 표출에 영향을 주는 수단을 추가한다. 결정 과정은 흔히 참여자의 선호를 결집하거나 변화시키는 세 가지 메커니즘의 조합으로 실현된다고 봤다. 이는 설득 활동으로서의 논쟁, 위협과 약속을 교환하는 협상, 투표이다. 세 가지 활동을 소개한 엘스터는 다음과 같이 그것들의 다양한 조합을 생각했다(Elster 2007a, 404).

투표를 제외한 논쟁과 협상의 조합은 임금 단체교섭에서 나타난다. 노조와 경영진이 어떻게 기업 이윤을 공유할지 결정하려 할 때, 오로지 협상만이 진행되는 듯 보인다. 하지만 관찰해 보면, 기업의 재정 상태와 노동생산성에 대한 수많은 논쟁이 오가는 것을 알 수 있다.

협상과 투표의 조합은 노동자들이 투표로 노조 대표들이 교섭한 임금 협약을 조인할 때 나타난다. 이 상황에서 기대했던 투표 결과는 협상에서 위협으로 작용할 수 있다.

이렇게 단체교섭과 집단 결정이 동일시되는 것은 놀라우면서도 동시에 익숙하다. 엘스터가 이야기한 집단 결정의 두 상황, 즉 엄밀한 의미에서의 단체교섭과 협약 조인은 동일한 것인가? 이는 자신들이 하기로 합의한 것에 대한 승인으로 귀결되는 두 절차에 관한 것이다. 가령 투표를 통해 법을 제정하는 하원, 동일한 방법으로 자신들의 투쟁을 지속하기 위해 착수할 행동을 결정하는 시위자들의 회합, 두 기업 간 양해각서를 체결하기 위한 협상, 또한 노동쟁의를 해결하기 위한 노사 교섭 등에 분명히 공통적인 것이 있다. 이 모든 경우, 활동은 서로 동의하는 모든 행동을 결정하기 위해 행위자와 연결되고 이를 수행하기 위한 의무를 도출한다.[*] 이런 집단적인 절차에 따른 결과가 갖는 이중적 특성, 즉 행동 방침의 결정, 이의 수행 의무는 이것이 다음과 같은 두 가지 다른 방식으로 실패할 수 있다는 사실로 인해 나타난다. 하나는 (투표로 다수를 도출하지 못했거나 협상 주체들이 합의에 도달하지 못해) 행동 방침을 공동으로 결정할 수 없을 때, 다른 하나는 (다수를 통해 입안된 정책이 실행되지 못하거나 합의가 무시되어서) 확정된 행동을 수행하지 못했을 때이다.

엘스터는 바로 이와 같은 승인 과정의 관점에 따라 자신의 사례 목록에 지방의회, 국회의 결정, 노사 임금 교섭, 임금 협약 조인을 넣을 수 있었다. 그런데 이 목록에서 두 가지 유형의 집단 절차를 구분할 수 있다. 지방의회, 의회, 노동자들의 투표는 '이달의 피자' 선택과 유사하지만, 임금 교섭이라는 특정 유형과는 구분된다. 선출자나 노동자의 모임에는 적어도 한 가지 공통점이 있다. 결정이 한 집단으로부터 내려진다는 점이다. 이에 비해, 교섭은 흔히 두세 그룹의 교섭자, 그들 자체가 이미 각각 집단적 행위자의 전형인 다양한 행위자들의 행위이다. 교섭자들은 결과를 획득할 수 있다. 하지만 일반적으로 그들은 모여 있지만 하나의 집단적 실체를 구성한다고 생각하지 않는다. 또한 교섭자들은 모두가 동의하는 하나의 합의에 도달해야 한다. 그렇지 않다면 교섭은 실패한 것이다. 반면에 하나의 모임은 투표를 통해 만장일치가 아니더

---

[*] 협상을 통해 형성되는 도덕적 사회참여에 대해서는 장 다니엘 레노(Reynaud 1993)를 참조.

라도 결정에 도달할 수 있다.

결국 사아리는 집단 결정을 선호의 결집으로 이해하고 이 개념 아래 공정한 분배와 집단적 행위자의 결정을 뒀지만, 반면에 엘스터는 집단 결정을 행위자들 전체가 하나의 행동으로 결집되는 과정으로 이해했다. 이 과정은 집단적 행위자의 결정이라는 형식으로 수행될 수도 있고, 또는 합의를 추구하는 세력 간의 교섭을 통한 결정이라는 형식으로 진행될 수도 있다.

집단들의 결정

이제 한눈에도 구분되지만 일상적으로 집단 결정이라는 같은 명칭으로 불리는 세 가지 형태의 활동을 살펴보자. 우리가 잠정적으로 '집단적 행위자의 결정'이라고 명명한 것으로부터 협상과 공정한 분배라는 상황을 구별하기 전에, 앞서 제기된 집단적 실체라는 규정을 분명히 해야 한다.

집단과 집단적 행위자의 개념은 사실 분명치 않다. 사회철학, 법학, 다양한 사회과학 학문에서 집단적 실체에 관한 개념 규정과 그 적합성에 대한 논의는 매우 오래전부터 진행됐으나 여전히 합의에 도달할 기미는 보이지 않는다. 이제 결정의 책임이 부여된 집단이라는 개념에 대해 내가 동의하는 특성들을 설명하겠다.◆ 이를 위해 우선 무리collection 또는 또 다른 집단적 실체의 개념으로부터 우리가 언급하고 있는 집단 collectif을 구분한다. 그다음 어떤 측면에서 집단에 대해 행위자의 지위를 부여했는지를 설명한다. 그리고 마지막으로 집단이 그들의 구성 요소들과 갖는 관계를 규정한다.

◆ 다수의 저자를 인용했지만, 특히 빈센트 데콩브의 주장(Descombes 1996, 2011)을 수용했다.

집단 대 무리

독서 클럽과 미식가 클럽의 사례를 다시 들어 앞의 구분을 세 가지 차원에서 명확히 하자(Descombes 1996, chap. 17).

- 개별화 수준 : 독서 클럽 회원 같은 실질적인 개인의 수준과 미식가 클럽 같은 집단의 수준을 구분해야 한다. 집단은 집단과 구별되는 개인을 포함한다. 집단 수준은 개인 수준을 전제하지만, 개인 수준에는 반드시 집단 수준을 포함할 것을 필요로 하지 않는다. 즉, 독서 클럽 회원들은 주문을 위해 모인 피자 먹는 사람들이라는 하나의 모임을 이루지만, 이때 그들이 같은 클럽에 소속됐다는 점은 [모임에 어떤 정체성이 있는 것이 아니라] 하나의 우연한 상황에 불과하다.
- 시간적 차원 : 아마도 클럽 회원들의 참가와 불참에 따라 매달 달라지는 회원 무리가 '이달의 피자'를 선정할 것이다. 하지만 결정은 여전히 매번 동일하게 그 미식가 클럽이 진행한다. 반면에 독서 클럽에서 공동으로 주문하는 피자는 매번 회합마다 명단이 달라질 가능성이 있는 참가 회원들이 그들 자신을 위해 결정하고 배분할 것이다. 만약, 독서 클럽 회원들이 매달 모인다면, 주문한 피자가 만족시켜야 하는 회원들과 입맛들 전체는 매번 다를 것이다. 결국 미식가 클럽에는 '이달의 피자' 월간 선정이라는 측면에서 시간적 정체성이 있는 반면, 독서 클럽 내 피자 먹는 사람들의 명단은 시간적 정체성이 없다.
- 관계적 수준 : 편의성에 따라 같은 피자를 나누어 먹는 독서 클럽 회원들의 무리는 나누어 먹기 위해 연계하는 회원 간의 관계를 나타낼 뿐이다. 이 결정을 이해하기 위해 다른 관계가 필요하지는 않다. 반면에 '이달의 피자' 선정은 피자 구매자들에게 영향을 준다는 관점에서 진행된다. 더 중요하게는 집단적 행위자의 개념은

그림 1 **그룹 유형**

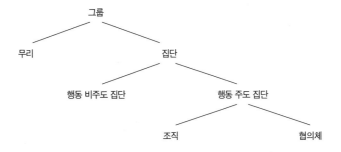

동일한 수준의 이타성을 전제한다. (그들의 행동을 방해하거나 용이하게 할 수 있는 다른 경쟁 클럽, 기업, 행정기관 같은) 다른 집단적 행위자가 존재한다.

또한 흥미로운 집단은 협의체corps délibérant다. 모든 집단들이 행동을 발휘할 능력을 지닌 것은 아니다(엄밀히 말해 [행동 비주도 집단이라는 측면에서] 국민이나 교회가 행동하지 않는다. 반면에 특정 정부나 어떤 신도 그룹은 더욱 거대한 사회적 실체의 이름으로 집단행동을 도모하기도 한다). 또한 행동한다고 해서 집단 결정을 하는 것은 아니다. 이는 그들 모두가 협의체가 아니라는 의미에서다(미식축구 클럽이나 주교 회의는 협의하는 총회가 있다는 점에서 축구팀이나 로마 교황청과 구분된다).

우리는 여기에서 협의가 일반적 의미에서 결정으로 사용된다는 것을 인정한다. 이 구분들이 실행되고 가정되고 수용됐다면, 이제 나는 '집단'collectif, '집단적 행위자'agent collectif, '단체'corps, '협의체'corps délibérant 등의 단어들과 무관하게, 글에서 언급한 실체를 구성하고자 한다.◆

◆ [옮긴이] 원문에서 다양한 결사와 관련해 사용된 프랑스 단어들의 어휘적 위계에 상응하는 한국어를 찾지 못했다. 여기서는 번역의 통일성을 갖추기 위해 유사한 단어로 번역해 일관되게 사용했다.

그리하여 여기에 계속되는 일련의 대조는 〈그림 1〉이 보여 주듯이, 이질적인 그룹들 전체에 속한 특정 개체의 윤곽을 그릴 수 있도록 한다.

집단적 행위자에 관한 지위

여기까지 부득이하게 '집단적 행위자'라는 용어를 사용했다. 이렇게 여러 개인들로 구성된 실체에 행위자 또는 집단적 행위자라는 이름을 붙이기가 은유적인 방식이 아님에도 망설여지는데, 이는 이 실체에 주체의 지위statut de sujet를 부여하고자 한 것이다. 물론 집단의 결정을 내린 것은 [집단이라는 실체가 아니라] 그 구성원임을 우리는 잘 알고 있지만 말이다. 제안의 경우도 마찬가지다. 가령 '상원에서 결정을 내리고 있는 중이다'라고 한다면, 사실 여기에서 결정은 제안에 해당한다.◆ 또한 상원 의원들이 함께 결정을 내리고 있는 것이다. 다시 말해, 논리적으로 보면, 실체entité나 단체corps는 주체가 아니며, [주체들이] 결정한 행동이 집단적인 것이다. 그럼에도 상원의 결정이라 말하는 것은 단지 언어의 편의성 때문인가?

'집단적 행위자'라는 표현을 피하기는 어렵다. 외부에서 보면 기업, 협회, 국가 또는 거주 공동체가 합리적 행위자처럼 행동하기 때문이다. 하지만 이렇게 암시적인 표현은 부정확하기도 하다. 우리가 밝히고자 하는 것은 이것들이 행위자에게 가장 중요하다고 할 수 있는 행동 능력 puissance d'agir은 결여되었지만 행위자의 모든 특징을 지니고 있다는 점이다. 그 속성으로 인해, 고유한 능력은 없지만, 행위자의 실천적 이성을 나타낼 수 있다. 밖에서 보면 집단은 하나의 행위자이지만 내부에서 보면 껍데기일 수 있다.

◆ [옮긴이] 프랑스 헌법 제39조 2항에 따르면 프랑스에서 지방자치단체의 조직에 관한 정부 법안을 제외한 대부분의 법안은 하원, 즉 국회Assemblée nationale에서 최종 결정한다. 그래서 저자는 상원의 결정이 하원에 제안하는 성격을 띤다고 해석한 듯하다.

집단적 행위자라는 개념은 우리가 생각한 것이 이 개념을 통해 한편으론 반영되지만 동시에 다른 한편으론 거부되는 것을 보여 준다는 측면에서 중요하다. 우리가 원하는 관점으로 외부이든 내부이든, 집단을 동일한 방식으로 규정하려는 데 어려움이 있다. 이 난관은 집단적 행위자라는 개념이 특정 측면에서만 타당하다는 점을 인정함으로써 해결될 수 있다. 즉, 집단적 실체가 자신의 주변 환경에 따라 달라진다. 바로 이런 환경이라는 측면에서 협의체가 여러 형태 가운데 하나의 개체indi-vidu(분열될 수 없는 실체)가 되고(우리는 여기에서 집단과 무리 간의 차이를 다시 발견할 수 있다), 이때 협의체에 합리성을 부여하는 것이 가능해진다. 결과적으로 협의체는 배타적이지 않은 두 가지 방식, 즉 수평적·수직적 방식으로 다른 실체와 관계한다. 우선 협의체는 유사한 높이에 있는 다른 개체들과 연결된다. 가령 양원제 레짐에서 상원은 하원이나 정부와 연결되는 것이 그렇다. 또한 협의체는 접합을 통해 지위가 다른 더 높거나 큰 단체(가령 대학과 그 내부의 대학 운영 위원회)와 연결될 수도 있다. 그리하여 협의체의 목적은 수평적·수직적 방식으로 보충하거나 총괄하는 실체의 목적과 연결된다. 이는 어떤 단체는 그가 속한 사회에서 가장 총괄적인 단체(아테네의 평의회, 특정 마을 협의회, 전국 단위 선거의 선거인단)일 수 있다는 의미다.

단체와 구성원의 관계: 전체와 부분의 관계

집단적 실체를 규정할 때 잘 알려진 또 다른 어려움은 내부 구성 요소에 관한 것이다. 외부에서 실체를 하나의 행위자로 파악할 수 있다면, 내부에서도 그 실체를 구성하는 것을 인식할 수 있는가? 우선, 우리의 시선에는 가장 먼저 상호 작용하는 일련의 인간 개인들이 보인다. 하지만 그들이 집단적 실체를 구성한다는 사실은 독특한 방식에 따라 잘 등장시켜야 한다. 개인들과 그들을 결집시키는 집단적 실체 간에는 인과 관계가 없을지도 모른다. 왜냐하면 이 실체는 실제적인 의미에서 행위자가 아니라 논리적·규범적인 관계이기 때문이다. 규정에 따른 관계다. 다시 말해, 개인들은 결정을 내릴 집단적 실체의 구성원으로서 집단 결정에 참여한 것이고, 이런 측면에서 그들은 전체의 일부다.◆

다시 상원을 예로 들어 보자. 상원은 개인들로 구성된다. 행동 능력을 지닌 것은 이 개인들이다. 바로 이들이 사상을 지니고 있고, 상원 내에서 결정을 내리는 데 필요한 활동을 수행한다. 그렇다고 해서, 우리는 하나의 유일한 범주, 즉 개인들만의 범주로부터 상원의 활동을 이해할 수 없다. 이들은 바로 상원 의원으로서, 상원의 일부로서 자신들의 결정에 참여하고 실현하며 따른다. 단체와 그 구성 요인 간 관계의 핵심적인 특성은 다음과 같다. 개인에게는 행동 능력이 있고, 전체로서 협의체에는 권위autorité가 있다. 이런 권위는 앞의 개인들이 구성원으로서 전체의 부분이 될 때만 그 개인들에게 실행된다. 왜냐하면 그들이 단체의 이름으로 함께 내린 결정에 따르는 것을 인정하기 때문이고, 또한 이 단체가 지속적으로 존재할 수 있기 때문이다. 이 권위는 특히 다음과 같은 두 형태로 나타난다.

- 이전의 기준 : 단체는 역사적으로 그들의 부분들보다 앞서 만들어졌다. 단체가 특정 순간에 만들어졌다면, 단체는 존재하는 내내 정기적으로 교체되는 구성원들보다 앞선다. 따라서 단체에 부여됐던 목적들, 이전에 내려진 결정들이 이후 내려질 결정들을 유도하기 위해 원용될 가능성이 높다.
- 허가 : 특정 구성원들이 발안과 변화를 원한다면, 이 모두는 정해진 자문 과정에 따라, 전체로서 단체에(만장일치여야 한다는 것은 아니다) 허가받아야 한다.

◆ 부분과 전체의 관계에 대해, 여기에서 내가 할 수 있는 최선은 데콩브(Descombes 1996, chap. 18)를 보라고 일러 주는 것이다.

집단의 유형을 분류하기 위해, 협의체는 앞에서 고찰한 측면에 따라 다른 방식으로 묘사되어야 한다. 가령 상호 작용하는 다수의 개인들, 다른 실체와의 관계에서 집단적 주체, 부분들 간의 관계, 그리고 규정에 따른 모든 기관들을 들 수 있다. 이런 방식에 따라 단체들이 지닐 수도 없는 특성◆을 그들에게 가져다 붙일 필요 없이, 이 단체들의 실상을 파악하고 그 복잡성(다양한 시간성, 개별화 수준, 관계 형태)을 설명할 수 있다.

위계적인 접합

결국 우리는 집단 결정이라는 동일한 개념으로 흔히 사용되는 세 가지 현상군을 협상, 공정한 분배, 집단들의 결정으로 구분했다. 이런 성찰을 통해, 하나의 경험적 반론을 조사할 필요가 있다. 우선 협상하기, 분배하기, 결정하기 상황으로 일방적으로 분류한 활동들이 매우 빈번하게 서로 결합해 사용된다는 사실을 통해, 앞서 제안한 구분에 문제를 제기한다. 자연스럽게 집단 결정으로 규정되는 대부분의 상황에서 협상 활동과 공정성의 문제가 나타난다. 그리하여 경험적으로 관찰한 상황을 들어, 이 구분이 잘 들어맞지 않는다는 점과 오히려 활동들을 구별하고 그들의 접합을 묘사하는 것이 더욱 간단하다고 주장할 수 있다.

사실, 활동들의 혼합에 대해 경험적으로 확인된 사실을 보면, 상황들을 세 가지로 나누는 방법에 의혹을 제기하기는커녕 오히려 이 방법을 견고히 한다. 결과적으로 이 활동들은 결합되어 진행될 뿐만 아니라 이 활동들이 실행됨에 있어, 어떻게 보면 타자를 위한 존재나 타자에게 접합된 존재처럼 구조적으로 종속되어 보이는 구체적인 접합에 따라 진행되기도 한다.

◆ [옮긴이] 행위자로서의 지위를 의미한다.

협상과 집단 결정

협상이 집단 결정에 접합되는 경우는 빈번하다. 가령 두 원내 정당이 자신들의 의지를 관철할 정치적 다수를 구성하기 위해 그들 간에 협상을 진행할 수 있다. 이 경우, 협상이 분명히 존재하지만, 이 협상은 집단 결정 상황을 계기로 조성된 것이다. 집단 결정이 구조적으로 협상을 통해 만들어지는 것은 아니다. 협상은 집단 결정 참가자의 실천에서 구현되고, 협상을 통해 그들의 투표 방식을 정하게 된다. 위협이나 약속이 불규칙적으로 오가며 거래하면서 최종 결과에 영향을 미칠 수 있지만(법안 표결 여부, 특정 부분에 대한 상호 양보에 따른 다양한 내용 등), 상황 ─ 그리고 상황을 규정하는 주요 활동 ─ 은 여전히 한 집단의 결정이다. 집단 결정에 협약을 접목하는 것은 결정에 의해 승인될 행동을 검토하는 방법과 견해에 영향을 미친다. 하지만 종국에는 승인 규칙règle d'arrêt을 사용해, 흔히 투표를 통해, 결정이 내려짐에 주목하자.

하지만 집단 결정 조건은 협상을 통해 마련된다. 1945년 설립되어 1993년 폐지된 영국임금위원회British wages councils(해당 직업의 최저임금을 정하는 임무를 지닌 영국의 옛 공법 기관)는 이에 대한 좋은 예시가 된다. 임금위원회는 국가가 기업에 부과할 최저임금을 정부에 정기적으로 제안하는 역할을 했다. 원활한 운영을 위해, 노조와 사용자 단체 간의 합의가 필요했다. 임금위원회의 입장은 다수결 투표로 표명 여부가 결정됐는데, 위원회의 구성은 합의를 도출하기에 수월한 방식으로 이루어졌다. 임금위원회는 원칙적으로 각각 동수의 노조와 사용자단체의 대표로 구성되었고, 보조적으로 소수의 이른바 독립 위원들이 참여했는데 이들은 대개 퇴직한 고위 공무원이었다. 양편의 대표자들은 언제나 제안할 수 있지만, 임금위원회 재적 위원 다수가 찬성해야만 채택되었다. 위원회의 구성상 특징 때문에 독립 위원에게만 노조 또는 사용자의 입장을 유리해지게 할 투표 능력이 있었다. 여러 사건에서 독립 위원들은 중재역할을 했다. 또한 노사 대표자들의 합의를 도출하기 쉽게 했다. 즉, 합의 덕분에 투표가 쓸모없어지면 그들은 성공한 것이다. 독립 위원이 이런 역할을 실행할 수 있게 된 것은 그들의 표가 결정적이었기 때문이다. 협상이 난항에 빠져 투표가 진행될 경우, 각 진영은 서로가 양보하지 않아 독립 위원들이 다른 진영의 입장에만 우호적으로 투표할까 봐 염려했다. 결국 이를 보면, 영국 정부가 마치 의회처럼, 투표와 다수결 원리로 결정을 진행한다고 말함 직한 협의체를 설립한 것으로 보이는가? 하지만 사실 이 제도적 기구는 노사 협상을 용이하게 하는 기능을 했다. 이 경우에 협상이 집단의 결정에 구조적으로 우선한다는 사실을 증명하는 요인은 무엇인가? 다음과 같은 사실이다. 성공의 지표는 주요 주체들이 투표 절차를 포기하고, 평소 대립하던 두 진영의 합의로 이를 무의미하게 만드는 것이었다. 집단 결정에 적합한 승인 규칙은 성공적인 협상이 달성한 협약에 자리를 내줬다.

이처럼 각각의 실천(가령 협박하기와 투표하기)이 함께 행사될 때조차도, 두 활동 중 하나만이 상황의 규정을 지배한다는 것은 협상과 집단 결정 간에 위계적인 접목이 있다는 사실을 보여 준다.

공정한 분배와 집단 결정

공정한 분배와 집단 결정이 선명하게 분리된다는 사실을 부정하는 다수의 연구가 있다. 가령 선거 절차에 대한 공정성équité 문제가 빈번히 제기됐다. 선거 절차가 실제로 각 유권자들이 결과에 동등하게 영향을 미치도록 하는지 의문을 제기한다. 한때, 오직 다수제 규칙만이 이런 평등을 존중하고 있다고 여겨져, 다수제 규칙이 확산되기도 했다(May 1952). 일부 서자들은 만일 결정이 지속적으로 진행되는 것이라면, 다수제 규칙은 집단 의지와 개인 의지 간에 가장 크게 조응하도록 한다고 설명했다(Kelsen 2004; Rae 1969; Przeworski 2010). 반면에 다른 저자들은 항구적 소수minorité stable에게 불리하다며 다수 투표제를 비판하기도 했다(Guinier 1994).◆ 하지만 논쟁이 이어지면서, 그들 모두는 적어도 암묵적으로는 개인 의지와 집단 의지의 일치는 특정 선택을 추구하는 유권자에게 일종의 재화라는 사실을 인정했다. 그리하여 모든 집단 결정은 재화를 분배하는 것으로 간주됐고, 공정성의 존중을 요구했다. 결국 집단 결정과 공정한 분배의 구분은 내가 확언한 것에 비해 분명치 않을 수 있다.

이 반론에 대해, 다수제 규칙을 고민하는 이들에게 기여한 바가 큰 논문인 마티아스 리스Mattias Risse의 「다수제 규칙 논쟁」Arguing for majority rule을 통해 대답하고자 한다. 여기에서 공정한 분배와 집단 결정을 접목하는 문제는 결정 규칙을 존중하는 가치에 대한 문제 제기로 시작하겠다. 리스는 다수제 규칙 사용을 정당화할 때 흔히 오류가 있음을 지적하고 이를 극복하기 위해 다수결 규칙을 설득력 있게 옹호하는 논의의 세 가지 조건을 제시한다. 그중 하나는 공정한 분배 방식보다는 결집 규칙의 선택을 정당화하는 것이다. 이 필요성은 다음 사례가 잘 보여 준다(Risse 2004, 48, 50).

생각을 정리하기 위해, 학과 내 교수 채용 시나리오를 살펴보자. '우리'와 '그들'은 철학과 내 대립하는 두 사상 학파를 지칭한다. 두 학파가 다수를 점한다. 학과는 그들 진영이나 우리 진영 출신 중 한 명의 철학자를 채용해야 한다. …… 우리는 학과의 40퍼센트가 지지하고, 그들은 60퍼센트가 지지한다고 가정하자. 다수제 규칙에서 우리 후보가 채용될 가능성은 0퍼센트, 그들은 100퍼센트이다. …… 우리는 이런 상황이 불공정하다고 생각한다. 왜냐하면 이는 비례대표에 대해 고려하지 않기 때문이다. 우리 입장에 대한 탈비례대표적 무시를 해결할 다른 방안을 제시할 수 있다. 만약 그 자리가 매년 갱신돼야 한다면, 우리는 특정 연도에 그 자리를 요구할 것이다. 즉, 해마다 그들 학파 출신이 채용된다면 우리는 공정하다고 평가하지 않을 것이

◆ [옮긴이] 인종 이슈처럼 쉽게 변하지 않는 변인에 따른 소수는 다수제에서 늘 소수일 수밖에 없다고 비판한다.

다. 하지만 가까운 미래에 다른 채용이 없을 것이기에 이런 타협은 가로막혔다고 가정하자. 그래도 우리 후보자에게 40퍼센트의 채용 기회를 요구하는 것은 합리적인 것 같다. 학과는 매 학과의 비중치를 측정하기 위해 투표를 진행할 수도 있고 개연성을 포함하는 제비뽑기 과정으로 결과를 결정할 수도 있다. 우리가 주장하는 공정성은 비례대표 방식의 요구를 충족하는 데 있다. 만약 우리가 40퍼센트의 지지를 받는다면 40퍼센트의 성공 기회를 누려야 한다.

이렇듯 다수 투표제와 공정한 분배 방법 간의 선택을 요구하는 상황을 상정할 수 있다. 결국 하나의 결집 방법을 사용하게 되리라고 예견할 수 있는데, 그 이유는 다음 두 가지이다. 첫째, 경쟁적인 주장을 지닌 하위 그룹들의 비중이 정해질 만큼, 집단들이 충분히 선명하게 분할되는 균등한 두 분파로 나뉘는 경우는 매우 드물다. 둘째, 팽팽하고 지속적으로 대립할 경우, 분배 방식의 선택을 합의하기도 어렵다(Risse 2004, 61).

리스의 정당화 개념에 대한 깊은 논의는 일단 덮어 두고, 정당화는 기술적 차원의 문제라고 규정하자. 일반적으로, 다수제 규칙 사용에 대한 선호는 적용의 수월함으로 정당화된다. 게다가 이 시나리오를 구성하는 이야기 전개 방식은 이상할 만큼 추상적이고 모호하기까지 하다. 그 결과 리스는 그 학과의 구성원 한 명을 자신의 화자로 선택한다. 이런 이야기 기법은 다른 모든 사람과 마찬가지로 자신이 속한 사상 학파의 세력 확장이라는 관점에서만 임용을 생각하리라고 여겨진 한 명의 결정 참여자 시점에서 상황을 보여 주기 위해서다. 그런데 이런 상황 설명이 학과 임용 시 대학에서 흔히 발생하는 상황인지, 아니면 오로지 학과 구성원이 신거인단으로 선출되어 발생한 상황인지 질문할 수 있다. 이 질문은 의미가 있는데, 왜냐하면 결정 방식이 놀랍기 때문이다. "학과는 그들 또는 우리 진영 출신 중 어떤 철학자를 임용할지 결정해야 한다"(Risse 2004, 48). 그러므로 한 진영이든, 다른 진영이든 두 학과 중 하나를 만족시키는 것이 된다. 결정 방식은 두 경우 중 어느 하나다.

- 하나는 해당 방식을 학과 성원들이 행동하기 전에 대학 기관이 채용을 검토했던 방식에 따르는 경우다. 이 경우 채용은 공개적으로 두 그룹 중 하나를 만족시키는 계기로 기획됐고, 그러므로 공정성은 핵심 문제로 떠오른다. 다시 말해, 공정한 분배 방식을 사용하는 것이 반드시 요구된다.
- 또는 해당 방식이 학과 성원들이 개입한 결과인 경우다. 즉, 성원들이 재화를 위한 경쟁(자신들의 사상 학과 출신의 인원 늘리기)으로 상황을 설정한 경우다. 이런 경우, 대학 기관의 것이든, 학과 책임자의 것이든 초기 시나리오의 방식도 고려해야만 한다. 리스가 이 같은 방식을 제안하지 않았으므로 우리는 이를 생각해야 한다. 이런 경우가 존재할 수 있도록, 채용이 철학과를 강화할 방법, 가령 강좌 수를 늘리거나 학과의 명성을 높이고자 구상되었을 경우도 생각해야 한다. 이와 같이 상황을 설정했다면, 학과 성원들이 재화를 공유하거나 이를 획득하기 위해 경쟁에 참여했다고 고려할 필요는 없다. 또한 이 같은 설정에서는 학과에서 진행하는 수업의 다양성을 위해 두 학과 출신 후보자들을 제외시키는 경우도 고려할 필요성이 생긴다.

요컨대 학과 구성원들이 채용 결정에 기여한다고 여겨지는 때는 바로 대학과 학과의 목적 관점에서 볼 때이다. 이런 관점에서 채용 시 전체 판단과 그리고 결국에는 결정 참여자가 갖는 후보자에 대한 선호를 포괄하는 하나의 결집 방법을 사용해야 한다.

공정한 분배와 집단 결정 간의 관계를 파악하기 위해, 우리의 치유책을 통해 '보완된' 시나리오에서 어떤 교훈을 도출할 수 있는가?

우선 리스가 언급했듯이 단지 두 방법 중 한 가지 기술적 선택만을 요구하는 특수한 집단 결정 상황은 우리와 관련이 없다. 선택은 두 가지 상황 설정 사이에 있고, 각 설정은 두 종류의 방법 중 하나의 사용을 요구한다.

그리고 나서야 결정 참여자들은 다수성과 하나의 집단적 실체를 동시에 구성하므로 배타적이지 않은 두 역할을 담당할 수 있다. 결정 참여자들은 기여자의 지위를 지녔지만, 동시에 경쟁자로 행동하거나 인지될 수 있다. 다시 말해, 집단과 그 목적을 위해 필요한 결정에 참여한다는 측면에서 기여자다. 또한 개인적·파당적 이해이든, 아니면 집단에 이로우리라는 그들의 신념이든 간에 다른 어떤 고려에 앞서 자신의 것이 채택되도록 노력한다는 측면에서 경쟁자다.

결국 모든 집단 결정에는 적어도 공정성에 대한 고민이 덜한, 일종의 공정한 분배 방식이 분명히 존재한다. 그런데, 각 참가자의 참여를 정당화하는 원리에 따라, 결정 시 각 참가자의 상대적 비중은 달라진다. 만약 이 원칙이 각 유권자가 갖는 동등한 주권이라면, (우리의 정치적 선거처럼) 모든 사람은 동일한 세기의 영향력을 행사해야 한다. 반면에 이 원칙이 능력이라면, (존 스튜어트 밀이 제안한 복수 투표제처럼) 투표자는 인증된 수행 능력의 보유 정도에 비례해 영향력을 행사해야 한다(Mill 2009, chap. 8). 또한 이 원칙이 소유 정도라면, (부동산 공동소유 총회나 기업의 이사회처럼) 결정이 진행되는 기업에서의 소유 정도에 따라 영향력을 가져야 한다. 그리하여 공정성의 규칙은 기여자 각자의 영향력을 대상으로 하지, 원하는 결정을 획득할 기회를 대상으로 하는 것은 아니다. 다시 말해, 이 규칙은 결정의 결과가 아니라 과정과 연관되어 있다. 만약 개인 의지와 집단 의시의 일치가 각 참여자에게 일종의 재화라고 가정한다면, 집단 결정은 이 재화를 공정하게 분배하려는 소명을 갖지 않는다.

따라서 리스의 논문에 대한 토론을 통해 두 가지 사실을 얻을 수 있다. 집단 결정과 공정한 분배의 동일시는 오류이며, 이는 모호한 상황 규정에 기인한다. 반면에 공정성 문제는 모든 집단 결정에서 잘 나타나지만 공정성의 구성 요소 중 하나로 들어가는 것은 기여도의 균형pondération des contributions이다. ◆

집단 결정의 설정

집단 결정 연구의 선구자들은 상당히 여러 단체에서 사용되는 투표 절차의 효과를 관찰하고 분석했다. 교회(Llull 2001), 법원의 판사들, 국회와 지방의회(Condorcet 1986), 기관과 기업(Borda 1781), 그리고 학술협의회(Dodgson 1873~77)의 투표에 관한 것이었다. 결집 규칙의 수학적 분석에 집중된 그들의 연구는 당연히 결정의 제도적 틀을 제외한 채 진행됐다. 하지만 연구 대상이 된 상황들의 특성은 선명하게 보여 줬다. 경제학자들이 중심이 되어 사회적 선택 이론을 통해 진행된 연구는 상당한 발전을 거두기도 했다. 하지만 이론적 접근으로 진행된 이 연구는 구체적인 경험적 내용과는 거리가 있었다. 정치학과 정치철학에서 실재하는 집단 결정과 선거 연구를 위해 사회적 선택 이론의 성과를 이용할 때도, 제도적 내용을 제외하고 진행하는 이와 같은 경향을 따르곤 했다.

결집 규칙에 대한 수학적 특성을 연구할 때 이런 협의체를 제외하는 것은 타당했고, 지금도 타당하다. 하지만 집단 결정의 상황을 설정할 때는 협의체를 제외할 수 없다. 결정 규칙에 대해 정곡을 찌르는 성찰은 그 본성이 규정하기 매우 어려운, 미확정적인 상황의 사례를 드는 경우가 흔히 있다. 가령 레스토랑을 선택하는 친구들의 모임(Kornhauseer et Sager 2004), 동일한 기차 칸에 모인 5인(Barry 1990, 312)을 들 수 있다. 리스가 매우 구체적인 시나리오를 가지고 미확정적인 유사한 형태를 다시 만들어 낸 것도 참고할 만하다. 이런 사례들과 시나리오는 개별적으로는 할 수 없는 선택(함께 레스토랑 선택하기, 금연석으로 할 것인가 또는 흡연을 서로 자제할 것인가)을 함께 결정하기 위한 다수의 행위자들의 연계라는 집단 결정의 개념을 잘 보여 준다. 하지만 이 상황들을 가장 잘 특성

◆ [옮긴이] 집단 결정의 공공성 규칙은 영향력이 공정하게 발휘돼야 한다는 것이지, 원하는 결과를 동일하게 가질 수 있다는 것이 아니다.

화한 것은 바로 그들의 미확정성indétermination이다. 그리고 이런 미확정성은 단지 관찰자에게만 어려운 것이 아니다. 이는 행위자들에게도 한계를 뛰어넘은 상황이다. 행위자들은 상황을 설정하고 나서야 비로소 공동 활동을 진행할 수 있다. 경우에 따라, 미확정성으로 인해 행위자들은 공정한 분배, 협상, 정의 원칙의 사용, 더 나아가 집단 결정으로부터도 벗어난 것처럼 보이게도 만든다.

설정qualification이라는 개념은 현대 법학 언어에 속한다. 하지만 수사학 전통 내에서 고도화된 작업의 대상이 된다(Skinner 1996, chap. 4; Goyet 2000, part. I, chap. 6). 변호사는 고객의 유죄를 입증하는 사실들을 인정하기 어려워, 피고의 행동에 훨씬 유리한 관점의 방식으로 상황을 설정할 수 있다. 이는 각자가 자유롭게 상황을 해석할 수 있음을 의미하는가? 그렇지 않다. 만약 이런 경우라면, 혼란 때문에 분쟁의 여지가 있는 쟁점을 이용하는 것조차 금지될 것이다.

특정 상황들이 어느 정도 해석의 여지가 있다면 이에 다양한 설정이 가능하다. 이는 특히 집단들의 결정 사례에서 나타나는데, 여기에선 참여자가 원칙적으로 경쟁자로서 행동하지만 기여자 역할이 부여될 수도 있다. 행위자가 상황을 어떻게 규정하느냐에 따라 설정 개념이 중요해질 수도 있고, 소송의 경우, 집단이 취한 결정의 특성과 그 법적 적용의 특성이 더욱 분명해질 수도 있다. 집단의 생각이 결정에 참여하는 개인들을 앞서간다는 것을 고려한다면, 협의체 내외의 특정 이해관계자는 집단의 고유한 목적을 되살리거나 일부 변형하거나 또는 이를 과거와 현재에 수립된 결정 방향과 대립시킬 가능성이 있다. 그러므로 다소 안정적인 방식에 따라 집단 결정을 내린다는 것은 바로 지배적인 상황 설정에서 집단과 그 집단의 목적을 고려하는 것이다.

철학 교수 채용 시나리오를 다시 보자. 자신들의 지배를 견고히 하기를 바라는 두 사상 학파의 구성원들이 그들 간의 갈등을 피하면서 가중 추첨이나 교대 같은 방법을 도입할 수 있다. 그리하여 구성원들은 상황을 두 학파의 공정한 재화 분배로 변경했다. 그 결과 학과는 실체로서의 정체성을 잃어버릴 위험에 빠지고, 그 고유한 목적들은 길잡이의 특성을 잃어버렸다. 만약 학과 내부이든 외부이든 어떤 이해관계자도 학과나 대학의 고유한 목적을 되살리지 않거나(이해 때문이든 신념 때문이든 중요하지 않다) 그 목적들이 중심에 놓이도록 하는 데 실패한다면, 학과는 두 사상 학파를 지원하는 단순한 구조가 되어 버리고 만다. 집단은 손상되고, 나아가 소멸할 수도 있다.

***

나의 제안은 당연히 '집단 결정'을, 공통 항목을 선택하고자 모인 전체 개인들 간의 연계라고 개념 규정한 전문용어를 수정하기 위한 것이 아니다. 집단 결정과 흔히 접목되는 특정 활동이나 그를 포함한 모든 다른 활동들과, 집단 결정 간에 구분되는 것에 주목한다면, 난 단지 여기에 더 구체적인 정의를 제안해야 한다는 것을 보이고자 했다. 집단 결정의 특수성은 자신의 목적이 자신의 결정을 유도한다고 여겨지고 이 결정이 결국 자신에게 집행되는 하나의 집단이 존재한다는 데 있다. 바로 이런 자격에서 우리는 집단 결정이 집단들의 결정이라고 확신할 수 있다.

참고 문헌

Anscombe, Elizabeth. 1976. "On the frustration of the majority by fulfilment of the majority's will", *Analysis*, 36 (4), pp. 161~168.

Arrow, Kenneth J. 1974 [1951]. *Choix collectif et préférences individuelles*. trad. par le Groupe de traductions économiques de l'université de Montpellier. Paris, Calmann-Lévy (coll. "Perspectives de l'économique. Critique").

Barry, Brian. 1990 [1965]. *Political Argument: A Reissue With a New Introduction*. Londres, Harvester Wheatsheaf.

Bayliss, Frederick Joseph. 1957. "The independent members of British wages councils and Boards." *The British Journal of Sociology*, 8 (1), pp. 1~25.

Borda, Jean-Charles de. 1781. "Mémoire sur les élections au scrutin." *Mémoires de l'Académie royale des sciences*, pp. 657~663.

Brams, Steven J. et Alan D. Taylor. 1996. *Fair Division: From Cake-Cutting to Dispute Resolution*. Cambridge, Cambridge University Press.

Condorcet. 1986 [1785]. *Sur les élections, textes choisis et revus par Olivier de Bernon*. Paris, Fayard (coll. "Corpus des oeuvres de philosophie en langue française").

Descombes, Vincent. 1996. *Les institutions du sens*. Paris, Minuit (coll. "Critique").

_____. 2011. "Réflexions sur les questions d'identité." *Bulletin de la Société française de philosophie*, 105 (3), pp. 1~48.

Dodgson, Charles. 1873~1877. "Three pamphlets." dans Black, Duncan (ed.). 1968. *The Theory of Committees and Elections*. Cambridge, Cambridge University Press, pp. 214~238.

Elster, Jon. 2007a. *Explaining Social Behavior: More Nuts and Bolts for the Social Sciences*. Cambridge, Cambridge University Press [『사회적 행위를 설명하기: 사회과학의 도구상자. 1-2』. 김종엽 옮김. 그린비출판사. 2020].

_____. 2007b. "The night of August 4, 1789: A study of social interaction in collective decision-making." *Revue européenne des sciences sociales*, 45 (136), pp. 71~94.

_____. 2010. "Décisions individuelles et décisions collectives." *Social Science Information*, 49 (1), pp. 11~28.

_____. 2013. *Securities Against Misrule: Juries, Assemblies, Elections*. Cambridge, Cambridge University Press.

Goyet, Francis. 2000. *Le sublime du "lieu commun". L'invention rhétorique dans l'Antiquité et à la Renaissance*. Paris, Honoré Champion (coll. "Bibliothèque littéraire de la Renaissance").

Guinier, Lani. 1994. *The Tyranny of the Majority: Fundamental Fairness in Representative Democracy*. New York, Free Press.

Kelsen, Hans. 2004 [1932]. *La démocratie. Sa nature, sa valeur*. trad. de la 2e éd. par Charles Eisenmann, préf. de Philippe Raynaud. Paris, Dalloz (coll. "Bibliothèque Dalloz").

Kornhauser, Lewis A. et Lawrence G. Sager. 2004. "The manys as one: Integrity and group choice in paradoxical case." *Philosophy and Public Affairs*, 32 (3), pp. 249~276.

Llull, Ramon. 2001 [1299]. *"De arte eleccionis"*. dans Günther Hägele et Friedrich Pukelsheim. "Llull's writings on electoral systems." *Studiana Lulliana*, 41 (97), pp. 3~38.

May, Kenneth O. 1952, "A set of independent necessary and sufficient conditions for simple majority decision." *Econometrica*, 20 (4), pp. 680~684.

Mill, John Stuart. 2009 [1860]. *Considérations sur le gouvernement représentatif.* trad., prés. et annoté par Patrick Savidan. Paris, Gallimard (coll. "Bibliothèque de philosophie") [『대의정부론』. 서병훈 옮김. 아카넷. 2012].

Moessinger, Pierre. 1998. *Décisions et procédures de l'accord.* Paris, Puf (coll. "Le Sociologue").

Przeworski, Adam. 2010. *Democracy and the Limits of Self-Government in our Times.* Cambridge, Cambridge University Press.

Rae, Douglas W. 1969. "Decision-rules and individual values in constitutional choice." *American Political Science Review*, 63 (1), pp. 40~56.

Reynaud, Jean-Daniel. 1993 [1989]. *Les règles du jeu. L'action collective et la régulation sociale*, 2e éd. Paris, Armand Colin (coll. "U. Série Sociologie").

Risse, Mattias. 2004. "Arguing for majority rule." *Journal of Political Philosophy*, 12 (1), pp. 41~64.

Saari, Donald G. 2001. *Decisions and Elections: Explaining the Unexpected.* Cambridge, Cambridge University Press.

Skinner, Quentin. 1996. *Reason and Rhetoric in the Philosophy of Hobbes.* Cambridge, Cambridge University Press.

Faire des sciences sociales

제10장
순수한 추상과
단순한 일반화의 경계

정치경제의 재구성에 있어서
일본이 주는 교훈

세바스티앵 르슈발리에

김성현 옮김

여러 사회과학 전공 중에서도 경제학은 가장 엄격하게 과학성을 주창하는 전공일 것이다. 경제학의 과학성은 특히 가치중립성과 고도의 추상을 통해 뒷받침된다. 그런데 경제학의 과학성 집착은 연구자들로 하여금 경제적 현실보다 이론을 더욱 중시하게 만든다. 그 결과 일반성으로서 이론이 개체성으로서 현실을 압도하며, 이론에서 일탈하는 구체적인 사례들은 일종의 예외로 간주되었다. 이 점에서 주류 패러다임에서 벗어난 일본 경제의 약진은 보편성을 고수하는 주류 경제학자들을 곤혹스럽게 만들었는데, 일부 경제학자들은 경제적 요인이 아닌 문화적 특수성을 변수로 끌어들여, 서구의 경제와 완전히 다른 이질적인 모델로 일본 경제를 재구성하고자 했다. 그 뒤 일본의 장기 불황을 설명할 때는 또다시 주류 경제로부터의 일탈이 원인으로 지목되었다. 결국 특정한 이론이나 모델에 입각한 억지스러운 일반화는 현실을 적절하게 설명하지 못하도록 가로막는다. 이 글에서 저자는 주류 경제학의 그릇된 일반화를 일본의 정치경제 설명의 변천을 통해 지적하며, 그 대안으로서 이론 중심의 접근보다는 경제를 구성하는 요소들의 구체적인 배열과 조정의 분석을 통한 일반화를 제안한다.

◇

과학성에 대한 질문은 아마도 모든 사회과학 중에서도 특히 경제학에서 민감하게 제기되는 듯하다. 경제학은 경성 과학과 사회과학 사이에서 중도의 길을 걷고 있다고 주장하고 있다. 이런 주장의 주요 근거중 하나는 경제학자들이 분석하는 현상에 양적인 측면이 있다는 점이다. 특히 앙투안 도튐과 장 카르틀리에르(d'Autume et Cartelier 1996, 1)가 강조하듯이 "경제학이 과학적 지위를 자랑하는 것은 아마도 추상을 통해서인 것 같다." 즉, 현대 경제학처럼 경제학은 일반화와 관련된 문제들을 그다지 제기하지 않는다는 주장은 지나친 것이 아니다. 사실 경제학자들은 지난 수십 년 동안 연역적일 뿐만 아니라 공리적이기도 한 방법을 구축하는 데 몰두했다(Amable, Boyer et Lordon 1996).

경제학자들의 모델에 현실주의가 결여되어 있다고 비판하기보다는 그들이 복잡한 연구 대상을 이해하기 위해, 놀랍게도 이론적 우회를 선택한 것을 칭찬해야 마땅할지도 모른다. 물론 현재 경제학의 근본 문제는 이 학문이 현실과 맺고 있는 관계에 있지만 그것은 현실주의의 문제와 큰 관련이 있는 것은 아니다. 이 문제는 실험실에서와는 달리 경험적 통제를 할 수 없게 만드는 어려움에서 출현한다. 이 상황에 직면해 경제학자들은 논리적 정합성을 강조하고 근본적인 것보다 형식을 중시하는 경향이 있다. 여기서 가끔씩 형식적 우아함뿐만 아니라 성급한 태도가 파생되기도 하는데, 그 징후 중 하나는 이론적 모델에 따른 예측과 이를 통해 설명해야 하는 현실 간에 모순이 발생할 경우에 문제 제기가 이루어지지 않는다는 것이다. 즉, 예측되지 못한 위기에 직면했을 때 경제학자의 전형적 추론 방식은 이론이 현실에 맞지 않는다고 주장하기보다는 현실이 자신의 이론에서 너무 벗어나 있다고 주장하는 식이다. 로베르 브와예Robert Boyer는 이 점을 진지하게 강조한다(Boyer 1986, 8. 강조는 원본).

경제학의 순수 모델에서 모든 시장은 균형을 이루고 있다. 특히 완전고용을 가정한다. 따라서 지속적인 대량 실업이 관찰된다면, 그것은 이 모델의 근본 가정을 위배하는 것일 수 있다. …… 그로 인해 이론과 연구 대상인 경제 현실이 괴리되는 위기가 발생한다.

이처럼 현실과 관계를 설정하는 어려움은 자연과학의 영향을 받은 주류 경제학에서 내세운 가정들에서 특히 자주 등장하는데, 이 가정에 따르면 모든 시대와 장소에 유효한 보편적 경제법칙이 존재한다(Boyer 1986; Boyer et Saillard 1995). 여기에서도 가설의 현실성이 너무나 부족해 연구 프로그램의 정의에서 나쁜 결과들이 빚어지고 현실과 충돌하는 것은 문제가 되지 않는다.

이 글은 오로지 추론에 기초한 방법의 한계를 강조하면서 이런 현실과 경제학의 관계를 비판하고자 한다. 우리는 연역과 경제 메커니즘의 생생함을 고려해 종합하면 경제 메커니즘을 더 풍부하게 이해할 수 있으리라고 생각한다. 이를 위해 우리의 설명은 일본 자본주의의 분석에 크게 의존한다. 한 학파의 사례를 통해 경제학이 시간과 공간에 따라 경제 메커니즘의 다양성을 이해하는 데 겪는 어려움을 보여 줄 것이다.

일본 경제가 지난 20년간 유럽적인 경제 불황 탓에 잊힘으로써 사람들은 이제 1970년대와 1980년대에 일본 경제의 성공이 불러일으켰던 인식론적 충격을 잊어버리는 경향이 있다. 사실, 당시에 일본은 시장경제 이론의 근본 규칙에서 벗어나 성장과 균형이라는 측면에서 가장 탁월한 결과를 산출한 것으로 보였던 자본주의 경제 사례였다.

표준적인 틀에 입각한 일본 자본주의의 발전 경로의 분석을 통해 마주치게 되는 어려움을 살펴보면, 시간과 공간에 따른 경제 메커니즘의 생생함을 이해하게끔 해주는 연구 프로그램의 작동을 위한 자극의 원천이 될 수 있을 듯하다. 이 글에서 필자들은 일본의 사례를 통해 "자본주의의 다양성과 제도 변화의 정치경제"라고 불릴 법한 이 프로그램의 몇 가지 결과들을 소개한다. 그리고 적용 가능한 다른 몇 가지 연구 결과들을 설명하고자 한다.

경제학에서 보편성에 대해

보편적인 경제법칙이 존재한다는 가정은 경제학의 토대 중 하나이다. 경제학은 19세기 이후부터 레온 발라Marie Esprit Léon Walras의 일반균형이론의 공헌과 더불어 점차 발전했는데, 일반균형이론의 두 가지 축은 합리성 가정과 동위 관계 같은 균형의 개념이었다(d'Autume et Cartelier 1996).

1970년대와 1980년대에는 '신고전파' 연구 프로그램 수립과 더불어 점차 새로운 단계가 구현되었다. 이 학파의 선구는 특히 1996년 노벨 경제학상을 수상한 로버트 루커스Robert Lucas로 간주된다. 그는 이제 연역적일 뿐만 아니라 공리적이기도 한 이론을 정립하겠다는 야심을 보였다(Amable, Boyer et Lordon 1996). 이렇게 해서 경제 이론은 일반이론 추구로부터 일반균형이론의 보편성을 강조하는 방향으로 넘어갔다. 요약하면, 이런 틀에서 경제적 위기와 조정의 시기들은 경제행위자들의 선호 변화와 (또는) 부수적인 개입들(특히 정부 개입)을 통해 설명될 수 있었다.

발라와 루커스의 저작에서 영향을 받은 경제 분석 논리는 브와예가 수행했던 것처럼(Boyer 1986, 40) 역사적 전승과 경제 분석 논리를 비교함으로써 한층 명확하게 이해될 수 있다.

역사가에게 본질적인 것은 역사적 사실의 구성에 있다. 따라서 다른 전공들 — 특히 경제 분석 — 은 총체적인(포괄적인) 소명을 가진 문제의식을 넘어서는 도구들을 역사가에게 전달한다. 반대로 경제학자들에게 역사와 국제적인 비교는 그들이 논리적인(더 나아가 공리적인) 분석으로부터 이끌어 낸 이론적 모델을 증명할 데이터를 제공한다. 그러나 경험적 증거의 완고한 성격이 경제학자의 해석 체계를 실추하거나 적어도 그것을 수정하게 만드는 경우는 드물다. …… 경제학자가 사용하는 개념들의 고상한 특징과 약간의 근본 원리들로부터 경향적 법칙이나 개인의 태도를 이끌어 낼 수 있게 해주는 논리적 엄격성에 힘입어, 경제학자는 역사적인 변화와 그의 이론 사이에 발생하는 차이를 일종의 하찮은 변이나 불완전성으로 설명하려고 한다. 결국 (이론과 현실의) 불일치가 더욱 확대된다! …… 역사가와 달리 경제학자는 해석 체계를 좀처럼 바꾸려 하지 않는다. 반대로 역사적 현실을 자신이 내세우는 이론의 장으로 재통합할 수 있게 해주는 새로운 방법과 척도들을 재정의해서까지 (해석 체계를) 유지하려 한다.

역설적으로, 현실에 대한 경제학자의 이런 태도는 가장 최근의 변화들, 특히 금융 위기 같은 변동을 겪으면서도 그다지 변화하지 않았다. 이 위기들은 시장의 자동 조절 같은 덕목에 대해 의심을 불러일으킬 만도 했다(Orlean 2009). 그러나 오히려 세계화 상황과 그 결과로 간주되는 [여러 분야의 통합 및] 수렴은 경제 메커니즘의 보편성 가정이 더 적절해 보이게 했다. 여기에서 근본적인 생각은 기업 간 경쟁, 제도 개선, 기술, 지역, 국가 등이 사실상 비효율적인 구조를 배제하고 최선의 실무를 향한 수렴을 촉진하리라는 것이다. 브와예(Boyer 1996)는 반대로 이런 생각이 (세계화 상황 속에서 지속되는 다양성도 포함해) 국가별 경제 체계들의 다양성을 강화할 수 있는 메커니즘을 고려하지 않고 있다고 강조하면서 그 한계를 보여 주었다. 이 메커니즘들 중에서 특히 상호 보완성 메커니즘으로 강화된, 제도적 비교 우위에 따른 국제분업 형태를 언급할 수 있을 것이다(Hall et Soskice 2001).

일본 모델이 제기한 껄끄러움

이론적 모델에서 눈을 돌려 현실 경제를 살펴보면, 세부적인 면에서 가나의 경제나 우즈베키스탄의 경제는 경제학자들이 가정하는 보편적 법칙을 정확하게 따르지 않고 있다. 그러나 경제학자들에게 이론적 모델과 현실 사이의 격차는 중요한 문제로 간주되지 않는다. 경제학자들은 이론적 모델에 가장 가깝다고 간주되는 경제(미국 경제)와 비교해 실적이나 발전의 차이는 대안적인 제도의 비효율성을 입증한다고 생각하기 때문이다. 이런 확신은 소비에트 붕괴에 대한 경제 분석으로 강화되었는데, 소비에트 붕괴는 영미식 시장 자본주의를 향해 작동하는 수렴 과정과 대안적 시스템의 부재를 보여 주는 명확한 증거로 해석될 수 있었다.

그러나 1970년대와 1980년대 일본 자본주의의 성공은 어떤 면에서 소비에트 경제 시스템의 존재보다 훨씬 더 근본적인 인식론적 문제를 제기했다. 1980년대에 일본 연구가 소수 일본 전문가 그룹을 넘어서 그토록 인기를 끈 것은 이런 이유였다(Boyer 2011). 이런 관심이 일어난 계기는 일본 경제와 미국과 유럽 경제 간 실적의 차이점과 관련이 있었는데, 구체적으로는 성장률(미국 및 유럽 성장률의 두 배 이상)과 무역수지(1980년대부터 미국과 유럽에 대한 막대한 흑자)에서 나타나는 차이 때문이었다. 이 상황은 1970년대 중반부터 일본이 선진국들을 따라잡고♦ 매우 불리한 상황♦♦에서도 놀라운 성취를 달성한 만큼 더 큰 문제를 제기했다.

그런데 이런 실적들은 첫 번째 분석[미국의 경제 모델에서 이탈한 모델을 비효율적이라고 간주한 1970, 80년대 이전의 분석들]이 일본의 미시적·거시적 경제 실적을 대학 교재에서 가르친 것과 같은 경제법칙으로부터 이탈한 것처럼 설명했기 때문에 더욱 '부담'스러울 수밖에 없었다. 예를 들어 고객과 공급자의 장기적 관계는 비용과 이익의 즉각적인 비교에 기반한 교환의 토대라는 원리에 배치되었다. 마찬가지로 일본 기업들도 미국 기업들처럼 이윤을 극대화하지만 이 기업들의 결정 중에 어떤 것

♦ 이런 추격 단계는 몇몇 가정하에서는 1950년대와 1960년대 유럽에서, 나아가 미국에서 관찰된 것보다 더 높은 성장률을 설명해 줄 수 있었다.

♦♦ 예를 들어 에너지 자원의 100퍼센트를 수입에 의존하는 경제에서 유가 상승과 15년 사이 가치가 세 배 상승한 엔의 절상과 더불어 일본의 제조업 수출은 가격경쟁에서 중요한 문제를 안게 되었다.

들(적자 활동의 유지나 부정적인 충격을 겪을 경우 해고에 호소하지 않는 것 등)은 이윤이 장기 고용의 토대인 성장 등 기업의 목표 수행을 위한 여러 가지 변수 가운데 하나일 뿐임을 보여 준다. 즉, 일본 자본주의는 시장경제의 근본 규칙을 따르지 않지만 더 효율적인 것처럼 보이기도 했다. 일본 경제를 이론적 모델과의 차이 탓에 열등한 실적을 낳는 '이국적'이거나 '구시대적' 모델이라고 말할 수 없었다. 이처럼 일본의 모델은 경제학의 표준 모델과 성격이 전혀 달랐으며 수많은 논쟁을 자극했다.

1970년대 말부터 1990년대 초반까지 일본의 성공을 설명하려는 (대부분 미국에서 출판된) 논문들은 우리의 주제와 관련해 흥미로운 자료들이다. 이 연구들에서는 주로 국제무역을 공격했다. 사실상 일본이 규칙을 준수하지 않으면서 세계화의 이득을 보고 있다는 생각이 등장했다. 몇몇 경제학자들은 특히 게이레츠系列[기업집단], 즉 기업 실무(공급자와의 관계, 투자의 현지화, 상호 지분 참여, 위기 시 기업들 간의 협력 등)에 영향을 미치는 집중형 구조가 가져온 수많은 무역 장벽을 분석하는 데 몰두했다. 이것이 미국과 일본의 무역 불균형을 설명한다는 것이었다(Lawrence 1993).

그러나 이런 분석은 성장의 측면에서 일본 경제의 약진을 설명하는 데는 여전히 한계가 있었는데 이로부터 일반 경제 이론의 외부에 있는 설명들(특히 문화적 원인)을 도입하려는 시도가 생겨났다. 역설적이게도 엄격한 증명에 애착을 가진 몇몇 신고전파 경제학자들이 이런 시도를 주도했다.◆ 그런데 이런 문화적 가정들은 역사적인 관점에 입각한 분석에서도, 경제적 합리성의 시각에 입각한 분석에서도 설득력을 갖기 어려웠다.

◆ 사실 이런 태도는 아마블, 브와예, 로르동이 주장한바(Amable, Boyer et Lordon 1996) 부끄럽게도 보조적 설명에 의존하는 경제학의 특징이기도 하다.

문화적 설명의 오류

실적과 기능의 관점에서 미국 자본주의와 일본 자본주의의 민감한 차이점들을 설명하기 위해 1980년대에는 다른 가정이 크게 유행했다. 그것은 일본의 사회경제 시스템이 전前 자본주의적일지 모른다는 것이었다. 그 증거로서 당시에 경제 이론이 정의한 합리성의 기준에 엄격하게 부합하지 않는 가부장적인 기업 경영 성격이나 더 일반적인 경제행위자들의 관계가 모두 인용되었다. 사실 이 같은 일본 자본주의 해석의 이면에는 문화주의적 해석이 숨어 있었다. 이 관점에서는 일본 모델이 다른 자본주의와 사실상 비교될 수 없었는데 왜냐하면 그것[일본 모델]은 완전히 독특한 문화적 하부구조에 의해 결정되기 때문이었다. 자국의 특수성을 강조한다는 점 때문에 일본인 자신들에게도 널리 수용된 이 접근 방법은 예를 들어 미치오 모리시마Michio Morishima의 유명한 저작 『유교와 자본주의』Confucianisme et capitalisme(1986)에서 발견된다. 막스 베버의 『프로테스탄티즘의 윤리와 자본주의 정신』에서 영감을 얻은 이 연구에서 저자는 유교가 만들어 낸 문화적 토대로 일본 경제의 특수성을 설명했다. 일본 자본주의의 특수성과 힘을 형성한 것은 어쩌면 유교적 가치일지도 모른다. 유교의 영향은 교육에 대한 투자, 막대한 저축, 권위의 존중, 장기간에 걸친 신뢰 관계의 우선, 계급투쟁 및 더 나아가 사회 갈등의 부재 등을 설명해 줄 수 있었디. 특히 사회 갈등의 부재는 저마다 자신의 위치를 발견하는 조화의 원칙에 따라 운용되는 사회를 통해 설명되었다.

그러나 이런 분석 유형은 심화된 분석들의 도전을 오랫동안 견뎌 내지 못했다. 우선 중국을 비롯한 "유교" 국가로 간주될 만한 국가들이 왜 일본과 같은 발전을 경험하지 못했는지를 설명할 수 없었다(Boyer et Yamada, 2000). 다음으로 '유교' 자본주의 가설은 계급투쟁의 측면에서 한 분석과는 매우 다른 '조화로운' 관계의 존재를 강조한다. 사실 일본의 노사관계는 1970년대 이후 이 주제에 관심을 가진 연구자들에게는 유럽이나 미국에서보다 자본과 노동의 협력에 기초해 있다는 느낌을 줄 수 있었다. 기업주를 위해, 아니면 기업을 위해 희생할 준비가 되어 있는 헌신적 직원들의 이미지는, 예를 들어 프랑스에서처럼 일본의 노사 관계를 수입하기를 희망한 사람들을 위해 과도하게 도식화된 것이었다. 그러나 이처럼 평화로운 노사관계 이미지는 사실을 정확히 검토해서라기보다는 공상에서 출현했다. 일본의 노사관계는 유럽, 미국에서처럼 근본적으로 갈등적이었다. 일본에서 파업률은 매우 낮은데 필자들이 보기에 그 이유는 두 가지였다. 한편으로 갈등 해결 방식이 유럽, 미국의 상황과 다르고 [일본에 고유한 노사 규범의] 더 큰 내면화에 의지하고 있었다(Eisenstadt et Ben-Ari 1990). 다른 한편으로 1950년대 매우 치열했던 갈등 관계를 거쳐 좌파를 숙청한 뒤 관료, 기업인과 긴밀히 연합한 자민당은 노동계급을 포함해 모든 사회 구성 요소들이 [각자의] 자리를 발견할 수 있는 "지배적 사회 블록"bloc social dominant을 구축하려 했다. 심지어 1970년대 말에는 80퍼센트가 넘는 일본 대중이 자신을 중산층으로 인식했다(Lechevalier 2011a). ♦

특히 문화적 접근의 주된 약점은 일본 경제가 걸어온 길의 역사성을 고려하지 못하는 무능력이었다. 역사학자들의 저술은 "일본 모델"이 양차 세계대전 사이에 단기 고용과 금융시장에 의존한 경제의 재정 충당에 의존한 자유 시장 자본주의 모델에 매우 가까웠음을 보여 주기도 했다(Hoshi et Kashyap 2001). 1970년대와 1980년대 일본 모델은 무엇보다 제2차 세계대전 동안 관리된 경제와 루스벨트식 실무와 원칙의 영향을 받은 전후 미국의 점령, 그 뒤 고도성장 시기의 제도화(1950~60년대), 전후 사회적 타협의 경험이라는 역사적 결과였다(Okazaki et Okuno-Fujiwara 1999).

사실 문화적 분석은 역사적인 증거들을 견뎌 낼 수 없다. 일본의 투

♦ "지배적 사회 블록" 개념은 아마블과 팔롬바리니(Amable et Palombarini 2009)에게 빌려왔다.

자와 성장의 토대를 이룬 저축률을 설명하기 위해 유교의 역할을 강조하는 것은 어쩌면 매력적인 가설일지도 모른다. 그러나 "검소한" 일본 자본주의라는 시각은 과다 채무라는 사회문제를 낳은 소비자 신용 발전이라는 현실에 부합하지 않는다(Sala 2010). 특히 분석 틀은 왜 똑같은 저축률이 현재는 극도로 떨어졌는지를 설명할 때 이내 한계를 노출한다. 이것은 찰스 유지 호리오카처럼 완전히 표준적인 신고전파 도구들을 갖춘 주류 고전파 경제학자들이 부딪힌 한계였다(Horioka 1990, 2004). 신고전파 접근과 제도주의적·역사적 접근을 너무 강하게 대립시키지 않는 것이 중요한 이유는 바로 이것이다. 이 접근법들은 상호 보완성을 발견할 수 있었다. 한편 다카토시 이토(Ito 1992)도 중요한 기여를 했는데, 그는 당시 활용할 수 있던 모든 신고전파 분석 도구들을 동원해 일본 경제의 실적과 특징을 설명하고자 했다. 특히 국제경제와 성장에 관한 그의 성취를 인정할 만하다. 그러나 그가 설명하지 않은 부분들은 그렇게 무시할 만한 것이 아니었다. 필자들이 보기에는 제도주의적 접근과 역사적 접근만이 이런 이론적 문제를 해결할 수 있을 듯하다. 갖가지 해결 방법은 신고전파 분석 도구와 자본주의의 다양성 이론을 논리적으로 접합하는 데서 발견될 수 있다. 이를 통해 어느 정도는 '수정주의' 접근과 일본 모델 이론이 성공적으로 조합된 이유를 설명할 수 있다.

'수정주의' 연구들에서 일본 모델 이론으로

(그다지 유쾌하지 않은) '수정주의적'이라는 형용사는 일본 경제를 분석하는 맥락에서 신고전파 분석 도구들을 가지고 일본 경제 시스템이 독특하다는 생각을 떨쳐 내려는 경험적 연구들을 지칭한다. 이 연구에서 가장 유명한 것은 가즈오 고이케의 노동 경제 분야의 연구이다. 고이케(Koike 1991)는 비교의 관점에서 일본의 고용 실무를 분석했다. 일본에서는 노동의 실무들이 평생 고용, 연공제, 그리고 어떤 점에서 임노동자

에게 보물로 간주될 수 있는지 필자가 알 수 없는 기업별조합 등 '3종의 신기'(그다지 엄격하지 않은 시적 표현)라는 말로 표현되는데, 고이케는 특히 평생 고용과 연공제 면에서 일본이 1970년대의 유럽, 미국과 크게 다르지 않았음을 보여 주었다. 이 국가들도 당시에는 장기 근무 및 특히 대기업 연공제라는 특징을 보였다. 고이케에 따르면 국제 비교에서 나타난 일본의 특징은 평생 고용도 연공제 급료도 아니라 '블루칼라 노동자의 화이트칼라화'라고 할 수 있었다. 이것은 전형적인 일본 기업의 인적 자원 정책에서는 블루칼라와 화이트칼라를 구분하지 않음을 의미한다. 이 특징은 기업에서 사회적 타협[노사 협의]이라는 문제와 노동계급의 중산계급으로의 통합이라는 주제와 관련된다. 고이케는 꽤 독창적인 이론을 통해 다양한 유형의 인적 자원들에 대한 그의 분석을 보완했다. 이 주제에 대해 그는 일본 자본주의가 무엇보다 이 유형들 중의 하나를 촉진하는 경향이 있음을 보여 주었는데, 노동 현장에서의 실무를 통해 업무 능력이 향상된다는 것이었다. 이것은 장기 고용의 합리성을 확인해 준다.

일단 일본 자본주의의 핵심적인 특수성이 확인되면 이론화로 넘어간다. 이론화는 구체적인 관찰들을 일반화하려 시도함으로써 이루어질 뿐만 아니라 더 일반적인 이론의 틀을 고려하면서 추상화의 시도를 통해 이루어질 수도 있다. 경제학자들은 사실상 1980년대의 일본 모델 이론을 제시하기 위해 경쟁적으로 이런저런 상상을 내놓았다. 마사히코 아오키(Aoki 1988, 1990)의 제안이 가장 두드러졌는데, 아오키는 기업 내부 조직에 초점을 맞추었다. 이는 현장(특히 이 이론에 영감을 준 토요타 사례)의 실무를 관찰했을 뿐만 아니라 정보이론에 입각한 경제학의 최신 경향을 토대로 설명했기에 우리의 관심을 끌었다. 아오키는 이 모델의 합리성을 내세워 문화적 접근과 거리를 둘 수 있었고 역사적·제도적 힘의 관계들을 고려함으로써 신고전파의 보편주의에 빠지지 않을 수 있었다. 이 이론은 사실 "자본주의의 다양성의 정치경제"로 가는 길을 잠재적으로 개척한 기여보다는 경제 분석에서 정보를 고려하도록 이끌었다는 점이 더욱 인정받고 있다(Aoki 1990).

아오키는 우선 정보의 생산 및 순환 과정에서 미국 기업(A)의 조직 방식과 크게 다르지 않은 일본 기업(J)의 조직 방식에 나타난 합리성을 발견했다(Aoki 1988). 미국 기업은 사실 중앙화, 위계적 통제, 계획과 실무(실천)의 엄격한 구분이 특징이었는데 이를 위해서는 각 노동자들의 전문화와 수평적 인센티브 시스템을 마련해야 한다. 반대로 일본 기업은 분권화와 인식의 공유를 바탕으로 노동자 간 수평적 협력에 기반해 작동한다. 이 원칙들은 인센티브와 내부 경쟁이라는 측면에서 볼 때는 (고용이 아니라) 지위의 서열 체계와 노동자들의 다중성과 맞물려 있다(결합하고 있다). 이 두 조직 형태에는 완전히 합리적이고 고유한 장점이 있다. 미국 기업은 총체적인 충격에 잘 대응하는 장점이 있는 반면에 일본 기업은 긴 생산 채널의 길이 같은 부분적인 충격이 발생했을 때 장점이 나타난다.

다음으로 이처럼 특수한 조직화는 특수한 세력 관계뿐만 아니라 이와 동시에 발생한 특수한 역사적 상황에서 이루어졌다. 이 점이 정치경제학의 관점에서 연구되어야 한다(Aoki 1990). 사실 이 조직화는 주주를 희생시키는, 경영자와 노동자(그리고 그들 중 일부)의 객관적 동맹을 특징으로 하는 특수한 기업 관리에 부합한다. 이 상황에서 전통적인 일본 기업은 (단기적 이익 추구보다) 기업 성장을 극대화한다는 목표를 공유한 이해관계자들stakeholders 간의 장기적 관계라는 특징을 보여 준다. 즉, 전통적인 일본 기업에서 사회적 타협의 형태는 해당 기업들의 태도를 결정하는 중요한 요인이다. 이 타협의 형태는 성장을 보다 중시하는 일본 자본주의가 거둔 실적을 설명할 수 있다(Odagiri 1994).

경제학자들이 익숙한 것들로부터 급변해, 일본 모델에 관한 이론들은 그 후 일본의 장기 위기(1992~2004년) 국면에서 거의 온갖 종류의 실패를 드러낸 일반화와 확대 설명의 대상이 되었다. 이제 일본 모델 분석으로부터 일반적인 결론을 이끌어 내려는 시도와 일본의 장기 불황 상황에서 더욱 명확해진 그 시도들의 한계에 대해 설명한다.

일본 모델의 일반화?

일본 모델을 일반화하려는 첫 시도는 개발경제학에서 출현했는데 일본이 산업화에 성공한 최초의 비서구 국가였기에 당연하다고 볼 수 있다. 나아가 1930년대에 가나메 아카마쓰Kaname Akamatsu가 처음으로 언급한 "야생 거위의 비행과 같은 발전"과 풍요는 — 당시 일본 정부는 대동아공영권이라는 개념으로 식민 야욕을 정당화했다 — 일본을 하나의 모델로 만들었을 뿐만 아니라 동아시아 경제발전의 동력으로 만들었다(Sautter 1996). 가장 발전된 (또한 아마도 가장 희화된) 공식화는 아시아 기적에 관한 세계은행의 유명한 보고서(Banque mondiale 1993)에서 발견된다. 이 보고서는 아시아 경제의 전례 없는 성공을 설명하고자 했는데, 워싱턴 컨센서스(구조 조정 정책과 무역자유화)와 현실의 괴리를 인정하면서 라틴아메리카 경제와는 다른 아시아적 특수성을 설명하려고 했다. 이 보고서는 대부분의 동아시아 국가들이 (일종의 보호주의와 '영리한' 산업 정책, 교육의 중시 등을 통한) 인적·물적 자본 축적의 결합에 기초한 일본의 발전 모델을 모방했을 가능성을 언급했다. 그러나 이 보고서의 저자들에게는 불행하게도 1997년 아시아 국가들에 닥친 위기는 이런 규범적 일반화를 시도하는 것이 적절하지 않음을 보여 주었다. 사실 한편으로 위기가 경제에 미친 영향은 저마다 달랐는데, 이는 (이 나라들의) 경제가 똑같은 모델을 따르고 있지 않다는 사실을 보여 주었다. (중소기업이 우위인) 타이완과 (대재벌이 지배하는) 한국의 산업구조 차이와 (정부가 직접 경제를 지배하는) 싱가포르의 국가-시장 균형 관계의 특징과 (아시아에서 기업가 정신이 가장 활발한) 홍콩 간 대비되는 특징들은 경제를 일반화하기가 얼마나 어려운지 보여 준다. 다른 한편, 이른바 일본 모델의 한계가 뚜렷해지자 이 지역에서 일본이 미치는 영향력도 눈에 띄게 쇠퇴해 갔다(MacIntyre et Naughton 2005).

일본의 경험을 일반화하려는 또 다른 시도는 기업 내부에서 노동의 생산과 조직에 주목했다. 수많은 이론들이 그중 하나를 일본의 '기적'

에 대한 그들의 분석에서 핵심에 위치시키고, 이 모델을 '토요티즘'toyotism이라 불렀다. 토요타는 불과 몇 년 만에 자동차 부문 선두가 되었을 뿐만 아니라 전체 제조업 부문에서 가장 효율적이었다 — 이런 결과가 의미 있는지는 모르겠지만. 따라서 일본 모델을 일반화하려는 시도가 특히 이 점에 맞추어져 있었던 것은 이해할 만하다. 여러 연구들이 사실상 토요타식 실무가 확산된 원인을 규명하려고 했다(예를 들어 Elger et Smith 1994). 이 모델의 확산은 노사관계(노동관계)의 일본화로 이어질 수 있었다. 테일러리즘과는 다른 방법을 통한 노동강도의 증가 등이 사례가 될 수 있다. 이 방법은 자율화를 통한 임금노동자들의 책임 강화, 불필요한 재고를 줄이기 위해 수요에 따라 생산을 조직하는 경영flux tendu, 기업의 실적과 생산이라는 목표에 대한 [노동자의] 관여 등이다(Cohen 2000). 그러나 토요티즘 실무의 확산을 더 자세히 분석하면 [그 발원지인] 일본에서도 한계가 사실상 명확하게 드러난다. 토요타 방식을 도입하려는 공식적 시도의 이면에는 사실상 토요티즘에 관련된 비용을 감내하지 않으면서 노동강도를 증가시키려는 단순한 의도가 숨어 있었다. 이것은 올바르게도 새로운 형태의 생산주의로 분석되었다(Askenazy 2004). 더 올바르게는 새로운 자본주의의 이상으로 분석되기도 했다(Coutrot 1998). 전형적인 사례는 다운사이징과 더불어 무재고·무결점처럼 쉽게 이해되는 슬로건에 따라 생산을 재조직하는 것이었다. 위험한 처지에 놓인 경영을 지속 가능하고 효과적인 것으로 만들기 위해 안정이라는 작은 섬을 요구하는 토요티즘에 반대할 것은 아무것도 없었다(Lechevalier 2005).

더 일반적으로 우리는 일본이 미래를 위한 변화의 실험실(예를 들어 인구에 관한 것)일지도 모른다는 생각과 마주친다. 일본은 인구의 급격한 노령화를 처음 경험한 경제협력개발기구OECD 국가였다(곧 한국이 똑같은 현상을 겪고 일본을 넘어설 것이다). 그리고 전후 베이비붐 세대가 나이가 듦으로써 유럽에서도 같은 현상이 관찰될 것이다. 그러나 이런 실험실 형태의 분석에서는 일본 인구가 노령화되는 근본적 원인이 출생률 저하와 관련이 있다는 점을 망각하곤 한다. 일본의 출생률은 1980년대

중반 프랑스에서 관찰된 수준과 같다. 1980년대 중반 이후 프랑스는 출생률에서 특히 놀라운 변화를 경험했는데, 그 원인은 특수하게 (따라서 일반화가 어려운) 노동과 가족 사이의 조화에 영향을 미친 사회정책 및 가족 정책의 차이 때문이었다(Guillemard 2010; Arai et Lechevalier 2005).

끝으로 일본을 OECD 국가의 사회적·경제적 실험실로 만들려는 연구의 관점은 매력적이지만 더 많은 주의를 기울여야 한다. 일본 모델, 즉 대개 규범적인 구성 요소를 가지고 있는 일본 모델을 일반화하려는 시도는 이 모델이 위기에 처함으로써 문제시되었다. 일본의 위기는 몇몇 경제학자들이 영미식 시장 자본주의에 부합하는 유일한 최선의 길 one best way을 다시 강조하는 계기가 되었다. 필자들은 일본의 위기가 다른 한편으로 브와예의 표현처럼 "각각의 사회는 저마다 구조적 상황과 위기가 있다"는 생각을 확인해 주는 것이라고 생각한다(Boyer 1986). 물론 브와예의 이 생각도 에르네스트 라브루스Ernest Labrousse 같은 아날학파 학자의 저작에서 영감을 얻은 것이며 따라서 일반화하기에는 엄격한 제약이 따른다.

일본의 장기 위기는 유일한 최선의 길이 존재한다는 증거일까

1980년대에 일본 경제의 실적이 미국과 유럽을 월등히 앞서자 수많은 경제학자들은 1990년대가 일본의 것이 될지를 두고 논쟁했지만, 흔히 말하는 '잃어버린 10년', 즉 일본의 장기 위기(1992~2004년)는 반대로 일본 모델을 영미 자본주의의 대안 모델로서 일반화하려는 시도의 한계를 보여 주었다. 그때부터 경제학자들 사이에서 지배적인 가설에 따르면, 1970년대와 1980년대 일본의 성공을 유리한 상황(폐쇄적인 경제, 더딘 기술 진보progres technique lent[*]) 덕으로 돌리고, 이 환경에 영향을 미친 근본적인 변화들과 ('신경제'를 탄생시킬 것으로 보이는) 새로운 기술 진보의 파도를 통해 위기를 설명했다. 이 가설은 1990년대 이후 미국 경제가 선전함으로써 강화되었다.

물론 케인스 경제학의 영향을 받은 첫 번째 유형의 설명에 따르면 일본 경제의 부진은 일련의 경제정책이 실패한 데서 설명될 수도 있었다(Mikitani et Posen 2000). 일본 모델 이론에 근본적인 문제를 제기하지는 않는 설명이었다. 그러나 위기가 장기화될수록 이 이론들이 내세우는 특수한 상황의 가설은 무력화되었다. 2008년 리먼 브러더스 파산 이후의 사건들은 미국과 유럽 경제가 장차 '일본식' 발전 궤적, 즉 금융 시스템의 큰 취약성, 공공 부채의 급속한 증가, 1930년대의 불황과 비교할 만한 불황이나 적어도 경제 부진의 한 형태와 관련된 디플레이션 등의 특징을 보이는 발전 궤적을 경험할 수도 있다는 생각을 유행시켰다. 즉, 일본 모델을 일반화하려는 시도에서 벗어나 이 모델의 위기로부터 일반적인 교훈을 이끌어 내는 것으로 이동한 것이다. 그러나 여기에서도 제도적 상황을 고려하지 않는 조급한 일반화 시도를 경계해야 한다. 예를 들어 슌토春鬪, Shunto가 쇠퇴함에 따라 드러난 임금 형성 사례가 그러하다. 임노동자와 협력한 이 임금 인상 제도는 임금 인상 억제 수단으로 변질되었으며, 경기후퇴의 원인이 되었다(Canry, Fouquau et Lechevalier 2010; Lechevalier 2011a).

그러자 위기의 원인이 주주를 위한 가치와 수익성 규칙의 준수라는 '보편적' 법칙에 대한 일본 모델의 일탈 때문이었다고 '보편화하는' 경제 이론들이 다시 급부상했다(Dore 2011). 더 엄밀하게는 이 위기가 일본 자본주의가 폐쇄된 환경에서는 자신의 특성을 유지할 수 있었지만 — 경제학자들에게는 일종의 역사의 종말에 해당하는 — 글로벌화 상황에서는 이제 불가능할 수도 있다는 신호로 보일 수도 있었다. 이 상황에서 일본 자본주의는 유일한 사회경제 조직 형태를 향해 수렴하는 것 외에

♦ [옮긴이] 기술혁신이 빠르면 신기술 채택에 따른 비용이 발생하기에 불리할 수 있다는 의미인 듯하다.

다른 선택이 없을 것이다. 그리고 이 유일한 형태인 영미식 시장 자본주의는 유익한 최선의 길을 구현하고 있다. 특히 고조 야마무라와 볼프강 슈트레크(Yamamura et Streeck 2003)는 이런 접근의 설득력과 한계를 보여 주었다.

이하에서는 목욕물과 함께 아이를 버리지 않도록, 즉 일본 모델의 위기 때문에 모든 일본 모델을 버리지 말자고 주장할 것이다. 일본 모델의 '일반화'보다는, 이 모델을 통해 우리에게 역사와 (특히 경제·사회사) 국제 비교와 경제 이론 사이에서 이미 결실을 맺고 있는 연구 프로그램들을 소개할 것이다.

제도 변동과 자본주의의 다양성의 정치경제학을 위해

따라서 우리는 일본 자본주의에 관한 연구 프로그램을 크게 수정할 것을 요청한다. 1980년대에 많은 연구들의 야심처럼 일본 모델의 일반화된 이론을 추구하기보다(일본 모델로부터 우리는 다른 자본주의 형태들이 모방할 수밖에 없는 주요 장점들을 파악할지도 모른다) 이제 주요 과제는 제도 변화의 이론을 제시하는 것이다. 제도 변동 이론에는 (일반적인 원리들 위에 구축된) 연역적 요소가 있으며, 일본의 발전 경로 같은 독특한 과정을 고려함으로써 관찰을 풍부하게 만드는 귀납적인 면도 갖출 수 있다(Lechevalier 2011a, 2011b).

앞서 살폈듯이 일본 자본주의에 대한 주류 가설들은 1990년대 이후에는 국제적·기술적 환경에 적응할 수 없었다. 즉, "관절염에 걸린" arthritique 일본이 스스로 개혁하지 못한 무능력이 위기의 원인이었을 것이다(Lincoln 2001). 개혁할 수 있는 능력은 암암리에 영미식 시장 자본주의에 얼마나 수렴되는지를 기준으로 판단되었다. 이렇게 해서 영미 시장 자본주의로부터 모든 특징들이 유추되고 연구자마다 각자의 관점에 따라 영미의 현대성과 일본 자본주의 간의 거리가 측정되었다.

앞에서 보여 주려고 한 바와 같이, 널리 확산되어 있는 이런 추론은 잘못된 것이다(Lechevalier 2011a). 우선 개혁 정책은 위기에 돌입하기 훨씬 전에, 더 정확히는 1980년대 초반부터 자유화·탈규제·민영화를 수행했던 나카소네 정부에 의해 시작되었다. 그러므로 2011년 일본 자본주의는 이제 자유적 자본주의를 향해 수렴하지 않는다. 그러나 수렴의 부재가 안정과 동의어는 아니며 오히려 정반대이다. 그럼에도 일본 자본주의는 지난 30여 년간 크게 바뀌었다. 지금은 1980년대의 '고전적' 시스템과 매우 다르다. 부연하자면, 일본 자본주의는 여전히 분권화되고, 조정되고, 분절되어 있지만, 함께 연구되어야 하는 이 세 가지 차원(분권화, 조정, 분절)은 크게 변화했다. 볼프강 슈트레크와 카틀린 텔렌(Streeck et Thelen 2005)이 제안한 일반 분석 틀은 연속성과 단절 사이의 미묘한 균형을 이해할 수 있게 해준다. 지난 30여 년간 일본 자본주의를 특징지은 점진적 제도 변화 유형 등이 그 예이다. 이전 저작에서(Lechevalier 2011a) 우리는 일본의 지형(상황)을 고려하면서, 그리고 브뤼노 아마블과 스테파노 팔롬바리니(Amable et Palombarini 2009)가 제안한 사회적 타협 분석의 영향을 받아 이 틀을 개선했다.

일본 자본주의의 제도적 변화를 분석하며 겪는 첫 번째 어려움은 이른바 미시경제-거시경제 패러독스라 부를 만한 것에 있다. 1990년대 말과 2000년대 초반 [미시적 수준의] 사례연구들이 예를 들어 닛산 같은 기업 구조에 발생한 근본적인 변화를 강조한 반면에, 거시경제적 분석들은 경제 전반의 안정성이 매우 높다고 결론지었다(Lechevalier 2007). 우리가 볼 때 이 패러독스의 원인은 대표적인 기업의 존재라는 가정에 기초한 방법론적 한계에서 비롯된 것이었다. 그런데 일본 사례를 계속 다루는 것이 중요해 보였던 이유는 어떤 전형적인 모델의 특징을 따라서, 그리고 이 모델을 반영하는 대표적인 기업 모델을 통해 한 국가의 자본주의 형태를 정의할 수 없었기 때문이다. 사실 우리는 진화론적 저작의 영향을 받아 일본 기업의 이질성에 나타난 "잘 드러나지 않는" 특징들을 강조했다(Lechevalier 2011b; Nelson 1991; Dosi, Lechevalier et Secchi 2010). 조직과 실적의 측면에서 근본적인 차이가, 심지어 규모와 부문을 통제해도, 계속 남아 있었다. 게다가 일본에서 이런 이질성은 1990년대 중반 이후 증가하고 있다. 따라서 정태적인 시각에서 이런 이질성을 설명할 뿐만 아니라 변동과 이질성을 결정하는 인자들을 연구하는 것도 중요했다 (Ito et Lechevalier 2009).

따라서 다른 자본주의 형태처럼 일본 자본주의를 정의하려면 기업의 조직 수준, 이 이질성의 조절 형태 수준 등 다른 수준에 대한 연구로 넘어가야 했다. 이 분야에서도 일본에서는 예를 들어 장기간에 걸친 하청 관계의 쇠퇴와 게이레츠(은행이 중심에 자리 잡고 있는 집중 구조)의 쇠퇴가 관찰되었다. 또한 아시아 지역에서 생산의 파편화와 홀딩[지주회사] 형태에 대한 의존 등 새롭게 출현한 양상도 관찰되었다. 즉, 자본주의의 분석은 조정 형태의 발전에 대한 한층 세밀한 경제 분석을 할 수 없었다. 또한 이것은 일본 자본주의의 경우에 일본의 위기에 관한 대안적 해석을 제시할 수 있게 해준다. 시장을 제외한 조정 형태들을 희생시킴으로써 모든 영역에서 시장에 의한 조화를 추구하는 것은 이론적으로는 완전히 정당화될 수 있다. 그러나 일본 상황에서는 그것이 실패였음이 드러났는데, 그것은 탈규제의 파도에 뒤이어 일어난 금융과 부동산의 거품 형성 및 1990년대 초 이 거품의 붕괴로 증명되었다. 일본의 장기 위기만 놓고 보면 원인은 과도한 조정으로 설명되는 것이 아니라 증가하는 기업의 이질성에 대한 조정의 부족으로 설명되어야 한다 (Lechevalier 2007, 2011a).

끝으로 일본 자본주의가 근본적으로 분절화되고 조정을 겪었지만 (분절화된) 사회적 타협이라는 세 번째 특징을 고려하는 것도 중요하다. 이런 분절화가 곧바로 불평등을 의미하지는 않는다. 일본 자본주의는 제2차 세계대전 직후에는 좀 더 평등했지만 1990년대 초부터 불평등이 급증하며 큰 변화를 겪었다. 이런 관점에서 주어진 자본주의의 한 형태에서 불평등의 증가는 성공의 지표도 아니고(성장도 마찬가지) 이 [자본주의] 분석 수준을 넘어서는 요소도 아니다. 왜냐하면 그것은 기술 발전과 세계화에 관련된 메커니즘 때문이다. 불평등의 증가는 사회적 타협과 (그것이 증명하는) 이 타협에 잠재된 문제의 본질을 심각하게 드러낸다. '지니계수' 같은 불완전한 소득분배 지표를 고려할 때, 현재 일본은 1970년대에는 스웨덴과 비교될 만큼 약한 불평등 수준이었는데, 현재는 영국 수준, 즉 OECD 평균보다 상대적으로 높은 불평등 수준에 위치하고 있기 때문이다.

미시적 수준, 조정 형태, 사회적 타협 등 세 가지 수준을 고려할 때, 일본 자본주의는 "대변화"를 마쳤다고 결론지을 수 있을 만큼 심각한 변화를 겪었다(Lechevalier 2011a). 우리는 여기에서 일반화의 관점에 입각해서가 아니라 경제 메커니즘의 시간적·공간적 다양성을 고려하고 이론적 분석을 결합함으로써 일본 자본주의 분석에 숨어 있는 흥미로운 점들을 보여 줄 만한 두 가지 사례를 소개한다.

첫 번째 사례는 불평등의 정치경제에 관한 것이다. 불평등의 급등을 두고 도시아키 다치바나키(Tachibanaki 1998)와 후미오 오타케(Ohtake 2005)가 논쟁했는데, 아쉽게도 프랑스에는 불평등 문제의 전문가들에게조차 잘 알려져 있지 않다. 도시아키 다치바나키는 지니계수 지표를 주된 논거로 삼아 불평등이 근본적으로 증가하고 있다고 결론지었다. 후미오 오타케Fumio Ohtake는 이런 불평등에 인구와 노령화가 미치는 결과를 조명해 성장은 단지 통계적 결과일 수 있다고 주장했다. 우리는 료 감바야시Ryo Kambayashi와 함께 2010년대 초반까지는 오타케의 결과가 적절하다는 것을 확인했다. 또한 그 뒤에 세대 간 불평등이 증가했으며 교육 수준에서도 불평등이 증가했음을 보여 주었다(Kambayashi et Lechevalier 2012). 즉, 경제학자들이 통상적으로 내세운 것들과 오타케의 설명이, 특히 기술 진보의 부작용 등이 최근에는 일어나지 않고 있으며, 결국 이 분야에서 일본의 경험은 우리를 특히 교육 시스템 및 학습과 노동 간 이행에 초점을 맞추는 새로운 가설들을 제안하도록 이끌었다(Kariya et Honda 2010; Genda 2005).

두 번째 사례는 탈산업화에 관한 것이다. 일반적인 믿음과는 달리 일본은 프랑스 같은 나라보다 탈산업화 경향이 덜 진행되었다. 프랑스와 일본 모두에서 특히 전체 고용 인구 가운데 제조업 종사자의 비중이 뚜렷하게 감소했음이 관찰되었다(일본에서 이 비중은 1970년대 26퍼센트에서 현재 18퍼센트 미만으로 감소했다). 따라서 두 나라에서는 동일한 메커니즘이 작동하고 있는 것으로 보인다. 제조업으로부터 서비스업을 향한 고용 인구의 대이동은 제조업과 서비스 부문 간 생산성 격차와 수요 변동의 결과일 뿐만 아니라, 국제 경쟁과 생산 시설 이전에 대한 반작용의 결과이기도 하다(Demmou 2010). 그러나 일본 사례에서는 매우 특수하게도, 후자의 효과는 다국적기업들이 단순한 생산에 의지하기보다는 이른바 '생산의 파편화'라고 부를 만한 것에 의지한다. 즉, 다국적기업은 부가가치가 가장 높은 활동을 일본에서 유지하면서 가치 사슬을 계속 통제하고자 한다. 프랑스와 일본의 궤적은 경제 전체의 부가가치에서 제조업이 차지하는 비중 면에서 큰 차이가 있는데, 프랑스의 경우 이 비중은 감소한 반면에 일본은 다소 증가했다. 따라서 일본의 궤적에 대한 고려는 탈산업화라는 지배적 분석 틀을 재검토하도록 이끈다.

***

'일본 모델' 분석이 20년간의 불황 이후 한풀 꺾인 상황임에도 일본 자본주의에 아직도 관심을 기울이는 이유는 무엇인가? 경제학자들이 이국적인 관심이나 보편주의에 대한 관심 때문에 일본 자본주의에 주의를 기울이는 것은 아니다. 브와예(Boyer 2011)가 상기시킨 일본 자본주의에는 자본주의의 다양성 이론을 정립하기 위한 학문적 가치가 있다. 그러나 일본 자본주의의 특수성을 지나치게 강조하려 할 경우, 분석이 어려워지고 이론적 근거가 빈약한 유형 분류로 전락시킬 위험이 있다(Lechevalier 2011a). 따라서 현실 경제의 다양성을 충분히 고려하고 이 다양성을 포괄할 만한 추상화 노력 사이에서 긴장을 유지하는 것이 바람직

하다. 일본 자본주의 분석의 방법론적 공헌은 따라서 다음과 같이 요약될 수 있다. 일본 자본주의가 경험한 특유한 발전 경로는 경제학에서 보편적인 법칙을 추구하는 것이 현실 경제를 이해하는 데 얼마나 무익한지를 보여 준다. 일본의 발전 경로는 현실을 더욱 잘 파악하고 이해할 수 있게 해주는 이론을 작성하기 위한 보완적 자극제가 되어야 한다.

필자들의 분석이 옳다면 이 분석으로부터 모든 결론을 이끌어 내려고 해야 한다. 더 구체적으로 이는 분석의 중심에 공간과 시간에 따라 다양한 경제사회적 역동성을 위치시키는 것이다(Boyer 1986). 또한 일본 자본주의가 영미 및 유럽 자본주의와 매우 다른 상태를 유지하고 있기 때문에 비교할 점이 여전히 많다. 이 점은 청년 실업이나 탈산업화 같은 문제들에 대한 비교 연구를 적극적으로 수행하도록 우리를 이끌 것이다. 이 차이점들로부터 보편적인 교훈을 이끌어 내는 것은 매우 위험한 작업이다. 그러나 사회경제적 지형의 다양성을 고려하라는 요구는 복잡성 속에서 끊임없이 현실을 제시하는 모순들을 향한 이론적 연구를 수행하는 데 그 어느 것과 비교할 수 없는 자극이다.

결국 두 가지 근본적인 원칙이 제시될 수 있다. 한편으로 일반화의 필요성이 자본주의의 다양성뿐만 아니라 각 자본주의 형태 내부의 다양성까지 고려하지 못하게 가로막아서는 안 된다. 다른 한편, 일반화의 필요를 넘어서 연역적 이론의 원칙에 기반한 방법론을 구축해야 한다. 이 방법론의 틀 안에서 장기적인 역사와 국제적인 비교들이 경제 분석을 풍요롭게 할 멋진 방법을 마련할 수 있을 것이다.

끝으로 필자들은 제도 변동과 자본주의의 다양성의 정치경제학이라 부를 만한 연구 프로그램을 제안한다. 이 프로그램은 일본과 중국, 인도와 같은 나라들의 경제 궤적을 이해하는 데 도움을 줄 수 있을 것이다. 이 나라들의 경제적 조정을 우리가 알고 있는, 미국 상황을 참고로 구축된 이론을 통해 설명하기는 어려울 것이다(Amable, Boyer et Lechevalie 2012).

참고 문헌

Amable, Bruno, Robert Boyer et Sébastien Lechevalier. 2012. *Le capitalisme est pluriel*. Paris, Gallimard (coll. "Folio"), à paraître.

Amable, Bruno, Robert Boyer et Frédéric Lordon. 1996. "L' ad hoc en économie. La paille et la poutre." dans Antoine d'Autume et Jean Cartelier (eds.), pp. 267~290.

Amable, Bruno et Stefano Palombarini. 2009. "A neorealist approach to institutional change and the diversity of capitalism." *Socio Economic Review*, 7 (1), pp. 123~143.

Aoki, Masahiko. 1988. *Information, Incentives, and Bargaining in the Japanese Economy*. Cambridge, Cambridge University Press.

_____. 1990. "A new paradigm of work organization and coordination? Lessons from Japanese experience." dans Stephen A. Marglin et Juliet B. Schor (eds.). *The Golden Age of Capitalism: Reinterpreting the Postwar Experience*. Oxford, Clarendon Press, pp. 267~293.

Arai, Misako et Sebastien Lechevalier. 2005. "L'inegalite homme-femme au coeur de la segmentation du marche du travail japonais? Une prise en compte du genre dans l'analyse du rapport salarial toyotiste." *Le mouvement social*, 210, *Les femmes et les metamorphoses de l'emploi au Japon*, pp. 121~152.

Askenazy, Philippe. 2004. *Les desordres du travail. Enquete sur le nouveau productivisme*. Paris, Seuil (coll. " La Republique des idees").

Banque mondiale/World Bank. 1993. *The East Asian Miracle: A World Bank Policy Research Report*. Oxford-New York, Oxford University Press.

Boyer, Robert. 1986. *La theorie de la regulation. Une analyse critique*. Paris, La Decouverte (coll. "Agalma").

_____. 1996. "The convergence hypothesis revisited: Globalization but still the century of nations?" dans Suzanne Berger et Ronald Dore (eds.). *National Diversity and Global Capitalism*. Ithaca, Cornell University Press, pp. 29~59.

_____. 2011. "De la "japonophilie" a l'indifference. Trois decennies de recherches sur le Japon contemporain." pref. dans Sebastien Lechevalier, pp. 13~53.

Boyer, Robert et Yves Saillard (eds.). 1995. *Theorie de la regulation. L'etat des savoirs*. Paris, La Decouverte (coll. "Recherches").

Boyer, Robert et Toshio Yamada (eds.). 2000. *Japanese Capitalism in Crisis: A Regulationist Interpretation*. Abingdon, Routledge.

Canry, Nicolas, Julien Fouquau et Sebastien Lechevalier. 2010. "Price dynamics in Japan (1981~2001): A structural analysis of mechanisms in the goods and labor markets." *Brussels Economic Review*, 53 (3~4), pp. 357~374.

Cohen, Daniel. 2000. *Nos temps modernes*. Paris, Flammarion.

Coutrot, Thomas. 1998. *L'entreprise neoliberale, nouvelle utopie capitaliste? Enquete sur les modes d'organisation du travail*. Paris, La Decouverte (coll. "Textes a l'appui. Serie Economie").

d'Autume, Antoine et Cartelier Jean (eds.). 1996. *L'economie devient-elle une science dure?* [actes du colloque, Paris, 29~30 oct. 1992]. Paris, Economica (coll. "Grands debats").

Demmou, Lilas. 2010. "La desindustrialisation en France", *Documents de travail de la DGTPE*, 2010/01 (fevrier).

Dore, Ronald. 2011. "La conversion du Japon au capitalisme de marche." postf. dans Sebastien Lechevalier, pp. 339~360.

Dosi, Giovanni, Sebastien Lechevalier et Angelo Secchi. 2010. "Inter-firm heterogeneity: Nature, sources and consequences for industrial dynamics. An introduction." *Industrial and Corporate Change*, 19 (6), pp. 1867~1890.

Eisenstadt, Samuel N. et Eyal Ben-Ari (eds.). 1990. *Japanese Models of Conflict Resolution*. New York, Kegan Paul.

Elger, Tony et Chris Smith (eds.). 1994. *Global Japanization? The Transnational Transformation of the Labour Process*. Abingdon, Routledge.

Genda, Yuji. 2005. *A Nagging Sense of Job Insecurity: The New Reality Facing Japanese Youth*. trad. du japonais par Jean Connell Hoff. Tokyo, International House of Japan.

Guillemard, Anne-Marie (ed.). 2010 [2003]. *Les defis du vieillissement. Age, emploi, retraite: perspectives internationales*, 2e ed. remaniee de L'age de l'emploi. Paris, Armand Colin (coll. "U. Sociologie").

Hall, Peter A. et David Soskice (eds.). 2001. *Varieties of Capitalism: The Institutional Foundations of Comparative Advantage*. Oxford-New York, Oxford University Press.

Horioka, Charles Yuji. 1990. "Why is Japan's household saving rate so high? A literature survey." *Journal of the Japanese and International Economies*, 4 (1), pp. 49~92.

_____. 2004. "Are the Japanese unique? An analysis of consumption and saving behavior in Japan." *ISER Discussion Paper*, 606. Institute of Social and Economic Research, Osaka University.

Hoshi, Takeo et Anil Kashyap. 2001. *Corporate Financing and Governance in Japan: The Road to the Future*. pref. de Stanley Fischer. Cambridge, The MIT Press.

Ito, Keiko et Sebastien Lechevalier. 2009. "The evolution of the productivity dispersion of firms: A reevaluation of its determinants in the case of Japan." *Review of World Economics*, 145 (3), pp. 405~429.

Ito, Takatoshi. 1992. *The Japanese Economy*. Cambridge, The MIT Press.

Kambayashi, Ryo et Sebastien Lechevalier. 2012. "Inequalities in Japan, revisited." *Global COE Hi-Stat Discussion Paper Series*. Hitotsubashi University, a paraitre.

Kariya, Takehiko et Honda Yuki (eds.). 2010. *DaisotsuShusyoku no shakaigaku-Data kara miru henka* [Sociologie de la transition de l'universite au travail]. Tokyo, University of Tokyo Press (en japonais). [苅谷剛彦・本田由紀 編集.『大卒就職の社会学 —データからみる変化』. 東京大学出版会. 2010]

Koike, Kazuo. 1991. *The Economics of Work in Japan*. Tokyo, LTCB International Library Foundation.

Lawrence, Robert Z. 1993. "Japan's different trade regime: An analysis with particular reference to Keiretsu." *Journal of Economic Perspectives*, 7 (3), pp. 3~19.

Lechevalier, Sebastien. 2005. *Toyota peut-il sauver le Japon (et le reste du monde ⋯)?*. HEC Eurasia Institute (mars).

_____. 2007. "The diversity of capitalism and heterogeneity of firms: A case study of Japan during the lost decade." *Evolutionary and Institutional Economics Review*, 4 (7), *The Evolution of Organizations and Institutions*, pp. 113~142.

_____. 2011a. *La grande transformation du capitalisme japonais (1980~2010)*. pref. de Robert Boyer, postf. de Ronald Dore, avec Arnaud Nanta et Yves Tiberghien. Paris, Presses de Sciences Po (coll. "Economie politique").

_____. 2011b. "The increasing heterogeneity of firms in Japanese capitalism: Facts, causes, consequences and implications." dans Robert Boyer, Hiroyasu Uemura et Akinori Isogai (eds.). *Diversity and Transformations of Asian Capitalisms*. Abingdon, Routledge, pp. 56~71.

Lincoln, Edward J. 2001. *Arthritic Japan: The Slow Pace of Economic Reform*. Washington, The Brookings Institution.

MacIntyre, Andrew et Barry Naughton. 2005. "The decline of a Japan-led model of the East Asian economy." dans T. J. Pempel (ed.). *Remaping East Asia: The Construction of a Region*. Ithaca, Cornell University Press, pp. 31~53.

Mikitani, Ryoichi et Adam S. Posen (eds.). 2000. *Japan's Financial Crisis and its Parallels to US Experience*. Washington, Institute for International Economics ("Special Report").

Morishima, Michio. 1986. *Capitalisme et confucianisme. Technologie occidentale et ethique japonaise*. trad. par Anne de Rufi avec la collab. de Pierre-Emmanuel Dauzat. Paris, Flammarion.

Nelson, Richard R. 1991. "Why do firms differ, and how does it matter?" *Strategic Management Journal*, 12 (S2), pp. 61~74.

Odagiri, Hiroyuki. 1994. *Growth through Competition, Competition through Growth: Strategic Management and the Economy in Japan*. Oxford, Clarendon Press.

Ohtake, Fumio. 2005. *Nihon no Fubyodo* [Les inegalites au Japon]. Nihon Keizai Shimbun (en japonais) [大竹文雄. 『日本の不平等: 格差社會の幻想と未來』. 日本經濟新聞社. 2005].

Okazaki, Tetsuji et Masahiro Okuno-Fujiwara (eds.). 1999. *The Japanese Economic System and its Historical Origins*. trad. du japonais par Susan Herbert. Oxford-New York, Oxford University Press.

Orlean, Andre. 2009. *De l'euphorie a la panique. Penser la crise financiere*. Paris, Editions Rue d'Ulm-Presses de l'Ecole normale superieure (coll. "Collection du Cepremap").

Sala, Adrienne. 2010. *La regulation des credits a la consommation au Japon de 1983 a 2006*. memoire de master de l'EHESS, sous la dir. de Sebastien Lechevalier (dactyl.).

Sautter, Christian. 1996. *La France au miroir du Japon. Croissance ou declin*. Paris, Odile Jacob.

Streeck, Wolfgang et Kathleen Thelen (eds.). 2005. *Beyond Continuity: Institutional Change in Advanced Political Economies*. Oxford-New York, Oxford University Press.

Tachibanaki, Toshiaki. 1998. *Nihon no keizai kakusa* [L'ecart economique au Japon]. Tokyo, Iwanami shoten (en japonais) [橋木俊詔. 『日本の經濟格差―所得と資産から考える』. 巖波書店. 1998; 『일본의 경제 격차: 소득과 자산으로 생각한다』. 이병진 옮김. 소화. 2001].

Yamamura, Kozo et Wolfgang Streek (eds.). 2003. *The End of Diversity? Prospects for German and Japanese Capitalism.* Ithaca, Cornell University Press.

글쓴이 소개

장-피에르 카바이예 Jean-Pierre Cavaillé 　프랑스 사회과학고등연구원EHESS 부교수이며 사회인류학연구소 및 문학사 간학문 연구회 연구원이다. 현대 유럽 지성사, 특히 정치·사회적 이단과 저항의 사상사, 문화사 및 사회사 등을 연구하고 있다. 저서로『데카르트, 세상의 우화』*Decarte, la fable du monde*(Vrin-Edition de l'EHESS, 1992),『은폐와 위장. 17세기 종교, 도덕, 그리고 정치』*Dis/simulations. Religion, morale et politique au XVIIe siècle*(Honoré Champion, 2002),『난봉꾼의 자세. 강한 영혼들의 문화』*Posture libertines. La culture des esprits forts*(Anarcharsis, 2011) 등이 있다.

사빈 샬봉-드메르세 Sabine Chalvon-Demersay 　프랑스 사회과학고등연구원 교수이며 마르셀 모스 연구소 연구원이다. 프랑스 텔레비전의 픽션사를 비롯한 미디어 사회학을 주로 연구했다. 논저로『1000개의 시나리오, 위기 시대의 프랑스적 상상력』*A Thousand Screenplays, The French Imagination in a Time of Crisis*(Chicago University Press, 1999), 다큐멘터리 드라마〈픽션의 역사〉*Histoires de fiction*(France 3, France 5, 2005) 등이 있다. 장기적 관점에서의 미국 드라마 수용을 연구하고 있으며, 정치적·도덕적 문화 연구 관점에서 드라마 주인공에 대한 상상력을 다룬 사회학 저서를 쓰고 있다.

조르조 블룬도 Giorgio Blundo 　프랑스 사회과학고등연구원 부교수 및 노르베르트 엘리아스 연구소 연구원이며 정치인류학자이다. 주로 서아프리카의 지방정부, 행정 부패, 국가 및 공공서비스 거버넌스를 연구하고 있다. 논저로『일상적인 부정부패와 국가. 아프리카의 시민과 공무원』*Everyday Corruption and the State. Citizens and Public Officials in Africa*(장-피에르 올리비에 드 사르당Jean-Pierre Olivier de Sardan과 공저, Zed Books, 2006),『아프리카 일상생활의 거버넌스. 공공서비스의 문화인류학적 탐색』*The Governance of Daily Life in Africa. Ethnographic Explorations of Public and collective Services*(피에르-이브 르 뫼르Pierre-Yves Le Meur와 공저, Brill, 2009), 니제르와 세네갈의 물과 숲 관리 행정에 대한 문화인류학적 연구 논문 등이 있다.

제롬 바셰Jérôme Baschet 프랑스 사회과학고등연구원 중세 서양사 교수이며 서양역사인류학연구회 연구원이다. 1997년부터 멕시코 치아파스 대학교에서 가르치고 있다. 저서로『아버지의 가슴. 아브라함과 중세 서양의 부성父性』*Le sein du père. Abraham et la paternité dans l'Occident médiéval*(Gallimard, 2000),『봉건 문명. 서기 1000년부터 미 대륙의 식민화까지』*La civilisation féodale. De l'an mil à la colonisation de l'Amérique*(3ᵉ éd., Flammarion, 2006),『중세 도상학圖像學』*L'iconographie médiévale*(Gallimard, 2008),『사파티스타의 저항. 멕시코 원주민 봉기와 전 지구적 저항』*La rébellion zapatiste. Insurrection indienne et résistance planétaire*(2ᵉ éd., Flammarion, 2005),『자본주의여 안녕. 자주 경제, 살기 좋은 사회와 세상의 다양성』*Adieux au capitalisme. Autonomie, société du bien vivre et multiplicité des mondes*(La Découverte, 2014) 등이 있다.

파올로 나폴리 Paolo Napoli 프랑스 사회과학고등연구원 교수이며 법역사가이다. 규범의 범주와 실천의 역사, 18세기 경찰의 규범, 행정 및 관리의 합리성에 대한 종교적 기원 등을 연구했다. 논저로『진실의 예술. 미셸 푸코에게서의 역사, 법, 정치』*Le arti del vero. Storia, diritto e politica in Michel Foucault*(Naples, La Citt del Sole, 2002),『근대 경찰의 탄생. 권력, 규범, 사회』*Naissance de la police moderne. Pouvoirs, normes, société*(La Découverte, 2003),「「라티오 스크립타와 렉스 아니마타」. 장 게르송과 목회자 방문」*Ratio scripta et lex animata. Jean Gerson et la visite pastorale*(2010),「경영의 법 역사에 대하여」*Pour une histoire juridique de la gestion*(2010) 등이 있다.

지젤 사피로 Gisèle Sapiro 프랑스 사회과학고등연구원 교수 및 프랑스 국립과학연구원 CNRS 책임연구원이며 사회학자이다. 주로 지식인, 문학, 번역 등에 대해 연구했다. 저서로『작가들의 전쟁, 1940-1953』*La guerre des écrivains, 1940-1953*(Fayard, 1999),『작가의 책임 문제』*La responsabilité de l'écrivain*(Seuil, 2011),『사회과학 역사를 위하여』*Pour une histoire des sciences sociales*(Fayard, 2004),『사회학자 피에르 부르디외』*Pierre Bourdieu, sociologue*(Fayard, 2004),『트란스라티오. 세계화 시대의 프랑스 번역 시장』*Translatio. Le marché de la traduction en France à l'heure de la mondialisation*(CNRS Éditions, 2008),『출판 시장 지구화의 모순』*Les contradictions de la globalisation éditoriale*(Nouveau Monde, 2009),『유럽 지식인 장』*L'espace intellectuel en Europe*(La Découverte, 2009),『문학 번역과 사회과학. 경제적·문화적 걸림돌에 대하여』*Traduire lalittérature et les sciences humaines. obstacles économiques et culturels*(DEPS, 2012) 등이 있다.

발레리 줄레조 Valérie Gelézeau 프랑스 사회과학고등연구원 교수이며 지리학자이다. 프랑스 한국학연구소 소장을 겸하고 있으며 한국의 아파트 단지에 대한 연구를 한 바 있다.

저서로『서울, 거대도시, 그리고 찬란한 시테』Séoul, ville géante, cités radieuses(CNRS Éditions, 2003),『서울의 아틀라스』L'Atlas de Séoul(Autrement, 2011),『코리아의 경계를 넘어서서. 햇볕 정책의 유무형 유산』Debordering Korea. Tangible and Intangible Legacies of the Sunshine Policy(알랭 들리 생Alain Delissen, 쿤 더 큐스터Koen De Ceuster와 공저, Routledge, 2013) 등이 있다.

다니엘 세파이 Daniel Cefaï   프랑스 사회과학고등연구원의 마르셀 모스 연구소 연구원 및 교수이고, 프랑스 파리 10대학 교수를 역임했다. 주로 사회과학, 특히 현장 조사의 역사 와 방법론, 집단 동원과 공공 문제의 사회학 등을 연구하고 있다. 저서로『긴급 구호. 파 리 사뮈소시알의 문화기술지』L'urgence sociale en action. Ethnographie du Samusocial de Paris(에두아 르 가르델라Edouard Gardella와 공저, La Découverte, 2011),『민속지학의 앙가주망』L'engagement ethno-graphique(Éditions de l'EHESS, 2010),『공공 문제의 경험』L'expérience des problèmes publics(세드릭 테 르지Cedric Terzi와 공저, Éditions de l'EHESS, 2012) 등이 있다.

필리프 위르팔리노 Philippe Urfalino   프랑스 사회과학고등연구원 교수 및 국립과학연구원 책임연구원이며 사회학자이자 정치학자이다. 마르셀 모스 연구소 연구원이며 레몽 아롱 정치·사회학 연구소 운영진으로 활동하고 있다. 문화정치, 의료 시장의 국가 관리, 집 단 결정에 대해 연구했다. 저서로『문화정치의 발명』L'invention de la politique culture(Fayard, 2004),『의료시장의 크고 사나운 늑대. 불안 혹은 감시?』Le grand méchant loup pharmaceutique. Angoisse ou vigilance?(Textuel, 2005) 등이 있다.

세바스티앵 르슈발리에Sébastien Lechevalier   프랑스 사회과학고등연구원 교수이며 프랑 스-일본 재단 이사, 그리고 일본연구소 연구원이다. 일본 경제, 불평등, 산업 변동, 자 본주의 다양성과 제도적 변화의 정치경제에 대해 연구했다. 논저로『일본 자본주의의 대변화(1980~2010)』La grande transformation du capitalisme japonais (1980-2010)(Presses de Sciences Po, 2011),「기업 간 이질성. 성격, 자원, 그리고 산업 변동에 대한 결과 — 서론」Inter-firm he-terogeneity. Nature, sources and consequences for industrial dynamics — An introduction(G. 도시G. Dosi, A. 세 키A. Secchi와 공저, 2010) 등이 있다.